지도에서 태어난 태국: 국가의 지리체 역사

Siam Mapped: A History of the Geo-Body of a Nation

통차이 위니짜꾼(Thongchai Winichakul) 지음
이상국 옮김

진인진

SIAM MAPPED: A HISTORY OF THE GEO-BODY OF A NATION

by Thongchai Winichakul

This Korean edition was published by Zininzin Co., Ltd in 2019 by arrangement with University of Hawaii Press through KCC(Korea Copyright Center Inc.), Seoul.

일러두기

1. 이 책에 등장하는 영어, 프랑스어 등 유럽 언어들과 태국어, 말레이-인도네시아어, 아시아 언어들의 인명과 지명의 한글 표기는 원칙적으로 국립국어원의 외국어 표기법을 따른다.

2. 한글 표기 규정이 아직 확정되지 않은 캄보디아어의 경우 단어들의 음가와 현지인들의 발음을 중시하여 표기한다. 이에 따라 한국에서는 서양식 명칭을 따라 라오스의 수도를 '비엔티안'이라고 부르고 있지만, 이 책에서는 '위앙짠'으로 표기한다.

3. 미얀마어의 경우 1989년에 국명과 '버마'에서 '미얀마'로 바뀌고, '테나세림'(Tenasserim)이 '떠닝다이'(Tanintharyi), '모울메인'(Moulmein)이 '몰라먀잉'(Mawlamyine), '타보이'(Tavoy)가 '더웨'(Dawei), '파간'(Pagan)이 '바간'(Bagan), '시리암'(Syriam)이 '땅르윙'(Thanlwin), '메르귀'(Mergui)가 '메익'(Myeik) 등으로 바뀌었지만, 이 책의 배경이 되는 시대의 용법에 따라 변경 전의 명칭을 사용한다.

4. 독자의 이해를 돕기 위해 필요하다고 생각되는 경우 괄호에 역주를 넣었다.

목차

도해 9

한국어판 서문 11

머리말 15

태국어 규칙 19

사료 설명 21

감사의 글 23

서론. 국가성(Nationhood)의 존재 25

국가성을 인식하는 두 방식 26

타이다움(Thainess)의 긍정적인 인식과 부정적인 인식 28

태국학 34

경합하는 해석 39

문화적 구성물로서 시암 45

주제와 방법 52

1. 토착 공간과 옛 지도 59

신성한 지형학 60

상상의 공간 묘사: 옛 지도 68

다른 공간 개념들의 공존 82

2. 새로운 지리학의 도래 89

두 지구, 같은 공간: 근대 지구의 등장 90

돌파구: 천문학 대 점성학 99

새로운 유형의 공간: 근대 지리학 108
부호화된 공간: 근대 지도 115
양상: 불명료와 대체 124

3. 경계 133
서쪽 변방의 서쪽 경계 133
경계 개념의 충돌 144
경계 지어지지 않는 왕국 155

4. 주권 199
국가들 사이의 위계적 관계 199
공유 주권: 생존전략 204
다중 주권과 유럽인 212

5. 가장자리 225
중첩된 가장자리 228
'우리' 공간 만들기 236
새로운 가장자리: 시암과 영국 246
무력으로 만든 접점 250

6. 지도제작: 새로운 공간 기술 255
서구 지도와 시암 256
시암에서 이루어진 서구식 지도제작 260
지도로써 '우리' 공간 만들기 268
지도의 십자포화: 발사된 치명적 무기 274

7. 지리체(Geo-Body) 285
지리체의 등장: 지도의 승리 287
권력이 된 지리체 290
영토와 지리를 넘어서 297

8. 지리체와 역사 305
1893년의 상처 그리고 단절된 과거 306
태국의 과거와 추정의 지리체 311
역사 지도책 322
기획된 과거 334
다시 만들어진 과거 342

결론. 지리체, 역사, 국가성 349
우리 대 타자의 창조 349
적의 기능 353
타이다움의 국경 358
상징의 힘 360
마지막 말 364

용어설명 367
옮긴이의 말 371
참고문헌 377
찾아보기 411
지은이 · 옮긴이 소개 419

도해

지도 1 근대 국경 생성 이전의 대륙동남아시아 27
그림 1 란나 필사본 문헌에 있는 순례 지도 167
그림 2 뜨라이품 필사본 문헌에 있는 땀난 지도 168
그림 3 시암 남부 송클라 초호 동쪽 제방 해안도 180
그림 4 뜨라이품 필사본 문헌에 있는 해안도 182
그림 5 '왕 라마1세의 전략 지도' 188
그림 6 닐(Neale)의 '시암 지도' 188
그림 7 프랑스 지도제작자가 그린 시암 왕국과 주변국 지도: 1686 189
그림 8 존 크로퍼드의 '시암 왕국과 코친차이나 지도': 1828 191
그림 9 조지 커즌의 '시암의 경계 문제': 1893 191
그림 10 매카시의 1888년 지도 192
그림 11 와치라웃 시기의 만화 193
그림 12 사이차이타이 재단의 상징 193
그림 13 태국 경계 역사 194
그림 14 고대부터 현대까지 이루어진 타이족의 이동 195
그림 15 난짜오 왕국 195
그림 16 람캄행대왕 재위기 수코타이 왕국 196
그림 17 나레수안대왕 재위기 아유타야 왕국 196
그림 18 딱신왕 재위기 톤부리 왕국 197
그림 19 라마1세 재위기 라따나꼬신 왕국 197
그림 20 "깨어나라, 태국인이여" 198

::

한국어판 서문

한 책이 출간된 이후에는 저자는 그 책의 운명을 더 이상 통제할 수 없다. 저자는 참으로 많은 생각과 상상과 그의 인생 일부를 그 책에 쏟았을 것이다. 그럴지라도 독자들은 저자가 원하는 방식대로 읽지 않고 저자 자신이 보지 못했던 많은 것들을 종종 읽는다.

『지도에서 태어난 태국』도 저자의 의도와 독자의 발견에 따라 여러 방식으로 읽을 수 있다. 그 책의 운명은 내 원래 기대를 벗어나버렸다. 이 책은 태국학과 동남아시아지역연구에서 꽤 많이 알려졌고, 동남아시아를 넘어 세계의 여러 나라들에서 비슷한 연구가 이뤄지도록 관심을 불러일으켰다.

이 책은 근대 국가 시암을 낳은 지리지식의 변화를 다룬다. 독자들이 그 이야기를 재밌게 읽기를 바란다. 나아가 독자들이 읽는 도중에 몸소 발견하거나 만들어내는 추가적인 가치를 보너스로 여기면 좋겠다.

이 책을 쓰며 품었던 내 욕심은 간단하다. 좋은 이야기를 들려주는 것이었다. 이것은 역사가라면 갖는 공통 욕심이자 도전이기도 하다. 들리기는 간단하다. 그러나 그렇게 하기란 쉽지 않고 모든 역사가가 그 일을 하는 데 성공하는 것은 아니다. "좋은 이야기를 들려주는 것"은 역사가의 인생 경험과 열망, 과거에 대한 상상에 따라, 또한 독자들에 따라 여러 뜻을 갖는다. 나에게서 좋은 이야기는 독자들이 읽는 내내 생각하도록 유도하고 자극하는 것이고, 그 후에도 만족감을 갖고서 사유에 잠기도록 더 많은 양식을 남겨 놓는 것이다. 그러나 소설과 달리 역사 이야기에는-특히 학술적 이야기에는-증거, 분석, 해석, 방법론, 개념이 견고해야 한다. 무엇보다 독창적이어야 한다. 그럼에도, 궁극적으로 그 이야기가 좋다는 것은 그 자체가 아니라 어떻게 전해지는가에 달려 있다.

더욱이 태국 역사와 나에게서 좋은 역사는 지난 세기 동안 시암에 관한 역사학을 주도해온 왕실민족주의 사관에 도전을 거는 것이어야 한다. 좋은 이야기는 독자들이 그러한 강력한 역사 이데올로기의 잔인한 힘을 바로잡고 그에 회의적인 태도를 갖도록 도와야 한다. 이외에도, 가능하다면 좋은 이야기는 너무 쉽게 믿을 만해서는 안 되고, 너무 강력해지는 것을 피하도록 회의주의를 불러일으켜야 한다.

좋은 역사 이야기의 힘은 과거를 다시 생생하게 살리는 능력에 달려있다. 추상적인 사회과학 언어로써만 이해할 수 있는 경제적 혹은 정치적 거시사 설명은 분석적으로는 효과적일지 몰라도 과거를 생생하게 만들지는 못한다. 해당 사안의 좁은 시야를 넘어서 독자들이 이해할 수 있도록 도와주지 못하는 미시사 역시 과거를 다시 살리지 못한다. 좋은 역사 이야기를 들려주는 마술은 변화의 더 큰 과정에 활력을 불어넣는 밀도 있는 이야기에 달려 있다.

전후사정을 얘기한다면 『지도에서 태어난 태국』은 1976년 10월 6일 방콕에서 일어난 사건을 배경으로 쓰였다. 이것은 또한 그 급진 운동이 소멸된 지 몇 년 지나 쓰였다. 옛 시절의 반항 정신은 사그라지지 않았을 것이다. 1976년의 10월 초의 치명적인 수요일 이후 나는 '역사'-이 단어의 여러 관점에서-가 잔인하다는 것을 깨달았다. 이 책의 제목, 방법론, 개념에서 이야기와 발견들에 이르기까지 드러내든, 암시하든, 『지도에서 태어난 태국』은 기존 태국 역사의 잔인함과 겨루는 싸움이다.

다른 한편, 이 책은 태국 역사뿐만 아니라 그 영역을 훨씬 넘는 학문에 개입한다. 내용과 방법에서 『지도에서 태어난 태국』은 당시 태국학의 여러 가정들에 의문을 던지고 동시에 후기 식민주의와 후기 근대 지리학에도 개입한다. 지난 몇십 년 동안 사회과학과 인문학 전반에 걸쳐 지리와 공간에 대한 관심이 넘쳐났는데, 이 책은 그에 기여 했고 그 일부분이기도 하다.

『지도에서 태어난 태국』은 지도가 어떻게 국가를 창조했는지 설명한다. 시암은 근대 지리학과 지도 덕분에 태어났다. 그러나 그 변화는 과학자나 정치가에 의한 지도제작 기술 발전이라는 단순한 이야기가 아니다. 이 책은 선견지명의 왕에 대한 위대한 역사도 아니요 근대성에 대한 칭송도 아니다. 이것들과는 거리가 멀다. 이 책은 경합과 갈등을 겪는 지식의 역사요 어떻게 근대 기술이 인간을 지배하게 됐는가의 역사이다. 양이 늑대로 둔갑하고 보기에 무해한 지식과 기술이 강력하고 해로운 것으로 둔갑했다는 점에서 반식민주의나 반제국주의 역사가 아니다. 국가적으로 굴욕적인 '영토 상실'이 기만의 역사로 둔갑한 반면, 진짜 패배자의 목소리는 거의 들을 수 없었다. 국가의 '지리체'는 지도가 만든 새로운 물신이다. 이제 이것은 그의 한 뙈기를 위해 인간의 희생을 요구까지 할 수 있다. 『지도에서 태어난 태국』은 이 모든 것들에 대한 것이다.

이 책은 세계 도처에서 국가성의 신성함과 주권의 불가침이 진부해질 무렵에 쓰였기에 국가성으로부터 비판적인 거리를 두면서 지리체의 물신성을 볼 수 있다. 경계는 건너고 벗어나는 것을 막는 부자연스러운 것이 되고 있다. 사람과 유무형의 물질의 초국적 이동이 세계 도처에서 흔해졌다. 『지도에서 태어난 태국』은 한 발자국 물러나서 국가성의 신비주의나 선조의 영웅주의에서 벗어나 국가성의 창조를 응시할 수 있다.

마지막으로 하는 말이지만 중요한 점을 말하자면 나로서는 번역이 너무나도 어려워 내가 포기한 일들 중 하나라는 점을 고백해야겠다. 번역은 두 언어를 안다는 것 이상의 일이다. 이 책을 한국어로 옮기는 데 노고가 많았던 이상국 교수와 이 번역 작업에 관여한 여러 사람들에게 진심으로 감사한다. 또한 한국어판을 출간한 진인진 출판사에도 감사한다.

독자들이 좋은 이야기를 즐기기를 기대한다.

통차이 위니짜꾼

2019년 1월

::

머리말

오늘날 세계는 새로운 종류의 공동체로 나아가고 있다. 유럽 공동체가 그 흐름을 주도하고 있다. 개별 정부가 아니라 다국적 기업이 점점 더 위력을 떨치고 있다. 시장과 생산은 지구화 되고 있고, 금융 체계와 정보와 자본은 경계를 자유롭게 넘나들고 있다. 아시아와 태평양 지역, 아메리카는 유럽의 움직임을 따르려고 한다. 세계는 19세기 유럽의 유산을 넘어서려고 준비하는 것 같다. 국가와 민족주의가 얼마 있지 않아 사라질 것처럼 말이다. 그러나 동시에 사회주의권이 몰락하면서 민족주의, 그것도 오래된 종족 민족주의가 기승을 부리며 민족주의가 마르크스나 레닌이 생각한 것보다 훨씬 세다는 것을 증명했다. 새로운 '오래된' 국가가 다시 등장하고 있다. 국가성(nationhood)이 한물가려 할 때 오히려 더 강력하게 바라고 있다.

이 책은 그러한 맥락에서 비롯되었다. 국가는 모든 사람의 삶 구석구석에 깃들어 있다. 국가는 개인들에게 영향을 행사하는 정부와 경제와 사회문화 여건을 갖추고 있다. 사실 국가성은 강력한 힘을 갖고 있어 서로 알지 못하는 구성원들을 한 공동체로 묶을 수 있다. 그 힘이 너무나도 강력하여 국가를 위해 목숨까지도 바칠 수 있게 한다. 사람들로 하여금 혁신과 업적을 이루어내도록 영감을 주기도 한다. 사실 적국에 못지않게 자국에도 충성을 바칠 것 같지 않던 급진주의자들조차도 국가성을 바란다.

그러나 민족주의는 어마어마한 파괴력을 갖고 있다. 실제로 그 파괴성 탓에 우리는 국가가 자의적이고 인위적이라는 것을 더욱더 깨닫게 된다. 경제적 초국주의와 정치적 민족주의가 공존하는 이 국면에서 민족주의와 국가성 연구는 새로운 방향으로 나아갈 수 있다. 우리는 더 이상 편재한 민족주의와 그 허세에 압도당하지 않는다. 정신 차리며 개인과 국가의 관계에 거리를 두게 됐다. 이제 우리는 이른바 국가성의 세계를 초월한 위치에서 국가성을 바라볼 수 있다. 멀리 두고 보면 국가는 특수한 역사적 맥락에서 발생한 문화적 구성물이라고, 그것도 선과 악을 같이 품고 있는 구성물이라고 볼 수 있게 됐다. 그렇게 볼 수 있는 위치는 실제이지 않지만 그렇다고 실제가 아닌 것도 아니다. 이것은 담론이요, 새로운 방식으로 말하는 가능성, 우리가 새로운 시대로 나아가는 무렵에 발생한 가능성이다.

이 책은 태국의 예전 이름인 시암을 사례로 삼아 국가성이 어떻게 잘 알려진 과학 – 즉 지리학과 그 주요 기술인 지도 – 에 의해 여러 충돌의 순간들과 담론의 대체를 겪으며 자의적이고 인위적으로 창조되었는지 살펴본다. 영토와 같은 국가의 가장 구체적인 구분 표시와 그와 연관된 가치들과 실천들은 두서없이 창조된 것인데, 나는 그것들을 '지리체'(geo-body)로 명명한다. 서론은 좀 특이한 방식으로 국가성의 사안을 드러낸다. 즉 태국의 정체성을 그 자체 국민의 눈을 통해 질문해 보는 것이다. 이것은 에드워드 사이드(Edward Said)가 말하는 오리엔탈리즘의 관점이라기보다는 '내부자'의 관점일 것이다. 서론은 주요한 질문을 제기하고 기본적인 개념과 방법 그리고 이 연구의 목적을 제시한다.

1장은 여러 전통 공간 개념을 다룬다. 우주론적 또는 종교적 공간 개념과 세속적 또는 현세적 공간 개념이 그에 해당한다. 전근대 사회에서 공간을 표현하는 지식과 기술이 결코 부족하지 않았다고 1장은 밝힌다.

2장은 지리지식의 전이가 발생한 양식을 보여준다. 지리학에 관한 시암의 초기 교과서를 살피며 2장은 기호학적 작동으로 발생했던 지식의 대체를 다룬다. 그리고 마찬가지 관점에서, 중요한 전이의 순간을 설명한다.

3장과 4장, 5장은 세 가지 주요한 개념적·실천적 영역, 즉 경계, 영토주권, 가장자리(margin)에서 발생한 지리지식의 대체를 다룬다. 이 영역들에서 근대 지리학은 시암 변경지대 저마다의 갖가지 사안들을 다른 방식으로 처리하며 전통 개념들을 몰아내고 새로운 정통 '참' 지식으로서 자신을 내세웠다. 이 모든 사례에서 기호정치학적 작동이 지성과 학문에만 국한되지 않았다. 이 대체는 외교와 정치에서, 전쟁과 국제관계에서, 지표에서뿐만 아니라 서신교환에서도 언제나 발생했다. 6장은 지도가 어떻게 새로운 종류의 시암을 창조하는 데 결정적인 역할을 했는지 서술한다. 무력을 대동하면서 지도는 시암이 마땅히 되어야할 바를 바랐고 실행에 옮겼다. 국가의 지리체가 마침내 등장한 것이다.

7장과 8장은 지리체 담론이 어떻게 그 존재를 증명하는 방식으로 시암에 관한 지식을 빚어냈는지 논의한다. 역사에 초점을 맞추면서 이 논의는 새로운 지리체가 어떻게 시암의 과거를 바라보고 알아가는 방식을 빚어냈는지 보여준다. 사실 지리체 그 자신이 등장한 그 순간이 태국 역사에 새로운 이야기 구조를 창조하는 데 결정적인 역할을 했다. 그 새로운 이야기 구조는 20세기 내내 태국의 역사 인식을 지배해왔고 당분간 틀림없이 그럴 것이다.

근대 지리학과 지도, 국가 지리체의 지배력은 우리가 깨닫는 것보다 훨씬 더 강력한 힘을 갖고 있다. 지리체는 그 자체를 재생산하며 우리를 그 체제 아래 삼켜버린다. 이것은 태국 사람들에게만 해당되는 얘기가 아니다. 지도로 표시된 이 세계에서 살아가는 다른 많은 사람들에게도 해당되는 말이다.

::

태국어 규칙

이 책은 태국어 단어 대부분에 발음표기를 했다. 다만 성조 표기는 하지 않았다. 이 발음표기 관행은 1954년 방콕의 왕립학술원(Royal Institute, Bangkok)이 마련한 '태국어 단어의 로마자화 표기에 관한 일반 체계'를 따랐다. 조판의 제약으로 일부 모음과 자음의 위첨자와 아래첨자는 보이지 않는다.

다른 체계나 아마도 체계를 전혀 따르지 않는 이름들의 발음표기는 예외로 했다. 잘 알려지거나 검토가 가능한 이름의 경우 당사자의 발음표기를 준수했다. 그렇지 않을 경우 철자는 앞서 언급된 로마자화 체계를 따른다. 일부의 태국 왕, 왕자, 귀족의 경우 긴 공식 지위보다 역사가들에게 알려진 영어 이름(몽꿋Mongkut, 쭐라롱꼰Chulalongkorn, 와치라웃Vajiravudh)을 썼다. 담롱(Damrong), 피칫(Phichit), 쁘라짝(Prachak), 와치라얀(Wachirayan), 티파꼬라웡(Thiphakorawong) 등을 일컬을 때도 마찬가지로 그들의 정식 지위와 이름보다 잘 알려진 영어 이름을 썼다. 그러나 대부분의 경우 왕자(Prince), 대신(프라야Phraya), 최고대신(짜오 프라야Chao Phraya)과 같은 그들의 지위 및 더 긴 직함은 저마다 처음 언급될 때 표시했다.

마지막으로 태국인들은 성으로 지칭되는 서양인들과 달리 평소 용법처럼 이름으로 지칭됐다. 참고문헌에서 태국어 성명은 이름에 따라 배열됐다.

::

사료 설명

The Burney Papers(버니 문서). *The Burney Papers*에 대한 참조는 *BP* (권)/(부) 방식으로 표기할 것이다. 예컨대 *BP* 4/1은 제4권 제1부를 뜻한다. 여기서 권수는 어떤 합본 권에 등장하는지 상관없이 원본 원고의 권수를 의미한다. 원본 원고의 권수가 합본의 권수와 반드시 일치하지 않기 때문이다. 예컨대 원본 원고의 제2권은 늘려서 두 개의 합본 권이 되었다. 더욱이 쪽 번호를 매기는 방법이 원고 전반에 걸쳐 일치하지 않는다. 제1권과 제3권에서 쪽 번호는 각각 4부와 2부까지 연달아 매겨져 있다. 6부로 이루어진 제2권과 2부로 이루어진 제4권에서는 각부마다 쪽 번호가 새로 시작한다. 제5권은 1부만을 갖고 있다. 따라서 제2권과 제4권에 대해서는 쪽 번호 언급이 필요하지만 혼동을 막기 위해 다른 권들에 대해서는 쪽 번호를 생략한다.

Prachum Phongsawadan(쁘라춤 퐁사와단). *Prachum Phongsawadan*(연대기) 총서는 여러 유형의 역사 기록물과 문헌들의 모음집으로서 8부로 구성되어 있다. 그러나 이 책에서 참조한 쿠루사파(Khurusapha) 판본에서 그 총서는 각 부의 처음과 끝에 상관없이 대략 비슷한 분량을 가진 50개의 권으로 이뤄져 있다. 그래서 참조가 언제나 *PP* (권)/(부)로 되어 있다. 예컨대, *PP* 34/62와 35/62는 제62부가 제34권과 제35권에 있다는 것을 뜻하고, *PP* 11/13과 11/14는 제13부와 제14부가 같은 권,

즉 제11권에 있다는 것을 뜻한다. 대부분 각 문헌의 제목이 책 속의 논문을 언급할 때처럼 제시될 것이다.

Phraratchaphongsawadan Krung Rattanakosin(프라랏차퐁사와단 끄룽 라따나꼬신). Thiphakorawong(티파꼬라웡)이 지은 *Phraratchaphongsawadan Krung Rattanakosin*(방콕 왕조 연대기)에서 제3대왕과 제4대왕에 관한 것이 각각 두 권으로 이뤄져 있는데, 이를 언급할 때 줄여서 각각 Thiphakorawong, *Third Reign and Fourth Reign*으로 하고 권 수를 그 뒤에 붙일 것이다.

::

감사의 글

여기에 쏟아 부은 노력은 1976년 10월 6일 수요일 아침 방콕의 탐마삿 대학교에서 발생한 학살로 목숨을 잃거나 몸과 마음에 상처를 입은 친구들, 그리고 이런저런 고통을 겪었던 수천 명의 사람들로부터 영감을 받은 것이기에 그들에게 이 노력을 바친다. 이 노력은 그들의 희생과 견주면 아무 것도 아니다.

시드니에 여러 해 살면서 형편없는 영어 실력을 향상하는 것에서부터 새로운 아이디어를 공부하고 이 모험의 연구에 이르기까지 내 위대한 선생님인 크레이그 레이놀즈(Craig J. Reynolds)가 나를 품고 다독이며 내 배움의 길을 이끌었다. 단언컨대 그는 위대한 선생님이었다. 해당 분야에 정통하며 인문학과 사회과학의 새로운 이론과 개념을 꿰뚫고 있을 뿐만 아니라 학생들 하나하나를 길러내는 데에도 그 자신을 다 바쳤다.

내 험난한 대학 생활을 헤쳐 나가 이 학문의 세계에 발을 딛도록 이모저모 도와준 찬윗 까셋시리(Charnvit Kasetsiri), 깐짜니 라옹시(Kanchanee La-ongsri), 수파폰 짜런팟-시게토미(Supaporn Jaranpat-Shigetomi), 차이왓 사타아난(Chaiwat Satha-anan)을 비롯한 탐마삿대학교의 선생님들과 동료들에게 특별히 감사한다. 코넬대학교의 벤 앤더슨(Ben Anderson, 2015년 작고-역주)의 논평과 격려가 매우 중요했다. 서로 몇 번밖에 만나지 못했지만 앤더슨이 직간접적으로 준 영감은 최근 몇 년 동안 나에게 매우 소중했다. 모내시대학교의 데이비드 챈들러(David Chandler)와 시드니대학교의 앤서니 데이(Anthony Day)의 논평도 마찬가지로 중요했다.

좋은 땀난 지도와 해안 지도를 얻는 데 도움을 준 수찟 웡뎃(Sujit Wongdes)과 싱콤 보리숫(Singkom Borisutdhi)에게 감사한다. 〈그림 2〉와 〈그림 4〉를 사용하도록 허락해준 『실라빠와타나탐』(예술과 문화) 학술지에도 감사한다. 방콕의 국립도서관에는 〈그림 3〉을, 태국 국방부의 왕립측량과에는 〈그림 5〉를, 대영도서관에는 〈그림 9〉와 〈그림 10〉을 사용하도록 허락해준 것에 감사한다. 앤드류 터턴(Andrew Turton)에게는 그 대영도서관과 협력하여 복사가 마무리될 수 있도록 해준 것에 감사한다. 또한 〈그림 13-19〉의 지도를 사용하도록 허락해준 타이왓타나파닛(Thaiwatthanaphanit) 회사에게도 감사한다. 〈그림 20〉을 사용하도록 허락해준 콘래드 테일러(Conrad Taylor)에게 특히 감사한다. 이 원고와 씨름한 하와이대출판부의 파멜라 켈리(Pamela Kelley)에게 감사한다. 내 쪽에서 여러 문제가 있었는데도 그녀는 나를 다그쳐서 이 작업이 끝나도록 해주었다. 이 책이 나오도록 이모저모로 도와준 모든 사람들을 언급하며 감사하고 싶은데 그렇지 못해 아쉬울 따름이다. 그들의 격려, 관심, 도움은 늘 기억할 것이다.

끝으로, 관행을 따르는 것을 좋아하지 않지만, 내 아내 솜루디(Somrudee)의 관심과 노고와 희생이 없었더라면 이 책은 빛을 보지 못했을 것이다.

이 책이 어떤 방식으로 이 세상을 더 좋게 만드는 데 기여할지 모르겠다. 내 바람은 대단치 않다. 언젠가 모든 비이성적인 이성이 낱낱이 드러나 사람들이 더 관대하고, 더 사려 깊게 되는 것이다.

::

서론
국가성(Nationhood)의 존재

1986년 월드컵 조별 리그에서 덴마크가 스코틀랜드를 이겼을 때, 오백만의 덴마크 인구 97%가 티브이로 그 경기를 지켜보았다고 한다. 티브이 중계 아나운서는 나머지 3%에 대해서 말하기를 "틀림없이 스웨덴 사람과 반역자만이 보지 않았을 것이다"고 했다.[1] 유머가 담긴 이 말은 의미심장하다. 현대에서 국가성의 중요함을 재밌게 표현한 것이다. 그러나 이것의 비극적인 측면은 헤아릴 수 없을 정도로 많다. 세계가 21세기로 다가갈 때 사회주의 동구권이 국가를 지향하는 종족과 민족주의자들의 갈등을 겪으며 해체 되어갔던 것을 우리는 목도했다. 사실 한 국가의 구성원이라고 여기며 다른 사람들과 구분하려는 사람들 사이의 갈등이 이 세상 도처에 존재한다. 그 축구 경기의 시청자에 대한 말이 와 닿는 것은 이 말속에 드러난 국제 경쟁이 더 넓은 맥락에서 다른 영역들에서 벌어지는 국가들 사이의 적대감, 경쟁의식, 반감을 알려주기 때문이다.

---

* 각주에 언급한 문헌들은 간략 형태이다. 자주 언급되고 긴 제목을 가진 문헌들은 제목 전체가, 태국어일 경우에는 번역 제목이 처음 언급할 때 제시되고 그 뒤부터는 축약 형태가 제시될 것이다. 각 문헌의 완전한 서지 사항은 참고문헌 목록에 나와 있다.

1 *Sydney Morning Herald*, 9 June 1986.

국가성을 인식하는 두 방식

국가는 개인들이 속하는 집체라고들 보통 말한다. 더 나아가 그 원자들이나 부분들–국민들–은 비슷한 성격을 지녔고 국가는 그들로 구성된 실체라고들 한다. 국가는 그 구성원이 공통적으로 품고 있는 본질적인 특질을 갖고 있으며, 그 구성원들은 똑같은 국가적 관심을 갖고 있는 것이다. 애국심, 충성심을 비롯해 생각, 감수성, 실천에 관련된 여러 소속감은 자연스런 유대 감정으로 보인다. 다른 한편, 국가는 늘 글로벌 국가 공동체 안에서 존재한다고 한다. 다시 말해 우리 것과 전혀 같지 않은 본바탕과 이해관계를 갖고, 또는 우리를 적대적으로까지 여기는 다른 국가들이 있는 것이다. 현대 국가 담론은 이 두 가지 인식 방식, 즉 어떤 공통의 성격, 정체성, 이해관계를 파악하는 긍정의 방식과 다른 국민과 차이를 드러내는 부정의 방식을 대개 전제한다. 우리의 현대 문명은 이 정체성과 차이에 상당 부분 바탕을 두고 있다.

어떻게 한 국가의 정체성과 그 국가가 다른 국가들과 차이를 두는 것–즉, 두 가지 방식의 국가 인식–은 유래했을까? 또는 어떻게 그것이 만들어졌을까? 현대 인간이 국가와 관련하여 어떻게 얘기하고, 알고, 행동할까? 국가에 관한 지식이 실로 우리의 문명에서 어떻게 형성되어 왔을까? 국민국가의 등장이나 국가 건설에 관한 기존 연구의 틀에 입각하여 이 질문들에 대해 답을 하면 안 된다. 그보다는 국가성의 담론에 관한 연구에 입각해야 한다. 이 연구는 시암 즉 태국의 사례로써 이를 다루고자 한다. 하지만 그 중요성은 이 사례를 뛰어넘는다. 지난 200년에 걸쳐서 지구상에 등장한 다른 많은 국가에도 적용된다.

지도 1 근대 국경 생성 이전의 대륙동남아시아

타이다움(Thainess)의 긍정적인 인식과 부정적인 인식

오늘날 태국에서 공통의 태국의 성격이나 정체성과 같은 것이 있다고, 다시 말해 쿠암뻰타이(khwampenthai) 즉 '타이적인 것'이 있다고 흔히들 말한다. 이것은 아주 오랫동안 존재해왔고, 모든 태국인은 이 덕성을 잘 알고 있다고들 한다. 시암이 지난 백 년 동안 거대한 근대화 과정을 거쳤는데도 타이다움의 정수가 현재에 이르기까지 잘 보존되어 왔다는 것이다. 다른 민족주의 담론처럼 이 담론은 위대한 지도자(이 경우 군주)가 전통적 가치를 최대한 지키면서 서구의 좋은 점만을 시암을 위해 선택적으로 도입했다고 간주한다. 회의론자는 그러한 관점의 타당성을 의심하겠지만, 그러한 관점은 심지어 학자들 가운데에서도 널리 퍼져 있다.

타이다움에 바탕을 둔 이 선택적 근대화에 관해서 자주 등장하는 표현 중 하나가 서구의 과학과 기술을 도입하면서도 불교를 국가의 종교로 재확인했다는 것이다. 선택적 근대화에 대한 또 다른 유명한 증거는 몇 뛰어난 시암의 왕이 서구의 지식을 어느 정도까지 도입해야하는지 관해 내린 지침이다. 그 지식의 도입이 원산지의 유형이나 기준에 바탕을 둔 것이 아니라 시암의 맥락에 적절한지에 바탕을 두고 이루어졌다고 그들은 주장한다. 그러나 무엇이 필요하고, 무엇이 적절하고, 무엇이 선하고, 무엇이 유용한지 또는 올바른지 정확히 판단하기란 어려운 일이다. '올바른' 게 무엇인지 한 번도 속 시원히 정의된 적이 없다. 그걸 하는 것이 사실상 불가능하다. 그래서 타이다움에 관한 여러 해석들이 심심찮게 등장한다. 19세기 이래로 그래왔다.

무엇이 '좋지' 않은 것인가? 쭐라롱꼰왕(Chulalongkorn, 재위 1868-1910)은 1885년에 정당과 의회 체계라는 개념이 시암의 정치 전통에서는 적절치 않다고 선언했다.[2] 또 한 번은 시암에서 정당을 건설하려는 중국인들의 시도는 시암의 이익과 맞지 않은 것이고 따라서 가능한 한 이를 막아야 한다고 그는 주장했다.[3] 와치라웃왕(Vajiravudh, 재위 1910-1925)은 태국 사회에 맞지 않다는 이유로 첫 경제학 교과서를 금지했다. 그의 주장에 따르면 군주를 제외하고 모든 태국 사람은 그의 아래에서 똑같은데 경제학은 부자와 빈자의 사회적 층위에 관심을 갖기에 분열이나 혼란을 조장할 수 있다는 것이다. 대신 그는 인간은 자기의 소유에 만족해야한다는 불교의 가르침에 근거한 자신의 경제철학을 제안했다. 단지 경제학을 저술하는 것을 금지하는 데서 그친 것이 아니라 1927년 경제학을 가르치는 것을 금지하는 법까지 통과됐다.[4]

여러 노선들의 권위자들이 저마다 두서없이 타이다움을 정의하고 주장해왔기 때문에 정확히 무엇을 보존해야하는가가 불투명하다. 군주제와 불교가 국가의 가장 중요한 요소라는 것은 태국 학자들이 널리 받아들인다. 와치라웃왕은 군주제가 국가성에서 가장 중요하다고 제안했다. 위대한 역사가이자 행정가인 담롱 라차누팝(Damrong Rajanubhap, 이하 담롱) 왕자는 태국인의 세 도덕적 기둥이 국가 자존에 대한 애정, 관용, 타협 또는 융화라고 주장한 적이 있다.[5] 2차 세계대전 중의 피분(Phibun) 내각(1938-1945)은 태국의 문화를 문명화하려는 시도를

---

2 La-o-thong Ammarinrat, "Kansongnakrian paisuksato tangprathet tangtae ph.s. 2411-2475" [불력 2411-2475년 해외 유학생 파견], pp. 99-100.

3 Ibid., pp. 212-213.

4 Sirilak Sakkriangkrai, ed., *Phraya suriyanuwat (koet bunnak) naksetthasat khonraek khong muangthai* [프라야 수리야누왓 (껏 분낙): 태국 최초의 경제학자], pp. 27-30.

5 Prince Damrong Rajanubhap, "Laksana kanpokkhrong prathetsayam taeboran" [고대 시암의 통치의 특성], pp. 6-7.

야심차게 전개했다.[6] 여러 위원회가 설립되며 태국 문화는 어떠해야 하는지를 규정하고 이를 유포하는 것을 관장했다. 개인 사안에서 공공 사안까지, 가정 사안에서 사회 사안까지 사람들이 따라야할 여러 관행들이 자세하게 정해졌다.[7] 재밌게도, 바지와 치마 착용, 아침에 일하러 나가기 전의 키스는 허용됐지만, 전통 의복과 빈랑을 씹는 전통 관행은 금지되었다. 몇몇의 새로운 문화들은 개별 정부의 수명을 넘지 못했고 다른 것들은 오늘날까지 이어졌다.

타이다움에 관한 여러 다른 견해들이 있고, 그 정의는 끝나지 않는다. 태국은 유일하지는 않지만 하나의 국가로서 마치 민족 문화가 갑자기 사라질 것처럼 여기며 민족 문화의 보존과 홍보에 관여한다. 따라서 어느 정부 기구가 그 이름과 현안은 때에 따라 달랐지만 늘 이 목적을 위해 존재해왔다. 현 기관인 국가정체성위원회(Commission for National Identity)는 국가, 종교, 군주라는 제도들의 보호에 관한 기획, 조정, 협의 사안을 명확히 할 목적으로 타이다움을 정의해야했다. 그래서 내린 결론은 국가가 여덟 가지의 요소, 즉 영토, 인구, 자주와 주권, 정부와 행정, 종교, 군주, 문화, 존엄성으로 구성되어 있다는 것이었다. 그러나 그 위원회는 우려를 내비쳤는데, "곧 알게 되듯이, '국가 정체성'이라는 단어의 의미가 매우 넓고 국가의 모든 요소들을 포괄하고 있어서 혼동과 불명확한 이해를 야기한다. 심지어 그 여덟 가지도 (위원회의) 모든 사람이 합의한 것은 아니다"고 했다.[8] 사실상 26쪽의 작

---

6 Thamsook Numnonda, *Thailand and the Japanese Presence 1941-1945*, pp. 21-41.

7 Ibid. 또한 그 시기 정부의 조치 사항을 수집한 것을 보려면 Kromkhotsanakan, *Pramuan watthanatham haengchat* [민족 문화 수집] 참조.

8 *Rai-ngan kansammana ruang ekkalak khong chat kap kanphattha-*

은 책자인 『엑까락 콩 찻』(*Ekkalak khong chat*, 국가 정체성)에서 세 현인은 태국 정체성의 요소를 다양하게 해석한다. 그 요소들은 다른 것들과 충돌을 일으키지 않는다. 사실 그 요소들 모두 태국 정체성에 해당되고 따라서 그 현인들은 독자들이 그 모든 것을 받아들이기를 기대했다.[9] 태국적이라고 간주되는 요소들과 제도들은 끝이 없다. 중복은 필요하고 유용하다.

설사 타이다움이 결코 확실하게 정의되지 않더라도 모든 태국인은 그 존재를 안다고들 한다. 현대 태국에서 가장 유능한 정치가이자 학자 중 하나인 크릿 쁘라못(Kukrit Pramoj, 1911-1995, 1973-1974년 태국 인민대표원 의장과 1975-1976년 태국 13대 총리 역임-역주)은 정체성이 무엇인지 확신할 수 없다고 고백했다. 그러나 그 정체성이 그의 속에 스며들어 있다고 확신했다.

> "한 국가의 공동체 정체성은 태어날 때 개인에게 주어진다. 타이다움은 대개 태국인들과 같이 자라난다. 태국인이 된다는 것은 이런저런 감정과 성격을 갖는다는 것을 뜻한다."[10]

무엇이 타이다움인지가 정의하기 어렵다면, 무엇이 타이다움이 아닌지-다시 말해 비태국적인 것-는 종종 정의된다. 이렇게 파악하면 우리는 바깥으로부터 타이다움의 영역을 구분할 수 있게 된다. 에드먼드 리치(Edmund Leach)가 상부 버마의 사례에서 언급했듯이, 종족집단은 사회학적 허구에 불과한 공통의 특질보다는 다른 종족집단과의 차이의

---

na [국가 정체성과 발전에 관한 세미나 보고서], p. 1.

9 Commission for National Identity, *Ekkalak khong chat* [국가 정체성].

10 크릿 쁘라못의 연설. Ibid., p. 19.

관점에서 그들을 정의한다.[11] 이것이 내가 말하는 '부정적인' 구분법이다.

대개 타자를 지칭하는 용어는 다른 국가에 속하는 것을 파악할 때 쓰인다고들 한다. 그러나 국가나 종족을 일컫는 단어들의 범주가 대개 허술하다. 예컨대 태국어에서 파랑(farang)은 널리 알려진 형용사이자 명사로서 특정의 국민, 문화, 종족성, 언어 등에 관계없이 서구인을 가리킨다. 캑(khaek)은 말레이반도, 동인도제도, 남아시아, 중동 출신의 사람과 그들 국가를 서로 구분하지 않고 포괄하는 또 다른 용어이다. 캑은 또한 무슬림을 가리키기도 하지만 그렇다고 그들만을 가리키는 것은 아니다. 다시 말해, 타자에 대한 지칭은 어떤 특정 국가나 종족집단의 성격을 밝히는 것과 종종 상관이 없다. 그 언술의 목적은 어떤 특정인의 성격을 파악하기보다는 비태국적인 것을 파악하기 위한 것이기 때문이다. 일단 비타이다움이 파악되면, 그 반대인 타이다움은 드러난다.

부정적인 구분법의 예는 일상생활에서 쉽게 발견할 수 있다. 1987년 2월 중순 호주 캔버라 주재 태국 대사와 태국 학생들의 대화중에 그 대사는 학생들에게 "베트남 사람들처럼 행동하지 말라"고 지도했다. 그 대사가 호주에 있는 베트남 사람을 말했는지, 베트남에 있는 베트남 공산주의자를 말했는지, 아니면 둘 다 말했는지 확실치는 않다. 아마도 누구를 가리키든지 그는 상관하지 않았을 것이다. 이 사례에서 '베트남'이라는 용어는 베트남 사람들이 실제로 그렇게 행동하는지 상관없이 일종의 타자성이나 반드시 피해야할 비타이다움을 나타내는 것이다.

비타이다움은 때론 국민이나 종족과 관계가 없다. 언젠가 한 태국인을 공산주의자라고 놀렸는데, 그 태국인이 이를 장난으로 받아들이지 않고 바로 "나는 공산주의자가 아니라, 태국인이라고요."라고 반응

---

11 Edmund Leach, *Political Systems of Highland Burma*, pp. 285-286, 290-292.

했다고 한 기자가 말한 적이 있다.[12] 이것은 태국이라는 국가가 공식적으로 공산주의를 어떻게 바라보는지도 알려준다. 간단히 말하자면, 반공산주의법(1952)은 비미국행동법을 모델로 삼았는데, 그 법의 근거는 공산주의가 사고와 삶의 방식에서 비태국적이라는 것이었다.[13] 냉전 시기인 1960년-1970년대에 공산주의의 위협을 알리는 포스터가 모든 초등학교에 뿌려졌다. 그 그림에서 작은 지도로 표현된 태국은 아시아 대륙부에서 발원하여 북쪽으로 뻗어 있는 거대한 붉은 악마의 위협을 받고 있다. 여기에서 공산주의와 다른 국가들은 악마적 타자성과 결부되어 있다. (비슷한, 하지만 좀 더 최근인 포스터가 이 책의 뒷부분에서 자세하게 논의될 것이다.)

1973-1976년의 급진 운동은 종종 적과 내통했다고 내몰리기도 했다. 여기에서 적은 공산주의와 더불어 다른 국가들이었다. 학생 지도자들은 베트남계 후예라고 의심받았다. 1975년 이후 베트남은 태국의 공식 관점에서 가장 나쁜 타자의 상징이었다. 1976년 10월 6일 경찰과 불법 극우 무장 단체가 수천 명의 시위대에 타격을 가한 학살 현장에서 어떤 시위대는 베트남인이라고 간주되어 희생을 당하기도 했다. 그 날뛰던 폭력배는 그들이 베트남인이라 생각하도록 세뇌를 당했던 것이다. 그 상황에서 베트남과 공산주의와 급진주의자는 티브이 아나운서에게 스웨덴 사람과 반역자와 같은 방식으로 작동했다. 타자, 비타이다움의 존재는 타이다움의 긍정적인 구분법과 마찬가지로 필요한 것이다. 후자에게 전자는 없어서는 안 될 존재이다.

12 *Far Eastern Economic Review*, 18 June 1987, p. 53.

13 Prudhisan Jumbala, "Interest and Pressure Groups," p. 130.

태국학

타이다움의 정의나 구성이 불명확하지만 태국인들의 마음속에 그 관념이 존재한다는 것은 확실하다. 타이다움은 이 세상에 그리고 역사에서 존재하는 어떤 것으로서 여러 특질을 갖고 있으며 다른 것들과 구분된다. 많은 태국 학자들은 이에 대한 연구라면 태국인들이 다른 어떤 사람들보다 잘 아는 영역이라고 생각한다.

학자든 아니든 태국인들은 늘 "땀꼰 파랑"하지(서양인들 꽁무니를 따라다니지) 말라고 주의를 받는다. 그들에게, 타이다움, 태국, 태국인, 태국학, 태국에 관한 그 무엇이든, 파랑들이 이에 접근 가능하기는 하나 태국인들이 하는 만큼 저 내면 깊숙한 곳에 결코 다다를 수 없는 영역이다. 이 타이다움이야말로 태국인들이 속하는 것이고 그를 이루는 부분이다. 다른 말로 이것은 태국인에게 속하고 태국인들 삶의 공통부분이다. 이렇게 서로 속한다는 감각의 정체성에 힘입어 태국 학자들은 태국학의 영역에서 독보적인 지위를 차지하게 됐다. 그들이 보기에 '태국적인 것'은 학문의 영역일 뿐만 아니라 그들의 본질적인 부분이기 때문이다. 이와 달리 파랑 학자들은 쓰는 자아와 쓰기의 대상이 되는 자아 사이의 엄청난 거리를 극복해야만 했다.

때로 그 거리는 확연하게 구체적으로 측정된다. 태국의 국경을 따라서도 측정된다. 외교정책을 다루는 어느 주요 정치학자는 캄보디아 문제에 관해서 외국 학자들과 논쟁을 벌이면서 말하기를 캄보디아와 그 국경에서 발생하는 사태를 직접적으로 경험하는 태국 사람(국민? 학자? 군인?)과 달리 외국 학자들은 그 사태와 동떨어져 있다고 했다. 따라서 "일부[태국 학자들]가 그 문제를 피상적으로 바라보는 외국학자들의 견해에 동조한다는 것을 유감스럽게 생각한다"고 그 학자는 말했

다.[14]

에드워드 사이드(Edward Said)는 유럽 바깥의 나라와 사람들에 대한 담론, 특히 '오리엔트'에 관한 담론은 '오리엔트'가 실제로 무엇인지에 관한 기록이기보다는 유럽 중심지 자체의 인식과 특권을 확증하기 위해 '타자'의 존재를 구성하는 권력관계의 일부가 되어왔다고 주장했다.[15] 그렇긴 하지만 서구 학자들은 유럽중심주의와 타자에 대한 편견이 문제가 있다는 것을 꽤 오래전부터 의식해왔다. 과거 오리엔탈리즘 학자들이 저질렀던 과오에 대한 교정과 사죄와 치유로서 이 죄책감은 서구 학자들을 반대쪽-바로 현지인의 관점을 인정하는 쪽-으로 내몰았다. 최근 한 동남아 연구는 그러한 작업이 "우리가 관계하는 ... 사람들을 덜 부당하게 대하는 방식의 연구"라고 선언한다.[16] 그러나 이러한 반대 방향은 종종 너무 멀리 나갔다. 식민 지배를 받았던 다른 국가와 달리 태국학에서 식민주의 학풍과 반식민주의 학풍 사이에 갈등이 없었는데, 이것은 가끔씩 친현지적 서구 학자들로 하여금 무비판적으로 현지의 관점에 동조하게끔 했다. 서구 학자들은 시암 엘리트의 기존 관점을 태국에 관한 유일한 정통 담론으로 받아들이곤 했다.[17] 그 지적 활동이 사이드가 언급한 대로 권력관계에 의해서 작동된 것이라면 이 맥락에서는 현지인이라는 것은, 적어도 현지 학자들 다수에게는 하나의 특권이다.

---

14 Dr. Khian Theerawit과 인터뷰. *Matichon* (태국의 한 신문), 8 April 1985, p. 2.

15 Edward Said, *Orientalism*.

16 Mark Hobart and Robert Taylor, eds., *Context, Meaning and Power in Southeast Asia*, p. 7.

17 Benedict Anderson, "Studies of the Thai State," p. 196.

오리엔탈리즘이 기본적으로 서구 문명의 타자로서 다루어져왔다면, 태국인의 태국은 '우리' 또는 자기의 영역이다. 말하고, 연구하고, 상상하는 현실이 '상대방'이 아니라 자신 즉 사회적·집단적 자신이다. 이 때문에 국가 공동체와 이것의 수많은 측면들-민족주의, 애국심, 정체성, 문화, 역사, 이미지, 세계관 등-은 단지 과학적 연구의 대상만은 아니다. 우리 자신에 대한 연구의 물리적·정신적 측면이요, 우리 자신의 연민, 충성, 편애, 집착의 측면이기도 하다.

과학적 방법과 학문적 형식(특히, 각주, 인용, 참고문헌)을 겉으로 내세우며 태국인이 수행하는 태국연구는 우리 자신에 관한 것이라는 패러다임 담론에 깊숙이 자리 잡고 있다. 그 담론은 태국인에게 관점, 감정, 가치를 비롯해 한계, 터부, 변명, 타당성을 제공한다. 우리 자신의 영역은 그 자체의 정치경제학과 질문을 품고 있어 외국인이 수행하는 태국학의 영역과는 다르다. 태국 학자들이 바라보고 연구하는 태국은 비태국 학자들의 연구와는 같지 않을 테다.[18] 우리 자신의 담론에 관한 분야로서 그 연구는 자연스런 권위를 획득할 테고, 무엇이 좋고 나쁜지, 무엇이 태국적이고 그렇지 않은지 판별하는 내부자 관점이 된다. 이 내부자 관점을 견줄 수 없는 이점이라고 주장하는 하나의 유명한 분야가 있으니 바로 사상이나 세계관을 다루는 민족지적(ethnographic) 연구다. 한 연구는 주장하기를,

[이 책은] ... 태국의 세계관을 태국인의 눈으로 봄으로써 에

18 Thongchai Winichakul, "Siam Mapped: A History of the Geo-body of Siam," (article) pp. 155-156. 이점은 학술회의 이후에 이를 조직한 인사가 또한 언급한 바다. Gehan Wijeyewardene, "Postscript" in vol. 3, pt.2, pp. 650-652을 보라.

믹(emic) 관점 또는 '내부자 관점'으로 민족지에 접근하는 새로운 사조의 가치를 드러내고자…한다. 이 책을 쓴 여러 학자들이 서구에서 공부했지만 그들의 생각과 행동은 기본적으로 태국적이다. 따라서 이 책의 내용은 태국인이자 비서구인의 인지와 인식을 당연히 반영한다.[19]

이 언급에서 '태국'이라는 관념-세계관, 사람, 눈, 사고, 행동, 인지, 인식-은 동질적이고 글의 주제와 저자에 체화돼 있기 때문에 특별히 더 설명할 필요가 없다. 각 지방의 민족지 연구센터와 역사학자들이 수행하는 이 같은 연구가 최근 많아졌다. 결과적으로 우리는 태국 북부, 동북부, 남부의 세계관과 수코타이, 아유타야, 방콕 왕조 초기 시대 태국인의 세계관을 갖게 됐다.[20] 이 방법론은 사실상 같다. 다시 말해 연구자들이 선험적으로 갖고 있는, 태국의 세계관 구성에 관한 그

---

19 Amara Pongsapich, "Introduction" in *Traditional and Changing Thai World View*, p. 8.

20 Sit But-in, *Lokkathat chaothai lanna* [란나 태국인의 세계관]; *Sangkhomsat chabap lokkathat chaolanna* [사회과학 학술지 - 란나인의 세계관 본(本) 사회학]; Chamroen Saengduangkhae, *Lokkathat chaothai phaktai thi prakot nai phlengklomdek* [동요에 나타나는 남부 태국인의 세계관]; Sutthiwong Phongphaibun, ed., *Lokkathat thai phaktai* [남부 태국인의 세계관]; Charuwan Thammawat, *Lokkathat thangkanmuang chak wannakam isan* [이산 문학에서 나타나는 정치적 세계관]; Panya Borisut, *Lokkathat khong khonthai wikhro chak wannakhadikhamson samai sukhothai* [태국인의 세계관: 수코타이 시기 문학 교육 분석]; Saowapha Phaithayawat, "Lokkathat khong khonthai samai ton rattanakosin 2325-2416" [방콕 왕조 초기 태국인의 세계관].

들의 관점에 따라 출처 자료를 범주화하는 것이다. 그러고 나서 저자들은 그들의 자료들-민담, 민요, 속담, 놀이-을 풀어 쓰며 태국의 세계관에 관한 분석으로서 그 결과를 내놓는다.[21] 그 어떤 저자도 그 결과가 태국의 세계관인지 연구의 시작부터 방법론으로 고착된 저자의 분류법의 결과인지 묻지 않는다. 아마도 둘 모두가 똑같을 것이다. 다시 말하자면 태국 세계관의 출처가 글의 주제이다. 그 자료들은 태국 세계관의 주제를 입증할 뿐이다.

이 비판은 한 사회의 특수성을 거부하는 것이 아니다. 다만 우리 자신에 관한 담론이 그러한 특수성을 과장-그래서 친밀함의 중요성에 대한 지나친 강조-한다는 것이다. 또한 타고났거나 내부자라는 이유로 태국학의 영역이나 타이다움에 관하여 특권과 권리와 권력을 지녔다고 내세우는 사람들과 텍스트가 그 담론을 주장한다는 것이다. 현지의 관점은 오리엔탈리스트 담론의 권력관계를 누그러뜨리는 좋은 해독제다. 그러나 타이다움의 담론 역시 그 자체의 권력관계를 갖고 있다. 글로벌 권력관계 맥락에서 이 담론은 중심지에 대한 주변부의 저항을 나타낼 수 있다. 그러나 태국 사회내의 권력관계 맥락에서 보건대 이것은 그 자체 세계에서 약자와 주변부에 대해 작동하는 공식적 담론이나 주도적 담론에 정당성을 부여한다. 탈식민지 시대의 사례가 그래왔듯이 반서구 담론은 피압제자가 아니라 압제자에게 속하여 그 자체의 권력관계에서 압제자의 지배를 재확인한다. 타이다움의 정의가 한 번도 확실하게 내려지지 않아왔기에(앞으로도 그럴 것이다) 타이다움의 영역과 그로부터 비롯된 권력관계는 여러 위치에서 나온 여러 해석들이 주도권을 확보하려고 다투는 장을 만들어낸다.

---

21 특히 위에 언급한 빤야(Panya)의 책에서 그렇다. 그는 자료에서 나온 내용을 그대로 따서 분석이라고 부른다.

경합하는 해석

태국 전체 라디오 방송국의 2/3를 차지하는 군부 소유의 라디오 방송국 네트워크는 1970년대 말 이래로 날마다 두 차례, 오전 6시 45분과 오후 6시에, 질서와 연합을 호소하고 안팎에 도사리는 공산주의자들의 위협 속에서 민족주의와 국가 안위에 대한 각성을 고취시키는 프로그램을 내보내왔다. 그 화제는 선출된 민간 정부에 대한 공격을 비롯한 사회적 현안에 대한 정치 논평에서부터 문학과 부고에 이르기까지 다양하다. 그러나 그 주제는 뻔하다. 태국 국민으로서 무엇이 옳고 그런지, 어떻게 처신해야 하는지, 개개 현안에 관해 어떻게 생각해야하는지 등이다. 이것은 사회적·지적 훈육 시도, 그것도 날마다 두 번씩 모든 집과 버스에 파고들어가는 공공연한 세뇌 프로그램이다. 그러한 모범적 관점에 부여되는 정당성은 곧잘 "태국의 ... [문화, 가치, 전통, 역사]에 따르면"이었다.[22] 긍정적인 방식으로, 논평자들은 대개 역사, 왕의 연설, 현직 군대 사령관의 말을 어떤 영역의 타이다움에 대한 권위로서 인용한다. 부정적인 방식으로는 다른 나라, 특히 인도차이나에서 무슨 일이 벌어지고 있는지 악행과 타락과 태국인이 반드시 피해야하는 가치를 언급하곤 한다. 더 정확히 얘기하자면, 대개 악행과 타락은 무슨 일이건 다른 나라에서 발생하는 것, 즉 타자와 연관된다. 군부를 앞세워 대중 지지를 동원하려는 것 이외에도, 분명컨대 그 방송은 모범적 타이다움을 만들어내는 공식 산업의 일원이기도 하다.[23]

---

22 *Phua phaendin thai* [태국을 위하여]에 있는 프로그램 필사본을 보라.

23 라디오와 텔레비전에 비슷한 방송이 있다. 그 모든 것들이 인기를 끌지 않지만-실제로 어떤 것은 조잡하여 시청률이 매우 낮다-타이다움을 표준화하려는 노력의 일환이다. *Yuyangthai* [태국인으로 살아가기]를 보라. 이 문헌

타이다움에 대해 이견 없는 모범 해석을 내리려는 이러한 시도도 있는 반면 다른 경쟁적인 해석도 있다. 그러나 어떤 경우이든 타이다움의 또 다른 모범을 내세우려는 목적에서만 공식 관점에 도전을 건다. 타이다움이라는 관념을 송두리째 해체하기는 아마도 불가능한 일인 것이다. 최근 역사에서 태국 제도권에 대항한 가장 급진적인 반대파인 태국공산당(Communist Party of Thailand)조차도 1970년대 말에 그 사상을 성공적으로 퍼뜨릴 수 있었던 것은 강한 민족주의 정서를 반서구주의 문턱에 걸쳐 놓았다는 데 어느 정도 기인한다. 퇴폐적인 서구 문화의 유입과 태국 문화의 타락을 방조한 국가의 위선을 공격하면서, 한편으로 전통적·민중적 문화를 내세우는 그 문화 프로그램의 청교도적 속성에서 이를 명백하게 확인할 수 있다. 정글에서 태국공산당에 참여했지만 결국에 그 당을 떠났던 한 학생 지도자는, "태국공산당은 전통적 가치를 품고서 외부 관찰자가 파악하는 것보다 훨씬 더 많게 태국의 유산을 계승하고 있다"고 말했다.[24] 태국공산당을 비판하는 태국인들은 현재까지 그 점에 대해 침묵하고 있다. 이것은 그들이 태국공산당의 보수적인 성격을 인지하지 못하기 때문인가 아니면 그 비판자들이 동일한 성향을 마찬가지로 지니고 있기 때문인가?

더 최근에 나왔고 여전히 강력한, 타이다움에 대한 또 다른 경쟁적인 해석을 내놓은 지적 성향이 있다. 이 성향은 보수적인 급진주의로 많은 사람들을 끌어들이고 있다. 기본적으로 이것은 태국의 불교 전통에 입각하여, 현대성, 자본주의, 소비주의가 태국 문명의 근본을 해체하여 태국인들을 오갈 데 없게 만들었다며, 그리하여 태국 사회

은 똑같은 제목을 가진 라디오와 텔레비전 프로그램들 대본들의 연례 출판물이다.

24 Seksan Prasertkul, *Review of Thailand: Society and Politics*, p. 406.

에서 현대 문화의 타락과 도덕성과 불교의 퇴락을 전반적으로 야기했다며, 현대 태국 사회의 실패를 공격한다. 그리고 나선 타이다움, 태국 문명의 뿌리와 근본적인 가치, 태국적 지성으로 돌아가자고 호소한다. 결국 이 모든 것들은 불교에 근간을 둔 것이다.[25] 이들은 또한 군사주의와 그 체제를 반대한다. 군사주의는 태국 사회의 타락에 책임이 있고, 과거의 군주의 지도력에 절대 견줄 수 없기 때문이다.[26]

이 최근 주장을 내세우는 사람들 몇은 더 나아가 타이다움이 민중들, 특히 농민들의 삶의 방식과 지성에 깊게 뿌리내리고 있다는 생각을 선전하고 있다. 이 관점에서 보는 타이다움과 태국적 지성은 시골에 자리 잡고 있으며 엘리트주의의 정반대편에서 비롯된다.[27] 그러나

---

25 이 관점은 유명한 사회 비평가이자 다작 작가인 술락 시와락(Sulak Sivaraksa)과 그를 따르는 자들의 작품에서 가장 잘 드러난다. 영어로는, 예컨대, *Siam in Crisis*; *Seeds of Peace: A Buddhist Vision for Renewing Society*; and *Religion and Development*를 보라. 또한 Donald Swearer, "Sulak Sivaraksa's Buddhist Vision for Renewing Society," pp. 17-57을 보라. 이와 같은 생각의 조류는 대중적이고, 사회운동가들뿐만 아니라 학자들도 그러한 관점을 잘 인식하고 있다. 또 다른 사상 지도자는 의사였으나 사회 비평가로 전향한 쁘라웻 와시(Prawes Wasi)이다.

26 술락은 1984년과 1991년에 왕실모독죄 혐의로 기소됐다. 두 번째의 모독죄는 군대의 총사령관의 명예를 훼손한 것도 포함됐다. 그러나 사실 술락은 왕실 옹호로 유명하다. 그의 글 여럿이 왕실 지도자들의 일대기와 인터뷰이고 여러 글에서 왕실 체계를 강력하게 옹호하고 있다. 그럼에도 이들은 시계를 되돌리자고 제안하지 않는다. 다만 전통 가치와 제도를 지키자고 제안한다. 그리고 이것을 미래로 나가는 태국 방식이라 간주한다.

27 Aphichat Thongyoo, *Watthanatham kap chumchon: thangluakmai khong nganphatthana* [문화와 지역 공동체: 대안적인 개발 사업]을 보라.

엘리트주의 타이다움처럼 이것이 대항하는 것은 서구 문화다. 이 관점의 유포자인 한 유명인의 시집은 주장하기를,

> [이 시구들은] 서구 철학을 추종하는 압도적인 사고방식을 극복하는 것이다 ... [이것은] 농촌 마을의 인식을 보여주고 생생하고 현장감 있는 방식으로 개발 과업들을 보여준다.... [이 시구들은] 많은 예술가들이 태국적 정체성을 잃고 다른 곳에서 유입된 새로운 정체성을 쫓는 이 시대에서 ... 태국적 지성으로써 서구적 지성에 도전하는 한 사람의 예술가이자 사상가가 쓴 것이다.[28]

군부가 보기에는, 타이다움은 좌파로부터 끊임없이 도전을 받았지만 좋은 상태에 있다. 불교도 급진주의자가 보기에는, 타이다움은 압도적인 서구 문화 탓에 위기에 처해 있다. 따라서 타이다움은 미래의 유일한 대안으로서 시급히 회복되어야 하는 것이다.[29] 한 불교도 급진주의자는, "현재의 태국인 세대는 타이다움에서 떠나면서 소외감을 느끼고 민족 자긍심을 잃게 되었다. 이는 과거 몇백 년 동안 태국 사회

이와 같은 생각을 하는 유명한 사람들로 밤룽 분빤야(Bamrung Bunpanya), 세리 퐁핏(Seri Phongphit) 박사, 깐짜나 깨오텝(Kanchana Kaewthep) 박사를 들 수 있다.

28 아피찻 통유(Apichat Thongyoo)의 책 *Charukwai thamklang yuksamai an sapson* [복잡한 시대 속의 기록] 광고물에서 인용했다. 이 광고는 학술지 Sangkhomphatthana [사회 발전], 5-6 (1983), p. 104에 실려 있다.

29 Sa-nga Luchaphatthanaphorn, ed., *Wikrittakan ekkalakthai* [태국 정체성의 위기].

의 엘리트들이 파랑에 빠져 뒤꽁무니를 따라다니면서 우리의 지성으로써 우리의 정체성을 추구하지 않았기 때문이다"고 말했다.[30] 역설적으로 도덕의 타락에 대한 우려는 최근에 등장하여 영향력을 떨치고 있는 또 다른 불교 운동인 탐마까이(Dhammakaya)도 공유한다. 왕족과 군부 지도자의 일부는 이 운동을 지원하지만 급진 불교도들은 이 운동을 혐오한다. 이 운동은 서구 지식과 문화를 불신하고 그것이 불교에 끼친 영향에 대해 우려를 표시한다.[31] 그러나 아주 유명한 반공산주의 승려인 낏티웃토(Kittiwuttho)는 이 우려에 공감하지 않는다. 그는 상인 근성과 고등교육이 서구 국가들에서 도덕과 영적 믿음의 타락을 야기했다는 것은 동의하지만, 불교가 길을 비추는 태국에서는 기술과 과학이 불교 믿음을 증진시킬 것이라고 확신한다.[32]

요점은 어떤 해석이 올바르고 정당하게 타이다움을 정의하는가 알아맞히는 것이 아니다. 말하고 싶은 것은 타고났다고들, 또한 자연스럽다고들 말하는 친밀성이 태국인에게 타이다움에 관해 친숙하거나 직관적인 지식을 제공한다고들 하지만 명료하게 그것이 무엇인지 확신시켜주지 못하고 있다는 점이다. 또한 그 사안을 둘러싸고 태국인들

30 Phra Pracha pasannathammo, "Than phutthathat kap kanpatiwat watthanatham" [풋타탓 픽쿠와 문화 혁명], p. 76.

31 탐마까이에 대해서는 Peter Jackson, *Buddhism, Legitimation and Conflict: The Political Functions of Urban Thai Buddhism* 참조. 술락의 공격(태국어)에 대해서는, *Matichon rai sapda* [주간 마띠촌], 13 July 1986 참조.

32 *Far Eastern Economic Review*, 18 June 1987, pp. 53-54. 이 승려에 대해서는 Charles F. Keyes, "Political Crisis and Militant Buddhism in Contemporary Thailand," 그리고 David Morell and Chai-anan Samudavanija, *Political Conflict in Thailand*, pp. 246-248 참조.

가운데서 벌어지는 쟁투가 동양을 기록하려는 오리엔탈리스트의 욕망보다 덜 폭력적이고, 덜 압제적이고, 덜 지배적이지 않다는 것이다. 공산주의, 전복, 반란, 왕실모독에 대한 고소가 만연하다.

이 사례들은 또한 어떤 해석이 지배적이 되든지 또는 어떤 절충주의가 만들어지든지 타이다움의 위력은 변하지 않을 것이라는 점을 말해준다. 여러 해석들이 여러 방식에서 서로 뚜렷이 엇갈리지만, 불교에 대해서 그리고 타이다움에 위협을 가하는 서구 문화에 대해서는 공통의 우려를 갖고 있다. 이것은 어느 누구도 감히 침범할 수 없는 하나의 정치사상 패러다임이다. 누군가 이것의 근본을 해쳤다는 혐의를 받으면 신뢰와 권위를 잃어버린다. 이것은 우익이 1973-1976년에 좌파 운동의 성장을 막으려고 사용한 전략이기도 하고 일부분 이것 때문에 태국공산당이 붕괴되기도 했다. 1976년 후에 태국공산당에 가입한 청년 급진주의자들은 태국공산당이 태국 혁명에 대한 모델로 중국을 맹종한다는 것과 심지어 중국공산당의 직접적인 영향 아래 놓여 있다는 것을 몸소 알게 된 뒤 환멸을 느꼈다.[33] 그 청년 학생들에게 태국공산당의 권위와 계급투쟁과 태국 사회에 대한 태국공산당의 담론의 힘은 그 외국적 요소 때문에 사실상 사라져버렸다.

그러나 태국인들은 '우리 자신'이라고 인지하는 타이다움이나 태

33 Pornpirom Iamtham, "Social Origin and the Development of the Communist Party of Thailand," pp. 205-209 and 212-215과 Gawin Chutima, *The Rise and Fall of the Communist Party of Thailand* (1973-1987), chap. 1 and pp. 44-60 참조. 어느 정도까지 이 '중국 요인'이 태국공산당과 청년 지식인들 사이에 벌어진 분쟁의 실제 이유였는지 가늠하기는 어렵다. 그러나 태국공산당에 등을 돌린 사람들이 가장 많이들 언급하는 이유 중 하나임에는 틀림없다 (Yuangrat Wedel, *The Thai Radicals and the Communist Party* 참조).

국 국가성에 관해, 또한 그 정당성과 범주와 기준과 정서와 영감과 반감이 어디에서 유래했고, 무엇을 참조했고, 어떻게 명분을 얻었는지 한 번도 심각하게 물어본 적이 없다. 어디에서, 어떻게 이것이 생겨나게 됐을까? 태국인이 이것을 타고났다고 주장하는 것은 정말 자연스러운가? 그렇지 않다면 타이다움은 어떻게 만들어졌는가?

문화적 구성물로서 시암

근본적으로 역사는 타이다움이라고 여길 수 있는 것에 대한 중요한 데이터베이스다. 타이다움에 대한 해석들 대부분은 역사가 그 관점들을 지지한다고 자랑스럽게 주장한다. 이점에서 역사도 무엇이 타이다움이고 아닌지를 결정하는 하나의 권위가 되었다. 타이다움에 대한 정의치고 역사를 이용하여 그 타당성에 권한을 부여하지 않는 것은 없다. 역사 연구라는 작업 모두는 태국의 국가성 연구에 관한 학술적·과학적 담론의 근간을 이루고 있다고 할 수 있다. 이 때문에 특히 태국인들이 태국학을 위해 어떤 시도를 한다면 기존 작업에 포섭되는 또 다른 텍스트가 되어서는 안 된다. 이와 달리 기존 작업에 대한 도전, 반박의 역사가 되어야한다.

태국에 대한 기존의 역사 연구는 정치적 또는 사회경제적 '실체,' 즉 왕국이나 국가가 태곳적부터 엄연히 존재해왔다고 전제한다. 그렇게 함으로써 역사가는 정체, 경제, 문화, 그 실체의 발전과 변화를 얘기할 수 있다. 그 실체는 주어진 것이고, 연구는 이를 재확증할 뿐이다. 하지만 내 연구는 태국의 국가성이 어떻게 창조되었는지에 관한 역사이다. 이 연구는 기존의 역사가들이 타이다움의 우수함을 증명하는 에피소드라고 찬양하는 것-즉 근대 시암의 국가 형성-을 다룰 것이다.

그러나 국가 건설의 과정을 논의하기보다는 시암이 산만한 구성물이라는 것을 보여줄 것이다. 태국의 군주는 이 새로운 담론에서 단지 도구에 불과했다. 그리고 타이다움은 그저 보잘 것 없는 태생을 가진 구성물일 뿐이다.

유럽 이외의 다른 국가들에서처럼, 시암이 19세기 유럽의 제국주의에 맞서 분투를 벌이면서 근대 국가로 출현했다고 역사는 본다. 그러나 다른 국가들과 달리 시암은 공식적으로 식민지가 된 적이 없다. 이점은 태국인들이 늘 자랑스럽게 생각하는 독특한 현상이다. 따라서 유럽 열강의 위협에 현명하고도 적절하게 대응하고 국가를 적시에 올바른 방향으로 근대화시킨 지성적인 군주 덕분에 시암은 자신을 근대 국가로 탈바꿈한 전통 국가로 간주돼왔다. 그리하여 연속성, 동질성, 전통, 특히 태국 불교와 군주제의 지속이 근대 시암의 독특한 특성으로 심지어 유일한 특색이 되어왔다. 몇몇 도전들이 있었지만 이 확고한 태국 역사관은 태국 사회에서, 태국을 연구하는 학자들 가운데, 오늘날 청년 급진주의자 모임 가운데도 단단하게 자리 잡고 있다.[34] 물론 군사주의에도 마찬가지로 권위를 부여한다.

이 확고한 관점은 1950년대와 1970년대 태국의 마르크스주의 역사학에 의해 도전을 받았다.[35] 여러 대안적 역사가 등장했는데 특히 계급투쟁과 사회경제 변화의 관점이 주목을 받았다. 이 관점에서 근대 시암의 출현은, 1855년 영국과 체결한 공식 조약이 상징적으로 드러내

34 예컨대 Santisuk Sophonsiri, "Ratthai kap chakkrawatniyom" [태국과 제국주의], pp. 15-35를 보라.

35 1950년대 태국의 마르크스주의자들의 역사적인 맥락과 1970년대에 끼친 그 효과와 영향을 보려면 Craig J. Reynolds and Lysa Hong, "Marxism in Thai Historical Studies," pp. 77-104 참조.

듯이, 시암이 글로벌 시장에 진입한 결과였다. 이러한 주장은 국민국가 건설에서 군주의 역할을 정면으로 맞받아치는 것이었다. 이 관점은 또한 국민국가의 실질적 출발은 1932년 절대왕정의 종식 이전에 일어나지 않았고 19세기 말부터 1930년대까지 시암은 절대주의 국가였다는 주장을 내세웠다.[36]

태국의 국가 형성에 관한 이러한 내부 담론에 동조하여 서구 학자들도 비슷한 질문을 던진다. 이들은 시암이 19세기 중반부터 2차 세계대전 이후 몇 차례의 독재정권에 이르기까지 경제적으로, 정치적으로 간접적 식민지였다고 간주한다.[37] 19세기 말의 국가 건설과 군주의 역할 역시 비판적인 관점에서 국민국가의 출발에 불과한 것으로 다룬다. 이 주장에서 핵심이 되는 것은 태국은 군주제 아래 불교도 타이족 주류가 지배적인 위치를 차지하면서 모든 부류-종족적·종교적, 또는 이념적-의 소수자를 국민으로 인정하는 근대적인 정치적 통합을 달성하지 못하고 있다는 점이다.[38] 서구 학자들의 담론에서 근대 태국 국민이라고 알려진 '실체'는 이질적인 방식으로 최근에 정의된 것이다.[39]

이러한 도전은 군주의 능력과 전통 제도의 융통성에 부여된 과도

---

36 "Rat somburanayasit nai sayam 2435-2475" [1892-1932년 절대주의 국가로서 시암]. 또한 이 주제에 대한 젊은 학자들의 토론이 실려 있는 *Pacharayasan* 8, no. 3 (June-July 1981): 14-57을 보라.

37 Andrew Turton et al., *Thailand: Roots of Conflict.*

38 Anderson, "Studies of the Thai State," pp. 211-215에서 소수종족을 논의한다. 이 논문은 대체로 다른 측면에서 마찬가지로 태국의 단일성을 비판한다.

39 Charles F. Keyes, *Thailand: Buddhist Kingdom as Modern Nation-State.* 또한 사회의 이질성과 의식의 영역에 관해서는 Andrew Turton, "Limits of Ideological Domination and the Formation of Social Consciousness" 참조.

한 찬사를 반박하려고 한다. 그 대신 역사에서 비인간의 힘을 깊이 고려한다. 심지어 국가의 무능력, 특히 군주제 치하의 무능력을 강조하며 현재의 국가 탄생에서 민족주의자라 간주돼왔던 군주를 분리하려고 한다. 그러나 이러한 사회경제적 접근은 국민국가의 원형이나 이를 구성하는 기준들을 전제하고 사회경제적 체제로서 시암을 기정사실로 치며 그 모델과 비교한다. 시암이 국민국가인가 그렇지 않은가를 결정하는 것이거나 학자들이 정한 기준을 적용하여 국가의 성격을 파악하는 것이 임무였다.

왕과 전쟁의 견지에서 보는 정통파 역사는 정적이고 구식인 국가 정체성을 취하고 이를 과거에 적용한다. 대안의 역사는 역동성과 과정을 제안하지만 이것이 기술하는 역사의 바깥에서 발견한 몇 학문적 기준에 따른 것이다. 사실 학자들은 유럽 국민국가의 역사를 다루는 동안 내내 한 국가의 참되고 자연스러운 구성, 다시 말해, 참 국가나 그 정체성을 파악하고자 노력해왔다. 국가의 온 역사는 그러한 실체의 존재를 추정하거나 그 자격조건을 전제했다. 마치 국가의 정체성이 이미 주어진 것처럼 말이다.

이 어려움은 동남아 국가들의 근대사에만 국한되지 않는다. 초기 동남아사를 연구하는 역사학자들을 사로잡았던 주요한 질문들 중 하나는 국가의 형성에 관한 것이었다. 더 자세히 말하자면 국가라는 것-초기 동남아 사람들 자신들이 아닌 사회과학자들이 통상 설정한 기준-을 당연시하지 않고 어떻게 국가의 형성을 얘기할 수 있겠는가. 따라서 역사가들이 종종 그 국가가 하나의 국가라는 자격조건에 부합하는가를 따졌던 것이다.[40]

---

40 Kenneth R. Hall and John K. Whitmore, eds., *Explorations in Early Southeast Asian History: The Origins of Southeast Asian Statecraft*, intro-

국가 차원을 넘어서 도널드 에머슨(Donald Emmerson)은 심지어 동남아라고 불리는 실체의 정체성도 2차 세계대전 이전에는 그처럼 알려지지 않았다고 말한다. 식민 지배자들은 열강의 지배 관점에서 그 지역을 파악했다. 그러한 식민주의 특성을 없앤 것은 학문이 아니라 전쟁, 특히 일본의 점령이었다. 게다가, "전쟁을 치르는 것은 지도를 만드는 것이었다." 국립지리학회는 동남아 전도를 발간했고, 연합국은 동남아사령부를 창설했다. 전쟁 후에 드디어 '동남아시아'라는 명칭이 알려졌다. 그 정의는 여전히 논쟁적이지만 말이다.[41] 구소련과 구유고슬라비아도 러시아, 리투아니아, 라트비아, 우크라이나, 크로아티아, 보스니아, 세르비아 등으로 분리됐다. 버마와 스리랑카도 통일국가의 명맥을 유지할 것인지 미얀마, 몬, 카렌, 샨, 스리랑카, 타밀나두 등으로 분리될 것인지 그 누가 확신을 갖고 말할 수 있겠는가? 국가의 정수라고들 하는 것, 정당하다는 정체성은 갑자기 만들 수 있는 것이다.

벤 앤더슨은 참 국민 정체성을 찾기보다 상상의 공동체로서 국민을 다룬다.[42] 국민은 주어진 실체가 아니다. 이것은 상상의 효과이다. 종교와 왕조의 치세와 비교하면 국민은 새로운 시대에 공간적 한계와 시간적 동질성이 다른 방식으로 구성된 새로운 종류의 공동체라고 할 수 있다. 국민에 대한 인식은 언어와 같은 어떤 매개체에 의해서만 가능하다. 국가성을 상상하는 주요 기술로서 언어는 여러 방식으로-예

---

duction; and David Marr and A. C. Milner, eds., *Southeast Asia in the 9th to 14th Century*, introduction.

41 Donald K. Emmerson, "'Southeast Asia': What's in a Name," pp. 5-14.

42 Benedict Anderson, *Imagined Communities: Reflections on the Origin and Spread of Nationalism*.

컨대, 구어체 토착어로, 문어체 언어로, 인쇄기로, 법정 용어로, 교육과 같은 국가 장치로, 또는 식민시기의 통일된 언어로-국민을 주조해낸다. 요컨대, 언어는 어떤 부류의 사람들로 하여금 그들의 공동체를 전대미문의 시공간적 인식에 입각하여 생각하게끔 한다. 국가성은 주어진 정체성과 본질이 없는 상상의 영역, 즉 문화적 구성물이다. 우리가 어떤 기술을 활용하여 그 가능한 영역을 새기는 한에서 우리는 국민에 대해 알 수 있게 된다. 결국 그러한 기술이 국민에 대한 지식과 사실을 창조하고 국민을 존재케 한다.

앤더슨의 선구적인 연구는 국가성에 관한 후속 연구가 여러 차원에서 이뤄질 수 있는 길을 열었다. 한편 비판적인 질문도 받기 마련이다. 무엇보다 앤더슨의 연구에서 상상의 공동체를 매개하는 언어가 구조주의 언어학자들에게 빠롤(parole)-즉 일상 대화에서 말하고 표현하는 언어-로 알려진 수준에서 논의된다. 더 넓은 관점에서 언어는 인간 개별자와 그 바깥의 세계 사이를 매개하는 그 어떤 것도 될 수 있다. 다른 종류의 매개체-기술, 토착어 이외의 여러 종류의 언어-는 무엇이 있고 그것들은 상상의 공동체를 매개하고 창조하는 데 어떻게 작동하는가?

둘째, 앤더슨은 상상에, 국민이 그럴 수 있다는 것에 너무 많은 관심을 둔 것 같다. 국민은 사람의 머릿속에서 만들어지는 것처럼 그리고 사람의 머릿속에서 재생산되는 한 존속하는 것처럼 들린다. 그래서 상상의 공동체인 것이다. 그러나 여전히 그러한 매개체가 실제의 인간관계에서 상상의 공동체를 작동시키고 재생산하는 사회제도와 관행을 어떻게 만들어내는지 의문을 품을 수 있다. 인간의 관행에서 행태보다 의식이 중요하다는 것은 늘 관념론에 빠지기 쉽다. 그래서 새로운 상상의 공동체가 마찰 없이 새로운 사상이 퍼지면 창조될 수 있을 터이다. 마치 빈 종이에 새로운 언어를 새기는 것처럼 말이다. 국민이 맨 첫 번째이거나 유일한 상상의 공동체가 아니라면 그리고 어떤 새로운 매개체가 진공 상태에서 작동되는 것이 아니라면, 오래된 매개체와 새로운 매개체들 사이의 만남, 경쟁, 조화, 또는 접합이 반드시 일어나야 한다.

셋째, 앤더슨은 상상의 공동체를 긍정적인 방식으로 인식한다. 그가 말하는 언어학적 매개체는 공통 영역의 시공간적 축을 설정하고 정의하여 정체성의 영역을 만들어낸다. 그러나 공통 영역을 파악하기 위해서는 그 영역과 그 너머 사이의 차이를 파악해야 한다. 상상의 정체성은 늘 그 경계를 넘어서는 지점에서는 그러한 정체성이 없다는 것을 함의한다. 사실 민족지 학자들은 종족 정체성을 파악하는 것이 얼마나 문제적인지 잘 알고 있다. 기본적으로 종족 정체성을 인식하는 것은 '우리'와 '그들'의 영역을 정의하고 경계 짓는 역동적인 과정이다. 많은 경우에서 우리가 누구라는 생각은 '우리'에 대한 긍정적이고 자연스러운 자격조건을 파악하는 것에 의해서보다는 우리에게 속하지 않은 특질을 파악하는 것에 의해서만 가능하다. 더욱이 그 구분화는 문화적이요, 따라서 변할 수 있다. 그 어떤 자연스러운 자격조건에 바탕을 두지 않는다.[43] 이것은 국민에 대한 인식에서도 마찬가지로 적용되는 진실이다.

이 책은 국민 건설, 국가 형성, 또는 국민의 기원에 관한 또 다른 연구가 아니다. 전근대 제국에서 근대 국민국가로 변화는 과정에 대한

43 예컨대 까친과 샨족의 정체성 인식에 관한 고전 작품인 Leach, *Highland Burma* 참조. 종족 정체성 인식에 관해 더 참조하려면 Fredrik Barth, ed., *Ethnic Groups and Boundaries: The Social Organization of Cultural Difference*, introduction; and Charles F. Keyes, ed., *Ethnic Adaptation and Identity: The Karen on the Thai Frontier with Burma*, 특히 키즈(Keyes), 쿤스타터(Kunstadter), 리먼(Lehman)의 장과 서론 참조.

정치적 또는 경제적 역사도 아니다. 이 책은 국가성의 정체성을 파악하는 역사 연구, 즉 무엇이 태국 국가성의 존재를 구성하는가 그리고 그 정체성은 어떻게 만들어져왔는가를 파악하는 연구이다.

주제와 방법

국가성은 여러 요소들로 구성되어 있다. 앤더슨의 연구는 새로운 시간 의식이 공동체의 역사적 계보에서 (이전의 상상의 공동체와 구별되게) 새 공동체에 대한 감각을 갖고 그 공동체가 같은 시간 속에 있다는 감각을 형성하는 데 기여했다고 강조한다. 내 연구는 국가성의 다른 요소, 바로 지리체에 초점을 맞출 것이다. 또한 국가성을 공간적으로 창출한 영토성 기술의 작동을 기술한다. 이 책은 공간 지식의 대체가 사실상 국가성을 주조하는 사회제도와 관행을 만들어냈다는 점을 강조한다.

이 선택은 어떤 이론적이거나 역사적인 이유로 이뤄진 것이 아니었다. 오히려 타이다움이나 우리의식에 관한 형이상학적 관념에 도전하려면 우리는 가장 구체적이고, 자연스럽게 보이고, 안정된 국가의 특질을 다뤄서 어떻게 국가의 존재를 구성하는 정말 그렇게도 '자연스러운' 요소가 특정 지식과 기술에 의해 문화적으로 구성되었는지 드러내야 한다. 그러면서도 비슷한 시기에 '시간의 혁명'이 진행 중이었고 그러한 혁명과 무관하지 않다는 것을 인지하면서 이 작업을 해야 한다.[44]

---

44 시간을 다시 상상하는 것이 아직까지 깊게 다루어지지 않았으나 사실 따로 연구할 가치가 있는 과제다. 앤더슨의 책 외에 기계식 시계가 우리의 근대 생활에 얼마나 많이 관여되어 있는지 알려주는 책이 David Landes, *Revolu-*

한 국가의 영토는 그저 지표면의 한쪽이 아니다. 이것은 하나의 영토성이다. 한 지리학자에 따르면, "영토성은 개인과 집단이 지리 영역을 구획하고 지배함으로써 사람과 현상과 관계에 개입하여 영향을 미치고 통제하려는 시도이다....[영토성은] 본능이나 충동이 아니라 오히려 매우 복잡한 전략이고, ... 사람들이 공간 체계를 확립하고 유지하는 장치이다."[45] 영토성은 세 가지 기본적인 인간 행동, 즉 영역을 분류하는 행동, 경계를 나누어 의사소통하는 행동, 그리고 집행하려는 시도를 수반한다. 무엇보다 영향력과 권력의 기본 지리 표현으로서 "영토성은 언제나 사회적으로 또는 인간적으로 구성된다....이것은 사회적 맥락의 결과물이기에 ... 이에 대해 무엇이라 말하든, 규범과 결부되어 있고, 다시 사회적 맥락과 관련을 맺는다."[46] 이처럼 국가의 지리체는-분류와 의사소통과 집행으로써-사람과 사물과 관계에 영향을 미치려는 인간이 만든 영토적 정의이다.

지리학적으로 말하면 국가의 지리체는 객관적으로 구분 가능한 지표면의 일정 영역을 차지하고 있다. 마치 그 존재가 어떤 상상의 작용에 기대지 않는 것처럼 우리 눈에 구체적 현실로 드러난다. 국가의 지리체는 지도를 주요 기술로 취하는 근대 지리 담론의 효과일 따름이다. 상당 부분 시암의 국가성에 관한 지식은 지도에 있는 시암에 대한 우리의 인식에서 비롯됐다. 즉 지도에서 발생했고, 지도 밖에서는 존재하지 않는다.

'지리체'(geo-body)라는 용어는 내가 만든 것이다. 이 용어에 대한

---

*tion in Time: Clocks and the Making of the Modern World*이다.

45 Robert D. Sack, *Human Territoriality: Its Theory and History*. 여기의 정의는 19-20쪽과 216쪽을 결합하여 인용한 것이다.

46 Ibid., p. 30. 세 효과를 보려면 21-22쪽과 31-34쪽 참조.

정의는 엄격하지도 단호하지도 않다. 독자들은 이것이 매우 유연하여 국가의 영토성에 관해 여러 의미를 전달하는 것이라는 점을 알게 될 것이다. 우리 모두는 국가의 영토성이 얼마나 중요한지 알고 있다. 두말할 필요 없이 이것은 문자적으로나 비유적으로나 국가성 전체의 가장 구체적인 특징이요, 가장 단단한 기초다. 영토성과 관련되거나 국가의 지리체의 규정과 한계 내에서 작동하는 수많은 개념들, 관행들, 제도들이 있다. 통합과 주권 개념을 비롯해 국경통제, 무력 충돌, 침략, 전쟁, 또한 영토에 기반을 두고 파악하는 국민 경제, 생산, 산업, 무역, 조세, 관세, 교육, 행정, 문화 등이 그에 해당한다. 그러나 이 연구의 목적이 그저 공간이나 영토에 관한 것이어서 지리체라는 용어를 쓰는 것이 아니다. 지리체는 국가의 삶의 한 부분을 차지한다. 이것은 긍지, 충성, 사랑, 열정, 편견, 미움, 이성, 우둔의 근원이다. 이것은 또한 국가성의 다른 요소들과 결합하며 국가성에 관한 다른 많은 개념들과 관행을 만들어내기도 한다.

지리체가 이렇게 구체적인데도, 아마도 그렇게 구체적인 탓에, 국가 영토의 역사에 관한 연구가 거의 없었다. 대부분의 연구는 영토와 경계 획정을 둘러싼 분쟁을 다룬다. 그런 연구들은 근대적 형태의 국가 영토성이 언제나 있었다고 전제한다. 그리하여 하나의 주장을 단지 정당화하거나 반박할 뿐이고 그 결과 정치기술적 관점에서만 정치사를 다룰 뿐이다. 버마에 관한 에드먼드 리치의 연구에서만 경계의 자의성에 관한 효과와 경계의 최근 기원이 심각하게 다루어졌다.[47] 하지만 리치는 근대 경계를 종족 집단에 적용하는 데 한계가 있거나 아예 적용할 수 없다는 점을 부각시킬 뿐이다. 국가성의 창조자로서 그 경계의 적극적인 역할을 고려하지 않는다.

---

47 Edmund Leach, "The Frontiers of Burma," pp. 49-68.

국가의 지리체 역사에 대한 관심이 부족으로 비롯된 문제점은 여전히 전근대 담론으로 설명하면 잘 들어맞을 사안에 근대적 공간 개념을 들이대 빗나간 역사 해석을 많이들 한다는 것이다. 전근대 지리 담론과 근대의 지리 담론의 관계-변화든 이동이든 충돌이든-를 다루는 연구는 지금껏 없었다. 마치 어떤 실용적 또는 기술적 이유 탓에 그랬다는 것처럼 전근대 시암의 영역을 표시하는 확고한 경계가 없었다는 것을 심각하게 받아들이지 않는다.[48] 많은 역사가들이 전근대 국가의 경계를 소급하여 획정해왔다. 수많은 교과서는 소급한 역사 공간 지도를 담고 있다. 이점에서 이 연구는 그저 어떻게 지도가 만들어졌고 경계가 조약에 의해 획정되었는가를 다루는 기록이 아니다. 그보다는 어떻게 새로운 지리 담론이 갈등과 충돌과 오해를 불러일으키며 토착 지리 담론을 대체했는가를 강조한다. 책 전체에 걸쳐 이 연구의 중심을 이루는 것은 어떻게 지도가 근대 국가의 지리체를 창조했는가 하는 문제다.

이 책은 지리학을 일종의 매개체로 간주한다. 지리학은 '그냥' 주어진 대상이 아니다. 일종의 지식이요, 객관적이라는 실제에 대한 개념적 추상화요, 기호체계요, 담론이다. 이 책의 전략은 전근대와 근대의 담론들을 분석하고 나아가 새 담론과 옛 담론이 맞부딪히는 순간을 포착하는 것이다. 그 순간들에 사실 새 담론이 옛 담론에 위협을 가하고 내쫓는 정치기호학이 작동했다. 지리와 경계와 영토주권과 가장자리 등에 대한 관념이 충돌할 때마다 그렇게 작동했다. 그러한 순간들은 모든 종류의 사회적 행위-외교관계, 과학 관찰, 서신교환, 여행, 교과서, 전쟁, 그리고 당연히 측량과 지도제작-에서 등장할 수 있다. 또

48 Tej Bunnag, *Provincial Administration of Siam 1892-1915*, pp. 2-3, 17-19.

한 궁정의 서재에서 외딴 국경지대 정글에 이르기까지 모든 곳에서 일어날 수 있다. 서로 맞붙었던 담론들이 같은 용어와 관행을 둘러싸고 겨루었기에, 공간에 대한 의미가 애매모호하여 발생했던 사건들의 행방을 찾다보면 그러한 충돌의 순간을 파악할 수 있다. 이 책은 여기에서 지도제작과 군사력 사이의 관계를 강조하는데, 참 지리지식을 관철시키는 데 지식과 권력이 상호작용했기 때문이다.

이 책 내내 간단한 기준을 따라서 시암(Siam), 시암인(Siamese), 태국(Thailand), 태국인(Thai) 등의 용어를 사용한다. 시암과 시암인은 1941년에 국가의 이름이 바뀌기 전의 국가와 사람을 일컬을 때 사용한다. 태국과 태국인은 1941년 이후의 상황에서 쓴다. 이름을 둘러싼 논란을 충분히 인지하면서 그 용어를 쓴다. 즉, 국가와 국민의 명칭 변경은 다른 종족에 대한 타이족의 지배권과 그 문화를 강화하려는 국수주의 정권의 정치적 행동이었다. 그러나 그 어원에서도 드러나고 현실에서도 경험하는 인종적 편견이 사라지지 않았지만 그 용어는 더 이상 군림의 기호가 아니다. 태국인이라는 용어가 타이족에게만 한정되지 않고 더 넓게 적용된다. 예컨대, 서론인 이 장에서 다루는 쿠암뻰타이(타이다움)는 타이족만의 특성을 의미하지 않고 나라 국민 모두의 특성을 의미한다. 한편 시암이라는 용어의 사용은 더 제한적이다. 다시 말하자면 어떤 사람도 모든 국민의 공통적 특성이라는 것을 가리키려고 쿠암뻰시암(시암다움)이라는 용어를 쓰지 않는다. 새로운 명명법은 만들어진 이래로 변하지 않아왔다. 그러나 이것의 적용과 지칭 대상, 즉 국가와 국민은 변해왔다. 그 사안을 둘러싼 복잡성은 이 연구에서는 다루지 않을 것이다.

오해를 불러일으키는 또 다른 용어가 '근대'(modern)이다. 어떤 특정한 역사적 성격을 뜻하지 않는 불투명하고 상대적인 개념이다. 사실 예술에서 모더니즘과 같은 고유명사를 제외하고 그 용어는 그 다음에 오는 명사에 따라서 그리고 맥락에 따라서 너무 많은 것들을 뜻할 수 있다. 예컨대 동남아시아의 근대 시기는 유럽이나 예술의 그 시기와 같지 않다. 시암의 역사 맥락에서 이 형용사는 보통 전통적인 것과 대조되는 차원에서 서구화된 것을 의미한다. 그러나 나는 19세기 말의 서구화된 시암을 근대적이라고 여겨야하는지 잘 모르겠다. 그 용어가 불확실하기에 그와 관련된 다른 용어들-'전통적,' '전근대적' 등-도 마찬가지로 애매모호하다. 이러한 용어들 각각은 대개의 상황에서 다른 용어들과의 관계 속에서만 어느 뜻인지 이해가 가능하다.

더욱이 '근대'라는 용어는 보통 발전, 개선, 진보, 심지어 선이나 덕을 함의하기도 한다. 다시 말해, 그 상대격인 전근대와 전통과 견줘 우수하다고 내세우는 것이다. 물론 이러한 주장은 반드시 참이지는 않다. 유감스럽게도 그 상대성과 불확실함 때문에 이 용어는 유연하고 포괄적이고 따라서 어떤 경우든 적용 가능하다. 따라서 이점에서 매우 쓸모 있는 용어다.

::

1.
토착 공간과 옛 지도

전근대 태국의 공간 관념을 다루는 연구는 대부분 뜨라이품(Traiphum) 우주론(宇宙論)이라고 알려진 불교 우주론을 중심으로 삼는 경향을 갖고 있다. 문자적으로 삼계(三界)를 의미하는 뜨라이품은 상좌부불교에서 중요한 교리 전통이다. 이 전통을 다루는, 가장 잘 알려진 태국어 문헌이 『뜨라이품 프라 루앙』(*Traiphum Phra Ruang*)이다.[49] 이것은 13세기에 짜오프라야 분지에 자리했던 주요 타이족 국가인 수코타이 왕국의 주된 서적이라고 하지만 그 문헌의 실제 기록 시기는 여전히 의문에 싸여있다.[50] 이 우주론의 중요성은 빤하다. 심지어 18세기 말 특출했던 두 군주인 딱신왕과 방콕 왕조의 라마1세는 1767년 구왕국이 버마에 의해 멸망당한 이후 왕국을 회복하려는 목적에서 뜨라이품 서적의 재발간을 주요 사안으로 채택하고 감독했다. 그렇게 하여 나온 작

---

49 『뜨라이품 프라 루앙』의 번역과 이 우주론에 관한 논의를 보려면 Frank E. Reynolds and Mani B. Reynolds, *Three Worlds According to King Ruang: A Thai Buddhist Cosmology* 참조.

50 Michael Vickery, "A Note on the Date of the Traibhumikatha," pp. 275-284.

품은 『뜨라이품 프라 루앙』의 복사본이 아니었다. 새로운 텍스트가 똑같은 전통 안에서 만들어지고 그 전통 안에 포함되었다. 그러나 뜨라이품이 근대 지리학이 등장하기 전에 유일한 토착의 공간 개념이었다고 단정하는 것은 오해를 불러일으킨다.[51]

신성한 지형학

뜨라이품 우주론에서 존재들은 그들의 공덕에 의해 분류되고 그 쌓은 공덕에 따라서 거주할 곳이 정해져 있다. 가장 사악한 존재는 지옥의 가장 낮은 곳에 자리한다. 공덕을 많이 쌓을수록 거주하는 단계가 높아진다. 공덕은 사람의 행실에 의해 쌓이기도 하고 줄어들기도 하며 그 사람의 다음 생을 결정한다. 이 설명을 따르면 사람의 현생은 전생의 결과이다. 이 삼계의 대략 31개의 단계는 존재의 질적 분류에 해당하며 거기에서 인간의 단계는 그저 하나일 뿐이다. 뜨라이품의 공간은 상상의 존재가 처한 환경의 질적 표현이다. 하지만 현존 뜨라이품 문헌은 모두 해와 달의 움직임과 계절 변화에 대한 설명과 더불어 여러 세계 특히 인간 세계를 구체적으로 표현한다.

『뜨라이품 프라 루앙』과 그 장르에 속한 다른 문헌들은 주로 삼계의 각 단계에 위치한 존재들과 참된 열반을 주로 다루고 한두 개의 장만이 우주와 행성의 움직임과 세계의 형상을 다룬다. 한편, 『로까반얏』(*Lokkabanyat*)과 『짜까완티빠니』(*Chakkawanthipani*)와 같은 이 장르에

51 B. J. Terwiel, "Muang Thai and the World: Changing Perspectives During the Third Reign."

서 몇 중요한 문헌들은 전형적인 우주론 교리를 담고 있다.[52] 예컨대, 이 우주론 설명의 최고의 문헌으로 간주되는 『짜까완티빠니』는 바로 지구와 우주의 배열을 중심 내용으로 삼는다. 지구와 우주에 대한 정의, 각 영역(산, 대양 등)의 크기와 세부 사항, 인간 세계의 네 대륙, 36개의 도시와 21개의 고장에 대한 이야기, 신들의 세계와 지하세계에 대한 설명이 그에 해당한다.[53] 인간 세상에 관해 말하자면, 지구의 중심산인 메루산의 네 방향에 네 대륙이 존재하며 그 네 대륙과 메루산 사이에는 일곱 고리의 대양과 산이 놓여 있다. 남쪽 대륙인 촘푸타윕을 제외하고 다른 세 대륙은 거의 알려져 있지 않거나 상징적으로만 알려져 있다. 촘푸타윕은 부처가 태어난 곳이자 알려진 모든 나라가 자리한 곳이다. 이 세계에 대한 설명이 세세한 숫자로 표현되어 있고 대부분 그 숫자들을 파악할 수 있지만, 인간 세계에 대한 다양한 설명들이 다른 문헌들에도 등장한다. 그 세계는 여러 형태로 상상될 수 있는 것이다.

이 상좌부불교 우주론과 이것이 19세기 말에 근대 형태로 변천한 것은 태국의 역사가들에게 잘 알려져 있다.[54] 그러나 이 우주론과 다른 지리학적 관념 사이의 관계가 어떠한지는 확실치 않다. 사실 다른 관념의 공간에 대한 관심이 드물었다. 여러 토착 공간 개념을 뜨라이품 틀에 끼워 맞추면 두 가지 점에서 길을 잘못 들게 된다. 한 가지는 뜨라이품 우주론의 인간 세계를 마치 지구에 대한 토착 관점인 것처럼

---

52 이 전통을 다룬 문헌들의 개요를 보려면 Suphaphan na Bangchang, "Wannakam lokkasat nai phutthasatsana therawat" [상좌부불교의 우주론에 관한 문헌] 참조.

53 참고문헌 목록에서 자세한 서지 사항을 확인하라.

54 Craig J. Reynolds, "Buddhist Cosmography in Thai History with Special Reference to Nineteenth-Century Culture Change," pp. 203-220.

취급한다는 점이다. 그래서 틀린 지식이나 부족한 지식 탓에 세계가 왜곡됐거나 미개해진 것으로 간주한다.[55] 그러나 이러한 상징적 표현-뜨라이품 세계의 지도-이 실제로 지구를 나타내는지 확실치 않다. 지구에 대한 묘사가 다양하다는 것(예컨대 평평한 정사각형이나 평평한 원으로 묘사된 지구)은 지구에 대한 토착 지식의 발전이나 부족을 뜻하지 않는다. 더욱이 이것은 인간 세계의 물질성이 하나 이상의 방식으로 상상될 수 있으면서도 삼계의 영적 의미가 고수되었다는 것을 뜻할 수도 있다. 영적인 차원이 뜨라이품 공간의 '실제'이고, 그에 대한 가장 중요한 지식을 올바로 전달해야 했다.

다른 한 가지는 물질 공간에 대한 토착 개념은 사실상 존재하지 않은 것처럼 무시된다는 점이다. 뜨라이품 우주론의 영향 아래에서 속세의 물질세계 개념을 비롯하여 공간에 대한 다른 토착 개념이 존재했다. 대우주대 소주우의 관계에 대한 로버트 하이네-겔데른(Robert Heine-Geldern)의 고전적인 연구는 아주 중요하게 참고해야할 연구이다. 동남아시아의 왕궁과 종교 건축물의 예술적 형태를 연구한 그는 왕의 주권 영역과 그 중심부와 왕의 신성한 주거 공간이 소우주로 여겨졌다는 것을 드러냈다. 왕궁과 종교 건축물은 우주론적 질서에 따라 설계되어야 했다. 불교의 전통에서, 힌두교나 이슬람 전통과 마찬가지로, 건축물의 공간은 우주론과 관련된 일종의 형이상학적 차원의 공간 배열이다.[56] 그러나 그 두 종류의 공간이 똑같지는 않다. 건축물의 공간은 그 자체의 규범과 전통, 변화의 형태가 있다. 사실 신성한 중심부 공간은 동남아를 연구하는 역사학자들과 인류학자들에게는 익숙한 주

---

55 B. J. Terwiel, "Muang Thai and the World," pp. 5-10이 하나의 예다.

56 Robert Heine-Geldern, *Conceptions of State and Kingship in Southeast Asia.*

제이다.[57]

프랭크 레이놀즈(Frank E. Reynolds)는 언젠가 오늘날 태국의 네 사원을 둘러보고 이른바 하나의 불교학적 공간으로 들어가는 여행이라는 것을 발견했다. 그는 상좌부불교의 관념을 세 가지 갈래로 분류했다. 첫째는 열반 철학이고, 둘째는 뜨라이품 우주론이고, 셋째는 부처의 생애, 자따까(본생경), 유품 이야기, 예언 등과 같은 불교 이야기이다. 세 갈래의 관념은 서로 연관되어 있지만 기본적으로 불교에 대해 다르게 접근한다. 그것들은 심지어 토착 신앙이나 다른 인도계 신앙과 섞여 있기도 하다. 그가 방문한 사원들의 벽화들은 부처의 생애에 대한 이야기를 표현하고 있었는데, 그 사원들이 자리한 지역과 관련되어 있었다.[58] 그 사원들의 독특한 지역성과 부처의 보편적 세계성이 그 벽화에서 서로 엮이며 불교학적 지리학을 표현하고 있는 것이다. 그 지리학은 우리가 알고 있는 지구에 반드시 부합하지는 않는다. 태국어로 땀난이라고 하고 버마어로는 타마잉이라고 하는 토착 전설 장르와 유사한 그 벽화는 부처의 장소와 시간을 각 지역과 결부시킨다. 뜨라이품의 세계들과 마찬가지로 이 불교학적 지리학의 진리가치는 지표면의 정확한 표현이 아니라 그 이야기가 전달하는 영적 실제의 표상에 놓여 있다. 그러나 뜨라이품이 그리는 것과 달리 이것이 관계하는 공간은 삼계 우주론이 아니라 종교적 공간의 불교학이다. 이 공간의 구

---

57 예컨대 Lorraine Gesick, ed., *Centers, Symbols, and Hierarchies: Essays on the Classical States of Southeast Asia*와 Shelly Errington, *Meaning and Power in Southeast Asian Realm*을 보라.

58 Frank E. Reynolds, "Buddhism as Universal Religion and as Civic Religion," pp. 194-203. 세 갈래의 불교 지식에 대해 더 알고자 하면 Reynolds and Reynolds, *Three Worlds*, pp. 11-22 참조.

성단위들은 토착 불교 설화와 관련되어 나온 것들이고, 그 벽화들은 또 다른 차원의 공간 표상이다.

또 다른 종류의 종교적 공간은 순례와 운명의 지형학이다. 찰스 키즈(Charles Keyes)는 오늘날 태국 북부지역인 란나의 사람들이 신성하게 여기는 12개의 신전을 표시했다. 각 신전은 12년의 주기에서 1년 동안 힘을 갖고 있다고 사람들은 믿는다. 이에 사람의 운명은 태어난 해의 신전의 힘에 달려 있고, 그리하여 그 신전을 참배해야 할 의무가 있다. 키즈는 12년의 주기는 그 지역에서 인도의 우주론이 들어오기 이전의 토착 질서인데 나중에 불교학적 질서로 변환되었다고 지적한다. 12개의 불교 신전이 토착 신들의 장소를 접수한 것이다. 몇몇은 비교적 최근 시기와 관련된 것이지만, 신전들 모두는 어떤 방식으로든지 부처의 생애와 관련이 있다고 믿는다. 신전들의 위치는 바뀔 수 있지만 그 숫자는 반드시 12여야 한다.[59] 더욱이 12개의 신성한 장소 모두 우주론적 지형학을 형성한다. 거기에서 사람들은 순례하면서 참배를 하고, 공덕을 쌓고, 행운을 지킨다. 이 지형학은 오늘날의 버마, 라오스, 태국 북부를 포함하고 있으며 이곳들을 인도의 본처(本處)와 관련시킨다. 신전들 중 하나는 다와둥(Dawadung 즉 따와띵사Tavatimsa, 도리천忉利天-역주), 즉 하늘의 한 단계에 있으며, 사람들이 숭배할 수 있도록 주변에 사원이 반드시 마련되어야 한다. 신전의 네트워크는 국가의 경계를 넘어설 뿐만 아니라 인간 세계의 경계도 넘어선다. 이것은 란나, 버마, 라오스 그리고 순례의 여정지인 인도의 실제적인 공간뿐만 아니라 상상의 공간인 하늘과 촘푸타윕도 포함한다. 그러나 순례지도는 지표면의 장소와 거리를 표시하는 오늘날의 지도와 전혀 같지

---

59 Charles F. Keyes, "Buddhist Pilgrimage Centers and the Twelve-Year Cycle," pp. 71-89.

않다. 그 순례 지도는 장소들과 그들 사이의 관계를 보여주는 일종의 도해 형태의 여행 기록이다(그림 1 참조).[60]

그 순례의 지리학이 유일한 전(前)인도 우주 질서로서 공간을 개념화하는 틀을 제공하는 것은 아니다. 몬족과 캄보디아 왕국의 공간 질서를 연구한 쇼르토(H. L. Shorto)와 데이비드 챈들러(David Chandler)는 그 왕국들이 전인도 우주론을 따라 계획되고 배열되었다고 밝혔다. 그러나 그 왕국들은 뜨라이품 질서와 같은 상상의 공간이 아니라 지표의 공간 체계, 즉 로버트 색(Robert Sack)의 말에 따르면 '영토권'인 것이다. 오늘날 버마의 남부 해안을 끼고 자리했던 몬족의 왕국은 수도를 제외하고 언제나 32개의 묘(성읍)로 나뉘어 있다. 왕국의 영역이 확장되든 축소되든 그 숫자 32는 유지됐다. 32개의 묘가 어떻게 비롯되었는지에 대한 이야기는 분분하다. 한 설명에 따르면 그것들이 부처

60 〈그림 1〉은 코넬대 존 에콜스 컬렉션(John M. Echols Collection, Cornell University)의 일부인 샨/태국 북부/크메르 문헌 컬렉션(Shan/Northern Thai/Khmer Manuscript Collection)의 no. 28B의 "태국 북부 문헌: 불교 편람"에서 나온 것이다. 그 요약은 다음과 같다. "'탑(파고다)을 쌓는 방법,' '새로운 승려에게 이름을 주는 방법'을 비롯해 여러 세세한 사항을 담은 중요한 불교 문헌의 접책 원고 컬렉션이다.... 인도의 중요한 불교 도시 국가를 불교의 우주론에서 우주의 중심이 되는 탑과 관련시킨다. 마지막 부분은 흑색과 적색으로 되어 있고 인도의 불교 순례지들에 관한 지도를 포함한다." 조지프 스워츠버그(Joseph Schwartzberg)가 이것을 순례 지도의 기록으로 해독할 수 있다는 것-적어도 신뢰성을 갖고 있는 추정의 해독-이 매우 놀랍다. David Woodward, ed., *History of Cartography*, vol. 2, pt. 2를 보라. 이 문헌을 나에게 소개해주고 그가 발견한 것들을 얘기해준 스워츠버그 교수에게 감사한다. 태국 북부 순례 공간에 대한 또 다른 연구를 보려면 James B. Pruess, "Merit-Seeking in Public," pp. 169-206 참조.

의 치아 유물을 모시는 불탑의 위치라고 한다. 그래서 몬족의 영역이 부처의 예언에 따른 참된 불교 왕국이라는 것이다. 다른 설명에 따르면 그것들은 신성한 왕권의 상징으로 여겨지는 흰 코끼리를 소유했던 통치자 왕자들의 자리들이었다고 한다. 그러나 쇼르토는 어떤 경우이든 그 질서는 지신, 산신, 조상신 등 불교 유입 전에 숭배하던, '낫'(nat)이라 일컫는, 37개의 토착 신들의 질서와 같다는 것을 발견했다. 그 토착신들 중 많은 신들이 나중에 불교로 전환되거나 잔존했다.[61] 요컨대, 어디에서 비롯됐는지에 관한 모든 이야기들을 종합해보면 32개 성읍의 영역은 32개 성스러운 대상들의 체계와 결부되어 있다. 그 대상이 흰 코끼리이든, 낫이든, 부처의 유물이든, 불탑이든 혹 대부분의 경우에 그렇듯이 그 대상들의 조합이든 말이다. 그리고 가장 상위의 대상은 왕국의 수도에 거주한다. 이는 몬족 영역의 영토체계와 몬족의 전통을 수용한 버마 영역의 영토체계에 관한 우주 질서이다.

인도적 체계든, 전인도적 체계든 한 영역은 우주론적 질서에 따라 배열된다. 종교의 개념체계는 그 영역을 성스럽게 만든다. 지역의 신전들은 그 성스러운 영토성을 표시한다. 많은 신전들이 천상의 특징을 갖고 있는 것이다. 더욱이 여기의 숫자는 앞서 순례의 공간에서 보았던 12는 아니지만 그 숫자의 원리는 흡사하다.[62] 우주론적 관념이 왕국의 영토배열에 좀 더 밀접하게 결부되어 있는 것이다. 다만 그것들은 같은 종류의 공간은 아니었다.

챈들러는 옛 크메르 문헌 두 개에 나와 있는 지명들을 연구했는

61 H. L. Shorto, "The 32 Myos in the Medieval Mon Kingdom," pp. 572-591과 "The Dewatau Sotapan," pp. 127-141.

62 쇼르토는 최고 신전을 포함하여 그 숫자에 대한 공식이 언제나 2^n+1이라고까지 제안했다. "The 32 Myos," pp. 581-582를 보라.

데, 캄보디아의 영역이 지역 신들(메사, 낙따)이 돌보는 신성화된 지형의 장소들이거나 성스러운 의례가 거행됐던 장소들이라는 것을 발견했다. 챈들러는 그러한 공간 배열 배후의 우주론적 질서를 다루지 않았지만, 지명들 목록에서 또 다른 측면을 강조했다. 즉 이것은 근대 지리학의 지도가 도입되기 이전의 전도(全圖)였던 셈이다.[63]

시암의 경우에 그 영역을 신성한 지형으로 간주했다는 것이 왕국과 주권 영토를 가리키는 용어에서 확실하게 드러난다. '아나짝'이라는 용어는 문자적으로 왕의 짝-주권을 표상하는 태양 모양 바퀴-이 회전하는 권역을 의미한다. 또 다른 용어인 '콥칸타시마'는 신성화된 돌에 의해 경계가 나뉜 권역을 의미한다. '시마' 또는 '세마'는 대개 사원에서 승려가 되는 의례가 거행될 수 있는 성별된 공간을 가리키는 경계표시석이다. 이것은 또한 성벽 꼭대기에 세워져 있는 비슷한 모양의 돌도 가리킨다. 그래서 하나의 영역은 왕의 바퀴의 영향력 아래 놓여 있는 성스러운 권역 또는 성소의 시마와 같은 성별된 영토라고들 한다. 그와는 별도로 아유타야 초기부터, 적어도 14세기 중반부터 내려온 태국어 문헌이 있는데 이 역시 챈들러가 연구한 캄보디아 문헌과 매우 비슷하다. 그 문헌에서 신성한 숫자나 토착 신들의 연합체에 대한 연구는 아직까지 이루어지지 않았지만 성읍이 그 자체의 수호신을 갖고 있다는 관념은 널리 알려져 있다. 오늘날 방콕에서 수호신의 이름인 프라 사얌테와티랏은 종종 나라 전체의 가호를 빌 때 언급된다.

---

63 David P. Chandler, "Maps for the Ancestors," pp. 170-187.

상상의 공간 묘사: 옛 지도

뜨라이품 지도는 존재하는 모든 것들을 그림으로 표현한 것이다. 삼계의 배열은 우리에게 상징적이다. 즉 현세적 지리가 아니라는 것이다. 서적에서뿐만 아니라 수많은 불교 사원의 벽화들에서도 그 지도들을 볼 수 있다. 사원에서도 대개의 경우 주요한 부처의 이미지가 그려져 있는 신당에서 그러한 벽화들을 볼 수 있다. 그 벽화들은 불교의 우주론 가치를 표현한다. 여기서 다시 눈여겨봐야할 것은 뜨라이품 공간에 대한 묘사가 다양하다는 점이다. 촘푸타윕의 모양이 심지어 타원형이거나 삼각형일 수도 있다.[64] 이 차이들은 지구에 대한 지식의 발전보다는 다양한 전통이나 회화의 유파를 반영한다.

그러나 뜨라이품 우주론은 사원의 벽들에 그려진 유명한 대상들 중에서 하나일 뿐이다. 불교학적 주제들, 예컨대 부처의 생애 이야기, 대중적인 베산따라 자따까(Vessantara Jataka) 또는 부처의 열 번째 위대한 탄생 이야기, 그리고 유품과 부처의 이미지 또는 다양한 지역에 관한 다른 여러 이야기들 역시 표현돼 있다. 대부분의 경우 우주론적·불교학적 주제들은 같은 신당의 다른 벽들에 나타난다.[65] 이러한 불교학적 이야기를 표현하는 그림들의 원천을 지금껏 제공하는 서적 역시 존재한다. 1776년부터 있어온 그 서적은 제목을 갖고 있지 않다. 다만 나중에 『사뭇팝 뜨라이품 차밥 끄룽 톤부리』(뜨라이품 도해 서적: 톤부리 판)

---

64 Prungsri Vallibhotama et al., eds., *Saruppbon kansammana ruang traiphum phra ruang* [뜨라이품 프라 루앙에 관한 세미나 개요], pp. 115-164를 보라. 여러 사원들의 사진도 여기에 많이 포함되어 있다.

65 태국의 그림과 여러 주제를 폭넓게 보려면 Jean Boisselier, *Thai Painting* 참조.

라는 이름이 붙여졌는데, 그 이름 때문에 우리는 그 그림들이 뜨라이 품 장르만을 표현하고 있다고 오해할 수 있다. 삼계에 대한 그림들이 그 서적의 주요 부분을 차지하고 있지만 실제로 불교에 관한 이야기뿐만 아니라 다른 종류의 지도들 역시 포함하고 있다.[66]

그 서적은 두껍고 접히는 긴 종이 발 형태로 되어 있다. 그 종이는 현지에서 생산한 것이다. 그 서적은 뜨라이품 우주론, 부처의 생애, 여러 위대한 자따까 그리고 오늘날 대륙동남아인 '수완나품'에 불교가 전래된 것과 관련된 전설을 담고 있다. 그 서적은 마하나콘 닙판(위대한 열반의 도시)-모든 존재가 거주하는 삼계를 초월하는 영생의 공간-의 그림으로 시작한다. 우주의 네 수호신까지 이르는 여러 신들에 대한 그림들이 뒤이어 나온다. 그리고 지옥을 가장 낮은 곳까지 속속들이 다룬 그림이 나오는데, 이것이 그 서적에서 가장 긴 부분을 차지한다. 인간 세계에 대한 묘사는 부처의 생애 신화로 시작한다. 여러 자따까 이야기와 신화적 장소와 동물의 그림이 뒤를 잇는다. 마지막 부분은 베산따라와 부처의 다른 위대한 탄생들을 담고 있다. 자따까와 신화적 이야기에 대한 그림은 강을 나타내는 표시(〰)를 따라 위치해 있다. 그 표시 때문에 이 부분의 그림이 지도처럼 보인다. 눈에 띄는 점은 베산따라와 다른 탄생들 사이에 있는 이 부분의 여러 그림들

---

66 뜨라이품 도해에 관한 톤부리 판 사본 두 점이 현존한다. 그 두 점 사이에 여러 사소한 차이들이 있다. 한 사본은 현재 베를린 박물관에 소장되어 있다. 이 사본의 여러 부분들이 약간의 설명과 더불어 Klaus Wenk, *Thailandishe Miniaturmalereien nach einer Handschrift der indischen Kunstabteilung der staatlichen Museen Berlin*에 출판됐다. 다른 사본은 방콕 국립도서관의 와치라나나 실(Vajiranana Room)에 소장되어 있다. 와치라나나 실은 이른 시기부터의 뜨라이품 도해뿐만 아니라 라오와 크메르 판본까지 소장하고 있다.

이 확실히 지리학적 지도를 구성한다는 것이다. 그 강 표시는 우리 눈에 보이는 지리학적 관계뿐만 아니라 계보나 일련의 이야기와 같은 다른 종류의 관계들 역시 나타낸다.

우리가 좀 더 자세히 그 지도(그림 2 참조)를 보면, 〈도판 1〉부터 〈도판 4〉까지의 도판들이 부처의 생애 이야기를 나타낸다는 점을 알 수 있다. 그 생애 이야기는 불교와 관련된 여러 도시들과 나라들로 시작하고 깨달음 전후의 위대한 순간들을 강조하며 그 뒤를 잇는다. 그 서적이 기본적으로 여러 품(공간, 땅)에 대한 회화 문헌이기에 장소들이 그러한 순간들을 표기한다. 부처의 아버지의 천상 도시, 부처가 태어난 나무 아래, 깨달은 곳, 발견한 진리를 쉬면서 숙고했던 일곱 나무들, 거인들과 악마의 산을 비롯해 동물들의 성읍 등 가르침을 전파하는 삶을 사는 동안 방문했던 여러 곳들이 그에 해당한다.

그 강 표시를 따라서 〈도판 5〉로 옮기면, 그 불교의 장소들과 인접한 지역이 나오는데 바로 오늘날의 태국 북부인 란나이다. 〈도판 5〉와 〈도판 6, 7〉의 위쪽을 따라서는 라오스와 베트남의 지역들이 나온다. 16세기에 베트남에게 멸망당한 고대왕국인 짬빠도 나온다. 〈도판 7〉과 〈도판 8〉의 아래 부분은 파간(바간), 모울메인(몰라먀잉), 시리암(땅르윈), 타톤(떠통), 타보이(더웨)를 포함한다. 이 그림들은 란나의 도시들과 아유타야 등 시암의 도시들에 초점을 두지만 방콕에는 그렇게 하지 않는다. 〈도판 8〉은 여러 강들의 델타들과 끄라 지협에서 뻗어 내려오는 반도 전체를 보여준다. 그 반도는 큰 섬처럼 등장한다. 〈도판 9〉와 〈도판 10〉은 동남아에서 유명한 두 불교도 현자인 프라 픗타코사짠(Phra Phutthakhosachan)과 프라 픗타탓따(Phra Phutthathatta)가 오늘날의 스리랑카인 실론을 오고가는 여행길의 바다를 그린다. 〈도판 8〉에서 〈도판 10〉의 아래 부분에는 잘 알려진 라마야나의 일화가 등장한다. 라마가 그의 원숭이 사령관에게 바다에서 롱카를 가로지르는 도로를 건설하라고 명령한다. 롱카는 악마들의 성읍인데, 태국어에서는 비슷한 이름인 랑카를 실론에 붙인다. 〈도판 11〉은 스리랑카에 대한 것으로서 부처의 유품을 모신 신전에 강조를 둔다. 장소들과 여행 시간과 거리들에 대한 몇몇의 설명 역시 나온다. 〈도판 12〉는 신화적 생물체인 아논 물고기(Anon Fish)에 관한 것이다.

마이클 라이트(Michael Wright)는 태국의 한 잡지에 유일하게 이 지도에 관한 글을 썼다. 그는 이 모든 그림들이 아유타야 시대(14세기 중반에서 18세기 중반)로부터 내려온, 아마도 외국의 지도에 영향을 받지 않은 옛 지도라고 생각한다.[67] 란나와 중부 평원의 여러 성읍들의 위치를 눈여겨보면서 그는 두 심각한 오류에 혼란을 겪는다. 하나는 부처와 관련된 장소들과 란나가 버마를 건너뛰며 이어진 것이고, 다른 하나는 그 지도에서 인도와 스리랑카가 서로 다른 끝에 자리한 것이다. 그는 또한 아유타야가 이 지도에서 왕국의 중심부로서 특권적 지위를 차지하지 않는다는 점을 지목했다. 그는 라마의 신화적인 도로나 지도 초입에 등장하는 부처의 생애 이야기의 적설성에 대해서는 전혀 언급하지 않는다.

지도가 반드시 지표를 표상할 필요가 없으며 공간의 여러 관계를 표현한다는 것을 인정한다면 이 그림들을 더 쉽게 이해할 수 있다. 베산따라 이야기 끝에 바로 자리한 이것은 부처로서 다음 생에 태어나는 이야기이다. 그러나 부처의 생애를 별도로 하고 그 지역의 사람들에게 의미 있게 다가오는 이야기는 수완나품, 즉 대륙동남아에서 융성한 불교 이야기이다. 그 그림들은 한편으로 그 근원을 직접적으로 촘푸타윕과 부처의 시대와 연결하고 다른 한편으로 참된 불교 나라인 스리랑카

67 Michael Wright, "Khonboran mong phumisat lok" [옛날 사람들 세계 지리를 보다], pp. 90-96.

에서 온 두 현자가 세운 불교의 기초와 연결하면서 그 지역 불교의 계보학을 확립한다. 장소들의 연관과 배치가 이 모든 관계들을 표현한다. 그러나 란나, 짜오프라야 평원, 버마의 해안 성읍들, 스리랑카는 지도 작성자가 이들 지역에 관해 갖고 있는 지표 지식에 근거를 두고 표현된 반면, 부처의 생애, 두 예언자, 다른 신화적 존재들은 완전히 상상에 근거를 두고 표현됐다. 라이트의 기대와 달리 이 그림들은 그 지역에 관한 참된 지리를 표현하려는 것이 아니다. 그 제작자는 촘푸타윕과 수완나품, 스리랑카에 관한 여러 사항들을 하나로 묶어 설명하며 의도적으로 그 지도를 거대한 설명 틀 속에 위치시킨다.

따라서 버마를 사이에 두지 않고 촘푸타윕과 란나가 이어진 것은 결코 오류가 아니다. 그 제작자와 이 그림을 보는 사람들에게는 이 그림은 토착 불교가 발상지와 관련을 맺고 탄생했다는 것을 정확하게 표현한다. 라이트가 설명한 것(예컨대 옛날에는 그 지역들 사이에 특별한 경로가 있었을 수도 있다는 것)과 달리, 오류를 수정하거나 설명할 필요가 없다.[68] 대륙부와 온 동남아 지도는 동쪽을 위에 두고 서쪽을 아래에 두면서 불교가 퍼진 그 지역을 한 단위로 취급한다. 이 단위에 대한 공간은 상상적이거나 우주론적인 것이 아니다. 그래서 지형학적 지도가 여기에 사용됐고 실제의 강들이 위치한 곳에 강을 나타내는 표시가 놓여 있다. 스리랑카 역시 구체적이다.[69] 그러나 두 현자의 이야기가 스리랑카와 수완나품의 관계를 상징적으로 표현한다. 바다도 상징성을 띠고 있어 그 신화적 이야기를 품고 있다. 지도의 서로 다른 끝에 촘푸타윕과 스리랑카를 배치한 것과 서로간의 거리와 동남아 전체를 두고 봤을

68 Ibid., pp. 92-93.

69 실론을 정확하게 기록한 것으로 보아 작자가 아마도 그 섬을 직접 가봤을 것이라고 라이트는 말한다.

때 그 둘의 방향이 부정확한 것은 지리적 오류가 아니다. 지도의 한가운데에 란나와 시암이 자리한 것은 뜨라이품 세계의 중심으로서 그들의 지위를 뜻하는 것도 아니다. 지표가 아닌 수완나품의 불교에 대한 설명에 따라서 이 모든 것들이 마땅한 자리에 정확하게 자리하고 있다.

결국 이 그림들은 사원 벽화가 표현하려는 이야기와 흡사한 이야기를 들려준다. 일부의 그림은 다른 곳에서 발견할 수 있는 불교 관련 이야기를 똑같이 표현한다. 두 현자들이 바다 한가운데서 만나는 장면, 부처의 위대한 출가, 즉 그가 세속의 삶을 포기한 그 순간 등은 그 이야기의 예들이다.[70] 란나와 부처의 생애 사이의 관련성에 대한 유사한 표현 역시 여러 토착 불교 전설들, 즉 땀난에서도 발견할 수 있다. 어떤 역사가들은 이것을 실제 지리에 대한 설명으로 받아들여 따이계(Tai, 태국의 타이족, 라오스의 라오족, 미얀마의 샨족, 중국의 좡족 등이 따이계에 포함된다-역주) 사람들의 기원을 파악하려고 한다. 그러나 이것을 이상화된 지리학, '땀난 지리학'이라고 보는 주장도 제기됐다.[71] 이 주장이 더 신빙성을 갖고 있다. 우리가 논의하는 이 모든 그림들은 '땀난 지도'로서 땀난의 이야기에 따라 공간의 관계를 표현한 것이다. 그들 중에서 중요한 단위가 현대의 관점에서 보면 지도에 해당하지만 말이다.

지금까지 우리는 근대 지리학이 들어오기 이전에 여러 종류의 토착 공간과 지도 개념이 있었다는 것을 논의했다. 우주론이 두루 퍼졌다는 것은 확실하지만 다양한 공간 개념이 더불어 존재했고 복잡한 지식과 관행과 지도를 만들어냈다. 종교 개념과 상징주의는 이 공간들

---

70 Boisselier, *Thai Painting*, pp. 80, 84, 200, 204.

71 Michael Vickery, "The Lion Prince and Related Remarks on Northern History," pp. 361-362와 Winai Pongsripian, "Traditional Thai Historiography and Its Nineteenth-Century Decline," pp. 69-82.

대부분에 성스러운 의미를 부여했다. 예컨대 순례중인 "신도들은 궁극적 실체와 그 상징들에 관한 개념만을 신실하게 믿는 것이 아니다. 물리적 공간에도 그 신실한 믿음을 표현한다. 그 물리적 공간이 의미화된 상징들과 관련을 맺고 있고 참된 종교 행위를 실천하는 마땅한 장이기 때문이다."[72] 또는 공간은 신성한 개체들의 체계에 의해 계획되고 의미를 지니게 된다고 말할 수 있다. 이 개체들은 공간과 인간 사이를 매개하며 특별한 종류의 상상의 공간을 만들어낸다. 결국 그러한 공간의 특성은 믿음-예컨대, 위계적인 37개의 낫과 32개의 묘, 12개의 불교 신전과 순례의 관념, 땀난 지리와 그 신화의례적 이야기-이 규정하는 신성한 개체들의 관계에 의해 결정된다. 그 공간과 그 지도를 이해하려면 이것의 관념(문법)과 상징(형태소)을 반드시 이해해야 한다.

이렇게 신성한 지형학이 존재했고 그에 관해 얘기를 하고 있지만 속세의 지표에 관한 지도가 존재하지 않았다고 여겨서는 안 된다. 땀난 지도에 등장하는 대륙동남아 지도가 그 증거다. 챈들러는 캄보디아 사례에서 마을과 여행 경로 같은 작은 곳들에 관한 지도는 많지만 국가 지도라 칭할 법한 것은 몇 안 된다고 말한다. 그에 대한 이유로 챈들러는 캄보디아 사람들이 여러 지역들과 관계하며 살아가지 않았고 마을들이 드문드문 흩어져 있다는 것을 들었다.[73] 그러나 시암의 사례에서는 그 주제에 대한 관심이 부족했기 때문인지 작은 곳들과 경로에 관한 전근대 지도가 드물다. (만약 관심이 많았다면 수많은 지도들이 발견되었을 것이다). 〈그림 3〉은 시암만(Gulf of Siam)의 북위 7-8도에 위치한 송클라 초호(礁湖)의 동쪽 제방의 도로 지도 일부다. 1680년과 1699년 사이 기간으로 표시된 그 지도에서 63개의 사원이 연이어 그곳 전체를

72 James B. Pruess, "Merit-Seeking in Public," p.170.

73 Chandler, "Maps for the Ancestors," pp. 174-175.

표현한다.[74] 그 지도에 관한 연구가 언급하듯이 지형을 의미 있게 만드는 신성한 장소들이 그 경관을 읽고, 계획하고, 표기하는 것이다.[75] 그러나 여기에 그려진 신전들은 믿음을 상징적으로 표상한 것이 아니라 그것들이 위치한 지역의 실재를 표상한다. 이 지도에서 공간 단위는 우주론적 세계나 그 어떤 상상의 세계가 아니라 현실의 지표에 관한 지도이다. 보물 지도와 유사한 경로 지도나 도해가 모든 문화권에서 옛 지도의 초기 형태였다는 것을 상기할 필요가 있다. 시암의 토착민들도 지구의 일부에 관한 이와 같은 종류의 도해를 틀림없이 알고 있었을 터였다.

뜨라이품 회화 서적의 톤부리 판본에서 아주 흥미로운 지도가 또 하나 있다. 한국에서 아라비아까지 표현한 해안 지도인데 뜨라이품 체계에서 인간 세계를 설명하는 부분에 포함되어 있다(그림 4 참조).[76] 이 지도에서 모든 해안은 지도의 아래 부분을 따라 늘어서 있고 모든 바다들은 위쪽에 있다. 그 지도는 바다에 위치한 한국과 일본으로부터

---

74 전체 지도의 개략을 Sutthiwong Phongphaibun, *Rai-ngan kanwichai phutthasatsana thaep lumthalesap songkhla fangtawan-ok samai krung si-ayutthaya* [아유타야 시대 송클라 초호 동쪽 제방 일대의 불교에 관한 연구 보고서]에서 볼 수 있다. 그 보고서는 지도를 아유타야 후기 그 지역의 사원과 토지 기증과 불교를 파악하는 단서로 간주한다. 원본이 방콕 국립도서관 와치라나나 실에 있다.

75 Lorraine Gesick, "Reading Landscape," pp. 157-162.

76 베를린 판본을 바탕으로 이 지도에 대해 기초적인 연구를 한 것을 보려면 Klaus Wenk, "Zu einer 'Landkarte' Sued- und Ostasiens." 참조. Michael Wright, "Phaenthi boran" [고대 지도]은 방콕의 판본을 바탕으로 한 또 다른 연구다. 두 지도는 세세한 사항에서 차이점이 있다(66번 주석 참조). Wenk, *Thailandische*, pp. 66-67은 이 지도에서 일부분만을 출간했다.

시작한다. 이어서 대만 건너의 중국 해안이 나온다. 대만의 오른쪽에는 광둥이 있다(도판 1). 그리고 베트남 해안이 반도처럼 등장한다. 그 모양을 보면 바다 쪽으로 삐죽이 튀어나왔으며, 메콩강 입구는 꼭대기에 있고 시암만 연안은 움푹 들어가 있다(도판 2). 〈도판 3〉의 아래쪽에는 아유타야가 시암만에서 가장 큰 도시로서 등장한다. 말레이반도는 베트남처럼 위쪽으로 튀어나와 있다(도판 4). 그 만의 아래쪽에는 몬족과 버마의 성읍들이 있다(도판 5). 이렇게 표기된 지명들을 제외하고 인도의 해안으로 추정되는 곳의 지명들은 우리가 알 수 없는 이름들이다. 〈도판 6〉의 가운데의 '롬 노이'(작은 로마)라는 지명만을 알 수 있을 뿐이다. 그 바다에서 많은 섬들이 똑같이 약간은 타원형인 모양을 갖고 있다. 이 섬들 중 일본, 대만, 시창(시암만), 안다만, 스리랑카처럼 알 수 있는 섬들이 많다. 〈도판 1〉과 절반의 〈도판 2〉에서 그 지도의 상단은 동쪽이다. 그 지도의 나머지에서 상단은 남쪽이고, 북쪽 방향의 모든 해안은 아래쪽에 있고, 동쪽은 왼쪽에, 서쪽은 오른쪽에 있다.

라이트는 그 해안 지도가 중국 전통을 따른다고 말한다. 테르빌(Terwiel)은 "이 지도가 17세기 유럽의 지도에서 주로 영향을 받았다"고 주장한다.[77] 벵크(Wenk)는 이것이 뜨라이품 우주론 도표라고 한다. 그 지도가 그 서적의 일부라는 이유 때문이다. 테르빌은 벵크의 분석을 지지하며 그 관점에서 그 지도를 바라보지만 완전히 동의하지는 않는다.

> [이것은] 새 정보들을 하나하나 받아들여 뜨라이품 우주론의 관념에 맞도록 변용하는 태국의 능력을 보여주는 예이다.... [이것은] 엄격히 말해서 지리학적 작업은 아니다. 많은 해안들의 방향이 비현실적으로 뒤틀려있고, 나라들의 상대적

---

77 Terwiel, "Muang Thai and the World," p. 9.

비율도 틀렸으며 격자의 기준선도 없다. 많은 섬들은 버젓이 잘못된 위치에 있다....현실로부터 그처럼 눈에 띠게 벗어났다는 것으로 보건대 이 도표의 제작자는 지리학보다 우주론에 더 관심을 두었다고 결론내릴 수 있다. 그 도표는 뜨라이품 남부 대륙의 주요 해안선과 500개의 섬들을 한데 모아 그리려했다고 볼 수 있다.[78]

그러나 지표면에 관한 지식이 유럽인들이 오기 전까지 알려지지 않았다거나 오로지 뜨라이품 우주론의 개념에 입각하여 새로운 정보를 이해할 수 있다고 주장하면 틀린 것이다. 또한 우리의 과학 기준에 입각하여 토착 지식이 정확하지 않다고 하여 이를 무시하는 것 역시 잘못된 것이다. 뜨라이품 지구와 지리학적 지구는 서로 다르지만 연관된 종류의 공간이다. 그 공간들에서 서로 다르지만 연관된 영역의 인간의 개념과 관행이 작동된다. 뜨라이품 공간 설명에 해안 지도를 포함시킨 것은, 땀난 지도에 대륙동남아 지도를 포함한 것처럼, 이를 하나의 단위로 만들어서 개괄적으로 우주론적 설명을 하려는 뜻이다. 그러나 그 자체를 보면 지표에 관한 지리학적 지도이지 우주론적 지도가 아니다. 이 해안 지도를 눈여겨보건대 이것은 유럽의 지도보다는 중국 전통의 해안도와 더 닮은 특징들을 많이 갖고 있다. 어떤 정보들은 유럽에서 왔을 테지만 이 지도의 기본 유형은 중국 유형에서 비롯된 것으로 보인다.[79] 중국에서 해안도 작성은 서력기원의 초기까지 거

78 Ibid., pp. 6-7.

79 16세기와 18세기의 중국 해안도에 관한 두 사례를 보려면 J. V. Mills, "Chinese Coastal Maps," p. 156 반대편과 Leo Bagrow, *History of Cartography*, pl. CIV 참조.

슬러 올라가는 전통이다. 그 전통은 16-17세기 무렵에서야 예수회의 영향으로 유럽식 지도에 자리를 내주게 되었다. 우리에게 남겨진 해안도들 중에서 어떤 것은 "좁고 긴 지도인데, 이를 보면 해안선 또는 길게 뻗은 해안이 원래 방향과 달리 가로로 오른쪽에서 왼쪽으로 뻗어 있다."[80] 기본 방향은 육지 쪽으로 향하거나 바깥쪽으로 바다를 향하고 육지는 지도의 위쪽이나 아래쪽을 따라 배치돼 있다. 축척은 불규칙하다. 실제로 이러한 지도를 작성하는 데 축척법을 쓰지 않았다고 말할 수 있다.

중국인들은 극동과 동남아 그리고 그 너머 지역을 돌아다닌 초창기 여행자들이었다. 그들은 방문했거나 들었던 지역에 대한 정보를 남겼는데 나중에 그것들이 토착 지도를 제작하는 데 쓰였다. 서기 초부터 이 지역에 관한 지도가 만들어져 왔고 여러 곳들의 이름들이 기록되어 왔다.[81] 그래서 남중해에서 인도양 해안까지의 장소들에 대한 정보들이 아랍과 유럽 세계의 장소들에 대한 정보보다 풍부하다는 것은 놀랄 일이 아니다. 그럼에도 이 단계에서 중국의 영향력이 시암의 지도 제작에 얼마나 컸는지 또는 시암이 어느 정도까지 중국 전통을 토착화했는지 말하기는 어렵다. 지도를 제작하려면 제작자는 유럽의 문헌을 비롯해 다양한 문헌들로부터 정보를 모아야 했을 테고, 아마도 그 해안들을 직접 가보지는 않았을 것이다. 이름, 거리, 또는 위치조차도 오늘날 우리가 사용하는 과학적 기준 없이 여러 장소들에 대해서 전해들은 이야기와 신화적인 이야기로부터 나왔을 것이다.

여기에서 다룰 마지막 지도는 이른바 '왕 라마1세의 전략 지도'이

80 Mills, "Chinese Coastal Maps," p. 151.

81 Paul Wheatley, *The Golden Khersonese*, chap. 1.

다(그림 5 참조). 이것은 태국에서 가장 오래된 지도라고들 말한다.[82] 우리가 지금껏 얘기해왔던 대로 토착 도표를 지도라고 간주한다면 이 진술은 틀린 것이다. 그러나 그 전략 지도는 온갖 종교 부호 없이 세속 지구에 관한 토착 지식을 드러낸다. 이것은 지역 지도로서 오늘날 태국 동북부인 옛 라오 지역을 다룬다. 빅터 케네디(Victor Kennedy)가 방콕 왕조의 라마6세(재위 1910-1925)인 와치라웃왕 시기에 복제되어 현존하는 그 지도를 연구했다. 그 지도를 자세하게 살피고서 그가 내린 결론은 이 지도가 1827년 위앙짠에 대항하여 전투를 벌인 시암의 군대를 위한 지도라는 것이다. 그러나 이 지도의 원본 그 자체가 더 오래된 지도의 복제품으로 특별히 군사적 목적을 위해 수정되었던 것 같다.[83]

이 지도는 방콕에서 동북부에 이르는 여행 경로를 보여준다. 그 경로는 대부분 강을 따라 있으나 산길도 포함한다. 그 지도는 또한 그 도정에 자리한 강들과 요새들과 성읍들도 포함한다. 두 장소 간 거리는 한 지점에서 다른 지점까지 이동하는 데 걸리는 시간으로 측정됐다. 현대의 지도와 견주어 이것이 얼마나 정확한지 평가하면서 케네디는 많은 오류들을 발견했다. 여러 장소들의 위치가 틀렸다. 축척도 없다. 거리는 신뢰할 수 없다. 그러나 이러한 오류들 중 몇몇은 그의 발견에 실마리를 제공한다. 다시 말해, 어떤 지역들은 1827년 군사작전에서 중요했기에 다른 지역들보다 더 자세하게 나와 있고 불규칙적으로 확대되어 있는 것이다.

이러한 오류가 있지만, 그 지도의 공간은 의미를 갖고 있다. 그 공

82 Royal Thai Survey Department, *Wiwatthanakan thang phaenthi nai prathetthai* [태국에서 이루어진 지도의 발전], p. 5.

83 Victor Kennedy, "An Indigenous Early Nineteenth Century Map of Central and Northeast Thailand," pp. 315-348.

간은 성스러운 개체의 측면에서가 아니라 지표면에서 여행자가 경로를 따라 경험하는 장소들이라는 측면에서 상상된다. 이것은 당연히 신성한 지형에 관한 지도가 아니고 우주론적 도해도 아니다. 현대의 지도와 유사한, 지표면의 한 곳에 관한 지도이다. 그러나 현대의 지도와 달리 이 지도는 그러한 지표면의 한 곳이 어떻게 지구와 관련되는지 또는 지구의 어느 곳에 위치하는지 보여주지 않는다. 더 큰 지표면과 맺는 관련성도 이 지도에는 없다. 예컨대 경도선과 위도선이 없고, 이 영토가 이웃한 왕국과 경계선 측면에서 어떻게 관련되는지도 나와 있지 않다. 그러한 관계는 아마도 지역의 지도에서는 관심 사항이 아니었을 것이다. 지구 전체에 대한 지식은 우주학의 영역이었기 때문이다. 지표면의 한 곳을 지구 전체에서 분리하는 것은 오늘날 우리 마음속에 은하계 전체에서 지구를 분리하는 것과 견줄 수 있을 것이다. 다른 말로, 공간에 대한 토착 지식에서 어느 지역의 지리와 지구 전체는 서로 다른 범주에 속하는 분류로서 오늘날의 현대 과학에서 지리학과 천문학 또는 천체물리학의 서로 다른 분류와 견줄 수 있다.

땀난 지도와 해안 지도로 되돌아가 이 전략 지도의 관점에서 다룬다면, 오류라고 보이는 것, 테르빌의 눈에 "현실로부터 눈에 띄게 벗어난 것," 왜곡된 것은 토착 방식의 지도작성과 여행 정보 때문이라고 할 수 있다. 이러한 지도들은 오늘날 우리가 사용하는 과학적 기준과 신뢰도 표준 없이 만들어졌다. 그러나 지도제작자들은 그들 자체의 방법과 기준을 갖고 있었을 것이다. 땀난 지도에서 강길(river route) 북쪽에서 남쪽으로 그 강길을 따라 움직이는 여행에 관한 정보가 기록할 중요한 자료였다. 대륙동남아 전체는 대개 성읍과 강 또는 강 주변의 장소에 의해 알려졌다. 따라서 짜오프라야 평원과 메콩강 사이의 거대한 내륙 지대는 거의 존재하지 않았던 반면 네 개의 강이 시암만으로 흘러나가는 좁다랗고 길게 뻗은 육지는 확대되었다. 더욱이 강을 따른 저마다의 이동에서 여행자들은 에야워디강 델타와 짜오프라야강 델타의 서로 다른 위도상의 위치를 분간하는 데 어려움을 겪었을 것이다. 그래서 그 강들이 같은 선상에 나타났거나 에야워디강 델타의 성읍들은 실제보다 더 남쪽에 자리한 것으로 보였을 것이다. 아마도 강길 여행자들의 관점 때문에 모든 강들이 나란히 흐른다고 보였을 것이다. 19세기 중반 이전에 유럽인들이-누구도 실제로 내륙지역을 탐사하지 않았고 현지인들의 정보에 의존해야했다-만든 대륙동남아 지도들에서도 버마에서 베트남 해안까지 주요한 강들은 모두 적이 나란히 흐른다.

중국에서 인도까지 해안을 따른 바다길 여행은 내륙 여행과 굳이 대조하여 조사하지 않고서 항행 요소들, 계절별 날씨와 바람, 파고 등과 관련된 정보들을 알려주었을 것이다. 이 정보에 신화와 전해들은 말을 더해 투박한 해안 지도를 작성했을 터였다. 그 지도는 해안 지역들의 위치와 그들 사이의 거리를 여행 시간의 측면에서 꽤 잘 표기했으나 그 지역들에 대한 정보는 알려주지 않는다. 케네디가 전략 지도의 사례에서 그랬던 것처럼, 우리는 왜곡과 오류를 통해 토착 지도 저마다 어떤 정보와 목적과 기술에 바탕을 두었는지 분간할 수 있게 된다. 많은 연구들이 취했던 접근과 달리, 우리는 긍정적으로 다가가 이러한 왜곡들을 그 지도들의 특징 뒤에 숨은 방법이나 개념을 알려주는 증거라고 보아야 한다. 그 지도들의 과학적 가치가 별로라고 단순히 평가해서는 안 된다. 그렇다고 이러한 오류들이 지표에 관한 지리학과 전혀 상관이 없고 따라서 우주론적 도해에 속한다는 증거라고 간주해서도 안 된다.

여러 종류의 토착 지도를 비교해보면 상상의 공간에 대한 표현과 물질적 공간에 대한 지도 사이에 하나의 차이가 등장한다. 즉 장소들 사이의 거리 측정이다. 뜨라이품 지도와 불교학적 지도에서 숫자들이 많은 가치를 지니고 있지만 그 숫자들은 여러 세계들과 상상의 장소에 대한 상징적 수치이거나 존재들에 대한 설명이거나 신성한 대상들에 대한 상징적 수량이다. 지구와 다른 단계들의 크기 또는 일곱 고리의 산과 바다의 크기와 그들 사이의 거리들처럼 많은 것들이 이 연산 공식으로 계산될 수 있다.[84] 오직 지표 한 곳에 관한 지도들에서만 여러 장소들 사이의 시간-거리에 관한 자세한 사항이 언급돼 있다. 예컨대 전략 지도에서는 여행 시간 측면에서 측정된 거리는 두 장소 사이의 선과 그 곁의 몇 낱말로, 예컨대 '완능, 송큰'(하루, 두 밤)으로 표기돼 있다. 이 시간-거리는 땀난 지도에서도 역시 등장한다. 그 지도에서 메남 델타 오른쪽에 자리한 큰 섬에 있는 여러 장소들 사이의 거리들이 탕하완(5일 거리)과 같은 낱말로 표기돼 있다. 해안 지도에서는 장소들 사이의 선들이 수없이 많다. 그 거리는 대략 16킬로미터인 욧(yot, 산스크리트어에서 요차나yochana)이라는 단위로 측정된다. 이것은 뜨라이품 지도에서도 사용된 거리 단위이지만 이 지도들에 나온 숫자들이 인간의 경험에 의해서 측정되고 또한 여행 시간으로부터 계산된 거리라는 것은 틀림없다.

다른 공간 개념들의 공존

뜨라이품 우주론과 여러 종류의 신성한 지형학은 우리에게 익숙한 지

84 『뜨라이품 프라 루앙』의 개정판을 보라. 이 개정판의 9장에서 숫자의 가치(지구와 바다와 대양 등에 대한) 대부분이 "검토되고 수정되었다." 이 개정은 어떤 연산 공식에 따라 이뤄졌다. 그중 일부가 Reynolds and Reynolds, *Three Worlds*에서 언급되고 설명되었으나 태국어 개정판에서는 어떤 설명도 제시되지 않는다.

리학적 '실재'와는 다른 관점에서 상상되었을 것이다. 그것들의 공간은 우리에게 종교적이거나 상상적으로 보인다. 그래서 지표면에 반드시 상응할 필요가 없는 공간으로 말이다. 이러한 공간 관계를 통해 표현된 실재, 의미, 메시지는 우리의 세속적 지리학과 상관없다. 그 결과, 같은 메시지에 관한 다른 표현들이 수없이 존재할 수 있다. 수백 년 동안 삼계의 관념은 전통 시대의 예술가뿐만 아니라 현대 시대의 예술가에게도 영감을 주어왔다.[85] 한편 지역의 지리나 지표면의 어떤 곳에 관한 지식은 또 다른 종류의 공간 개념이었다. 이것은 상징적이지도 신성하지도 않다.

우리는 전근대 지리지식의 영역에서 공간에 대한 담론이 여럿 존재했다고 말할 수 있다. 담론마다 인간사와 일상의 일정 영역에서 작동되었다. 다른 말로, 일정 개념이 작동되는 지식의 지형이 있었고 그 경계를 넘어서면 다른 종류의 지식이 힘을 발휘했다. 어떤 마을들과 성읍들에 관한 지식은 지역 수준에서 작동되었을 것이다. 전략 지도나 해안 지도의 공간은 군대 지휘자와 중국 상인들에게 영향을 미쳤을 것이다. 그러한 지식은 군사훈련, 행정사안이나 해상무역에서만 사용되었을 것이다. 그러나 사람들이 시암, 위앙짠 왕국, 또는 중국에 관해 생각하거나 말을 할 때는 다른 종류의 공간 개념이 마음속에 떠올랐을 것이다. 또한 지구나 그들이 살고 있는 세계에 관해 생각하거나 말을 할 때는 뜨라이품의 그림들이 그들의 마음을 사로잡았을 것이다. 인생에 관한 오늘과 어제의 많은 다른 개념들이 그렇듯이, 한 종류의 지식에서 다른 종류의 지식으로, 또는 한 영역의 공간 개념에서 다른 영역의 공간 개념으로 옮겨가는 것은 드문 일이 아니다.

따라서 '시암'을 얘기할 때 여러 개념의 시암이 등장할 수 있다.

---

85 태국 그림에서 삼계 묘사를 보려면 Reynolds and Reynolds, *Three Worlds* 참조.

이것을 확연히 보여주는 일화가 있는데, 1825-1850년 무렵에 발생한 것이다. 당시 시암의 엘리트들은 서구 지리지식과 지도를 소개받았고, 시암의 세계관에 변화의 조짐이 보였다. 프레더릭 닐(Frederick A. Neale)은 시암의 왕실이 '시암'의 지도에 관해 갖고 있던 담론에 대해서 아주 재미있는 이야기를 들려준다. 닐의 얘기에 따르면, 어느 날 시암의 왕이 유럽인 방문객들에게 경계 문제를 둘러싼 시암과 버마의 갈등에 대해서 말한다. 그때 왕은 두 왕국에 관한 그림을 보여준다. 그 그림은 왕의 최고위 신하가 시암이 지리학과 그림에 뛰어난 재능을 지니고 있다는 것을 보여주려고 그렸다고 한다. 닐은 문명인인 영국인의 눈과 마음을 갖고서 세 쪽에 걸쳐 그 지도를 설명하고 자기의 느낌을 풀어놓는다. 그의 책에 나온 그림(그림 6 참조)과 더불어 그의 말은 상세하게 인용할 가치가 있다.

> 하지만 우리는 포복절도하여 예의범절을 거의 상실할 뻔했으며, 웃음을 참아내느라 큰 고통을 겪었다. 황제 폐하께서는 우리 얼굴에 너무나도 빤히 드러나는 그 웃음기를 우리 앞에 놓인 그 아름다운 예술 작품이 그 화려한 색채로써 우리의 눈을 현혹시켜 우리가 탄복한 것으로 기꺼이 해석했다. 그 지도는 세로 3피트 가로 3피트 정도의 크기이고, 가운데에는 세로 8인치 가로 10인치 정도의 빨간 부분이 있으며, 그 위에는 가로 10인치 세로 3인치 정도의 초록 부분이 있다. 그 빨간색으로 뒤덮인 부분에는 은색 종이에서 자른 한 사람의 그림이 붙어 있는데, 한쪽 손에는 쇠스랑을 들고 있고 다른 쪽 손에는 오렌지를 들고 있다. 머리에 왕관을 썼고, 뒤꿈치에 쇠발톱을 달았고, 무참히도 가느다란 두 다리는 무릎에서 동정심을 유발하며 맞닿아 있다. 이 유령 같은 생물체가 우리 앞에 앉

은 이 오만한 인간을 나타내며 그의 왕국의 전역에 뻗어나가는 그자의 광대한 힘과 권력을 가리킨다고 한다. 그 좁은 초록색 부분에는 작은 검은색 사람이 있는데, 머리는 작은 점으로, 몸통은 큰 점으로 되어 있고, 팔다리는 펜으로 갈긴 네 선으로 표현돼 있다. 이것은 비참한 따라와디(Tharawaddy), 당시 버마의 왕을 표현하려는 것이다. 한 군단의 꼬마 도깨비들이 각양의 자세를 취하며 그의 주변을 춤추며 돌고 있다. 이러한 상징들은 이 평범한 사람에게 버마 제국이 얼마나 어려움과 혼란에 처해 있는지와 버마의 왕이 그의 영역에서 얼마나 보잘 것 없는 사람인지 보여주기 위한 것이라고 한다. 초록 부분과 빨간 부분 사이에 넓은 검은 색 줄이 있는데, 확고부동한 경계선을 말한다. 그 빨간 부분의 검은 선에는 잉크로 칠한 작고 가느다란 곡선이 있어 버마가 자기네 땅이라고 주장하지만 시암이 이의를 제기하는 영역을 가리킨다. 그 지도의 나머지 부분은 모두 파란색으로 칠해져 있다. 바다를 가리키는 이 파란색 부분에 빨간색 부분 달리 말하여 시암의 영역 둘레 모두에는 매우 거칠게 칠해진 배들이 앞뒤로 항해하는 장면을 표현했다. 돛대를 단 어떤 배들은 육지로 향하고 있고, 나머지 배들은 아래쪽에서 위쪽으로 올라오고 있는 것 같은데, 그 돛들의 방향이 잘못돼 있다. 그 불쌍한 버마는 보여줄 배 한척도 없다. 우리가 당연히 황제 폐하가 말한 모든 것을 묵인하며 그 많은 발레리나처럼 무언극에서 경이의 찬사를 보낸 후 그 늙은 왕은 매우 흡족해하며 그 지도를 가져가라 명하고서 얼마간 야릇한 미소를 지었다.[86]

---

86 Frederick A. Neale, *Narrative of a Residence at the Capital of the*

아마도 이 사건에 대한 묘사가 과장됐고, 닐이 말한 그림을 그린 자가 시암의 회화풍을 몰랐다는 것을 보여줄 수도 있다. 하지만 주어진 정보로부터 그 지도가 어떠했는지 상상할 수 있다. 가령 우리가 그 큰 사각형에 생물체 시암을 '차다'(chada) 또는 '몽꿋'(mongkut)이라는 왕관을 언제나 쓰고 있는 '테와다'(thewada), 즉 전통 태국 예술에 등장하는 천상의 신으로 대체하고 쇠스랑과 오렌지를 '뜨리'라는 짧은 삼지창과 '상'이라는 소라고둥으로 대체한다면, 시암의 영역에 있는 그 인물은 천상의 신일 것이다. 당연히 시암은 천상의 영역이 된다. 이와 대조적으로 버마는 악마의 영역이고, 그 전형적인 표상이 닐이 묘사한 것과 유사할 것이다. 왕실이 뜨라이품의 공간을 제외한 그 어떤 지리학적 공간에 대한 지식을 갖고 있지 않았다고 잘못 얘기해서는 안 된다. 다른 개념의 공간이 다른 때에, 다른 목적으로 존재했다. 이 사례에서 두 왕국의 존재에 대한 담론은 우주론적 관점에서 표현되었다. 한편 경계의 문제가 이 비지리학적 지도에서 표현될 수 있다는 것은 놀라움을 자아낸다.

19세기 말에 시암이 겪은 세계관 변화에 관한 연구에서 언제나 마주하는 두 결론이 있다. 첫째, 그 변화는 시암의 계몽 엘리트 덕분으로 그리고 그보다 적게는 근면한 선교사들의 기여 덕분으로 서구화가 자연스럽게 이루었다는 것이다. 토착 지식과 벌인 대결은 거의 언급하지 않는다. 중요하게 다루지 않는 것이다. 둘째, 대부분의 연구가 다른 공간 개념은 무시하면서 뜨라이품 우주론의 중요성을 과도하게 강조하는 경향이 있기에 그러한 변화를 뜨라이품 개념에서 근대 지리학으로 이동한 것으로 해석한다. 더욱이 지리학적 지식 그 자체의 변화에 대한 연구는 없다. 세계관의 변화는 서구 과학을 전반적으로 받아들인

Kingdom of Siam, pp. 54-56. 모든 철자는 원본을 따랐다. 이 묘사는 55쪽에 나온다.

맥락에서 일어나기 마련이다.

근대 지리학과 천문학이 도래하여 단지 뜨라이품의 우주와만 대결을 벌인 것이 아니다. 그 대결이 가장 격동적인 대결이었지만 말이다. 그것이 도래하여 토착 지리학, 경계, 토지 구획, 국가의 지위 등과도 대결을 벌였다. 그와 관련된 개념과 관행의 모든 영역에서, 예컨대 경계 표시에서, 전통 국가들의 국가 간 관계의 근간인 왕국의 영역에 관한 개념에서 그러한 대결이 발생했다.

인간들이 어떠한 개념과 매개물로써 서로 마주치거나 조정하지 않는다면 공간 그 자체는 의미를 갖고 있지 않다. 이를테면 신성한 개체, 종교 관념, 뜨라이품 세계관은 개념 도구들과 상징들을 만들어내고 어떤 관행들을 일으킨다. 근대 지리학은 기존 개념들에 덧붙여진 그저 새로운 정보가 아니다. 이것은 그 자체의 분류체계, 개념, 매개 상징을 지닌 또 다른 '종류'의 공간 지식이다. 질문은 이렇다. 사람들이 신성한 개체의 질서정연한 관점에서 공간을 상상하는 것을 그만두고 새로운 조합의 상징들과 규범들로써 공간을 생각하기 시작할 때 어떤 극적인 효과가 뒤따르는가?

국가와 같은 정치지리 단위를 얘기할 때 토착 관념은 뜨라이품 우주론을 끌어들이기보다는 지표 영역, 지역 지리, 주권, 경계의 담론을 끌어들인다. 바로 그런 영역에서 근대 지리학이-그 규범과 공간개념의 대표적인 기술인 근대 지도를 갖고서-토착 대상자와 대결을 벌였다. 그 대결의 결과, 완전히 새로운 방식의 사고와 공간 인식이 생겨났으며 새로운 종류의 시암의 영토성이 등장했다.

::

2.
새로운 지리학의 도래

시암의 왕실이 외국인 방문객들에게 시암의 그림을 천상의 영역으로서 보여주었을 무렵, 시암이 세상의 많은 나라들 중에 하나라는 지식은 널리 퍼져 있었다. 무역을 통해 유럽인들 및 다른 이웃들과 접촉을 급속히 늘려왔다.[87] 19세기 초반에 이르면 유럽과 아시아 국가들의 이름들이 공식 기록과 유명한 문학작품에 언급됐다.[88]

87 Hong Lysa, *Thailand in the Nineteenth Century.*

88 Prince Dhaninivat, "The Inscriptions of Wat Phra Jetubon," in *Collected Articles*, pp. 21-22; *Nangnopphamat ru tamrap thao sichulalak* [놉파맛 여사 또는 타오(역사에서 위대한 행위를 한 여성에게 붙이는 호칭-역주) 시쭐라락에 대한 연구], pp.1-3. 그 비문의 연대는 1836년으로 되어 있다. 놉파맛의 연대는 불확실하다. 그 책의 서론과 Nithi Aeusrivongse, *Pakkai lae bairua* [깃촉펜과 돛], pp. 337-344를 보라. 그 시대의 가장 인기가 있었던 문학작품이었던 프라 아파이마니(Phra Aphaimani)에서 주요 인물 중 하나가 '랑카'(스리랑카 또는 실론)에서 온 파랑(서양인)이다.

두 지구, 같은 공간: 근대 지구의 등장

우리는 시암인들이 1830년대 이래로 서구 천문학과 지리학에 관심을 갖고 있었다는 것을 잘 알고 있다. 이것은 선교사들의 회고록에서 유명한 주제였다. 시암의 근대화에 그들이 기여한 바가 과장됐지만 말이다. 시암에서 활동했던 초기 선교사로 1833년에 세계 지도 사본들을 갖고서 도착했던 존 테일러 존스(John Taylor Jones)는 영국산 지도를 요구했던 한 승려에 대해 얘기한다.[89] 또한 존스는 그 무렵 시암에 있던 유명한 다른 두 명의 선교사인 브래들리(Bradley)와 하우스(House)와 더불어 시암의 엘리트들을 위해 그들이 꾸린 어떤 과학 실험 얘기를 들려준다. 그 실험에서 그 선교사들은 청중들에게 지구본과 태양계 모형과 행성 운동을 보여준다.[90] 시암의 엘리트 중에서 나중에 라마4세가 되는 몽꿋(재위 1851-1868)은 1836년 이전에 뜨라이품 우주론을 버렸다고 한다. 몽꿋은 그의 방에 지구본과 다가올 일식을 계산하는 도표와 여러 지도들을 갖고 있었는데, 이 선교사들에게 지구에 관해 수없이 많은 질문을 던졌다.[91] 브래들리는 몽꿋이 『연감과 천문학』(*Almanac and Astronomy*)에 깊은 인상을 받았다고 전한다. 그 책은 선교사인 제시 캐스웰(Jesse Caswell)이 시암의 뜨라이품 믿음체계를 반박하려고 1843년에 지은 것이다. 그 책은 몽꿋의 제자들 가운데 매우 빠르게 퍼져나갔다.[92]

---

89 B. J. Terwiel, "Muang Thai and the World," pp. 17-18.

90 Ibid., pp. 20-21; Dan B. Bradley, *Abstract of the Journal of Reverend Dan Beach Bradley, M.D.*, p. 26.

91 George H. Feltus, *Samuel Reynolds House of Siam*, p. 24.

92 Bradley, *Journal*, p. 28.

1840년대 중반 몽꿋과 그 수하들 사이의 어느 저녁 대화에서, 한 지체 높은 귀족이 캐스웰의 책을 읽은 뒤에 지구가 둥그렇다는 생각을 결국 받아들이기로 했다고 몽꿋에게 얘기한다. 그런데 몽꿋은 자신은 15년 전에-즉 시암에 미국인 선교사들이 등장하기 전에-이미 그 생각을 수용했다고 힘주어 말한다. 한편 다른 귀족은 그 생각이 납득되지 않는다고 말한다.[93] 이 대화는 적어도 두 가지 점을 우리에게 알려준다. 첫째, 지구의 모양에 대한 질문이 지식인들의 관심을 꽤 많이 끌었다는 것이다. 이 사안은 여전히 열띤 그리고 분분한 논란을 일으켰다. 둘째, 몽꿋은 지구가 둥글다고 굳게 믿어 지구가 평평하다는 견해를 이미 오래전에 버렸다고 주장했다는 것이다. 그의 주장이 과장되었을지라도 전통 신념이 얼마나 고루한지, 그 자신은 얼마나 근대적인지 내비치는 것이다. 그 장면에서 평평한 지구를 고지식하게 믿는 자는 지구에 대한 전통 개념이 여전히 살아 있음을 증명한다. 이 이야기들은 시암 엘리트 일부가 이미 서구 지리지식에 가볍게나마 익숙해져 있었음을 보여준다. 그들은 새로운 지식을 환영했고 그 지식을 습득하기를 갈망했다. 하지만 선교사들이 뜨라이품 우주론을 굳게 믿는 사람들과 마주쳤다는 것 역시 틀림없다.

몽꿋은 승려 시절 초기에 행성 운동에 관한 계산에 푹 빠져 천문학과 근대 지리학에 관심을 갖기 시작했다. 다른 사람들과 견주어 지구를 훨씬 더 잘 이해하고 있었다. 언젠가 그는 브래들리가 창조주와 문명에 기여한 성경의 역할을 설명한 것에 대한 응답으로 편지를 썼는데, 과학적 지구가 그의 견해에서 얼마나 중요한지 그 편지에서 보

93 William Bradley, *Siam Then*, p. 49. 이 일화에 대해 더 자세하게 알려면 William Bradley, "Prince Mongkut and Jesse Caswell," p. 38에 있는 캐스웰(Caswell)의 편지를 보라.

여주었다. 그는 성경은 지구와 자연에 대해 오류투성이라고 비난했다. 특히 6일 창조 믿음이 오류라고 했다. 만약 성경이 문명의 근원이라면, 어떻게 위도와 경도를 측정할 것인지 왜 아무 말도 하지 않는가 하며 그는 이의를 제기했다.[94] 지표면의 좌표를 계산하려는 그의 열정은 때론 도를 지나쳤다. 실제로, 왕이 되기 전에 그는 한 미국인 친구에게 편지를 썼는데, 그 편지는 "시암만의 북위 13도 26분, 동경 101도 3분의 해수면에서 1849년 기원후 11월 18일"에 쓴 것이라고 되어 있다.[95]

그가 왕이 되었을 때 왕족과 친척들에게 유럽식 교육을 받도록 다그쳤다. 근대 지리학과 천문학은 선교사들이 담당한 과목이었다.[96] 아마도 그의 마음속에 있는 지리학의 지위는 당시 유명한 영국 외교관이었던 존 보링 경(Sir John Bowring)에게 보낸 편지에서 그가 내세운 판단이 압축해서 보여준다. 몽꿋은 17세기 말에 프랑스에 간 아유타야 사절단에 관한 기록을 얘기하며, 그 기록은 "지구에 관한 참된 사실을 다루는 지리학적 지식과 맞지 않기에" 신빙성이 없다고 토를 달았다.[97] 참 또는 경이로운 서구 과학을 얘기할 때 그가 언급한 서구의 과학들 중 지리학과 천문학이 으뜸으로 등장했다.[98]

몽꿋의 사례는 매우 의미심장하다. 왜냐하면 그가 중심인물이었고 새로운 과학들과 지리학에 대한 그의 태도를 다른 이들도 공유했기

---

94 *Bangkok Recorder*, vol. 1, nos. 21-22, Jan. 1866.

95 King Mongkut, *Phraratchahatthalekha phrabatsomdet phrachomklaochaoyuhua* [몽꿋왕의 서신], p. 6.

96 Bradley, *Siam Then*, p. 102.

97 Sir John Bowring, *The Kingdom and People of Siam*, vol. 2, p. 144.

98 몽꿋이 그의 미국인 친구에게 쓴 편지를 보라. 거기에 자세하게 이 사안이 논의됐다. Mongkut, [몽꿋왕의 서신], pp. 6-18.

때문이다. 하지만 근대 지리학에 대한 불신은 쉽사리 사라지지 않았다. 실제로 1857년 빅토리아 여왕 궁정에 파견된 사절단의 시암 통역관은 영어와 서구의 관념들에 익숙했는데, 그의 여행기에서 다음과 같은 시적인 질문을 던진다.

> 왜 태양은 바다에서 지는가?
> 그리고 새벽에 바다에서 솟아오르네.
> 아니라면 영국인이 생각하듯이
> 지구의 모양이 오렌지 같다는 것이 사실인가?
> 그리고 태양은 그대로 선 채 움직이지 않는가?
> 흥미롭게도 지구는 그 자체로 회전하고,
> 삼계는 너무나도 광대하네.
> 이를 이해하지 못하는 내가 얼마나 어리석은가.[99]

뜨라이품의 지구는 너무나도 깊게 뿌리내려 있어서 포기할 수는 없었다. 어느 역사가가 언급했듯이 그 변화는 빙하의 움직임처럼 매우 더딘 속도로 일어났다. 사실 그 개념은 어느 사회적 삶에서, 전통에 뿌리내린 문화적 삶에서, 불교와 관련된 질서와 의례와 축제와 같은 것에서, 나중에 대중문화라고 지칭되는 것에서, 심지어 오늘날까지도 살아남아 있다.[100] 그 변화가 발생한 상황을 면밀히 살펴보면 근대 지리학의 확립에 영향을 미친 힘들을 알 수 있게 된다. 결국 지식은 결코 자연스럽고 부드럽게 전파되지 않았다.

근대 지리학과 여타의 서구 과학에 대한 탐구는 19세기 중반 불

---

99 Mom Rachothai, *Nirat london* [런던 행 여행서사시], p. 89.

100 Reynolds, "Buddhist Cosmography in Thai History," pp. 217-219.

교 개혁이 이루어진 바로 그 시기에 일어났다. 불교 개혁 결과로 시암의 상좌부불교에서 새로운 종파가 탄생했다. 같은 사람들-몽꿋과 그의 제자들-이 동시에 불교 개혁과 근대 과학 탐구를 그가 승려였던 때인 1820년대 초부터 주도했다. 사실 우리는 똑같은 정치적·지적 운동의 두 흐름이었다고 말할 수 있다. 그 운동은 당시 승가의 순수성과 정당성 그리고 불교 질서의 관행에 의문을 제기했다.

다른 불교 개혁처럼 진정한 불교와 승가는 정통에서-빨리어 대장경(Pali Tripitaka)에서, 논평이나 주해가 아니라-찾을 수 있고 승가의 엄격한 계율은 부처 시대로부터 규정되어온 것이었다. 몽꿋의 운동 정신에서 참된 불교는 세상의 일들을 삼가고 영적이고 도덕적인 일들에 헌신해야 했다. 우주론과 관련된 불교의 교리들은 사실 브라만교와 같은 잘못된 믿음에 의해 오염되었다고 그들은 생각했다. 따라서 그들은 세상적인 일과 영적인 일을 관련될지라도 분리했다. 불교는 후자에서 관해서 참인 반면 서구 과학은 전자에 관해서 참이라고 그들은 믿었다. 그리하여 그들은 시암에서 다른 어떤 집단들보다 열린 태도로 서구의 과학을 맞이했다. 실제로 선교사들이 이 불교 정통 운동을 시암에서 가장 개혁적인 파라고 간주할 정도였다.[101]

이른바 이 개혁파는 결국 1851년에 권력을 획득했고 그 이후부터 시암은 근대화를 향한 광폭의 발걸음을 내딛었다. 서구 과학을 퍼뜨린 시암의 전파자들이 이제 정치적 권력도 잡았다는 사실이 근대화를 향

101 Craig Reynolds, "The Buddhist Monkhood in Nineteenth Century Thailand," chaps. 3-4, 특히 몽꿋의 운동을 보려면 pp. 79-96을 보라. 또한 Srisuporn Chuangsakul, "Khwamplianplaeng khong khanasong: suksa karani thammayuttikanikai (ph.s. 2368-2464)" [승가의 발전: 탐마윳 종파의 사례 (1825-1921)].

한 순조로운 이행과 서구 지식의 급속한 확산의 주요한 이유라고 이미 여겨 왔다. 더욱이 시암은 버마와 중국에서 제국주의가 진군하는 것에 겁을 먹고서 다급히 더 영향력 있고 우수한 서구의 지식을 습득하려고 했다. 몽꿋이라는 요인과 제국주의 승리는 이후 서구 지식이 그 우수한 가치에 기반을 두고 확장해나갈 뿐 아니라 사회에서 영향력을 떨치고 있는 초지식적 권력이 그 지식을 후원하여 더욱더 영향력 있게 만들게 되었음을 의미했다.

그러나 몽꿋이 종교 운동을 주도하고, 왕권을 갖게 되고, 서구 세력과 대결을 벌였다고 해도 그러한 사실들이 자동적으로 서구 우주론과 토착 우주론 사이에 벌어진 대결의 결과를 결정하지는 않았다. 그 두 믿음체계는 그의 재위 내내 공공연하게 갈등을 겪었다. 일례를 들면 1866년에 브래들리가 지구에 관한 일련의 글을 발표했다. 이것은 독자들에게 여전히 생생하고 흥미진진한 주제였으며 그의 글들은 당시 지구에 대해 세세히 설명하는 유일한 글이었다. 지구의 구형을 관찰로써 입증하는 것부터 시작하여 독자들에게 개괄적인 지형학적 설명, 즉 지형의 크기, 지표의 구성, 대양과 대륙의 이름과 위치, 대기권 등에 대한 설명도 제공했다.[102] (브래들리의 신문은 불행히도 에스키모가 주제였던 해에 발간을 멈추었다.) 브래들리는 전통 믿음체계, 특히 불교를 표적으로 삼고 이를 뚫으려고 새로운 지식을 앞장세워 이용하려 했다. 몽꿋이 보낸 편지는 전통적인 우주관을 뒤흔들려는 브래들리의 시도와 보조를 맞춘다. 하지만 몽꿋은 같은 편지에서 같은 이유로 성경에 대해서도 도전했다.[103]

---

102 *Bangkok Recorder*, vol. 2, nos. 2, 9, 12 (17 Mar., 27 June, and 11 Aug. 1866).

103 Ibid., vol. 1, no. 21 (Jan. 1866), p. 211.

바로 1년 뒤인 1867년에 지체 높은 시암의 한 귀족인 짜오프라야 티파꼬라웡(Chaophraya Thiphakorawong 이후 티파꼬라웡)은 『낏짜누낏』(*Kitchanukit*)이라는 제목의 책을 발간했다. 이 책은 전통 우주론뿐만 아니라 기독교에 대해서도 싸움을 건다.[104] 몽꿋이 주도한 운동의 지적 성향을 따르면서 이 책은 으레 세속적인 영역과 종교적인 영역을 구분하며 전자의 진리는 서구 과학에서, 후자의 진리는 불교에서 찾을 수 있다고 했다.[105] 그는 불교가 참되다고 재확인했고 그와 상반되는 이론, 특히 선교사들이 제기한 비판에 대항하여 논쟁을 벌였다.[106] 그러나 그렇게 하면서 불교는 자연계의 참과는 상관이 없다고 해야만 했다. 불교는 단지 도덕과 윤리에 대해서만 으뜸이라고 해야 했던 것이다.

그 책 처음의 2/5에서 그는 근대 지리학과 천문학을 자연계에 관한 참된 지식의 측면으로서 여기고 그에 대한 설명을 전개한다. 지구의 모양에 대한 질문은 토착 지식의 진리, 특히 불교의 우주론의 진리가 서구의 지식 체계 관점에서 입증가능하다는 것을 다루는 내용에서 주요 논쟁점이 된다.[107] 그는 태양계의 한 행성으로서 지구를 설명한

104 Thiphakorawong, *Nangsu sadaeng kitchanukit* [여러 가지 일을 설명하는 책]. 영어로는 Henry Alabaster, *The Modern Buddhist*를 보라. 이 책은 설명과 논의 그리고 『낏짜누낏』에서 발췌한 것들을 많이 곁들이며 티파꼬라웡의 책을 폭넓게 다룬다.

105 그 책에 대한 논의를 보려면 Reynolds, "Buddhist Monkhood," pp. 129-132와 "Buddhist Cosmography," pp. 215-219 참조. 또한 Somjai Phairotthirarat, "The Historical Writing of Chao Phraya Thiphakorawong," chap. 3에 나온 그 책의 요약 참조.

106 Thiphakorawong, *Kitchanukit*, pp. 245-249.

107 Ibid., pp. 83-107.

다. 지구가 구형이라는 것을 너무나도 확신하여 한편으로 지구의 유래를 설명하면서 다른 한편으로 지구가 평평하다고 믿는 사람들에 대하여 논쟁을 제기한다. 우리가 어떻게 지구가 평평하지 않다는 것을 알 수 있는가 얘기하며 그는 관찰 가능한 현상과 콜럼부스가 신세계를 발견한 얘기를 언급하는데 이 두 얘기 모두 브래들리의 신문에서 발견할 수 있는 것들이다.[108] 그러면서 그는 뜨라이품 우주론을 공격 대상으로 삼고 부처의 권위에 의문을 품는다. 부처가 오류 없이 모든 진실을 알았다고 얘기돼왔기 때문이다. 티파꼬라웡은 이단자로 몰리는 것을 가까스로 피했을 뿐만 아니라 다음과 같은 말을 할 정도로까지 너무 멀리 나가버렸다. "지구가 평평하다고 생각하는 사람은 하나님이 창조주라고 믿는 사람들을 따르는 자이다. 왜냐하면 지구가 둥글다고 믿는 사람은 부처가 자연에 대해 말한 것을 따르기 때문이다."[109]

이렇게 딜레마에서 벗어나는 그의 방법이 불교에 대한 믿음을 고수하면서도 객관적인 서구 과학 지식도 옹호하는 근대 태국인 불교도에게서 전형이 되었다. 두 영역의 삶을 분리하는 것 말고도 티파꼬라웡은 부처가 지구에 관한 진리를 알고 있었으나 그가 알고 있는 바가 사람들의 믿음과 충돌을 일으킬 것이라는 것 역시 의식하고 있었다고 확신했다. 만약 부처가 이 질문을 제기했다면, 사람들은 이 주제에 현혹이 되어 구원에 이르는 도를 게을리 했을 것이라고 그는 설명했다. 즉 이것은 헛된 주제이고, 의미 없는 설법이고, 제기할 가치가 없다는 것이다. 이 주제를 불교의 가르침 속에 끌어들여 기껏 할 수 있는 것이라곤 그 진리에 전혀 무지한 브라만교 교리와 일부의 빨리어 주해를 의

108 *Bangkok Recorder*, vol. 1, no. 2 (16 Mar. 1865), and vol. 2, no. 2 (17 Mar. 1866).

109 Thiphakorawong, *Kitchanukit*, p. 104.

지할 뿐이었던 후대 늙은 교계 스승을 그는 비난했다.[110] 티파꼬라웡이 전통 교리가 브라만교에 의해 오염되었다고 몰아붙이면서도 새로운 종류의 지리학을 참된 불교의 증명으로서 내세웠다는 점은 확실하다.

근대 지리학은 공간에 대한 그 어떤 질문도 다룰 수 있는 새로운 지식으로 등장한다. 그러나 어려움이 없었던 것은 아니다. 예컨대 저자는, 어머니에게 설법을 하려고 다와등-뜨라이품의 우주에 따르면 천상의 단계-에 간 부처의 이야기를 설명해야 했다. 티파꼬라웡은 이 역시 사실일 것이라고 인정한다. 그러나 이것은 참된 지리학적 지식과 충돌을 일으키지 않는다. 왜냐면 그가 생각하기에 다와등은 멀리 떨어져 있는 또 다른 구형의 행성체에 존재할 수 있기 때문이다.[111] 부처의 생애 이야기와 근대 과학 사이에 명백히 드러나는 이 갈등을 멋지게, 계속 그렇게 해결했다.

『낏짜누낏』은 서구 우주론 개념의 영향에 대한 시암의 반응을 포괄적으로 증명하는 사례다. 어찌 보면 이러한 인식론적 전략은 충돌하는 지식들을 화해시키기는 해결방안이었다. 그 혼종성에서 발견되는 비논리성이 어떠하든 말이다. 동시에 이것은 지배적인 토착 우주관에 대항하는 공세였다. 그의 책 서론에서 밝혔듯이, 티파꼬라웡은 젊은 세대가, 돌아다니는 '쓸데없는' 책들 대신 이 책을 읽기를 바랐다.[112]

토착 지식과 서구 지식을 화해시키려는 이러한 이념적 운동은 권력을 잡았지만 한편으로는 토착 믿음체계와, 다른 한편으로는 기독교와 싸움을 벌여야 하는 더 어려운 상황에 처했다. 몽꿋은 그 자신 평생 서구 과학을 우호적으로 받아들이면서도 불교를 옹호해야하는 이념

---

110 Ibid., pp. 100-102.

111 Ibid., pp. 106-107.

112 Ibid., p. 1.

적 혼종을 위해 싸움을 벌여야 했다. 그가 와꼬에서 1868년에 개기일식을 관찰한 것은 지식이 고통스럽게 파국에 이른 순간이었다. 실제로 그 사건은 결국 그를 죽음에 이르게 했다. 이것은 사실 여러 면에서 인식론적 충돌을 상징하는 사건이었다. 평화로워 보였던 공간에 대한 두 지식의 공존이 사실 그람시의 용어를 쓰자면 결국 주도권을 쥐려는 진지전이었던 셈이다.

돌파구: 천문학 대 점성학

지표의 좌표 계산과 더불어 몽꿋은 행성 운동을 계산하는 데도 열정을 쏟아 부었다. 그가 쌓은 전문 지식은 주로 승려였던 시절에 배웠던 토착 점성학에서 비롯되었다. 몽꿋-신불교운동의 개혁파 지도자이자 시암의 서구화 추진 지도자-은 사실 전통 점성학의 열렬한 추종자였다. 그러나 동시에 영어로 된 서적의 도움을 받아 서구 천문학과 수학에 대한 지식도 키워나갔다.[113]

오늘날 태국에서 명성이 높은 한 천문학자가 언급하듯이, 몽꿋은 천문학에 엄청나게 큰 공헌을 했다. 방콕의 별점이 그의 재위 기간에 그 자신의 별점과 충돌을 일으켜 재난이 발생할 수 있다는 것을 발견하고서는 방콕의 별점을 옮겨 황금판에 새기고 도시의 기둥 신전 아래 묻었다.[114] 그는 종종 왕실 포고문에서 점성학에 관한 그의 전문성을

113 Damrong, *Khwamsongcham* [회고록], p. 99.

114 Prayoon Uluchata [Phluluang], "Phrachomklao kap horasatthai" [몽꿋왕과 태국 점성학], pp. 43-51. 특별히 이 사안과 이를 둘러싼 논란을 보려면 Nerida Cook, "A Tale of Two City Pillars: Mongkut and Thai Astrology

드러내곤 했다. 태국의 점성학에 그가 기여한 것들 중 하나가 새로운 태국 역법을 보급한 것이다. 그는 왕실의 점성학자들이 그들이 계산이 맞는지 재검증하지 않았고 사실 그들이 갖고 있는 점성학 논문에 문제를 제기하지도 않았으며 심지어 그 논문을 제대로 이해도 못했다고 힐난했다. 당연히 공식 역법이 엉망이 된 것이다. 그 역법에서 불교의 성일들은 심각하게 잘못 계산돼 있고 길일들이 부정확했다. 이러한 그의 주장은 그가 점성술에 정통해 있다는 것을 잘 보여주는 사례이다.[115]

이외에도, 송끄란이라 부르는 4월 중순의 태국 새해에서 왕실은 해마다 일반인들에게 그 해의 길일을 알린다. 이 포고는 또한 황도대 12궁도 각각의 정확한 시간과 지속, 다가올 일식에 대한 자세한 사항, 중요한 천체 현상, 상서로운 사건이 일어나는 날, 피해야 할 날 따위를 알리면서 새해를 출범시킨다.[116] 그의 재위 내내 몽꿋은 이 새해 선포를 작성했고 그 자신이 계산을 했다. 올해의 강수량 예측에 관하여 주장을 펼 때 몽꿋은 때론 천문 지식에 관해 평을 했다. 그 이전에는 왕실의 점성학자들이 비를 제공하는 나가(naga)의 숫자 또 천상의 숲, 일곱 고리의 산과 대양, 인간의 대륙 등과 같은 뜨라이품 우주의 여러 곳에서 예상되는 강우량에 바탕을 두고 이를 담당했다. 몽꿋은 이러한 관행을 신뢰할 수 없다며 무시했다.[117]

---

on the Eve of Modernization," pp. 279-313 참조.

115 Mongkut, *Phraboromrachathibai athikkamat athikkawan lae pakkhananawithi* [윤월 및 윤일과 반월(半月)계산 음력역법에 대한 설명]은 이 주제에 대해 몽꿋이 썼던 글들의 모음집이다. 또는 Mongkut, *Prachum prakat ratchakan thi 4* [제4대왕의 포고문 문집], vol. 4, pp. 120-141을 보라.

116 송끄란 포고는 Mongkut, [포고문 문집]에서 해마다 맨 처음 등장한다.

117 Mongkut, [포고문 문집], vol. 3, pp. 272-273.

몽꿋은 점성학을 실행할 때 전통 점성학의 복술이 아니라 행성 운동 계산에만 관심을 두었다. 공식 달력이 태양과 달의 궤도를 부정확하게 계산했기에 의문을 제기했다. 매해 송끄란 선포는 각 별자리에서 지구가 차지하는 위치, 각 별자리에 지구가 들어오고 나가는 시간, 차고 기우는 달, 일식 예상 등 세세한 사항들로 가득 차 있다. 그 역시 혜성, 태양의 흑점, 다른 행성의 궤도와 같은 여러 천체 현상들을 관찰하는 것을 즐겼다.

그런데도 그는 복술을 결코 내치지는 않았다. 단지 천체 계산 과학으로부터 그것을 분리했을 뿐이다. 그가 보기에 천체 현상은 인간사에 영향을 미치지 않는다. 이 생각은 그의 동시대 점성학자들이 갖고 있던 생각과 확실히 달랐다. 1858년과 1861년에 혜성이 왔을 때 전염병, 재난, 전쟁이나 불길한 일들이 발생할 것이라는 소문에 대해 주의를 주었다. 같은 혜성이 그 이전에 유럽에서 보였고 따라서 방콕에서도 특별한 조짐과 관련이 없다고 몽꿋은 주장했다. 더욱이 인간은 미리 혜성의 도래를 계산할 수 있다.[118] 1868년 달과 토성이 나란할 때, 1861년 태양과 수성이 나란할 때-점성학 관점에서 흉조라고 간주되는 현상-몽꿋은 그러한 개체들이 같은 지점에서 궤도를 돌아서 한 개체가 우리 눈에서 보이지 않는 것이라고 분명히 밝혔다. 그것은 자연스러운 현상인 것이다.[119] "천체 현상은 관찰할 수 있고 앞서서 계산할 수 있다. 그래서 어떤 낯선 것이 하늘에서 보일지라도 놀랄 이유가 전혀 없다. [그런 낯선 현상에 대한] 이유가 이미 밝혀졌다."[120] 더욱이 그의 관점에서 지구는 다른 별들과 다를 바 없는 하나의 행성이었다. 일식

118 Ibid., vol. 2, pp. 96-97, 305.

119 Ibid., vol. 4, p. 25.

120 Ibid., vol. 2, p. 320.

을 예상할 때 그는 종종 시암에서는 볼 수 없지만 다른 곳에서는 볼 수 있을 것이라고 알렸고, 때론 지구에서 그 일식을 가장 잘 볼 수 있는 곳의 좌표를 정확하게 제시했다. 그의 지구는 명백히 태양계에 속하는 지구라는 행성이었다.

이 새로운 우주론은 토착 점성학에서 떠난 것이었다. 왕권을 갖고 있었기에 그는 어떤 공격 위협도 받지 않았을 테고 강력한 추진력으로 그의 지식을 밀어붙일 수도 있었을 테지만 기존 제도를 무너뜨리지는 않았다. 브래들리의 신문에서 여러 번 브래들리와 논쟁을 벌일 때 몽꿋은 지구와 하늘에 관해 무지하다며 그의 동료 엘리트-고승, 원로, 심지어 그의 사촌, 이전의 왕들-를 비난했다. 버마의 고승들조차도 그들이 가진 세계관 탓에 몽꿋의 공격을 피하지 못했다.[121] 하지만 당시의 점성학자들이 내부에서 일어난 새로운 세계관의 도전에 어떻게 대응했는지는 확실하지 않다. 여하튼 몽꿋은 확신을 갖고 계속 투쟁했으며 왕실 점성학자들-그들 중 대부분은 역설적으로 몽꿋처럼 사원에서 수련을 했던 승려 출신들이었다-에 대해 비우호적인 태도를 견지했다. 당연히 그 투쟁은 그의 인생을 마감하는 데 심각한 영향을 끼쳤다.

언젠가 월식을 예측할 때 그는 점성학자가 아니라 왕이 이것을 계산했다고 강조했다.[122] 이렇게 강조한 이유를 다른 사건에서 찾을 수 있다. 1866년 송끄란 선포에서 일식에 관한 자세한 사항이 없을 때, 그는 "할일이 쌓여서 계산할 시간이 나지 않지만 점성학자들에게 이 일을 맡기면 대충해서 신뢰할 수 없을 것이다"고 썼다.[123] 종종 그는 상대

---

121 예컨대 *Bangkok Recorder*, vol. 1, no. 21과 Thiphakorawong, *Fourth Reign*, vol. 2, p. 160을 보라.

122 Mongkut, [포고문 문집], vol. 2, p. 199.

123 Ibid., vol. 4, pp. 24-25.

방을 '혼 숨삼'(hon sumsam), 즉 무성의한 점성학자들이라고 불렀다.[124] 역법을 계산했던 일부의 전·현직 승려들은 경멸적으로 '텐'(then), 다시 말해 엉터리 승려라 부르기도 했다. 더 나아가 텐을 세 부류로 나누었다. 첫째, '응옴텐'(ngomthen)으로 먹고 자는 것에만 관심을 두는 자들이다. 둘째, '라얌텐'(rayamthen)으로 여자에 빠지거나 다른 부적절한 관계에 빠진 자들이다. 셋째, '라이텐'(laithen)으로 남들에게 아첨하는 것 말고는 아는 것이 거의 없는 자들이다. 셋째 부류가 바로 왕실에서 역법을 담당했던 관료들이었다.[125] 몽꿋은 점성학자들과 승려들의 피상적인 시간 측정에 관한 지식을 비롯한 그들의 관행을 공격할 때마다 이러한 용어들을 사용했다.[126]

1868년 와꼬에서 개기일식을 관찰한 것은 그의 투쟁에서 절정이었다. 그 일에 대한 예보가 그해 송끄란에서 공포되었다. 그러나 당시 몽꿋은 계산할 시간을 충분히 갖지 못해 자세한 사항은 알리지 않았다. 8월에 이르러 공식적 포고가 내려졌는데, 그는 태국 체계의 시간 측정법(몽mong, 밧baht)에 의거하여 정확한 일식 시간과 정확한 지속기간을 계산했다. 그 지속기간은 1밧 또는 그가 말한 대로 '기계식 시계로 6분'이었다.[127] 그러나 개기일식은 지표면의 특정 지대 주위에서만 볼 수 있을 터였다. 공교롭게도 그 지대가 "그리니치에서 계산하면 경도 99옹사(ongsa, 도) 40립다(lipda, 분) 20필립다(philipda, 초)에서, 즉 방콕의 서쪽으로 49립다 40필립다에서 [그리고] 북위(킵투위khipthuwi) 11옹사

124 예컨대 Ibid., vol. 4, p. 92.

125 Mongkut, [윤월 및 윤일에 대한 설명], p. 2.

126 예컨대 Mongkut, [포고문 문집], vol. 2, p. 313, and vol. 4, pp. 142-145.

127 Ibid., vol. 4, pp. 117-120.

41립다 40필립다, 즉 방콕의 남쪽으로 2옹사 3립다 29필립다에서" 끄라 지협을 통과했다.[128] 그 측정 단위인 옹사, 립다, 필립다는 각각 태국판 도, 분, 초를 뜻한다. 그러나 지표의 좌표에 근거를 둔 측정 방법은 엄연히 서구의 것이었다. 이 사안을 다룬 한 연구는 몽꿋이 계산할 때 서구 교본과 더불어 비정통 교본-사람(Saram), 시암에 알려진 행성 계산에 관한 몬족의 두 교본 중 하나-을 참고했다고 언급한다.[129]

담롱은 시암에 만연한 점성학 지식에 따르면 개기월식이 있을 터이나 개기일식은 한 번도 없었으며 이 일은 불가능할 것이라고 말한다. 따라서 당시의 점성학자 대다수는 몽꿋의 예보를 비정통이라며 믿지 않았다는 것이다.[130] 담롱이 회고하며 이렇게 설명한 것은 과장됐다. 개기일식은 태국의 점성학과 맞지 않는 것이 아니었다. 이것은 전

128 Fine Arts Department, comp., *Prachum chotmaihet ruang suriyupparakha nai ratchakan thi 4 lae ruang ratchakan thi 4 songprachuan lae sawankhot* [제4대왕 재위 시기 일식과 몽꿋왕의 병과 서거에 관한 기록 문집], p. 29. 1868년 개기일식에 대한 자세한 사항과 그림에 대해서는 Rawi Bhawilai, "Suriyupparakha 18 singhakhom 2411" [1868년 8월 18일의 일식], pp. 26-34와 Chaen Patchusanon "Suriyupparakha temkhrat ph.s. 2411" [1868년의 개기일식], pp. 124-141 참조. 그 벨트는 유럽인이 관측소를 세워 두었던 아덴, 인도, 보르네오를 통과했다.

129 "Chotmaihet sadet wako" [국왕의 와꼬 행차 기록], in *PP* 13/19, p. 16과 Thiphakorawong, *Fourth Reign*, vol. 2, p. 242. 그 무렵 점성학자들이 더 많이 사용했던 다른 문헌은 『수리야얏』(*Suriyayat*)이었다. 서양 문헌들의 이름은 제시되지 않았다.

130 Damrong, [회고록], pp. 36-37과 또한 *PP* 13/19, pp. (3)-(4) and *PP* 30/52, "Chotmaihet mua phrabatsomdet phrachomklao sawankhot" [몽꿋왕의 서거에 관한 기록], pp. 132-134를 보라.

통 점성학 기록에서 적어도 한번 언급되었다.[131] 그런데도 담론의 회고가 주는 가장 중요한 함의는 몽꿋과 그의 왕실 점성학자들 사이에 미묘한 대결이 있었다는 것이다. 일식에 관한 예측이 몽꿋과 그들 사이에 달랐다. 몽꿋은 사람(Saram)과 서구식 방법을 선호한 반면 대부분의 왕실 점성학자들은 또 다른 교본을 참고했기 때문이다.[132] 왕실 점성학자들은 일식은 계산해냈으나 완전하게 계산한 것은 아니었다. 게다가 그 계산에서는 지표의 지대와 같은 것은 없었다. 몽꿋이 왕실의 점성학자들과 대립할 때 그가 고립되었고 압박을 받았을 것이라는 점은 쉽게 상상할 수 있다. 이것은 지적인 연습 이상의 것이었고 그의 반대자들은 단지 점성학과 관련된 사람들이 아니라 일종의 기존 체제였다. 그는 일식을 예측했기에 그의 지식과 왕의 신뢰성을 증명하려고 매우 세세하게 계산하는 데에 몰두했다.

그의 슬기를 확신하며 몽꿋은 이 개기일식을 관찰하기 위한 행사를 조직했고, 나이가 많지만(64세), 그리고 정글에서 이동하고 묵어야 하는 역경이 있지만, 손수 이를 이끌기로 굳게 결의했다. 정확성을 높이려고 또 그의 능력을 확증하려고 질병이 창궐하는 우림 한가운의 거친 들판인 와꼬(Wako)를 관찰 지역으로 선택했다. 와꼬가 그 계산법이 콕 짚은 위치였기 때문이다.[133] 게다가 그는 그 지역에 있는 유럽 열강의 고위 관료들을 초청하여 와꼬의 관찰 행사에 동참케 했다. 영국과

131 "Chotmaihet hon" [점성가들의 기록], *PP* 8/8, p. 110 참조.

132 그러나 몽꿋은 사람(Saram) 이론을 선호했다. Mongkut, [윤월 및 윤일에 대한 설명], pp. 72-73 참조.

133 이 사건 이래로 와꼬는 그 이름으로써 알려지게 되었다. 그의 정확한 위치는 잊혔고 어떤 지도에도 나오지 않는다. 이를 다시 찾으려는 최근의 시도가 논란 가운데 끝났다. Chaen, ["1868년의 개기일식"] 참조.

프랑스의 관료들은 그 초청을 받아들여 큰 규모의 사절단을 대동했고 관찰과 과학 실험을 위한 여러 장비들까지 동원했다. 시암측의 규모도 마찬가지로 컸으며 정글에서 생존하고 왕과 왕실의 초청객들의 흥을 돋우고자 분에 넘치게 준비물들을 가져왔다. 그들은 측정 기구를 준비하지 못했으나 예컨대 얼음은 방콕에서 가져왔다. 와꼬의 만남은 국제적인 천문학 관찰이 되었으며 이 지역에서 그렇게 웅대한 규모로 조직된 행사는 유례가 없었다. 그 속을 들여다보면 그 행사는 상징적으로 토착 점성학과 서구 천문학의 랑데부였으며 또한 그 둘 사이의 스펙트럼에 있는 모든 것을 보여주는 사건이었다.

운명의 날인 1868년 8월 18일, 와꼬의 하늘은 흐렸다. 사람들은 모두 개기일식을 볼 준비를 하고 있었다. 특히 유럽인들은 이미 장비를 갖추고 대기했다. 불행히도 태양은 육안이나 장비로 거의 볼 수 없었다. 날씨가 그 국제 행사를 거의 망칠 지경이었다. 그러나 갑자기 일식이 시작되자 하늘이 개이고 거기 있는 사람들 모두 개기일식을 목격했다. 그 개기일식은 몽꿋이 하나하나 예측했던 바대로 일어났다. 유럽의 초청객들과 달리 그는 그 어떤 과학 실험도 준비하지 못했으나 개기일식 그 자체는 성공적인 실험이었다. 이것은 그가 가장 중요한 성공을 거두었다는 훌륭한 증표였다.

하지만 그의 승리는 토착 지식의 완전한 패배가 아니었다. 그의 성과는 서구 지리학과 천문학 지식에 힘입은 만큼 그가 애정을 바쳐 전문성을 쌓았던 토착 점성학에도 힘입은 것이었다. 단지 천체들에 대한 새로운 관념과 그것들을 계산하는 방법만이 우수함을 증명할 뿐이었다. 몽꿋 그 자신에게도 갑자기 갠 하늘은 기적이었다. 신들의 선물로서 당연히 그 성공의 공로 일부를 그 신들에게 돌려야 했다. 개기일식이 물러나기 시작할 때 유럽인들은 여전히 그 과학 실험에 여념이 없었지만, 몽꿋은 그 신들에게 감사하는 종교 의식을 거행하기 시작했

다.[134]

방콕으로 돌아왔을 때 몽꿋은 방콕에 있었던 수장 프라 호라티보디를 비롯한 왕실 점성학자들과 고위 귀족들에게 방콕에서는 그 개기일식이 어떠했는지 질문했지만 그들은 제대로 그 질문에 답하지 못했다. 그는 그들에게 매우 심한 벌을 내리며 왕실 공원에서 하루 동안 부역케 했고 8일의 징역형을 선고했다.[135] 그리고 개기일식에 관한 문서를 공표하며 그를 믿지 않았던 사람들을 공격했다. 그는 신들에게 바치는 비용보다 더 많은 액수를 버는 사람들이 그의 개기일식 계산에 관심이 없었다며 비난했다. 그들이 그의 세세한 예측을 무시하고 근대 장비를 사용한 측정과 계산에 무관심하여 마음이 천박하고 비속해졌고 엉터리 말들을 쏟아낸다며 비난했던 것이다. 그들은 시간기록을 하인들에게 맡기고 세세한 주의를 기울이지 않았고 왕실 점성학자들의 조야한 예측을 그대로 받아들였던 터였다. 더욱이 그들이 개기일식을 바라봤던 방식은 미숙했고-맨눈을 가리려고 손을 사용했다-그들이 사용한 시계 역시 전혀 맞지 않았다. "사원 사람들이나 고승들만이 여전히 그 종류의 시계를 사용했다." 그리고 그는 여러 해 동안 승려 생활을 했다며 떠벌리면서 지식에는 무지한 점성학자들을 꾸짖었다. "이제부터 점성학자들은 사원 사람들이나 전직 승려들처럼 천박하고, 저속하고, 상스럽게 행동하는 것을 그만두어야 한다." 그 일에 관여된 사람들 모두가 그 문서를 손수 옮겨 적도록 명령을 받았다.[136]

불행하게도 그러한 성취를 이룩하기 위해서 몽꿋은 그간 너무나도 혹사하여 건강이 악화됐다. 와꼬를 관측 장소로 골랐던 위험은 성

---

134 Fine Arts Department, [일식에 대한 기록], p. 31.

135 Thiphakorawong, *Fourth Reign*, vol. 2, pp. 250-251.

136 Fine Arts Department, [일식에 대한 기록], p. 31-33.

과로 이어지기는 했으나 몽꿋과 그의 아들인 쭐라롱꼰은 그 여정에서 말라리아에 걸렸다. 쭐라롱꼰은 한동안 심각하게 앓았으나 살아남았다. 몽꿋은 그렇지 못했다. 몽꿋은 왕실의 정통 점성학자들 및 토착 우주론과 겨룬 싸움에서는 승리를 거두었다. 그러나 비극적 승리였다. 그 자신 그 탓에 스러졌다.

새로운 유형의 공간: 근대 지리학

우리는 어떤 개념의 매개를 통해 세계를 인식하기에 결국 개념의 차이가 지구에 관한 우리의 지식과 그와 연관된 지리학적 관행들에 영향을 미친다. 19세기 말의 태국인이 근대 지리학으로써 세계를 인식할 때 그 세계는 얼마나 다른 것일까? 그리고 이 공간 담론은 어떻게 인간과 공간을 관련시키는가? 이 질문들에 대답하기 위해서는 우리는 그 역사적 조건 속에 들어올 때의 근대 지리학을 살펴보아야 한다.

티파꼬라웡은 학생들이 그의 책 『낏짜누낏』을 읽도록 노력했으나 성공을 거두지 못했다. 그런데도 근대 지리학은 매우 빠르게 시암에서 터를 잡았다. 티파꼬라웡의 책이 나온 지 8년 만에, 몽꿋의 치명적인 승리 후 6년이 지나 태국어로 된 지리학 책이 1874년에 최초로 출간되었다. 영어 교과서에 바탕을 둔 『품아니텟』(*Phumanithet*)은 미국인 선교사로서 1869년에서 1886년 사이에 시암에서 살았던 반 다이크(J. W. Van Dyke)가 쭐라롱꼰왕에 대한 헌사와 시암의 미래에 영광을 바라는 기원을 담아 쓴 것이다.[137] 이것은 태국어로 된 '세계 지도'(팬티록

137 J. W. Van Dyke [Wandai], *Phumanithet* [지리학], preface. 그 책에서 저자의 로마자 이름이 나오지 않지만 반 다이크는 1869년부터 1886년까지 시

phaenthilok) 책이다. 흰 코끼리가 첫 장의 가운데에 서있고 그 아래에 태국역법의 출판년도가 표기돼 있다. 그 책은 교과서로서 공식적인 인정을 받지 못했다. 1880년대 시암에서 새로운 교육체계가 시행되었는데 그 시행 초기에 지리학은 일부 학교에 개설된 영어 프로그램의 중등학교(secondary) 상급반을 제외하고는 모든 학생들에게 제공되는 과목이 아니었다. 전통적인 우주론 교본을 대부분의 태국 학교에서 여전히 가르쳤다. 1887년 당시 사용하는 책들이 쓸모없이 왕과 전쟁 이야기만을 다루고 있다는 쭐라롱꼰의 비판에 뒤이어, 새로운 교육부장관인 담롱왕자는 교육과정과 태국 학교의 모든 교과서를 개편하기 시작했다. 1892년 신 교육과정이 개시됐고 근대 지리학이 이제 중등학교의 모든 반에서 배우는 과목이 되었다.[138] 새로운 세대의 지리학 교과서가 긴급히 필요했던 터였다.

1892년의 신 교육과정은 지구와 태양계와 행성과 자연 현상에 관한 학습을 의미했다. 이것은 또한 가옥과 마을과 도시에 관한 계획을 마련하고 지도를 사용하는 관행을 뜻하기도 한다.[139] 1895년과 1898년에 추가적으로 교육과정을 개선하여 거의 모든 학년에서 지리학을 필수로 지정했으며 상급반에서는 다른 나라에 대한 학습과 기초적인 지도작성법 같은 더 세세하고 수준 높은 내용들을 그 교과목에 포함시켰

암에서 활동했던 개신교 선교사다. Thai Khadi Research Institute, "Mo bratle kap sangkhom thai" [브래들리 박사와 태국 사회], app. 1, p. 4 참조. 그가 태국어로 썼는지 또는 그 책이 그가 영어로 쓴 원본을 번역한 것인지 알 수 있는 증거가 없다.

138 Warunee Osatharom, "Kansuksa nai sangkhomthai ph.s. 2411-2475" [1868-1932년 태국 사회의 교육], pp. 67-85.

139 Ibid., p. 84.

다. 이러한 개선책 아래에서 각광을 받았던 교과서들 중에서 존슨(W. G. Johnson)의 『푸미삿 사얌』(*Phumisat sayam*, 시암의 지리학)이 있었는데 이 책은 나중에 여러 다른 교과서들의 모범이 되었다.[140]

이러한 교과서들은 우리에게 그 당시 근대 지리학이 어떻게 전파되고 받아들여졌는지 말해준다. 그 교과서들은 학생들로 하여금 새로운 관념의 공간, 새로운 지리학을 갖추도록 하는 다듬어진 개념 도구였다. 초기의 교과서들은 사뭇 단순했다. 매우 기초적인 근대 지리학 지식을 전달했다. 더 수준 높은 교과서가 나왔을 때 앞선 시기의 책들은 송두리째 사라지지는 않았지만 초등학생들이 사용하는 책으로 전락했다. 한 교과서는 지리학 학습 교재가 아니라 태국어 학습 교재가 되었다. 한 언어의 기초 문법책처럼, 그러한 책은 늘 단순했고 또 그럴 필요가 있었다.

이 교과서들은 20세기 초에 이르면 평평한 지구를 믿는 전통 관념이 이미 주변화 되었다는 것을 보여준다. 이 책들 중 어떤 것도 굳이 그러한 관념과 싸울 필요가 없었다. 언급조차도 되지 않았다. 단 하나의 예외가 프라야 텝파삿사팃(Phraya Thepphasatsathit)이 1902년 발간한 교과서인데, 신비적 생물체인 아논(Anon) 물고기가 지구를 떠받치고 있다는 관념을 그 교과서는 언급하고 있다. 그러나 여기서 텝파삿사팃

---

140 W. G. Johnson, *Phumisat sayam* [시암의 지리학]. 이 책의 초판 출간일에 대한 혼동이 있다. 1914년의 제5판 출간본은 존슨이 이 책을 영어로 1900년에 썼다고 밝혔지만 번역이 그 해에 마무리되지 않았다. (1914년 출간본에서 프라야 메타티보디 Phraya Methathibodi가 쓴 서문을 보라.) 존슨이 스스로 쓴 초판의 서론은 1907년의 제4판에서 나온 대로 1902년으로 되어 있다. 그러나 나는 1900년 판본을 찾아냈다. 제목, 여러 단어들, 철자가 후대의 판본들과 다르지만 그 내용은 각 판본에서 갱신된 일부 통계자료를 제외하고 사실상 똑같다.

은 좀 바보스런 아이가 교육을 못 받은 지역의 남자와 대화를 나누고 있는 이야기를 꾸민다.[141] 같은 책에서, 대조적으로, 선생님이 학생들에게 지구의 모양에 대해 물어볼 때 모든 학생들이 손을 들고 한 목소리로 "오렌지처럼 생겼다"는 대답을 한다.[142] 이 교과서의 저자에게는 구형의 지구에 대한 지식이 너무나도 일반적이어서 모든 학생들이, 그 중 하나가 무지한 나이 많은 남자의 의견 탓에 좀 머뭇거릴지라도, 그러한 쉬운 질문에 대답할 수 있어야 했다.

뜨라이품 우주론의 세계는 이러한 지리학 교과서에서 설 자리를 확실하게 잃었다. 근대 지리학의 지구는 태양계의 한 행성이며 태양의 주위를 돈다. 그 표면은 여러 대륙과 대양으로 덮여있다. 무엇보다 이 교과서들에 따르면 이 지구는 쁘라텟(prathet), 즉 국가들로 가득 차 있다. 예전 용법에서 쁘라텟이라는 말은 단순히 한 장소나 지역(군, 지방, 성읍, 숲까지도)을 뜻했다. 크기, 인구 또는 권력 등 어떠한 특정 자격과 상관없이 지표의 한 부분을 의미했던 것이다. 이 예전 의미의 흔적들은 19세기 말이나 20세기 초에 편찬된 태국어 사전 대부분에서 여전히 남아 있다.[143] 그러나 그 무렵이면 국가로서 쁘라텟이라는 의미가 몇 사

141 Phraya Thepphasatsathit, *Phumisat lem 1* [지리학 제1권], pp. 58-59.

142 Ibid., p. 34.

143 D. J. B. Pallegoix, *Dictionarium linguage Thai sive Siamensis interpretatione Latina, Gallica et Anglica*, pp. 523, 626; Pallegoix, *Siamese French English Dictionary*, p. 776; Dan Beach Bradley, *Nangsu akkhara-phithansap: Dictionary of the Siamese Language*, pp. 412, 514; Khun Prasert-aksonnit et al., *Photchananukrom lamdap lae plae sap thichai nai nangsu thai* [태국 문헌들에서 사용된 용어 사전], p. 282.

전에서 역시 등장하기 시작한다.[144] 쁘라텟에 대한 이 새롭고도 구체적인 정의는 반 다이크의 『품아니텟』과 존슨의 책에서 설명되었듯이 새로운 지리학적 개념의 지구로부터 비롯된 것이다.

반 다이크에 따르면 지표는 대륙과 대양으로 나뉘어 있다. 대륙은 경계로 나뉘어 왕국, 제국, 또는 공화국으로 불리는 '통치(또는 점령) 영토들'로 구성되어 있다. 이들 각 영토가 쁘라텟인 것이다. 쁘라텟에는 반드시 수도와 왕, 황제, 아니면 대통령이라 칭하는 최고 통치자와 수도의 영향 아래 짜오므앙(chaomuang, 도지사 또는 지방 통치자)이 통치하는 다른 지역들이 있어야 한다.[145] 그 책은 처음 두 장을 제외하고 한 장을 각 대륙을 설명하는 데 할애한다.[146] 각 대륙을 설명할 때 쁘라텟타이에서 시작하여 선정한 국가들(쁘라텟)을 기술한다. 시암을 비롯해 각 대륙의 지도들은 해당 장의 첫머리에 나타난다. 그 지도에 사용한 축척과 기호에 대한 설명은 책의 맨 마지막 쪽에 나와 있다.

'쁘라텟타이'라는 용어는 그 책 내내 눈여겨볼 필요가 있다. 시암인들은 새로운 영어 국가명인 '타일랜드'와 새로운 태국어 국가명인 '쁘라텟타이'가 1941년에 채택될 때까지 그들의 나라를 '므앙 타이' 즉 타이인의 나라라고, 바깥 세계에서는 그 나라를 '시암'이라고 불렀기 때문이다. 마찬가지로 다른 나라들도 그 책에서는 쁘라텟이라는 단어

---

144 예컨대 Pallegoix, *Siamese French English Dictionary* (앞의 주석 143 참조). 또한 Samuel J. Smith, *A Comprehensive Anglo-Siamese Dictionary*, p. 671.

145 Van Dyke, *Phumanithet*, pp. 6-7.

146 이 책은 질문과 응답으로 시작한다. 같은 주제에 대한 여러 질문들은 전통 시암 문학에서처럼 매(mae)라고 불렸다. 연속된 일련의 매들이 하나의 '장'(chapter)을 특징짓는다. 그 순서가 장마다 새로워진다.

뒤에 이름을 붙여 표기했다. 쁘라텟이라는 용어가 므앙이라는 용어를 대체하여 쓰인 것 같다. 므앙은 넓게는 공동체, 성읍, 도시, 나라까지도 의미한다. 즉 통치 권력이 영향력을 행사하여 점령한 지역을 일컬으나 그 크기, 권력의 정도와 종류, 또는 행정 구조에 관해서는 특별히 정해 놓은 것이 없다. 므앙의 뜻은 융통성 있게 여전히 쓰이고 있는 반면, 새로운 지식이 매우 폭넓고 불특정했던 용어인 쁘라텟을 차지하고 근대 지리학의 문법 체계에서 그 용어에 매우 특정한 의미를 부여했던 것이다. 그리하여 쁘라텟이 국가를 칭하게 됐다.

존슨 역시 쁘라텟이라는 단어의 새롭고 특정한 의미에 대해 힌트를 준다. 그의 책 초기 판본에서 그가 시암에 대해 사용한 이름은 다양하다. 앞쪽들에서는 쁘라텟사얌 또는 사얌쁘라텟, 뒤쪽들에서는 끄룽사얌(Krungsayam)이 등장한다.[147] 잉글랜드에 대해서는 끄룽-앙끄릿이라는 단어를 사용한다. 끄룽이라는 용어는 원래 큰 도시를 말했는데 몽꿋과 그의 동시대 사람들이 왕국을 뜻하는 말로 사용했고 한동안 그 용법이 이어졌다. 그러나 1914년 판본 이후로 그 앞선 판본들에서 끄룽이 사용됐던 용례들은 마지막 쪽들에서 일부를 제외하고 쁘라텟이라는 용어로 대체됐다.

존슨은 쁘라텟을 국가들이 차지하는 지표 영역들이라고 '지리학 소개'에서 정의했다. 예컨대 태국인들이 사는 아시아의 일부분은 사얌쁘라텟이라고 부른다.[148] 이 책이 시암에 관한 지리학 책인바 그는 두 가지 언급을 하면서 그 위치를 정의한다. 첫째, 시암은 아시아의 남동부의 반도에 있다는 것이다. 둘째, 그는 시암 주변 국가들의 이름을 열

---

147 Johnson, *Phumisat sayam*, pp. 59, 64, 67, and passim.

148 Ibid., p. 8.

거했다.[149]

시암의 아이들에게 소개된 근대 지리학의 가장 중요한 특징은 둥그런 지구 표면이 국가들로 가득 차 있다는 것이다. 시암은 그들 중 하나로서 반드시 지구의 한쪽을 차지하고 있다. 하나의 쁘라텟은 경험적으로 인식할 수 있는 지표 위의 한 영토이다. 적어도 두 방법으로써 그것을 파악할 수 있다. 첫째, 그 구체적인 지표 위치를 그것을 부분으로 갖는 더 큰 공간과 관련시키는 것이다. 둘째, 그 주변에 위치하는 통치공간과 맺는 '경계 관계'를 언급하는 것이다. 첫째 방법에서 종종 참조 공간은 단순한 대륙이 아니라 몽꿋이 선호한 바 특정한 좌표의 측면에서 본 지구이다. 마찬가지로 『품아니텟』이라는 책 전반에 걸쳐 반 다이크는 독자들에게 오로지 그러한 국가가 서 있는 대륙의 부분을 언급함으로써 그리고 그와 이웃한 영토들을 언급함으로써 각 국가의 존재를 설명할 수 있었다. 시암처럼 지표를 차지하는 국가는 너무나도 사실적으로 경험할 수 있어 그 생김새가 마치 왕실 근위병의 오래된 도끼나 코코넛의 껍질 바가지와 같다고 말할 수 있을 정도다. 근대 지리학은 그 신봉자들에게 시암과 그 모든 나라들의 존재를 마치 자연스러운 것처럼 장담해왔다.

그러나 그 어느 누구도 국가로 가득한 지구를 맨눈으로 볼 수 없다면, 또한 이웃한 국가들을 포함하는 지역 전체를 결코 동시에 볼 수 없다면, 어떻게 우리는 그 두 방법을 이해할 수 있겠는가? 무엇이 그 언급들을, 지구가 둥글다는 일반적인 지식을 제외하고, 이해하도록 만드는가? 두 방법은 한 가지를 공유한다. 지구나 대륙 또는 적어도 일부 영역에 관한 지도 지식을 필요로 한다는 것이다. 사실 반 다이크는 『품아니텟』에서 독자들에게 둥그런 지구에 관한 지도들과 각 장에서는 특

149 Ibid., pp. 11-12.

정 대륙에 관한 지도를 제공해야 했다. 그 책의 앞쪽들에서는 지도가 무엇인지에 관한 짤막한 설명과 기본적인 독법 기술을 제시한다. 그는 독자들에게 국가의 특징들을 더 잘 파악하기 위해서는 그 책을 읽을 때 지도를 사용하라고 힘주어 권고한다. 존슨 책의 첫째 판본에서 두 지도가 곁들여졌는데, 아시아 지도와(개략적인 사항을 포함하여) 더불어 시암 주변 나라들과 맞대는 '시암의 경계 지도'였다.[150]

이러한 지도를 보지 않고서 또한 그것들을 읽는 기본적인 지식을 결여한 채 시암이 어디에 있고 어떻게 생겼는지 알 수 있을까 하는 질문을 우리는 던질 수 있다. 지도에 관한 일반적인 지식이 없다면 그 어떤 진술도 이해 불가능하다. 더 나아가 이런 유형의 공간 인식에서 여러 부류의 의사소통이 지도에 관한 지식 없이 가능할 수 있을까 하는 의문을 품을 수 있다. 그렇다면 지도는 어떻게 이런 유의 지리학에서 진술들을 이해 가능하도록 만드는가? 더 간단히 말하자면 지도는 어떻게 작동하는가? 지도란 무엇인가?

부호화된 공간: 근대 지도

그 초기의 또 다른 지리학 교과서는 위에서 던진 질문을 대답하는 데 도움을 준다. 텝파삿사팃(Thepphasatsathit)의 두 권의 지리학은 1902년

150 늦어도 1914년 판본에서는 아시아 지도가 포함되어 있지 않다. 그 책의 11쪽에 여전히 언급을 하고 있으면서도 말이다. 더욱이 '시암 왕국'이라는 최신 지도가 시암의 경계에 대한 지도를 대체하며 지방행정구역과 경계에 대한 더 자세한 사항을 제시했다.

과 1904년에 각각 발간되었다.[151] 둘 모두 가장 오랫동안 학생들이 사용하고 시암의 학교 교육과정 역사에서 가장 빈번히 재출간되는 교과서에 들어간다.[152] 제2권에서 처음 10개의 장들은 기본 방위를 결정하는 방법에서 지도를 읽고 그리는 방법에 이르기까지 기초적인 지도작성을 다루는 주제들이다. 이 과정에서 학생은 도면, 축척, 도면과 지도의 관계, 지도와 지도가 표상하는 실제 사이의 관계에 대해 차근차근 배워나간다.

그 주제들에 따르면 도면은 엄격히 말하면 위에서 사물을 보는 것처럼(2-3장) 표현하는 '개요'이다. 도면은 그림과 다른데 후자가 보는 이에게 사물을 직접 본 것처럼 말하는 반면 도면은 사물의 배열과 그 크기 또는 같은 도면의 다른 사물과 떨어진 거리를 오로지 제시할 수 있기 때문이다(4장). 축척은 사물과 비례하여 도면의 크기를 늘리기도 줄이기도 하는 방법이다. 이것들은 모두 지도작성을 다루는 주제들과 8장-10장에 걸쳐 나오는 시암의 지도에 관한 주제를 학습하는 데 사전 필수사항들이다. 원본이 아저씨와 두 소년 사이의 대화의 형식으로 쓰였기에, 나는 요약된 버전을 아래에 소개한다.

"지도가 뭐지?" 아저씨가 묻는다.

"그림이요," 한 소년이 재빨리 대답한다.

---

151 Thepphasatsathit, [지리학 제1권]과 [지리학 제2권]. 여기서 저자의 이름은 그의 경력에서 마지막 수여된 공식 지위이다. 따라서 앞선 판본들에서 저자의 이름이-예컨대 쿤 타라팍파티(Khun Tharaphakphathi)처럼-다를 수 있다.

152 텝파삿사팃의 [지리학 제1권]은 1920년부터 1958년까지 36번 출간됐다. 간행부수는 거의 3백만권이다. [지리학 제2권]에 대한 정확한 기록은 없다.

"아니," 아저씨가 큰 소리로 받아치며, "지도는 그림이 아니야. 이것이 그림이라면 수많은 집들과 나무와 사람들을 거기에서 볼 수 있어야 해. 하지만 우리는 여기서 볼 수가 없지," 하고 대답한다.

"지도는 도면이야. 모든 지도가 마찬가지야." 그는 설명을 이으며 "지도는 지표에 관한 도면이야, 뭍이든 물이든 말이야. 온 지표를 보여주는 지도는 그에 대한 도면이지" 하고 말한다.

그리고 아저씨는 시암의 지도를 가리키며, "이것이 우리가 살고 있는 지구의 한 영역이야," 하고 말한다. 또한 지도의 색깔은 지구의 색깔이 아니라고 설명한다. 공중에서 시암을 보면 시암을 매우 푸르게 볼 터이다. 그리고는 그들은 짜오프라야강 지도와 방콕 지도를 본다. 즐거워하며 방콕 지도에서 주요한 장소들의 위치를 가리킨다.

소년들은 지도에 관해 배우는 것을 매우 좋아한다. 또한 지도를 그릴 때 축척이 언제나 사용된다는 것과 외워야할 기호들이 많다는 것도 배운다.[153]

이 간단한 학습은 지도가 인간의 사고와 공간을 어떻게 매개하는지 세세히는 아닐지라도 포괄적으로 들려주기에 우리의 이목을 끈다.

인간은 일상을 살아가며 직관이나 감각과는 별도로 수많은 기호체계의 복잡한 무대에서 기호로써 세계를 경험하고 상대방과 의사소통한다. 지도도 그러한 기호에 속한다. 지도 의사소통 이론에 따르면

---

153 Thepphasatsathit, [지리학 제2권], pp. 50-75 요약.

지도는 실제 공간과 인간 사이, 제작자와 사용자 사이의 매개물로서 인간이 직접 경험할 필요 없이 그러한 공간을 인식할 수 있게 도와준다. 공간과 지도와 인간 인식-지도 의사소통의 기본 트리오-사이의 관계는 매우 복잡하다. 아래 도해는 이 이론에 따라서 매우 기본적이고 요약된 설명을 제시한다.[154]

지도제작자는 지형(A)를 지도의 종류에 맞게 특정 목적을 갖고 관찰하거나 측량한다. 그 다음 그 제작자가 여러 관련 방법을 사용하여 그것을 개념화하고(B), 자료들을 지도에서 사용하는 형태로 바꾼다(C). 그리하여 지도가 만들어진다. 지도가 전달하는 정보들은 독법을 아는 사용자들에 의해 인식되고(D) 번역된다. 하지만 이 도해의 단계마다 복잡성을 갖고 있다. 지도제작은 여러 요소들-제작자의 관점, 인식, 개별 지도의 특정 목적, 또는 기호의 다른 용법 등-에 영향을 받아 결국

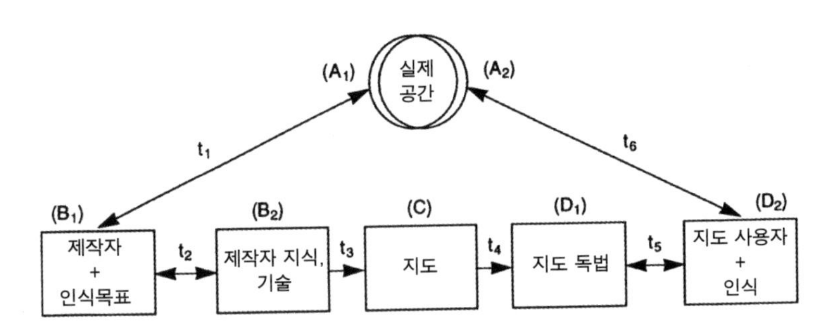

자료: A. Kolacny, "Cartographic Information," pp. 47-49를 참조한 도해

154 A. Kolacny, "Cartographic Information," pp. 47-49 참조. 또한 Arthur H. Robinson and Barbara B. Petchenik, *The Nature of Maps*.

다른 결과물로 나올 수 있다. 개체에서 기호로, 그리고 기호에서 독자의 인식으로 가는 모든 변환은 해석 과정을 수반한다.[155] 텝파삿사팃의 학습은 이론적 텍스트를 의도하진 않지만 여러 이론적 단계들을 함의한다. 이 모든 이론과 전제에 근거를 두고 우리는 지도가 어떤 특성을 갖고 있는지 그리고 지도가 어떤 작동 원리로 표상하는지에 관한 논의를 개진할 수 있다.

첫째, 어느 그림처럼 지도는 이차원의 그래픽 형태로 실제의 공간을 표상한다고 주장할 수 있다. 일종의 도표로서 지도는 그림과 다른 방식으로 표상한다. 아저씨에 따르면 그림은 공간 개체의 내용을 마치 보는 이가 목격하듯이 기록한다. 사물은 한 관점에서만 보이므로 그림에 나타나는 사물의 모양과 배열은 실제의 모양과 같을 수 없고 감상자는 그 내용을 통해서만 사물을 인식할 수 있다. 이와는 대조적으로 도면은 공간 개체의 모양과 구조적 형태를 기록한다. 아저씨에게는, 지도가 일종의 도면으로서 개체를 위에서 바라보고 그야말로 그 형태와 내용들의 구조적인 관계들을 보여준다. 다시 말해 지도는 공간 개체의 구조적 배열인 것이다.

둘째, 지도는 얼마나 닮게 공간을 표상했든 복잡한 삼차원의 물리적 공간을 지도제작 형태로 변환시킴으로써만 그렇게 할 수 있다. 이 변환 과정은 적어도 세 단계를 필요로 한다. 첫째, 일반화 방법은 공간에 관한 자세한 사항들을 각 특정의 지도에 맞는 데이터로 만들기 위해 축소, 선택, 조합, 왜곡, 어림짐작 또는 과장한다는 것을 뜻한다. 둘

155 자세한 사항을 알려면 Robinson and Petchenik, *The Nature of Maps*, chap. 3, 특히 pp. 30-32와 〈그림 2.4-2.6〉 참조. 또는 Kolacny, "Cartographic Information," p. 48 참조. 또한 J. S. Keates, *Understanding Maps*, pp. 62-86 참조.

째, 축척법은 어떤 비율에 맞추어 실제 관측한 것을 늘리거나 줄이는 것을 뜻한다. 셋째, 상징화는 어떤 사물을 표상하기 위해 기호나 다른 장치를 사용한다는 것을 뜻한다.[156] 기하학 덕분에 데이터는 기하학적 계산에 의해 변환되고 대부분 기하학적 기호로 표상된다. 그 결과로 물질 공간에 대한 해석적 추상화가 이루어진다.

셋째, 지도가 해석적 추상화지만 실제를 모방한다고 한다. 지도는 실제의 공간과 인간 사이를 직접적으로 매개한다고 상정해야 지도로서 작동할 수 있다. 즉 실제는 관계의 근거이고 참조가 된다. 지도 의사소통에서 중요한 주제들 중 하나가 지도에서 사용되는 장치들의 자의성과 모방의 정도이다. 다시 말해 이러한 장치들의 어떤 표시와 기호와 크기와 색깔이 또는 그 장치들의 위치가 어떻게 현실을 제각각 자의적으로 모방하여 표상하는가에 대한 연구이다.[157] 어떤 이는 지도가 우리가 인식한 외부 세계 실체와 본질적인 관련성을 지니고 있는 반면 도해는 그런 관련성을 지니지 않은 자의적인 장치일 뿐이라고 주장한다.[158] 외부 세계와 본질적 관련성을 지닌다고 가정하지 않았다면 아저씨와 두 소년은 방콕의 지도에 나타난 공공건물들과 도시 광경을 가리키는 재미를 갖지 못했을 것이다. 그러나 앞으로 보게 되듯이 이렇게 상정하는 것은 문제의 소지가 많다.

넷째, 그럼에도 지도는 제작자와 사용자 사이에 의사소통을 가능케 하며 대상과 관계 속에서 그 존재를 상상할 수 있다. 왜냐하면 제작자에 의한 변환 과정과 사용자에 의한 독법 과정 모두에서 지도의 모든 메커니즘–구조, 기호, 축척 등–은 공통의 지도제작 용어에 바탕

---

156 여기에 나온 세 방법은 이 연구에서 제기한 주장을 위해서만 제시된다.

157 예컨대 Robinson and Petchenik, *The Nature of Maps*, pp. 61-66 참조.

158 Keates, *Understanding Maps*, p. 72.

을 두고 있기 때문이다. 지도는 약속에 바탕을 두고 생존을 이어나간다. 아저씨는 그 소년들에게 약속을 가르친다. 이와 같은 근대 지리학의 글로벌 문명에 소속된 모든 사회의 학생들은 그 약속을 익혀야 한다. 그들은 이 사회화 과정을 거치며 규범과 약속을 지키게 된다. 이차원의 그래픽 형태로 나타난 상징들의 조합인 지도는 근대 지리학과 기초 지도제작 기술을 익혀야만 알게 되는 규범과 약속에 의해서 그 생을 이어나간다. 오로지 이 글로벌 관행이 지도가 표상하는 공간을(올바로 읽는다면) 일부 어긋나더라도 명확하게 만든다.

마지막으로 지도는 대상 공간을 표상하거나 추상화하는 데서 그치지 않는다. 이 기술이 지니는 가장 매력적인 창조성은 예언 능력이라 할 수 있다. 사실 지도제작에서 가장 근본적인 방법 중 하나가 수학적 기획이다. 지구는 너무나도 크고, 인간은 너무나도 작지만 호기심은 지구 바깥으로 뻗어나간다. 16세기에 근대 지도가 지구 표면을 궁극적인 참조 사항으로 간주하자 온 지구의 경위도 격자가 일반 측정틀로서 개발되어 확립되었다. 그때부터 인간들은 여러 세대 동안 세계의 미지 장소에 들어가 그 수학 틀을 빈 곳에 들이댔다. 근대 지도는 어떤 사물이 반드시 특정 좌표의 '거기에' 있다고 예견할 수 있었다. 사실과 지식은 근대 지도를 참되게 따르는 자들이 나중에 '발견할' 터였다. 따라서 19세기 지도가 어느 국가의 발견을 예견했다면 그 국가가 어떻게 발견되는 것을 거부할 수 있겠는가?

요컨대, 지도는 근대 지리학에서 어떤 공간 대상의 부호인 셈이다. 기호로서 지도는 그 자체의 추상화 방법을 사용하여 공간 대상을 새로운 기호체계로 바꾸어버린다. 지도는 공간을 부호화하고 결국 부호화된 공간은 해독되어 실제라 여기는 공간에 대한 지식을 알려주게 된다. 이것은 과학적 방법의 산물일 뿐만 아니라 우리 근대 사회제도의 산물이기도 하다.

여기에서 다루는 지도의 종류는 전근대 지리학의 지도와는 완전히 다르다. 그 차이들은 기술 때문만이 아니라 지식의 종류가 다르고 그 배후의 개념이 다르기 때문이기도 하다. 예컨대, 토착 개념에서 공간은 대개 신성성과 종교성 측면에서 파악되었다. 이것은 공간의 본질적인 특성이었다. 또는 다른 식으로 말하여, 종교성이 공간의 물질성을 지배하여 후자를 종교적 가치에 종속시키거나 그 가치를 표현하도록 한 것이다. 대조적으로 근대 지리학은 물질 지구 공간 연구에 한정하는 학문이다. 근대 지도에서 공간은, 적어도 인간이 살아가는 공간은 구체적이고 세속적이다. 그리하여 전근대 지도는 정확한 측정에 관심을 두지 않았고 과학적·경험적 방법도 필요로 하지 않았다. 지도는 우주론이든, 도덕 가르침이든, 여행 경로든, 한갓 이미 알려진 사실과 진리를 표현할 뿐이었다. 대조적으로 근대 지도는 세속 세계에 대한 상상적 접근과 신성한 접근을 무시한다. 이것은 공간을 인식하는 새로운 방식을 구성하고 공간을 상상하는 새로운 방법을 제공하여 '비실제적' 상상을 방지하고 부호 해독 과정 이후에도 생존할 수 있는 정당한 공간만을 허용한다.

전근대 지도에서는 표현된 공간 단위가 전체 공간의 부분이라는 추론이 없었다. 지표에서 그 단위의 위치에 대한 표기가 없었다. 그러나 국가의 지도를 그린다는 것은 언제나 지구적 총체성을 함의한다. 지도에서 그 공간 단위는 그 총체성의 부분이기 때문이다. 근대 지도의 유형에서 지구적 차원의 참조가 중요하다는 것은 그 특징을 한 가지 더 보여준다. 아마도 이것이 가장 중요한 특징일 것이다. 전근대 지도는 종교적 이야기이든 여행 경로에 관한 설명이든 한갓 또 다른 서술의 표현에 지나지 않았다. 누구는 실제 공간을 전혀 언급하지 않을 수도 있다. 이와 같은 지도는 필수불가결한 것이 아니다. 대조적으로 근대 국가 지도가 표상하려는 실제 공간은 그 총체성을 직접 경험할 수 없기에-사실 그렇게 하기가 불가능하다-근대 지도는 그러한 거대한 공간을 총체적으로 인식하고 개념화하는 데 필수불가결한 매개체이다. 이것이야말로 그 어떤 전근대 지도가 수행하지 못한 기능이었다.

더욱이 지구의 한 부분으로서 국가의 지도는 반드시 지표와 대응하여 봐야하고 이를 표시하는 방법 또한 반드시 필요했다. 이 모든 방법은 지구의 각 부분, 즉 국가와 그에 관한 지도를 경계선을 지닌 조각누비로 연결하여 전체 지구를 형성할 수 있다는 것을 함의했다. 사실 경계선은 국가의 지도에서 매우 중요하여 국가의 지도는 경계선 없이 존재할 수 없다. 국가는 지도에서 문자나 그 밖의 다른 상징이나 색깔이 없어도 상상될 수 있지만 국가의 지도라는 개체를 형성하는 상징인 경계선이 없다면 불가능하다. 경계선은 국가의 지도가 존재하는 데 필수불가결하다. 또는 다르게 표현하여 경계선의 존재가 국가 지도의 전제가 된다. 논리적으로 이것은 결국 경계선이 지도 앞에 반드시 존재해야함을 의미한다. 매개체는 단지 존재하는 실체를 기록하고 언급하기 때문이다. 그러나 이 경우 실체는 그 논리를 역행한다. 명백하게 구분된 경계선을 필요로 하는 것이 바로 근대 지리학 관점의 국가 개념이다. 지도는 단지 매개체로서만 기능하지 않고 상상의 실체를 창조하기도 한다.

이러한 부호가 표상하는 국가는 새로운 종류의 지구 공간으로, 즉 다른 규범과 약속, 다른 관계 방식을 지닌 그 공간으로 들어간다. 지도가 어떤 기록 매개체나 반영 매개체 이상이라고 한다면, 그 변환은 누구나가 생각하는 것보다 훨씬 복잡하다. 이 문제를 역사적인 틀 속에서 파악한다면, 지도로써 국가를 상상한다는 것은 국가의 영역과 한계에 대한 개념과 인간의 관행에서 여러 변화를 수반한다. 가장 중요한 전제조건은 하나의 주권 공간을 다른 주권 공간과 구분하는 경계선 개념과 관행이다. 국가의 경계는 동시에 두 가지 방식으로 작동한다. 한편으로 하나의 주권 단위를 명확한 선으로 한계 짓는다. 다른 한편으로 적어도 두개의 공간 사이를 뚜렷이 가른다. 다른 말로 경계는 한 단위의 끝이자 공간들 사이에 있는 것이다. 결국 국제관계의 여러 개념과 관행은 국가의 새 지리학에 맞추어 변해야만 한다.

양상: 불명료와 대체

시암의 지리체에 대한 역사는 시암의 지도가 만들어지는 데까지 이르렀던 경계획정과 사건들을 연대순으로 기록하는 것이 아니다. 도리어, 와꼬 사건이 드러낸 바 몽꿋에 대한 사례와 점성학과 천문학의 관계에 대한 사례는 지리학의 대체가 얼마나 복잡한지 알려주는 생생한 예이다. 서로 다른 종류의 지리지식이 공존하고 맞부딪치고 결국에는 대체된 사례인 것이다. 와꼬 원정은 두 종류의 지식의 만남을 드러낸다. 심지어 우리 시대에도 이것의 의미는 불명료하다. 몽꿋은 태국 과학의 아버지라고 칭송되고 8월 18일은 이제 국가의 과학의 날로 공식적으로 지정되었다. 천문학에 대한 깊은 조예, 미신과 점성학자들에 대한 적대적인 태도, 근대 의학 및 증기선과 인쇄기와 같은 과학적 혁신들에 대한 관심 등 몽꿋이 등극하게 된 이유를 보건대, '태국 과학'이라는 말은 토착 과학이 아닌 근대 과학 지식을 뜻한다.[159] 이러한 용어들은 불명료하여 해석을 필요로 할 뿐만 아니라, 앞서 언급된 이유 역시 실제 일어난 일을 완벽하게 설명하지 않는다. 설사 와꼬의 사건과 8월 18일이 (서구) 과학의 승리를 의미한다 하더라도 점성학에 대한 몽꿋의 애정과 신들의 도움을 바라는 그의 믿음을 무시해서는 안 된다. 역설

---

159 Adisak Thongbun, "Wan witthayasat haeng chat kap phrabida haeng witthayasat thai" [국가 과학의 날과 태국 과학의 아버지], pp. 3-4.

적이게도 태국 점성학자들은 몽꿋을 '태국 점성학의 아버지,' 즉 토착 점성학의 아버지라고 부르기도 한다.[160] 마찬가지로 그가 서구의 천문학을 우주 측정의 참조로 삼았지만 전통 점성학자들에 대해서는 적대적이었다는 사실도 무시할 수 없다.

몽꿋과 와꼬 사건을 다루는 또 다른 평가가 있는데, 서구 천문학과 토착 점성학 사이를 일방통행으로 보지 않는다. 사실 와꼬 사건의 목적은 정치심리적이었다고 주장할 수 있다. 그 사건은 시암이 지식 측면에서 서구와 대등하고 따라서 시암이 미개하니 식민 지배를 받아야 한다는 제국주의 주장이 타당하지 않다는 것을 증명하는 것이었다.[161] 이 생각은 제국주의 침략에 대항하는 애국적 통합체로서 왕실을 상정한다. 이것은 두말할 필요 없이 민족주의에 고취된 과거 평가이다. 사실 몽꿋이 대결했던 적은 전통 점성학자들이었던 반면 유럽인들은 그의 투쟁을 암묵적으로 지지했던 국제 압력 세력으로서 역할을 했다.

그럼에도 참된 의미는 불명료하고 하나의 해석으로 파악할 수 없다. 몽꿋의 노력을 서구 세계관에 대항하는 토착의 책략 또는 그 반대라고 간주하는 것은 틀릴 수 있다. 이것은 일관성이 있든 없든, 상충되든 그렇지 않든, 논리적 불편이 있든 없든, 인식론적 혼종성이었다. 그 사건에 대한 저마다의 해석은 어떤 특별한 의미를-따라서 가치를-그 사건에 붙여서 몽꿋과 그의 신념이 그 해석에 앞서 존재했던 것이라고 주장하려 했다. 오히려 그 모든 사건의 불명료함과 몽꿋의 인식론적 혼종성은 그 자체가 지식의 이동에서 중요한 단계였다. 몽꿋의 동시대 전기 작가들 중 하나는 결론 단락에서 몽꿋의 생애에 대해 유명한 말

---

160 Prayoon Uluchata, ["몽꿋왕과 태국 점성학"], p.43.

161 Sulak Sivaraksa, "Chotmai chak wako" [와꼬에서 온 편지], pp. 36-41.

을 남긴다.

> [몽꿋은] 시암과 유럽의 문헌을 모두 섭렵하여 점성학에 박식했다. 태양과 모든 행성의 움직임을 매우 자세하게 계산할 수 있었다. 일식과 월식을 너무나도 정확하게 예측하여 그 누구도 그를 따라올 수 없었다. 그는 또한 '이오끄랍피'(지오그래피geography)도 잘 알고 있어서 태양과 별들을 정확하게 측정했다....그는 줄곧 불교의 삼보(三寶, 부처, 불법, 승가를 일컬음-역주)에 충실했다.[162]

이것은 점성학과 같은 전통 '과학'에 조예가 깊고 태양과 별, 언급되진 않았지만 당연히 지구를 다루는 전도유망한 신학문에 믿음이 깊은 시암의 왕에 대한 첫 번째 설명이다. 그 신학문을 대개 태국식 발음으로 지오그래피라고 불렀다. 이 단락에서 이오끄랍피가 들어가 있는 것이 전혀 우연이 아니다.

점성학은 인간사가 천체들에 의해 영향을 받거나 미리 결정된다고 믿는 사회에서 특권 과학으로 군림한다. 점성학에서 두 가지 근본적인 사안은 천체의 위치와 운동을 계산하는 것과 그것들의 영향을 해석하는 것이다. 점성학자들은 천체 운동의 이유와 그 효과를 계산하는 전문성을 지니고 있기에 왕실에서 마을 공동체에 이르기까지 그러한 사회 모두에서 강력한 '과학자'로 행세했다. 예측하는 기술이 우리 관점에서는 객관적이지 않고 심지어 미신적으로 보일지라도 특정 위치

162 Prince Patriarch Wachirayanwarorot, *Thetsana phraratchaprawat phrabatsomdet phra paramentharamahamongkut phrachomklaochaoyuhua* [몽꿋왕 일대기에 관한 강론], p. 40.

의 천체들의 영향력을 믿는 이전의 해석과 그러한 현상들에 대한 축적된 기록에 근거를 두고 있다. 나아가 점성학은 우주론 틀 속에 여러 세대를 거치며 개발된 수학 규칙에 입각하여 계산한다.

따라서 점성학은, 현대의 많은 과학자들이 수학을 신뢰하듯이, 그 계산의 정확성을 신뢰한다. 그 계산이 정확할수록 점성학의 설명은 정교해지고 신뢰를 얻는다. 계산을 정확히 하려고 몽꿋과 그의 추종자들처럼 어떤 사람들은 인간사에 관한 다른 많은 학문들에게 매력을 느낀 것만큼 천체 운동과 지구에 관한 서구 지식 및 경험적 관찰을 중시하는 과학 정신에 매력을 느꼈을 것이다. 이들이 토착 지식을 새로운 이오끄랍피로 대체했다. 하지만 그렇게 하면서도 토착 점성학 제거에 목표를 두지 않았다. 도리어 계산을 향상시키려고 가장 최신의 지식을 습득하는 데 열심을 품었다. 사실 천문학도 포함하고 있는 이오끄랍피는 토착 점성학이 더 정확하여 더 신뢰가 가도록 하는 역할을 담당했다. 근본적으로 맞지 않는 두 지식이 서로 어울려 서로에게 부합한 역할을 수행했던 것이다. 그 둘은 몽꿋의 '생애-텍스트' 즉 전기의 같은 단락에 나란히 놓일 수 있게 됐다.

여기에서 눈여겨 봐야할 것은 후대의 태국 점성학 교본에서 태양계와 천문학적 우주가 체계적인 예측 방법에 지장을 주지 않은 채 천체 운동과 계산의 틀로서 역할을 했다는 점이다. 태양계의 최극단의 세 행성에 관한 지식과 같은 최신의 천문학적 발견은 이제 점성학 지식으로 여겨졌으며 심지어 점성학자들이 이로부터 도움을 받아 운세를 점치는 방법을 개선하거나 확장할 수 있었다. 한 유명한 점성학자는 몽꿋이 이 비정통적 접근에서 그의 선구자라고 주장한다.[163]

163 Prayoon Uluchata [Phluluang], *Prince Patriarch Wachirayanwarorot* [점성학], 서론.

이 개념적·기능적 상호부합성의 결과, 새로운 언어가 늘 모국어로 번역되어 학습되듯이 근대 지리학을 이해하려할 때 기존 개념-그리고 무엇보다 기존 용어-을 사용하여 이를 소화하려고만 했다. 자연지리학을 예로 들어보자. 반 다이크 책의 첫 장, 존슨의 '시암의 지리학,' 텝파삿사팃의 첫 권에서 자연지리학의 분류는 뜨라이품 우주론의 분류와 비슷하다. 이 토착 분류는 근대 지리학을 이해하는 데 수단을 제공했던 것이다. 개념체계가 서로 달랐는데도 토착 분류는 근대 지리학의 어휘가 되었다.

일반적으로 땅이나 세계를 뜻하는'품'이라는 단어는 태국 '지리학'-'푸미삿'-의 핵심어가 되었다. 더욱이 반 다이크의 책 제목은 『품아니텟』으로 사실상 전통 우주론 교본인 『짝까완티빠니』의 한 장의 제목이다. 그 경우 신들과 지하세계에 관한 장이지만 말이다. 나중에 이 단어는 지리학과 같은 의미로 문헌들에 역시 등장했다.[164] 쁘라텟을 포함하여 대륙, 대양 등 다른 지리 단위들에 관한 태국어 용어는 이 지식 저장고로부터 비롯되어 새로운 명명법으로 둔갑했다. 이 때문에 근대 지리학의 태국어 용어 대부분이, 특히 우주와 거대 공간에 대한 용어가 뜨라이품 분류에서 비롯되었다는 것은 놀라운 일이 아니다.

두 종류의 지식이 비슷한 주제와 사안을 갖고 있었을 뿐만 아니라 비슷한 범주에서 똑같은 용어를 공유했다. 그리하여 그 둘은 공존했을 뿐만 아니라 똑같은 용어 체계를 공유하며 겹쳤다. 다른 식으로 말

---

164 Chiraporn Sathapanawatthana, *Wikrittakan r.s. 112* [1893년 위기], p. 29에서 프랑스 측량사들에 관하여 테와웡와로빠깐 왕자(Prince Thewawong-waropakan)가 담롱왕자에게 보낸 편지를 보라. 또한 Prince Patriarch Wachi-rayanwarorot, *Prince Patriarch Wachirayanwarorot* [역사 문집], p. 117을 보라.

하면, 용어-단어-가 두 지식의 접점이었다. 바꾸어 말하면, 서로 사용한 이 용어들은 각자의 개념체계에 따라 다른 뜻과 다른 외연을 가졌다. 용어와 나아가 모든 분류체계는 이중의 기표체계가 되었다. 그리하여 공간에 관한 지식과 그 용어가 불명료해졌다. 결국 새로운 지리학은 이중의 과제를 떠안게 됐다. 방어적인 차원에서는 혼동된 것들을 풀어서 자신을 다른 것과 구분하는 과제였고, 공격적인 차원에서는 지리 담론의 호환성과 불명료성을 이용하는 과제였다.

첫 번째 과제를 살펴보자. 같은 용어와 비슷한 분류 뒤의 개념체계는 서로 같지 않았기 때문에 하나의 단어는 작동되는 규약에 따라 다른 메시지를 전달할 수 있다. 방법적인 과제 또는 혼동을 푸는 과제는 어떤 알림 표시를 마련하여 독자들에게 새로운 개념이 무엇을 지칭하는지 알려주는 것을 뜻했다. 근대 지도의 사용은 이 표시 규약의 예였다. 왜냐하면 근대 지도는 새로운 지리학에만 속하는 자산이었기 때문이다. 다른 표시 규약들에 관해서, 티파꼬라웡의 『낏짜누낏』은 어떻게 공간에 관한 두 언어가 같은 영역에서 다른 규칙에 영향을 받아 작동하는가를 훌륭하게 보여준다. 저자는 지리지식이 전반적으로 불명료해지고 있다는 것을 분명히 의식했고 다른 언어들 사이의 차이점도 이해했다. 경합하는 지리 언어들 사이에서 가장 첨예하게 마주쳤던 것은 우리가 보았듯이 지구의 관념에 대한 근본적인 질문이었다. 이 사안이 그 두 측을 구분하기에 이르렀다. 지구가 어떤 모양인가를 설명하며 시작함으로써 반 다이크와 존슨은 독자들에게 단지 올바른 개념을 전달하는 것 이상의 것을 했다. 그들의 책 서두에 이정표를 세운 것이다. 구형의 지구에 대한 설명은 표시 규약-그 안의 이야기가 특정 언어에 속한다는 것을 알려주는 '암호'-으로서 기능을 했다. 나중에 그 시기의 책들 가운데서 그 책은 전통이 되어 모든 책들이 어떤 종류의 지리학을 기술하든-자연이든 정치든, 시암에 관해서든 다른 나라에 관해서든-서론의 설명을 지구에 대한 설명으로 시작했다. 심지어 후대의 지리부도들조차도 존슨의 서론 설명과 비슷하게 늘 둥그런 지구에 대한 지도로 시작했다. 이것은 원래의 기능이 더 이상 수행되지 않는 관례가 되었다. 다른 말로 활성 규약이 아닌, 전통이 된 것이다.

두 번째 과제는 더 중요하다. 지리 담론이 불명료해졌다고 말하는 것은 토착 공간 담론이 더 이상 공간을 인식하는 문법이나 규약을 제공하거나 독점하는 유일한 언어가 아니라는 점을 뜻한다. 근대 지리학은 왕권과 엘리트 지식층의 강력한 지지를 받은 것은 물론이고 이제 자신을 경쟁자-이전의 언어와 어떤 자산을 공유할 수 있는 경쟁 언어-로서 내세웠고 의미의 영역에서 그 권위를 주장했다.

불명료함의 조건에서 공간에 대한 기존 지식은 불안정했던 반면 그 대안 지식은 변화에 위협이 되었다. 근대 지리학은 결코 수동적으로 공존하지 않았다. 대안 지식으로 내세우기 위해 정치적 지지, 즉 비인식론적 힘에만 그저 의존하지도 않았다. 인간의 이해를 도모하고자 인간에 의해 토착 용어로 번역되었을지라도, 일단 호환성이 확립되자, 이것은 인간의 의도를 넘어섰다. 근대 지리학은 자신을 내몰아 토착 지식의 자산들을 찬탈하고 새로운 메시지 전달 채널로서 자신을 주장할 잠재력을 갖고 있었다. 이것이 인간의 개입을 기대했다면 단지 불명료함을 어떻게든 해결해 주기를 바라는 선에 불과했다. 요컨대, 근대 지리학은 겹치는 영역을 이용하여 토착 언어를 불안정하게 또는 불명료하게 만들었고 나아가 자신을 그러한 용어들에 의미를 부여하는 새로운 방식이라고 내세웠다.

지식의 대체는 점진적이고 순탄하고 연속적인 조정을 뜻하는 과정이 결코 아니었다. 결정적 순간이 터져 특정 방향으로 불명료함을 정리하는 과정이었다. 얼마큼은 폭력적이었다. 와꼬 사건은 그런 결정적 순간들 중 하나였다. 와꼬 사건을 돌아보며 불명료하다고 평가한 것은 근대 지리학이 토착 개념과 나란히 자리를 잡고 있는 몽꿋과 그의 이념적 경향의 불명료한 성격 때문이었다. 점성학자들에 대한 몽꿋의 공격과 티파꼬라웡의 책 역시 그러한 순간들에 속하는 것으로서 경쟁 지리 관념을 파열의 대결에 끌어들였다.

시암에서 과학 관념이 비단처럼 부드럽게 연속성을 지니며 확립됐다고 주장하는 것은 경쟁 지식의 개념들과 관행들 사이에 탈구는커녕 심각한 마찰도 없었다는 것을 뜻한다. 하지만 그렇지 않았다. 몽꿋의 생애가 인식론적 전투에서 맞이한 비극적 승리가 아니라면 무엇을 의미하겠는가? 여기에서 개진된 설명은 지리지식 대체의 다른 측면들에 대해서도 전례가 될 수 있다. 그것들 역시 다른 시간과 장소에서, 다른 속도로 발생한 여러 대결, 불명료, 파열의 순간들의 결과였다. 여기에서 우리는 경계와 영토주권의 개념과 관행에 초점을 둔다. 앞으로 보게 되듯이, 지리지식의 대체에서 가장 파열적이었던 순간들 중 하나는 태국 역사에서 잘 알려진 한 이야기이다. 그러나 이것은 전통적으로 다른 방식으로 이해되어 왔다. 그 이야기가 19세기 후반에 유럽 열강에게 영토를 빼앗긴 사태로, 소위 영토 상실로 끝났기에, 온 태국인들에게 이것은 고통스런 사건이었던 것이다.

::

3.
경계

시암과 버마는 16세기부터 숙적이었다. 양측 모두 상대에게 주기적으로 공격을 단행했고 두 왕국들 사이에 끼인 성읍들, 특히 당시까지 몬족의 지역이었던 버마 남부 해안의 성읍들은 양측에게 매우 중요한 곳이 되었다. 사실 두 왕국 사이에 낀 지역 전체가 광대한 열대우림 지역이었고, 거대한 산맥이 북에서 남으로 온 경계를 따라 뻗어있다. 따라서 양측은 몬족의 성읍들을 전쟁에 필요한 식량과 인력의 풍부한 공급처라고 여겼다. 식량과 인력은 전근대 전쟁에서 가장 중요한 요소였다. 때론 사람들과 성읍들이 한쪽의 지배를 받아 군사들을 위한 식량을 생산해야 했고 동시에 이들은 적들에게 식량이 공급되는 것을 막으려는 다른 쪽의 공격의 대상이 되기도 했다.

서쪽 변방의 서쪽 경계

우리의 드라마는 19세기 전반부에 시작한다. 당시 영국은 어와(Ava) 왕국이었던 버마와 1824-1826년에 첫 번째의 전쟁을 벌인다. 1825년 시암의 왕실에 파견된 영국의 사절단이었던 헨리 버니(Henry Burney) 단장은 동인도회사로부터 여러 사안들, 특히 말레이 주들의 문제들과 영국과 시암 간 무역에 관해 시암과 협상하는 임무를 부여받았다. 비록 일부의 역사가들이 영국-어와전쟁이 시암의 왕실을 겁먹게 만들었다고 언급했지만, 영국에 대한 왕실의 태도는 우호적이었다고 버니는 기술한다. 왕실은 버마와 싸운 그 어떤 세력이더라도 조심스럽게 환영을 했던 것 같다. 그의 보고서 전체에 걸쳐 버니는 우리에게 시암의 왕실이 전쟁의 추이를 예의주시하며 그 싸움에 관한 정보나 소문을 듣고 싶어 했다고 들려준다. 공동의 적을 둔 시암과 영국은 두 연대 규모의 시암군을 파견하여 영국을 지원하는 것에 합의를 거의 보았다. 그러나 다른 방식의 전쟁 탓에 발생한 서로 간의 오해 때문에 그리고 전쟁이 몇 달 뒤에 끝났기 때문에 그 합의는 실현되지 않았다.

1825년 말에서 1826년 초 버니가 방콕에 있던 동안 영국은 버마의 남부를 점령하고 그 지역을 영국령 테나세림(Tenasserim) 지방으로 만들었다. 그러자 시암의 서쪽 변방이 문제가 되었다.[165] 버니는 왕실에게 새롭게 취득한 영토와 시암 사이의 경계를 협상하기 위해 고위직 관료를 임명해줄 것을 요구했다. 당시 외교통상장관격인 프라클랑(Phrakhlang)은 버마 남부의 두 주요 항구인 타보이(Tavoy)와 메르귀(Mergui)는 사실 시암의 경계였고 시암은 버마로부터 두 지역을 되찾을 준비를 하고 있었다고 말하면서 그 요구를 회피했다. 두 지역이 이제 영국의 손에 들어간 마당에, 북쪽(어와)에 여전히 공동의 적을 두고 있는 양국의 우정을 위해서 시암은 그 지역에 대해 소유권을 더 이상 주

---

165 이 장에서 '경계'라는 용어의 사용은 사실 근대 경계에 적용 가능하지만 영역의 한계나 끝을 분간하는 토착 관행을 가리키는 데는 적절하지 않다. 그러나 편의를 목적으로 그 용어가 두 관점에서 두루 사용될 것이며 차이점은 논의가 진행되면서, 특히 이 장의 마지막 절에 자세하게 언급될 것이다.

장하지 않을 것이라고 했다. "기대 이상으로 솔직함을 보여주며" 프라클랑은 영국의 점령을 또한 축복하고 "영국이 곧 방콕에 번창한 무역을 일으켜줄 것을" 바랐다고 버니는 전한다.

이렇듯, 그 대답은 그 질문에 제대로 답한 것이 아니었다. 그래서 버니는 그 요구를 다시 하며 프라클랑이 손수 그 변방으로 가줄 것을 제안했다. 그때, "장관은 거구를 돌리며, 나를 뚫어져라 쳐다보며 마치 내가 그에게 유럽 여행을 제한한 것처럼 놀라운 표정을 지었다."[166] 버니는 시암의 왕(당시 라마3세)이 왕실의 그 어느 누구도 영국과 협상을 체결할 당사자로 신뢰하지 않았다고 말하면서 그 반응을 설명했다. 그래서 위임받은 자가 권위도 없고 어떤 결정도 내리지 못할 터였다. 홀(D. G. E. Hall)은 방콕에서 체결된 협상을 제외하고 영국과 체결하려는 협상은 시암의 독립을 위협할 수 있기에 프라클랑이 두려워했을 것이라고 언급한다.[167] 이 경우 그렇지는 않다. 프라클랑은 두려움을 느꼈지만 독립의 문제는 그렇지 않았다. 당시 시암 왕국 권력의 영토적 분할 구도에서 왕국의 남서부는 깔라홈(Kalahom), 즉 또 다른 고위 귀족의 영향 아래 놓여 있었다. 그래서 프라클랑에 의한 어떤 협상도 깔라홈의 권위에 대한 위협을 의미했다. 프라클랑은 위험을 자처하고 싶지 않았다. 아마도 유럽 여행을 가는 것이 그에게는 덜 위협적이었을 것이다. 여하튼 그 대답은 경계획정은 왕실의 관심 사안이 아직은 아니었다는 것을 보여준다.

그 다음날 프라클랑은 깔라홈으로부터 받은 메시지를 버니에게 전달했다. 당시 영국이 확실하게 버마를 물리치고 실제로 그 성읍들을 장악할 수 있을지 아직 확신하지 못했기에 경계 문제는 시급하지 않다

---

166 여기와 앞의 인용은 *BP* 1, p. 54에서 나온 것이다.

167 D. G. E. Hall, *Henry Burney: A Political Biography*, p. 73.

는 메시지였다.[168] 시암의 왕실에게는 경계 문제는 전쟁의 결과에 달려 있었다. 버마가 되받아친다면 경계획정은커녕 그 성읍들이 다시 함락당할 수 있었다. 프라클랑에게는 그 항구들에 대한 주장을 그리 중요하지 않은 문제로 제쳐둘 정도로 우정이 중요했고, 깔라홈에게는 경계가 필요하지 않았던 것이다. 프라클랑이나 깔라홈이나 그 문제를 버니만큼 심각하게 다루지 않았다.

왕실의 관심 부족에도 버니는 경계를 협상하자고 계속 다그쳤다. 결국 그의 노력이 성과를 거두었다. 놀랍게도 그 대답은 간단명료했다.

> 메르귀와 타보이와 테나세림 지역의 경계에 관하건대, 시암과 버마 사이에는 그 어떤 경계도 확립될 수 없을 것이오. 하지만 영국은 이를 획정하기를 바라고 있소. 영국이 메르귀와 타보이와 테나세림 변방에 오랫동안 살았던 사람들에게 그 맞붙은 영토에 관해 알고 있는 바를 묻도록 합시다. 그리고 그 거주민들이 가리키는 것을 영국 점령지와 시암 점령지 사이의 경계가 되도록 합시다.[169]

나중에 홀과 같은 역사학자들이 이 대답을 순진했다고 여겼다면, 영국 당국이 이 언급을 놀라며 받아들일 것이라는 점을 간파한 버니는 이를 어리석다고 생각했다.[170] 그러나 협상 팀에 있었던 시암의 관료에게는 그러한 대답에 이상한 점이라고는 찾아볼 수 없었다. 왜냐하면

---

168 *BP* 1, pp. 60-61 and 85-86.

169 *BP* 1, pp. 154-155.

170 *BP* 1, pp. 122, 161; Hall, *Henry Burney*, p. 73.

> 시암과 버마의 경계는 산악과 삼림 자락으로 되어 있는데, 그 자락이 옆으로 수마일 퍼져 있어서 어떤 나라에 속하는지 알 수가 없다. 각 나라는 그 산자락에서 배회하는 상대측 사람을 붙잡기 위해 경계부대를 파견해 두고 있었다.[171]

영국이 이해하는 '경계'와 상대방인 시암이 이해하는 '경계'가 비슷하지만 같지 않았다는 것이 확실하게 드러난다. 시암의 왕실은 경계 문제가 왜 그리 중요한지 헤아리기가 어려웠다. 이것은 지역 사람들의 문제이지, 방콕 사람들의 문제가 아니었다. 따라서 시암이 작성한 조약의 초안에 시암과 영국에 속한 영역에 대한 언급이 많을지라도 경계 해결에 대한 언급은 전혀 없다. 영국이 뜻하는 경계 없이도 구분은 이미 확실했다고 시암은 생각했던 것이다.[172] 그러나 결국 버니는 왕실을 설득하여 경계획정에 관한 개략적인 합의를 이루었고, 본인이 후속안과 1826년 최종 조약문을 마련했다. 시암의 방식으로 작성되어 불필요하게 긴 조항은 만약 한쪽이 경계에 대해 문제를 제기하면 그 변방지대에서 몇 관료와 사람을 임명하여 우호적인 태도로 양측의 경계를 조사하고 해결한다고만 그저 밝히고 있다.[173] 이는 기존의 경계가 쟁점사항이 아니라 어떤 조치도 필요하지 않다는 것을 뜻했다. 버니가 이 사안에서 할 수 있는 최선의 타협은 그 조약에 경계에 관한 무언가를 포함시키는 것이었다. 설사 그것이 영국에게 효용이 별로 없어 보여도

---

171 *BP* 1, p. 122. '나라'(nation)를 비롯한 모든 단어들과 철자를 원문에 따랐다.

172 *BP* 1, pp. 304-309.

173 *BP* 1, p. 313, Article 4, and p. 377, Article 3 참조. 버니의 제안을 보려면 *BP* 1, pp. 251-252 참조.

말이다. 그렇게 함으로써 그는 시암의 왕실과 똑같은 언어로 그 사안에 대해 얘기할 수 있게 된 것이다.

1829년 지역의 시암 무관들이 영국 영토에 불시의 공격을 단행했던 몇 사소한 사태들을 제외하고,[174] 1840년까지 양측은 어떤 사안도 논의 대상으로 제기하지 않았다. 1840년 블런델(E. A. Blundell)이 테나세림 지방의 장관이 되었을 때 해결되지 않은 경계가 문제를 초래했기에 그 사안을 다시 제기했다. 그 문제는 주석 채굴이었다. 빡짠강(Pakchan River)이 테나세림 지방의 최남단 변경을 가로질러 흘렀는데,[175] 그 강 양쪽 모두에 주석과 여러 다른 광물이 풍부했다. 시암의 지역 수장이 양쪽의 주석 광산업자들에게 세금을 부과하며 그의 권한을 확장했을 때, 광부들은 영국이 또한 부과하는 세금을 이중과세라 여겨 거부했고 일부 중국인 광부들은 영국의 보호를 요청하기도 했다.[176] 블런델은 빡짠강을 경계선이라 여겼는데, 이곳이 버마의 군대가 다다라서 임시 주둔지를 두었던 최남단이라고 오래 산 거주민들이 말했기 때문이었다. 그래서 그는 시암의 지역 수장이 영국 영토를 침범했다는 내용을 편지에 담아 방콕에 보냈다. 왕실은 그해 말에 아직 경계가 확정되지 않았다고 응답했다. 블런델의 주장을 받아들일 수 없다는 뜻이었

174 *BP* 2/6, pp. 288-289.

175 버니 문서(*The Burney Papers*)에서 그 강의 이름이 짠(Chan), 빡 짠(Pak Chan), 빡짠(Pakchan) 등 다르게 나온다. 시암의 기록에서는 그 강의 이름은 끄라(Kra) 또는 빡짠으로 나온다. 다른 이름은 아마도 그 강의 다른 구역을 가리키거나 다르지만 인접한 지류를 가리켰을 것이다. 모든 이름이 서로 바뀌어 사용됐다. 예컨대 *BP* 4/1, pp. 102-103, 139-142, 161 참조. 나는 편의상 '빡짠'으로 통일하여 사용할 것이다.

176 *BP* 4/1, pp. 82-85, 110.

다.[177]

인도의 영국 당국은 블런델에게 조심하라고 경고했다. 영국 당국은 버니의 경험으로부터 시암의 왕실이 어떤 알려지지 않은 이유 탓에 이 사안에 대한 영국의 요구를 달가워하지 않고 있다는 것을 깨달은 터였다. 1842년에 이르러서도 벵골 당국은 그 경계를 공식화하려는 데 시급한 필요를 느끼지 않았다.[178] 그러나 블런델은, 지역의 시암 관원들이 그 사안에 비협조적이었지만, 시암에게 그 강을 담당할 관원을 임명해달라고 계속 요구했다. 1842년 중반에 갑자기 시암은 경계를 표시하는 데 동의했다. 빡짠강을 경계선으로 간주하는 것에는 동의하지 않았지만 말이다.[179] 그러나 우기가 되어 양측은 정글로 들어갈 수 없어서 그 사안을 결정짓지 못했다.

몇 사소한 사건들이 그 변방지대에서 이미 발생하고 있기에 1844년 시암은 그 문제를 결정짓자는 제안을 다시금 받았다. 이번에는 새로운 지방 장관인 브로드풋(Broadfoot) 소령이 치앙마이부터 빡짠강에 이르기까지 경계를 획정하자고 요구했다.[180] 왕실은 귀찮았으나 분명히 답한다.

> 영국과 시암이 경계선에 관하여 얘기한다는 사안은 따지고 보면......시암과 영국이 깊은 우정 관계에 있기 때문이오. 그 우정을 지속시키고자 바라는 브로드풋 소령이 우호적인 분위기 속에서 경계를 획정하자는 편지를 썼기에 황금의 왕도[방

177 *BP* 4/1, pp. 89, 94.

178 *BP* 4/1, pp. 86, 96.

179 *BP* 4/1, pp. 102-103, 109.

180 *BP* 4/1, pp. 118-119.

콕] 당국 역시 경계를 결정짓기를 바라고 있소. 브로드풋 소령이...어디가 경계선이 되어야 하는지 올바르고 공정하게 결정해 주기를 요구하는 바이오. 황금의 왕도의 수장은 그 결정을 기꺼이 따르겠소.[181]

다른 말로, 영국이 바랐던 것을 시암도 우정을 위하여 바랐던 것이다. 이것이 공정하다면 말이다.

1844년 11월 13일로 찍힌, 위에 인용된 그 편지에서 왕실은 빡짠강의 오른쪽 둔치에 대한 소유권을 주장하는 영국에 불만을 표시했다. 영국 신민과 빡짠강에 대해 권한을 행사하는 성읍인 끄라의 사람들이 서로 너무 인접해 살고 있기 때문에 그 국경 주변에 사소한 충돌이 일어난다고 왕실은 주장했다. 이 상황은 "깊은 우정관계의 두 국가들 사이에 나쁜 감정을 초래할" 것이라고 편지는 말했다. 따라서 시암은 빡짠강이 끄라에서 불과 500미터밖에 떨어져 있지 않아서 영국의 제안을 반대했다.

왕실은 어떤 종류의 경계를 선호했는가? 다음의 제안을 보자.

빡짠강을 따라 경계선을 정하면 끄라에 너무 가까이 붙을 것이오. 다른 한편 시암이 예전에 관할했던 곳의 끝자락에 경계선을 정하면 여전히 메르귀로부터 떨어져 있을 것이오. 올바른 결정이 내려져 양국의 거주민들이 서로 얼마간 떨어져 살 수 있어야 할 것이오.[182]

181 *BP* 4/1, pp. 131-132.

182 여기와 직전의 인용은 *BP* 4/1, pp. 131-132에서 따왔다.

영국이 계속 그들의 제안을 밀어붙이는 것을 보니 영국은 아마도 이러한 정의의 경계선을 제대로 이해하지 못했던 것 같다. 이 사안에 대한 연락은 계속 이루어져 테나세림 북부의 모울메인(Moulmein)의 경계 문제도 다루게 됐다. 1845년 8월과 1846년 8월 왕실이 보낸 편지의 논조는 이제 싸늘해졌다. 역설적으로, 시암의 불쾌감이 커질수록, 그 사안을 해결하려는 시암의 의지는 더 굳셌다.

이전의 편지에서 왕실은 치앙마이에서 끄라까지 경계선을 정하자는 긴 역제안을 제출했었다. 이제 편지는 다음과 같이 말한다.

> 그 어떤 곳을 좋다고 하여 조사하든 그 지방의 행정장관과 그의 관원들이 시암의 경계선의 범위를 정할 것이오. 그들이 올바로 말하게 하여 그 사안을 결정짓도록 합시다....결정에 이르면 그 경계선에 관한 모든 것을 합의문에 담읍시다. 그것이 최종안이 될 것이오. 그래서 앞으로는 상대 영역을 침범하는 일이 없을 것이오.[183]

1846년 8월의 편지에서는 경계 문제가 심기를 건드렸던 것 같다. 그 편지는 지역의 시암 관원이 영국 영토를 침범하여 깃발을 세우고 그 지역 사람들에게 권한을 행사했다며 비난을 당한 사건에 대해 언급한다. 영국은 이 행위에 왕실이 연루되어 있다고 의심했고 왕실의 신의를 문제 삼았다. 시암의 왕실은 이 사건을 조사하고서 더 이상의 충돌을 막기 위해서는 경계선을 시급히 획정해야 한다고 결론 내렸다.[184] 영국이 그 결과에 만족했다는 것은 뻔하다. 빡짠강의 경계처럼 일부의

---

183 각각 *BP* 4/1, pp. 160 and 162. 편지 전체를 보려면 pp. 156-162 참조.

184 *BP* 4/1, pp. 198-199.

경계에 대해 불일치가 여전히 존재했지만 시암이 경계의 중요성을 깨닫고 그 획정을 준수할 것을 다짐하려 했다. 즉, 시암이 영국이 선호하는 방식으로 그 사안에 대해 얘기하기로 받아들인 것이다.

태도의 변화-초기에 무시하고 모르는 체 비협조적인 태도에서 다소 불쾌하지만 적극적으로 협조하려는 태도로 변한 것-에 대한 이유는 여전히 분명하지 않다. 영국은 이 반가운 변화를 분석하려고 했다. 그 이유를 당시 치앙마이와 어와의 산악 국경지대에 자리한 꺼야(Kayah, 또는 적카렌Red Karen)의 한 성읍을 두고 벌인 전투의 효과라고 생각했다. 영국은 이것을 버마와 시암 사이의 전투, 그리하여 국제분쟁이라고 생각했다. 영국은 논리적으로 그 두 사건-달라진 시암의 정책과 그 전투-을 외교군사적 해석틀에 넣어 해석했다. 즉 시암은 그의 북부 조공국들의 안보를 염려하고 있어서 자연스레 남부와 서부 지역을 지키려고 영국이 바라는 것을 맞추고자했다는 것이다. 영국 스스로도 버마의 군사행동에 놀랐지만 중립적인 태도를 견지했다. 영국은 버마가 시암의 변방지대를 시험하려한다고 생각했기 때문에 1844년과 1846년 사이 영국 당국 내 교신은 전쟁이 어와와 방콕의 불편한 관계에 미친 효과에 대한 의견과 보고와 추정으로 가득 찼다. 영국은 또한 긴급히 시암의 왕실에게 그 사안에 대해 중립적이라는 것을 알렸다.[185]

하지만 영국은 그들의 입맛대로 그 사안을 과장했다. 방콕은 1845년 12월 그 전투가 이미 끝날 때까지 버마가 꺼야의 성읍을 공격했다는 것을 전혀 알지 못했다. 치앙마이는 그저 버마가 한 적카렌 성읍을 공격했으나 실패했다고 보고했다. 치앙마이조차도 그 전투를 자신의 일이라 여기지 않았다. 그 꺼야의 성읍이, 보고서가 말하듯이, “어느 누

185 *BP* 4/1, pp. 122-125.

구에게도 속하지 않기" 때문이었다.[186] 그게 다였다. 그래서 영국의 중립적 태도에 대해 방콕이 응답할 때 왕실이 그 전투에 관해 한마디도 언급하지 안했다는 것은 놀랍지도 않은 일이었다.[187]

경계 문제에 대한 태도의 변화는 사실 재위하던 왕인 라마3세(재위 1824-1851)의 마지막 10년에 발생한 여러 변화들 중의 하나였다. 시암과 서구의 관계는 그때까지 매우 좋았다. 버니 자신의 기록으로 보건대 이 우호적 관계가 역사가들이 말해오듯이 영국-어와 전쟁의 결과로 1820년대부터 악화되었다고 보기 어렵다.[188] 라마3세 치하의 시암은 서구와 외교관계를 두드러지게 발전시켰다. 그래서 당시의 한 영국 외교관은 그 왕이 "영국을 좋아한다"고 기록했다.[189] 그러나 재위 마지막 10년에 왕실은 서구에 등을 돌렸다. 이 변화를 정확히 헤아리기 어렵지만, 몇 설명들-통상관계 마찰, 버마에서 벌어진 영국의 군사작전의 영향, 중국에서 발생한 1840년의 아편전쟁의 영향, 왕실과 갈등을 겪으며 영국 해군의 지원을 요구했던 미국인 상인의 위협-이 제시되어 왔다.[190] 이러한 사건들은 서구의 여러 외교사절단을 냉랭하게 맞

---

186 Thiphakorawong, *Third Reign*, vol. 2, pp. 104-106. 이 철통 요새의 도시를 보려면 R. Renard, "The Delineation of the Kayah States Frontiers with Thailand: 1809-1894," p. 87 참조.

187 *BP* 4/1, pp. 153-155.

188 Walter F. Vella, *Siam Under Rama III 1824-1851*, p. 117.

189 Ibid., pp. 125, 129.

190 더 자세한 사항을 보려면 Vella, *Siam Under Rama III*, chap. 9; *PP* 34/62 and 35/62, "Thut farang samai krung rattanakosin" [방콕 왕조 시기 서양 사절단]; Khachorn Sukhabhanij, *Khomun prawattisat samai bangkok* [방콕 왕조 시기 역사 기록], pp. 81-110 and 117-149 참조. 로버트 헌

이했던 왕실의 태도와 더해져 허니문 기간이 끝났음을 알린다.

재위 초기 우정을 위해 시암은 영국이 계속 재촉해도 경계를 정하는 것에 관심을 두지 않은 것 같았다. 그러나 관계가 싸늘해지고 시암이 1840년대 더 공격적으로 다가오는 영국 당국에 불쾌해지자 경계획정에 더 전념하게 됐다. 다시금 양측이 갖고 있던 경계의 개념과 기능이 똑같지 않다는 것을 여기에서 눈치 챌 수 있다.

경계 개념의 충돌

1834-1836년 영국 사절단이 오늘날 태국 북부에 있던 란나 왕국의 중심인 치앙마이로 파견됐다. 임무들 중 하나가 테나세림 지방과 란나 사이의 경계에 관한 협상을 준비하는 것이었다. 영국은 그 지역의 목재 산업의 잠재성을 보며 지역의 기록을 살펴보니 살윈(Salween)강의 동쪽 지역에 대해 버마가 권리를 갖고 있다는 증거를 발견했다. 따라서 영국은 살윈강을 그들의 경계로 제안하려고 준비했다. 인도의 영국 당국은 그 행동을 승인했지만 너무 강하게 밀어붙여 시암과 맺어온 관계를 위태롭게 하지 말라고 충고했다. 그 사절단 파견이 방콕 몰래 추진되었기 때문이다. 놀랍게도 치앙마이가 방콕의 승인 없이 조약을 체결하려고 했을 뿐만 아니라 치앙마이의 왕은 우정을 위해 영국이 요구하지도 않았던 영토의 일부를 영국에게 선물로 기꺼이 주겠다고 했

터(Robert Hunter)라는 미국인 상인의 사안에 대해서는 Thiphakorawong, *Third Reign*, vol. 2, pp. 93-94, and *BP* 4/2, pp. 81-83, 92-94, 129-135, and 193-194를 보라.

다.[191]

경계협정은 문서로 작성되었으나 정확히 어디가 경계인지 표시는 없었다. 방콕처럼 치앙마이도 그 같은 사안에 관심이 없었다. 따라서 영국은 1847년에 1834년의 협정에 따라 경계를 표시하자고 치앙마이를 재촉했다. 이것은 간단할 것이라고 치앙마이는 답했다. 영국이 손수 그 일을 하면 될 뿐이었다.

그 협정도 그 선물도 방콕이 알지 못한 채 이루어졌다. 영국은 이를 어느 정도 걱정했으나 이러한 기회를 붙잡아 거침없이 앞으로 나아갔다. 2년 동안에 그들은 경계선으로 여길 법한 본류를 파악하려고 살윈강의 모든 갈래를 조사했다. 그리고 그 강 주변의 카렌족 노인 다섯 명의 도움을 받아 1849년 근대 방식의 경계를 표시하는 일을 끝냈다.[192]

상당한 부분의 영토를 선물로서 주겠다는 또 다른 사례는 최남단 지방들에서 발생했다. 피낭(Penang)의 제임스 로(James Low) 단장은 1829년에 영국이 당시 임차한 웰슬리(Wellesley, 오늘날의 스브랑 프라이Seberang Perai로 피낭 건너편에 위치해 있다-역주) 지방과 당시 시암의 나콘시탐마랏(이후 나콘)의 영향 아래 있던 말레이 주(state) 크다(Kedah) 사이에 경계가 표시되어야 한다고 제안했다. 그러나 나콘의 지배자는 그 요구에 화를 내며 웰슬리 문제는 크다와 피낭 사이의 조약에서 이미 분명히 처리되었다고 말했다. 하지만 1802년에 시암이 알지 못한

191 여기와 그 아래 제사된 설명은 1847년 영국 당국자들 사이의 서신교환인 *BP* 4/1, pp. 221-241에서 비롯됐다. 그들은 1834년으로까지 거슬러 올라가는 리처드슨(Richardson)의 임무의 기록에서 그 경계에 대한 문서를 발견했다. 치앙마이 왕이 보낸 편지를 보려면 pp. 227-229 참조.

192 *BP* 4/1, pp. 242-263.

채 체결된 그 조약은 웰슬리라 칭하는 영역의 크기만을 언급하고 있다. 나콘의 지배자에게는 이 정도로도 분명했겠지만 경험주의에 입각한 사고를 가진 영국에게는 그렇지 않았다.[193]

그 경계 문제는 쫓겨난 크다의 술탄(라자)을 복귀시키려고 웰슬리와 크다의 변방에서 운동을 벌였던 왕당파 때문에 현안이 되었다. 현 술탄은 아직 명확히 정해지지 않은 국경 너머로 그의 수하를 종종 보내 그 운동을 정탐하도록 했다.[194] 이듬해인 1830년 영국은 그 조약이 웰슬리의 넓이를 해안을 기준으로 60오를롱(orlong)이라고만 언급한 것을 보고는 경계를 확실히 가려야 한다고 제안했다.[195] 영국은 손수 경계를 정하는 일을 맡겠다면서 다음과 같이 제안했다. "본국의 국왕은 시암을 놀라게 하거나 시기심을 불러일으키기보다는 우리 자체의 요원들이 60오를롱을 측정하여 경계선을 정하면 시암이 우리의 측정에 오류가 있는지 검토하는 일을 맡는 것이 좋을 것이라는 의견을 갖고 있소."[196]

이 행동은 놀라움을 자아냈다. 영국의 지원을 받아 1831년 크다의 반란을 진압한 후에 영국의 요원들이 표시하는 대로 경계를 협상하는 것은 쉬운 일이었다. 영국은 웰슬리 동쪽의 각기 다른 세 장소에 저마다 벽돌 기둥을 세웠는데 그것들을 도로로 연결하여 경계로 삼을 심산이었다. 그렇게 경계가 정해지면 영국이 구 라자의 충성파들의 운동을

---

193 *BP* 3, pp. 142-143, 151-152, 155ff. 기록이 1829년으로 되어 있다.

194 *BP* 3, pp. 161-164.

195 *BP* 3, pp. 192-193. 이 말레이 측정 단위는 버니 문서에서 루롱(rulong) 또는 오를롱(orlong)으로 번갈아 언급된다. 이것은 *BP* 3, p. 359에서 언급된 대로 시암의 단위는 아니다.

196 *BP* 3, p. 193.

막을 수 있겠기에 나콘의 지배자는 영국의 지원에 감사를 표하며 영국이 기대한 것보다 더 많은 것을 주었다. 그는 인도에 있는 영국의 총독에서 편지를 썼다.

> 짐은 친구에게 큰 빚을 진바 이제야 신실한 감사를 되돌려 줄 수 있게 되었소. 더욱이 싱가포르의 라자(이벳손Ibbetson)께서 짐에게 피낭에 속한 영토와 시암의 영토 사이에 육지 경계를 획정하기를 요청했소. 짐은 이 요청을 심히 기쁘게 생각하여 즉시 이를 받아들였소. 그 회사와 맺은 옛 협정에서는 해안을 기준으로 그 영토의 크기가 60오를롱이라고 했소. 이제 짐은 예전의 것보다 더 많은 것을 주어서 싱가포르의 라자와 로 단장을 흐뭇하게 하려 하오.[197]

확실히 이것은 기대치 않은 것이었다. 웰슬리 지방의 영토는 이제 두 배가 되었고 더 풍부해졌다![198] 1834년 치앙마이 왕의 선물처럼 이 협정과 보너스는 방콕이 알지 못한 채 이루어졌다. 시암의 왕처럼 나콘의 지배자도 영국을 너무나도 좋아하여 일 년 뒤에 그 역시 벵골과 정기적으로 연락하자고 요청했다. 선물을 주며 바랐던 것은 단 하나, 증기선을 보는 것이었다.[199]

영국은 시암이 치앙마이에서 끄라 지협까지 경계를 정하기를 바

---

197 Ibid., p. 301. 편지 전체를 보려면 pp. 300-304 참조. 또한 나콘이 보낸 또 다른 편지에서 비슷한 언급을 보려면 pp. 359-361 참조.

198 이벳손 씨(Mr. Ibbetson)가 한 말이다. *BP* 3, pp. 294-295, 298-299를 보라.

199 *BP* 3, pp. 360-361.

라면서 1845년 4월에 편지를 보냈다. 그 논조는 위압적이고 교훈적이었다.

> 북에서 남까지 이르는 경계선에 관해 하나의 통일된 원칙이 있어야 하고, 그 원칙을 따르며 모든 오해의 소지를 일거에 제거하는 것이 매우 바람직할 것이오.
> 방콕의 왕실이 그들의 변경에 엄격한 기준을 제시하여 그 수하의 모든 당국자들이 경계선을 확실하게 이해할 수 있게 할 것을 권하는 바이오.....경계는 확실해야하며 과오는 나중에 용납될 수 없을 것이오.
> 이 경계 내에서 그 어떤 시암의 당국자도 사법권을 행사하거나 세금을 부과할 수 없고, 이 경계를 넘어서 그 어떤 영국의 당국자도 [그렇게 할 수] 없소.[200]

이 진술이 우리에겐 낯설지 않을 수 있지만 시암에게는 이와 같은 종류의 경계는 익숙지 않고 그러한 조건을 언급하는 것이 모욕으로 다가왔을 수도 있다. 같은 해 8월, 왕실의 응답 논조는 마찬가지로 교훈적이었고 따라서 왕실은 그 지역을 완벽하게 알고 있다는 확신을 보여주었다. 왕실에 따르면 각 지역은 지역 통치자의 관할권 아래에 있다. 게다가 경계를 표시하는 방법이 북에서 남까지 결코 통일되지 않았다. 강과 산과 개울만이 경계를 표시하는 것이 아니라 놀랍게도 티크목 삼림, 빽빽한 산, 탁한 연못도 경계를 표시할 수 있다. 그러한 곳들에는 세 불탑, 마프랑(Maprang, 동남아가 원산지로 망고와 비슷하지만 그보다 작고 맛이 다른 과일-역주) 나무, 세 돌탑 무더기 등이 있었고 흰 코끼리(?)와

---

200 *BP* 4/1, pp. 140-142에서 그 편지를 보라.

농강(Nong River) 사이에 낀 공간 등도 있었다.[201] 결코 그 어떤 것도 선이 아니었다. 그 편지는 또한 국경지대의 소중한 삼림은 버마와 시암 사람들이 꿀을 채취하고 소목(sappan wood)과 티크를 모으고 코끼리를 사냥하며 생계를 이어왔던 곳이었는데 영국이 그 지역을 점령한 뒤 20년 동안 출입이 금지되어왔다고 불만을 제기했다. 이 말은 시암으로서는 경계가 사람들의 관습적 활동을 금지해서는 안 된다는 것을 뜻할까?

1846년의 또 다른 사건 역시 경계 개념의 차이에 대해 알려준다. 앞서 언급된 서신교환에 이어서 시암과 테나세림 지방은 테나세림 동북쪽 끝에 관한 경계를 정하기 위해 전권을 가진 관원들을 임명하는 데 동의했다. 그 임명은 1846년 1월에 이루어졌다. 한 달 뒤에 영국의 관원들이 회의 자리에 도착했으나 달포를 기다려왔던 상대쪽 시암의 관원들은 3일 전에 되돌아가버렸다. 최대한 우호적인 태도를 견지하며 협상에 임하라는 지시를 받은 그 영국 관원들은 시암의 관원들이 영국이 자기 영토라고 주장하는 변경 성읍까지 진출하여 시암의 땅이라 주장하려고 경계표시로서 돌무더기를 쌓아둔 것을 발견했다. 그 영국 관원들은 그 표시물을 허물어버렸다.

그리고 테나세림 지방의 영국은 강하고 비꼬는 논조의 편지를 써서 항의했다. 예컨대 그들은 왜 시암이 모울메인의 중심부에 경계를 표시하지 않았냐고 물었다.[202] 영국의 내부 연락은 더 심각했다. 그들은 시암이 영국에 대한 태도를 바꾸었을지 모른다며 경각심을 가졌다. 시암의 까다로운 행동에 대한 이유를 헤아리려고 할 때 다시 군사외교

---

201 편지 전체를 보려면 *BP* 4/1, pp. 156-162 참조. 관할권(jurisdiction)은 태국어 편지의 영문 원본 번역이다.

202 *BP* 4/1, pp. 163-169, 172.

적인 해석을 끄집어냈다. 적카렌 성읍을 두고 버마와 시암이 벌인 전투가 막 끝이 나서 시암으로서는 영국과 협정을 맺을 긴급한 이유가 없다고, 그 사안은 이미 지난 일이 되었을 것이라고 영국은 추론했다.

시암의 왕실은 그 사안을 조사하고 1846년 8월에 조용히 응답했다. 그 이야기에 대한 왕실의 설명은 전혀 달랐다. 시암의 담당관은 방콕으로 돌아와서 보고하기를 상봉 장소에서 영국의 담당관을 만나지 못했다고 했다. 모든 이들이 그 어떤 경계 기둥이나 표시물을 세우는 것을 지시하지 않았다고 확인했다. 사실 그들은 영국의 팀을 만나지 못했기에 어느 것도 논의하지 못한 채 돌아온 것이다. 그러나 왕실은 덧붙이기를,

> 돌무더기와 그 위의 종교적인 목적의 작은 통나무집은…우타이타니(Utaitani)의 경비초소에 들른 딸리엔(Talien) 사람들이…그곳까지 경비를 본다는 것을 알리는 표시물로서 세운 것이오. 그 표시물을 [방콕]의 관례에 따라 없애라고 영국 관원이 명령을 내렸는데, 이를 따르기가 어려울 것이오.[203]

시암의 지역 경비대는 실제로 영국 영토 안으로 들어가 버린 것 같다. 그러나 세워진 그 표시는 경계표시물이 결코 아니었고 관원들도 그 경비대의 이동을 상대 영토에 대한 침범이라고 생각하지 않았다. 그래서 사과도 없었고 처벌도 없었다. 그 이야기가 사실이든 그렇지 않든 그 대답은 영국의 비난에 대처하는 위대한 답변임에는 틀림없다. 그러한 이야기를 영국에게 하면서 회피하지도 민망하지도 않는 대답을 한 것이다. 사실 왕실은 한 경비원에게 영국의 영토에 들어가 그 영

---

203 *BP* 4/1, pp. 188-192.

역에 대한 권리를 주장하려고 했는지 캐물었다. 왕실이 공모하지 않았으며 그 행동은 개인적인 범행에 불과하다는 것을 알리기 위해서였다. 그 경비원은 그곳은 그의 집에서 3일길 여정이라 그로서는 너무 멀어 갈 수 없는 곳이라고 대답했다.

영국은 그 대답에 어안이 벙벙해졌다. 그 대답은 자기들이 가늠하는 사안의 심각성에 비추어 아주 실망스러운 결말이었던 것이다. 영국은 완전히 이해하지 못했을지라도, 그 사건에 대한 자신들의 해석이 어이가 없으며 경비원의 행동에 대한 더 이상의 항의는 마찬가지로 터무니없을 것이라는 점을 깨달은 것만으로 충분했다. 여하튼 영국은 이 사건에 대해 더 이상 말을 하지 않았다. 그럼에도 그 사건은 왕실을 경계획정에 나서게 하는 여러 성가신 사안들 중 하나였다.

시암은 흔쾌히 자기 쪽에 경계를 정하려고 마음먹었으나 그 경계획정을 수 년 내에 결정지을지는 모를 일이었다. 기술 문제, 조달 문제를 비롯해 갖가지 이유 때문에 그 일은 더 협조적이었던 몽꿋의 왕실에 의해 추진되었다. 경계획정의 세부 조항을 다룰 줄 알고 정치적 문제를 일으킬 복잡성도 깨달았던 몽꿋은 손수 빡짠강을 비롯해 표시를 해야 할 여러 지역의 세부 사항을 정리했고 그의 경계 협상 단장-특히 깔라홈-에게 해당 국경에 관한 세부 지침을 내렸다. 몽꿋은 그의 관원들에게 영국의 지도가 논란이 될 부정확한 것들을 갖고 있을 수 있기에 이를 무비판적으로 받아들이지 말라고 지시했다. 그는 지역 관원들이 만든 지도도 무시했다. 왜냐하면 "어느 정도 이해할 수 있지만 이것은 태국 방식으로 만들어져서 부정확하기 때문이다."[204] 그가 말하는

---

204 Mongkut, *Phraratchahatthalekha phrabatsomdet phrachomklaochaoyuhua* [몽꿋왕의 서신], pp. 352, 359; 이 사안에 대해 더 알아보려면 pp. 351-363 참조. 또한 Thiphakorawong, *Fourth Reign*, vol. 2, pp. 54-55, 67-

경계가 영국이 생각하는 것과 똑같은 종류라는 점이 드러난다. 그러나 시암의 지역 당국자가 이해하는 것과는 아직 같지 않았다.

시암과 영국령 버마 사이의 경계는 쭐라롱꼰(라마5세) 재위(1868-1910) 중 1870년대와 1880년대에 다시 현안이 되었다. 두 주요한 요인이 그 사안을 불안하게 만들었다. 첫째 요인은 살윈강 주변 지역과 란나의 목재 산업을 둘러싼 복잡한 논란이었고 둘째 요인은 다시금 영국-버마 전쟁이 1884-1885년에 세 번째이자 마지막으로 발발한 것이다. 1884년부터 치앙마이의 행정을 감독하기 위해 파견된 시암의 왕자인 피칫쁘리차꼰(Phichitpreechakorn)은 국경을 순시하고 통제해야하는 일이 여러 시급한 사안 중 하나라고 생각했다. 버마를 점령한 영국은 국경을 정기적으로 감시하는 한편 란나의 지역 수장은 늘 도시에 머무르며 국경 주변의 버마의 성읍들을 공격하여 약탈하고 사람들을 되몰고 올 기회를 기다리고 있는 것을 그는 알게 되었다. 따라서 피칫쁘리차꼰은 지역 당국자에게 바로 국경 주변에 경비초소와 방어시설과 가구(household)를 거느린 새로운 마을들을 세우라고 명령했다. 그러고서 그는 이들 경비촌들과 지역 수장들이 국경을 정기적으로 감시해야한다고 지침을 내렸다. 이 사람들에게는 이 일이 낯설었다. 또한 그는 그들에게 시급히 그 어떤 표시라도 써서 각 지역의 경계를 정해야한다고 명령을 내렸다. 나아가 변경 주변 지역 수장들의 회의를 소집했다. 거기에서 그들은 시암의 왕에게 바치는 충성 선언문에 서명하며 복종을 서약했다. 그 대가로 좋은 질의 옷과 라차빠땐(라자의 패턴)-방콕의 왕실에서만 사용되는 반(半)서구스타일 공식 의상-을 받았고 의무지로

71, 97-98과 Natthawut Sutthisongkhram, *Somdetchaophraya boromma-hasisuriyawong akkharamahasenabodi* [시수리야웡: 위대한 대신], vol. 1, pp. 317-335.

돌아가기 전 약간의 돈도 받았다.[205] 여기서 방콕의 당국자와 지역의 당국자 사이에 경계와 국경통제에 관한 서로 다른 개념과 관행의 충돌이 발생했다. 방콕의 당국자는 그 차이를 의식했다. 그래서 내린 조치들은 모두 실용적이었고 전통 관행을 활용하여 새로운 종류의 경계를 확립하는 데 목적을 둔 것들이었다.

시암과 영국령 인도가 란나와 테나세림 지방 사이에만 경계를 표시하는 최초의 공식 조약을 1874년 1월 캘커타에서 체결한 것은 목재 산업을 둘러싼 여러 다툼들 때문이었다.[206] 그러나 1885년 영국이 어와에 대해 최종적인 승리를 거둔 이후 란나의 북부와 영국령 인도 치하의 상부 버마(Upper Burma) 사이의 경계가 새로운 문제로 떠올랐다. 영국과 시암의 관원들로 구성된 단이 공동으로 임명되어 지역의 당국자들에게 그 지역의 경계를 물으며 조사했다. 경계를 표시하기 위해 방콕과 지역의 측량단은 영국이 사용하는 지리 담론을 마찬가지로 사용하려고 했다. 그들은 이것에 그리 익숙하지 않았고 때론 이상하게 사용하기도 했지만, 대부분의 경우에서 잘 처리했다.

영국은 계속 지역의 수장들에게 경계를 확인하는 어떤 조약이나 문서를 내놓으라고 명령을 내렸다. 한 지역 수장이 답하기를, 그들은 서로 이해하고 신뢰하는 우호적인 이웃들이어서 그 경계가 사람들

---

205 이야기 전체를 보려면 Nakhon Phannarong, "Kancheracha lae khotoklong rawang ratthaban sayam kap ratthaban angkrit kieokap huamuang chaidaen lannathai lae phama samai phrabatsomdet phrachunlachomklaochaoyuhua raya ph.s. 2428-2438" [1885-1895 쭐라롱꼰왕 재위 시기 란나와 버마의 변경 성읍에 관한 시암 조정과 영국 정부 간 협상과 합의], pp. 106-120, 314-326 참조.

206 Ibid., pp. 251-256.

이 건너거나 그 지역에서 생계를 꾸리는 것을 막지 못한다고 했다. 그래서 그 어떤 문서도 만들지 않았다는 것이다. 그들에 따르면 국경은 "상인에게 열린 황금과 은의 길이었다." 게다가 어떤 경우에는 지역 수장들이 지도를 준비하라는 명령도 받은 것 같다. 한 지역 수장이 지도가 여전히 준비 중이고 곧 완성될 것이라고 솔직히 인정한 데서 이를 알 수 있다.[207] 영국이 매우 혼란스러워한 것은 한 지역 통치자의 백성이 동시에 다른 통치자의 백성도 될 수 있다는 사실이었다. 이것은 누가 누구에게 속하는지 판단하는 데 문제를 일으켰다. 어떤 주어진 지역에 거주하는 사람들에 대해 행사하는 권력이 으레 하나보다 많았기 때문이다. 다른 한편, 산악지대를 떠돌아다니는 부족민들은 어떤 권력에도 속하지도 않았다. 더 나아가 영국에게 가장 큰 혼란을 야기했던 것은 오늘날 라오스, 버마, 중국이 만나는 지점에 자리한 작은 성읍인 므앙싱(Muang Sing) 또는 치앙캥(Chiang Khaeng)과 같은 몇 지역들에서는 수장과 그의 백성들이 동시에 세 종주에 속한 사실이었다. 처음의 두 종주인 치앙마이와 난은 시암의 조공국이었고, 마지막의 종주인 치앙뚱(Chiang Tung) 즉 켕뚱(Kengtung)은 버마의 조공국이었다. 영국 측량단의 단장은 현명하게 결론내리기를, "아직 정해지지 않았기 때문에…이것은 공동의 성읍이다"고 했다.[208] 우리는 다음 장에서 이 상황을 다룰 것이다.

---

207 Ibid., p. 341. 인용은 p. 330에서 따왔다. 그 우호적인 길은 pp. 334-335에 있다. 편지 전체는 pp. 329-341에 나와 있다. 그 탐문은 영국 관료가 물어보고 지역 수장이 대답하는 방식으로 전개됐다. 방콕 관료들은 그럭저럭 통역을 맡았다. 그러나 기록은 표준 태국어로 남겼다.

208 Ibid., p. 341.

경계 지어지지 않는 왕국

우리가 보았듯이 시암과 영국은 경계에 대해 얘기했으나 서로 다른 것을 언급했다. 현대의 사람들에게 그리고 그 얘기 속의 영국인들에게도 마찬가지로 한 나라의 경계는 흔히들 이해하는 어떤 것이다. 여기 어느 현대 정치지리학자가 내린 기술적 정의를 소개한다.

> 인접 국가들이 맞닿는 곳에 자리하는 국가 간 경계는 주권의 한계를 결정하고 그 안의 정치 지역에 관한 공간 형태를 규정하는 특별한 의미를 지니고 있다.....경계는 **선이라고들** 느슨하게 설명해왔다. **사실 국가의 주권들이 수직적으로 맞닿아 지표를 가르는 곳에 경계가 존재한다.** 이와 대조적으로 변경(frontier)은 어떤 지대를 뜻하고 따라서 여러 지리적 특성과 으레 인구를 포함한다. 수직적 맞대면으로서 경계는 수평 범위를 갖지 않는다...[209]

또는 정치지리학의 어느 권위자가 요약하듯이, "경계는 선을 가리키지만 변경은 지대를 가리킨다."[210] 정치지리학자들에게 '변경'과 '국경'(border)은 똑같은 개념이다. 다시 말해 지대이다.[211] 우리의 이야기에서 영국 역시 이 개념을 가졌을 것이다. 그들 머릿속의 개념이 위에

---

209 Richard Muir, *Modern Political Geography*, p. 119. 강조는 내(저자)가 했다.

210 J. R. V. Prescott, *Boundaries and Frontiers*, p. 31.

211 Ibid., chap. 7; Muir, *Modern Political Geography*, chap. 6; and F. J. Monkhouse, *A Dictionary of Geography*, pp. 44, 132.

서 언급한 정의처럼 그렇게 기술적이지는 않았을 테지만 말이다.

반면 시암은 아직 그와 같은 세계질서에 있지 않았고 고정된 국가 경계와 그와 결부된 법과 관습 등 유럽의 창조물을 따를 의무가 아직 없었다. 그러나 이것이 시암이 그 주권 영역의 끝단에 대한 지식을 갖고 있지 않았다는 것을 뜻하지는 않는다. 사실 방콕 태국어에서 경계와 비슷한 의미를 가진 단어들이 여럿 있다. 이를테면 콥켓(khopkhet), 켓댄(khetdaen), 아나켓(anakhet), 콥칸타시마(khopkhanthasima) 등등이다. 콥과 켓은 가장자리, 테두리, 둘레, 또는 한계를 뜻한다. 댄은 지역, 영역을 뜻한다.

쿤 쁘라섯-악손닛(Khun Prasert-aksonnit)의 1891년 폿짜나누끄롬(Photchananukrom, 사전)에서 지역, 나라, 군, 또는 성읍을 가리키는 단어들이 여럿 있지만, 경계나 한계를 가리키는 것은 하나도 없다. 아나켓은 다스리는 지역을 뜻한다.[212] 팔르그와(Pallegoix)의 1854년 판 영태사전에서 아나짝(anachak), 켓아나짝, 아나켓은 저마다 '관할권을 행사하는 왕국의 한계, 왕의 권력,' '왕국의 경계,' '온 왕국을 둘러싸는 국경, 온 왕국에 걸친 지배'를 뜻한다.[213] 1896년 판에서는 이것들의 번역이 똑같다. 그러나 '켓,' '콥켓,' '켓칸타시마'가 등장하는데, 저마다 '한계,' '사방의 한계,' '왕국의 경계'를 뜻한다.[214] 브래들리의 1873년의 사전은 팔르그와의 두 판본 사이에 출간된 태-태사전인데, 아나켓이라는 용어를 포함하지 않는다. 콥켓은 후아므앙(huamuang, 지방), 즉

212 Prasert-aksonnit et al., [태국 문헌들에서 사용된 용어 사전], p. 557. 또한 pp. 386, 429 참조.

213 Pallegoix, *Dictionarium linguage Thai*, p. 16.

214 Pallegoix, *Siamese French English Dictionary*, pp. 16 and 334.

왕국의 바깥쪽 지역을 뜻한다.[215]

영국이 경계를 위한 제안을 해왔을 때 시암에게 이를 다루는 용어와 개념이 부족하지 않았다는 것이 확실하다. 그러나 이 정의들을 면밀히 살펴보면, 그 어느 것도 영국이 품고 있었던 경계를 곧이곧대로 뜻하지 않았음을 보게 된다. 하나의 기본적인 차이를 굳이 끄집어내자면, 그 용어들 모두가 지역, 구역, 또는 변경을 뜻하지 경계선을 뜻하지는 않는다. 한계, 즉 뚜렷한 테두리도 없고 두 국가 사이의 구분 개념도 없는 끝단을 뜻하는 것이다. 바로 이 관점에서 시암은 경계를 정하자는 영국의 요구를 이해했다. 그래서 왕실은 영국의 요구에 전혀 놀라지 않았고 사실 그 자신의 준거를 갖고 있었다.

시암의 개념에서 전근대 경계의 특징들은 무엇일까? 우선 경계는 중앙 권력이 정하거나 인정하는 것이 아니다. 경계를 정하는 것은 프라클랑에게 생각할 수 없는 과업이었다. 치앙마이 왕에게도 흥미를 돋는 일이 아니었다. 오히려 영국이 원한다면 그들이 손수 하거나 지역민들의 도움을 받아 할 수 있는 일이었다. 꿀을 채취하거나 코끼리를 사냥하며 생계를 꾸려나가는 경계지기들, 사냥꾼들, 지역 거주민들이 국경을 지키는 의무를 지는 당사자였기 때문이다.

둘째, 각 성읍의 켓댄은 그 성읍이 지키는 지역의 범위에 의해 주로 정해진다. 한 성읍은 다른 성읍과 연결된 공통의 국경을 가질 수도, 그렇지 않을 수도 있다. 두 성읍이나 국가의 영역을 가르는 선은 말할 것도 없다. 성읍들의 복합체로서 한 왕국은 정치영역 조각들의 모음이

---

215 Bradley, *Nangsu akkharaphithansap: Dictionary of the Siamese Language*, p. 84. 여기서 '지역'(area)이라는 단어는 이 사전 412쪽에 있는 쁘라텟(prathet)을 옮긴 것이고 이 맥락에서는 명백히 '국가'가 아니라 '거주 지역, 들판이나 숲'을 의미한다.

었는데, 그 조각들 사이에는 빈 공간이 많았다.

셋째, 왕국의 켓댄은 권력이 행사되는 바깥쪽 성읍과 지역의 맨 끝까지 뻗어있다. 그 한계를 넘어서면 두 왕국 사이에 회랑 구실을 하는 광활한 산악지대가 펼쳐진다. 이것이 경계선 없는 국경이다. 또는 이것을 넓게 퍼진 '두꺼운 선'이라고 말할 수도 있다.

넷째, 모든 국경이 주권 아래의 지역, 그래서 통치 지역이라고 간주되었던 것은 아니었다. 시암의 왕실이 1845년 8월 25일의 편지에서 쓴 것처럼, "여행자들이 도로나 통로를 이용할 때만" 그 도로와 장소를 보호할 목적으로 초소가 세워져 있었다.[216] 시암이 경계를 얘기할 때 그 깊은 숲과 산악지대 국경으로 향하거나 통과하는 이 통로를 의미했다. 다시 말해 이러한 곳들이-'선'과 전체 변경 지대가 아니라-언급하거나 지킬 가치가 있었고 특정 지역 지배자가 관할하는 가장 먼 곳으로 표시됐다. 이런 종류의 장소만이 나무나 돌무더기로 표시될 수 있었다.

이와 같은 표시물은 여러 역사 기록에 나와 있다.[217] 시암과 버마 간 전쟁 기록 대부분에서 언급된 두 국가 사이의 유명한 두 통로, 즉 삼탑 관문(Three Pagoda Pass)과 싱콘 관문(Singkhon Pass) 역시 그 같은 켓댄이다. 삼탑은 실제로 탑이 아니라 의도적으로 쌓아올린 커다란 돌무더기였다. 그것은 한계에 대한 표시였다.[218] 앞서 언급됐듯이 란나의

---

216 *BP* 4/1, pp. 157-158.

217 "Ruang muang nakhonchampasak" [짬빠삭 이야기] in *PP* 44/70, pp. 173-193. 또 다른 예를 보려면 "Phongsawadan Luang Phrabang" [루앙 프라방 연대기] in *PP* 4/5, pp. 333, 336 참조.

218 Damrong, *Prachum phraniphon bettalet* [소에세이 문집], pp. 26-29에서 이 사실이 확인된다. 그러나 그는 그것들이 시암 국경 '내부'에 제대로

어느 지역 수장이 켓댄을 황금과 은의 길이라고 말했던 것처럼 여러 역사 기록에서 켓댄이라는 단어는 길이나 통로를 가리킬 때 언급되었다. 그 표시가 선이라면 그 통로의 근방만을 표시하는 짧은 선일 터였다. 치앙마이와 어느 꺼야 주 사이의 경계가 의례적으로 산꼭대기에서 황소가 가는 길을 따라 표시되었는데, 바로 그 경우였다.[219]

결국 지역 경비들이 거주하는 지역이나 통로만을 한계라고 여기고 보호했다. 따라서 초소는 특정 영역에 대해 행사하는 주권 권력의 끝단이라는 표시이기도 했다. 두드러지는 점은 방콕이 어떤 경계도 몰랐기에 초소의 위치와 경비원이 감시하는 거리가 방콕의 주권 영역의 범위를 정했다는 것이다-현대에서는 이와 대조적으로 경계선이 표시하는 주권 영역의 범위가 국경 수비대의 공간 범위를 정한다. 이 경계의 각 몫은 지역 통치자가 독립적으로 정했다. 이 경계의 다른 몫과 연결될 수도 그렇지 않을 수도 있다. 그러므로 왕국의 '경계들'은 불연속적이었고, 따라서 왕국은 경계 지어지지 않았다.

다섯째, 하지만 어떤 지역에서는 양쪽 사람들이 두 변경 성읍 사이에 낀 곳을 통과하거나 그곳에서 차별 없이 살 수 있었기에 초소가 의미를 갖지 않았다. 란나와 상부 버마 사이의 경계에 관한 공동 조사에서 영국 관원들은 켕뚱의 샨족 신민들이 치앙샌 근처에 살고 있다는 사실을 의아하게 생각했다. 시암의 관원은 그 사람들이 그렇게 사는 데 지장이 없으며 그곳에 살든 말든 문제될 것 없다고 답했다. 이 경우, 치앙마이와 켕뚱은 그 당시 서로 적대적이지 않았기에 상대쪽 사람들을 감시하거나 체포할 필요가 없었다. 따라서 켕뚱의 샨족 신민들이 많이들 치앙샌 인근 숲에 있는지, 없는지에 관해서는,

---

있었기에 켓댄 표시라고 생각하지 않았다. 나중에 이점을 논의할 것이다.

219 Renard, "Delineation of the Kayah State Frontiers," pp. 81, 85.

우리는 모르는 일이오. 우리가 가장 중요하게 여기는 것은 성벽이기 때문이오. 그 인근 지역은 아나캣의 곁다리입니다. 웅이오[샨]가 숨든, 살든, 생계를 꾸리든, 우리는 둘러보지 않소....그 큰 산의 계곡이 대략적인 경계입니다. 그러나 거주민보다 중요한 것은 그 성읍입니다.[220]

여섯째, 회랑 국경이 적대적인 국가들 사이를 지나면 한쪽의 사람들은 그 회랑에서 생계를 꾸려나가도록 허락을 받았으나 다른 쪽 국가의 지역을 무단 침입하는 것은 허락되지 않았다. 이 경우, 경비의 순찰 지대는 중요했고 반드시 정해져야 했다. 현대의 정의에서 변경이나 국경은 경계의 각 측면을 따라 있거나 이웃국가를 맞대면하는 지대이다. 다시 말해 경계가 양쪽의 국경 사이에 있는 것이다. 그러나 경계에 관한 시암의 생각이 담긴 기록에 따르면 거대한 국경이 두 국가의 경계 사이에 존재하는 것 같다. 요컨대, 시암 하나로서도 한 종류 이상의 정치지리 끝단이 있었다. 하나는 주권의 경계인데, 지리적으로 말하여 국경의 안쪽에 존재했다. 다른 하나는 주권의 한계 너머의 국경, 경계 없는 국경이었다. 주권과 국경이 접하지 않은 셈이다.

일곱째, 주권의 경계는 상대 국가의 동의나 승인 없이 정해질 수 있었다. 왕국의 경계가 이와 같아서 상대편과 반드시 연결될 필요가 없었다. 어느 국가에도 속하지 않는 경계 밖의 회랑 국경을 두게 된 것이다. 사실 라마3세 재위 말 시암의 왕실이 테나세림과 시암 사이의 경계를 얘기할 때, 영국-버마전쟁이 끝난 후 "[테나세림의] **경계가 뻗어서** 시암의 경계와 **연결되었다**"고 말했다.[221] 이 말은 정확히 그 생각을

220 Nakhon, "Negotiations and Agreements," p. 335.

221 ["방콕 왕조 시기 서양 사절단"] in *PP* 35/62, pp. 113, 148. 강조는 내

반영한다. 요컨대 두 왕국의 주권은 보통 맞대면하지 않고 분리되어 있었던 것이다.

여덟째, 열리거나 닫힌 국경이 현대에서 두 국가 간 관계의 건강 상태를 나타내듯이 전근대 시기의 국경 관계도 마찬가지였으나 방식은 달랐다. 한편으로 '황금과 은의 길'이 있었고, 사람들이 그곳을 지나 여행하고, 생계를 꾸리고, 또는 심지어 상대국 변경 성읍 근처에 허가 없이 거주하는 것을 막지 않았다. 다른 한편으로는 적들이 침입할 수 없는 국경이 있었다. 대개 경쟁국 당사자들은 불확정적인 공간을 선호했다. 그것이 그들 사이의 거리를 유지하는 완충지 역할을 했기 때문이다.

비우호적인 국경에서, 정탐대를 상대의 영토로 보내 적들의 움직임을 관찰하는 것이 지역 관원들의 의무였다. 동시에 그들은 적이 보낸 정탐꾼들에 맞서서 경계를 보호해야 했다. 시암의 경비원들이 자기네들의 영토에 들어왔다는 영국의 비난에 아무 근거가 없지는 않았을 것이다. 그러나 그들이 감시하는 지점의 표시나 책임지는 범위를 표시하는 종교 신전이 경계 표시물은 아니었다. 그러나 우호적인 국경에서는 그 재위 초기에서처럼 상반된 행태가 발생했다. "이제 태국과 영국은 친구입니다. [우리가] 버마를 상대했던 때와 달리 우리의 켓댄을 돌볼 필요가 없습니다."[222] 따라서 우정을 나눈 나라로서 영국이 정한 바무단침입 금지는 환영받지 못할 일이었다. 이것은 전통적으로 적을 붙잡기 직전의 단계였기에 비우호적인 행위로 보았다. 왕실이 영국의 금지에 화가 난 이유가 이 때문이었다. 금지는 또한 지역민들 사이에서

가 한 것이다. 이 문헌에서는 제임스 브루크(James Brooke)가 그 말을 했다고 한다. 그러나 시암이 그들이 이해한 바대로 옮긴 것 같다.

222 ["방콕 왕조 시기 서양 사절단"] in *PP* 35/62, pp. 149.

혼란을 불러일으켰다. 그들은 우호적인 국경일 경우에 허가 없이 경계를 넘나들곤 했던 터였다. 지역민들은 국경의 양쪽에 사는 친척들을 방문해 왔고, 몇몇은 한쪽에서 다른 쪽으로 종종 옮겨가 살기도 했다. 빡짠강에서 최북단 란나에 이르기까지 모든 국경민들이 이렇게 해왔다.

더욱이 무단침입 금지뿐만 아니라 경계를 지정하자는 요구도 설사 두 나라가 여전히 좋은 관계를 유지했어도 시암으로서는 충분히 비호적인 태도로 받아들였다. 두 나라의 관계가 좋았던 1829년 피낭의 영국 총독이 크다와 웰슬리 지방의 경계를 표시하자고 요구해오자 나콘의 통치자는 그러한 요구에 큰 충격을 받았다.

> 우리는 지금껏 영국에게 친근감을 느껴왔고 우리가 보낸 그 어떤 편지에서 악의로 그들을 비난한 적이 없었는데, 왜 우리의 친구는 영토의 경계를 묻는 편지를 보내 우리를 매우 놀라게 하는지요?
> 그러므로 우리는 우리의 친구에게 쿤 아꼰을 보내 편지를 전달할 것인바, 그가 우호적인 태도로 우리의 친구가 무슨 의도로 이 요구를 했는지 물어볼 것이오.[223]

시암의 지역 통치자가 영국의 영토에 경계 표시로서 깃발을 세웠다며 영국이 비난한 또 다른 사례에서, 시암의 왕실은 다음의 말로 대답한다. "시암은 그 누구도 깃발을 세우라고 보내지 않았소.... 깃발을 세우고 경계를 표시하라고 보내는 것은 시암의 모든 법과 관습에 위배되는 것이오."[224]

---

223 *BP* 3, p. 151. 그 편지의 날짜는 1829년 10월 26일로 되어 있다.

224 Ibid., p. 198.

이것은 왜 초기 영국의 요구가 푸대접을 받고 때로는 불만을 야기했는지 설명해준다. 그러나 영국에 대한 시암의 태도가 변할 무렵 영국의 긴박한 요구에 재빨리 대응했다. 영국은 긍정적으로 그 대응을 받아들였지만 시암으로서는 거슬리는 논조로 했던 대응이었다. 왕실로부터 온 협력의 대답은 여러 편의 별도의 편지와 동봉되었는데 그 편지는 시암이 영국의 영토를 침범했다며 영국이 시암에게 씌운 혐의 모두를 반박했다는 점을 여기서 눈여겨보아야 한다. 이 편지들 중 몇 편은 맞비난을 했다. 더욱이 왕실이 양국 사이에 거리를 두기 위해 그 같은 경계를 갖자고 제안한 시점이 바로 이때였다. 확실한 경계선과 근대적 국경통제 규정을 갖자는 영국의 요구에 비우호적인 이웃 역시 그에 버금가는 행위를 하기에 이르렀다.[225]

이 모든 것을 보건대, 우리는 서로 맞붙지 않고 유동적인 수많은 경계를 알게 된다. 어떤 것은 두껍고, 어떤 것은 희미하다. 많은 것들이 이미 사라졌거나 존재한 적이 없다. 1890년대 이전에 시암은 '오래된 도끼'와 같은 것이 아니라, 통치단위가 불연속적이었고 고르지 못했다. 여러 종주를 섬기는 사람들이 같은 곳에 섞여 살았고 정탐꾼들만이 다른 쪽 변경의 성읍 가까이에서 활동하고 있었다. 우정을 위해 왕국의 핵심부에서 동떨어진 지역들을 관대하게 내놓기도 했다. 이 경우 국경은 조금 줄어들기 마련이었다. 그렇다고 문제될 건 없었다. 사실 동남아시아의 전통 전반에서, 어느 학자가 언급하듯이, "가장자리 쪽 영토의 양도가 왕국에게 치명적으로 여겨지지 않았다. 주권[핵심부]의 본

---

225 이 두 토착 종류의 경계의 공존은 이 지역에 관한 역사 연구에서 주목을 별로 받지 못해왔다. 예외가 고대 자바에 대한 무르토노(Moertono)의 연구다. 그러나 그는 그들 사이의 차이점을 분간하기보다는 혼합시켰다. Soemarsaid Moertono, *State and Statecraft in Old Java*, pp. 114-115를 보라.

질이 훼손되지 않는 한, 그러한 양도는 정당한 정책 도구였다."[226]

왕국의 영역이나 한계는 그러한 성읍들이 왕국의 핵심부에 바치는 충성에 의해서만 정해질 수 있었다. 정치영역은 영토의 통일성이 아니라 권력관계에 의해서만 파악될 수 있었다. 따라서 주권 단위-아나켓, 콥칸타시마-의 변경에 대해 얘기하는 것은 변경 공간 그 자체가 아니라 동떨어진 성읍에 자리한 주변부 통치자나 왕국의 가장자리에 있는 지역 수장을 의미했다.

경계를 획정하려는 영국의 시도는 정치 공간에 대한 서로 다른 개념의 충돌을 야기했다. 그러나 양측이 같은 것을 가리킬 것이라 생각한 단어를 사용했기에 그 충돌을 인지하지 못했다. '경계'와 켓댄 또는 아나켓 등은 대체로 번역될 수 있을 것 같았다. 그러나 사실 그들은 지칭하는 단계에서 사사건건 의사소통에 충돌을 겪었다. 영국은 '경계'라는 개념을 밀어붙였는데, 그것의 성질은 아나켓의 성질과는 달랐다. 그렇게 '경계'의 개념이 대안의 의미로서 굳게 서나가는 동안 시암이 품고 있던 켓댄의 개념은 어려움에 처했다. 다시 말해 '경계'의 개념이 호환 가능한 용어를 수단으로 삼아서 호환 가능한 메시지가 되어갔다. 기표가 다른 개념을 동시에 가리키면서 애매모호해졌다. 이 상황은 관행을 변화시키는 결과를 낳았다. 두 개념의 관행들이 뒤섞여가며 결국 최종결과물이 나오게 된 것이다. 그런 관행을 지배하는 규칙 역시 동요와 변화를 겪었다. '경계'의 개념에 부합하는 관행에 관여하기를 동의함에 따라 시암은 이미 새로운 규칙과 관행이 확립되어 나가는 것을 받아들였다. 시암이 영국의 요구를 받아들일수록 켓댄에 관한 시암의 관행은 점점 더 흔들리고, 바뀌고, 영국이 뜻하는 대로 옮겨갔다.

---

226 Robert L. Solomon, "Boundary Concepts and Practices in Southeast Asia," p. 15.

근대적 관점으로 경계선을 표시하는 방법과 지도 사용을 비롯해 대안의 개념과 그 규칙과 관행을 의식적으로 받아들인 사람들은 바로 몽꿋 세대의 엘리트들이었다. 다른 수준의 공동체 특히 변경지대의 사람들은 대부분 여전히 다른 개념을 갖고 있었지만, 얼마 있지 않아 방콕 왕조는 국경지대에 대한 지배권을 강화했고 영리한 책략-예컨대 전통적인 충성 의례를 활용하여 지역민들의 무지를 이용해먹는 작전-을 써서 반세기 전에는 알지 못했던 관행들을 세워나갔다.

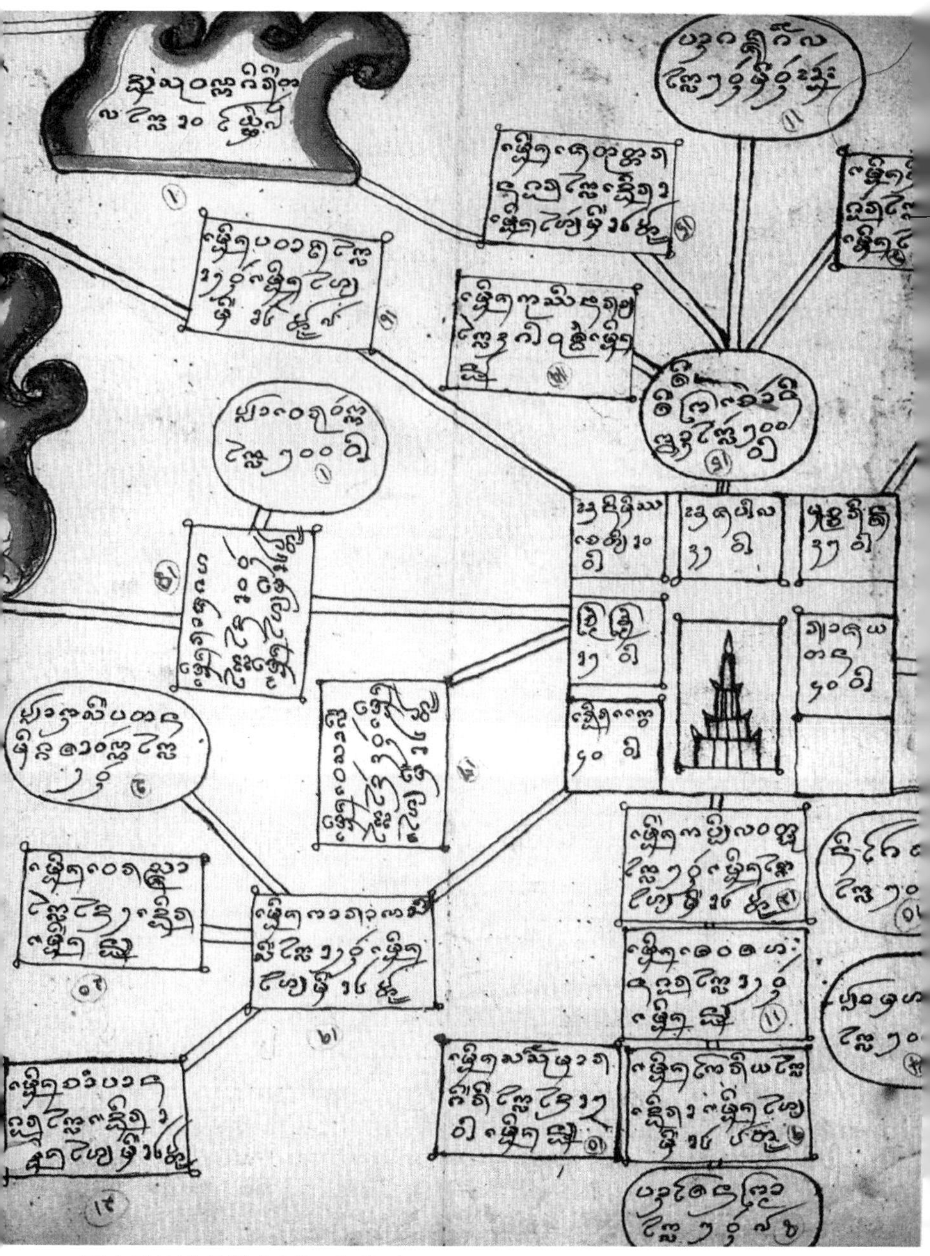

그림 1 란나 필사본 문헌에 있는 순례 지도

(출처: 에콜스 컬렉션John M. Echols Collection의 "태국 북부 문헌: 불교 편람." 코넬대의 허락을 받음)

그림 2(도판 1) **뜨라이품 필사본 문헌에 있는 땀난 지도**

(실라빠와타나탐의 허락을 받음)

림 2(도판 2)

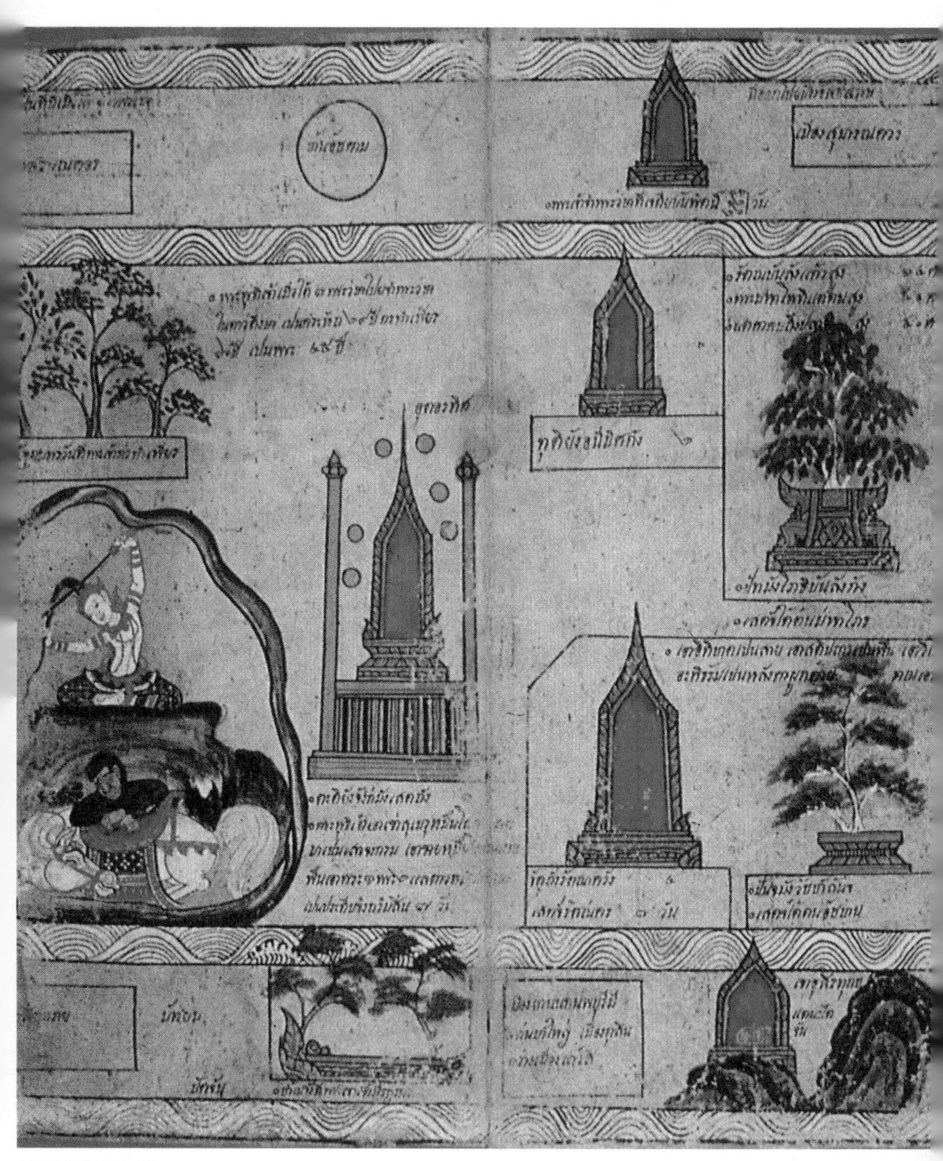

그림 2(도판 3)

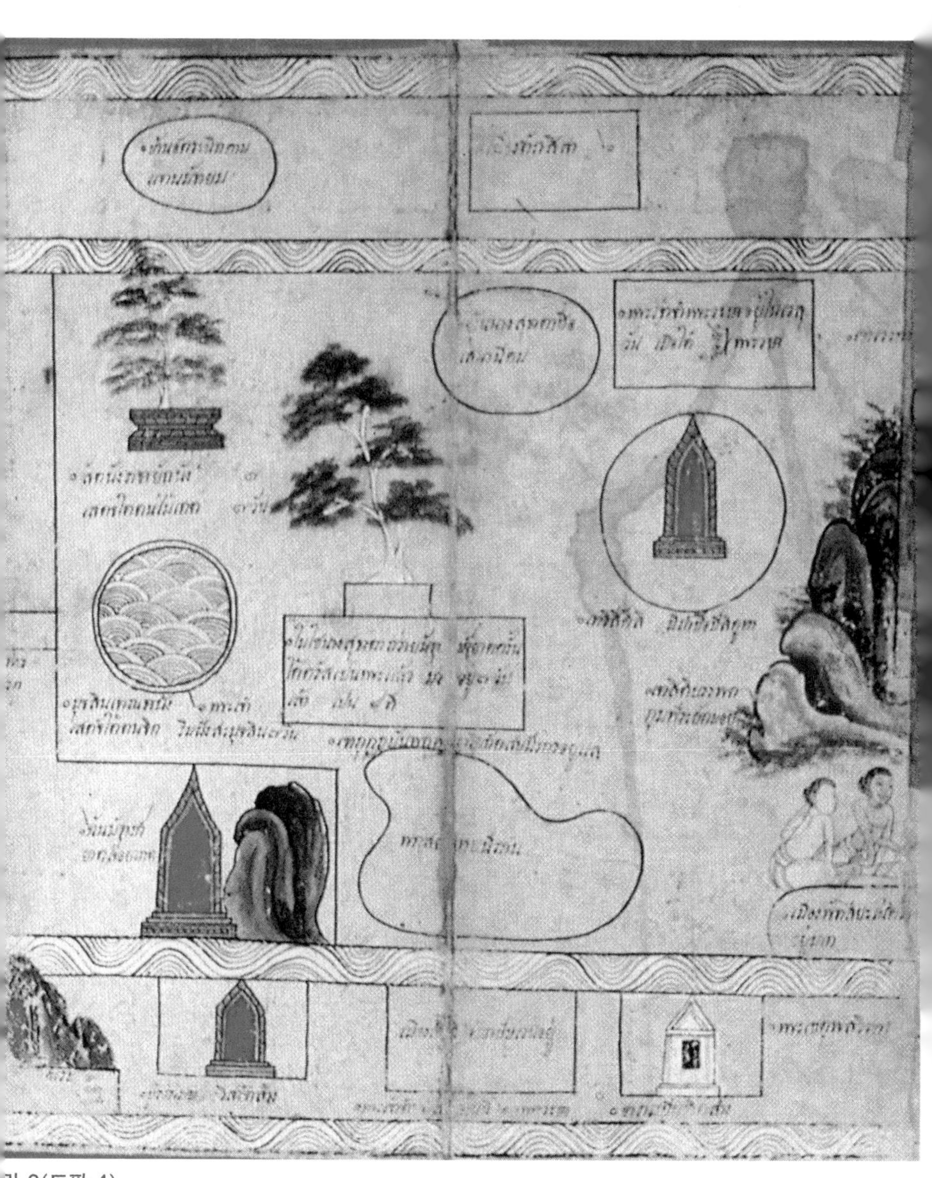

림 2(도판 4)

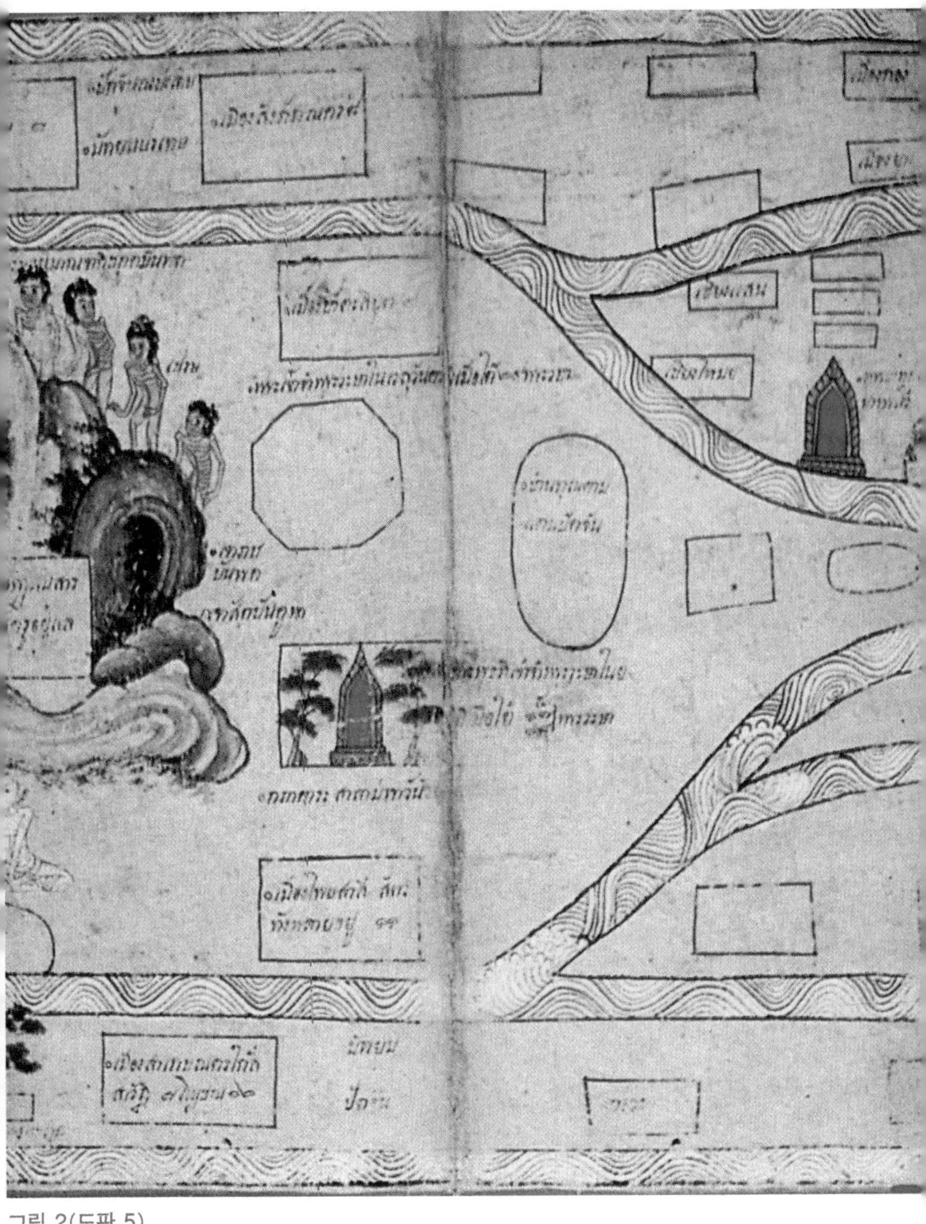

그림 2(도판 5)

2(도판 6)

그림 2(도판 7)

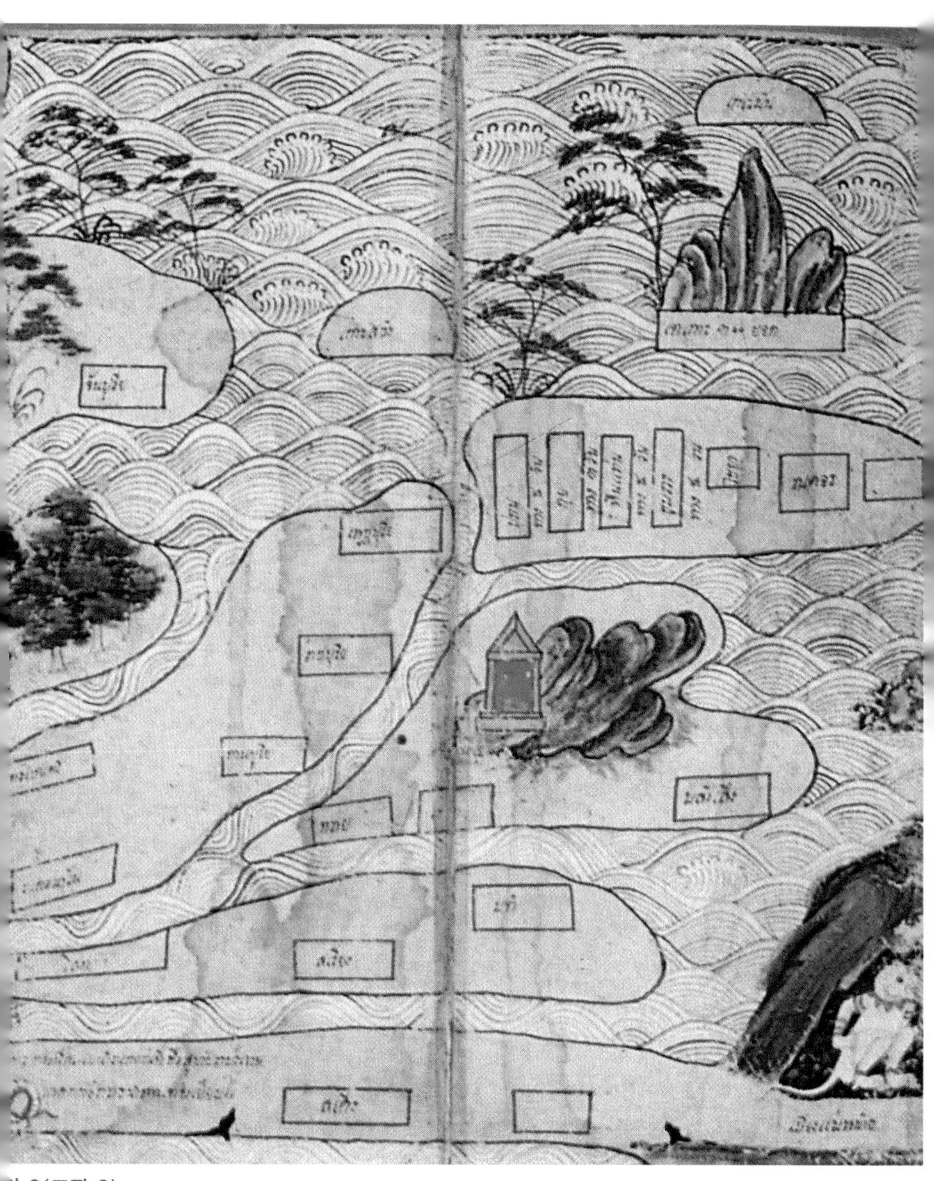

림 2(도판 8)

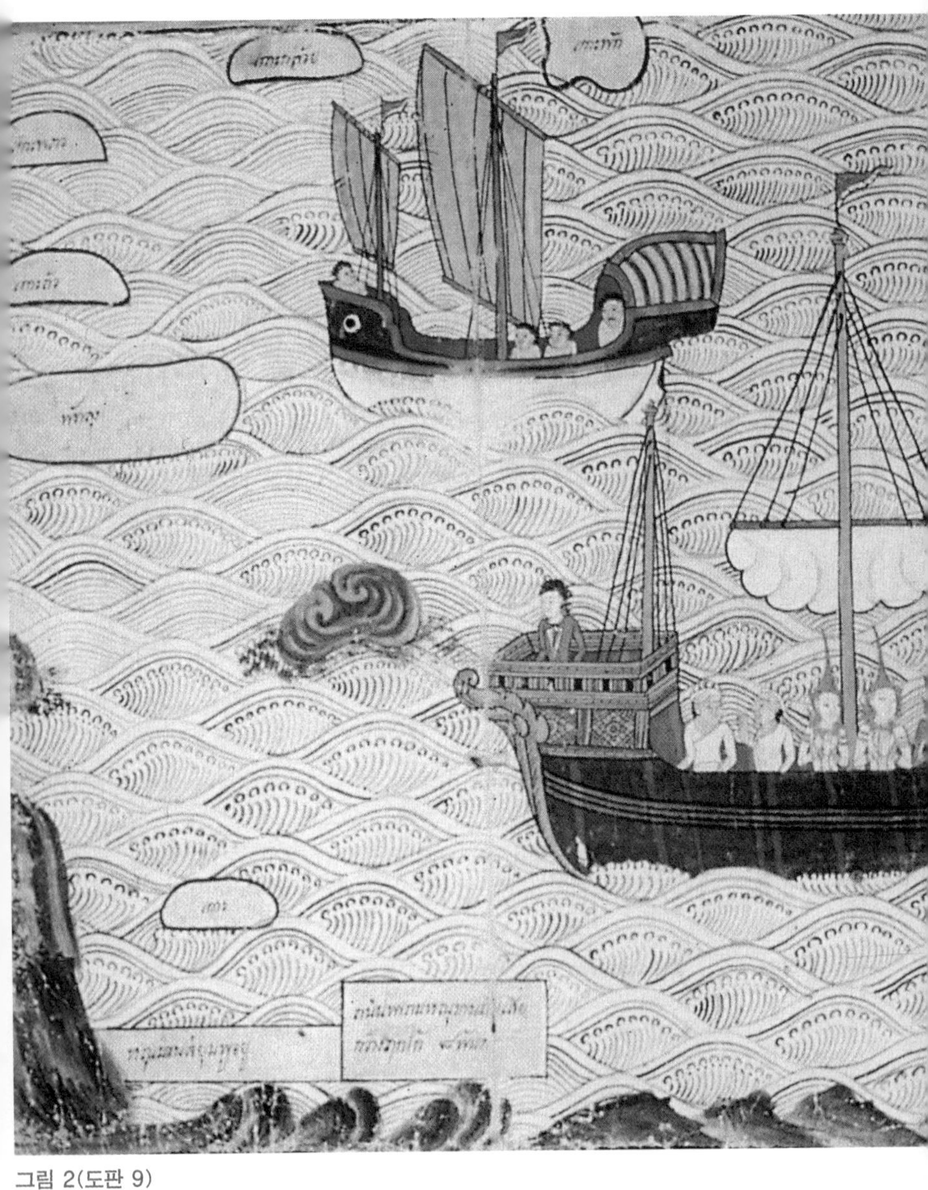

그림 2(도판 9)

림 2(도판 10)

그림 2(도판 11)

림 2(도판 12)

그림 3 시암 남부 송클라 초호 동쪽 제방 해안도
(방콕 국립도서관의 허락을 받음)

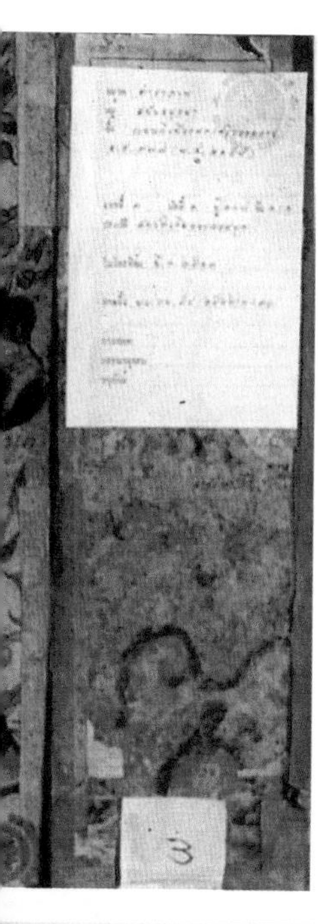

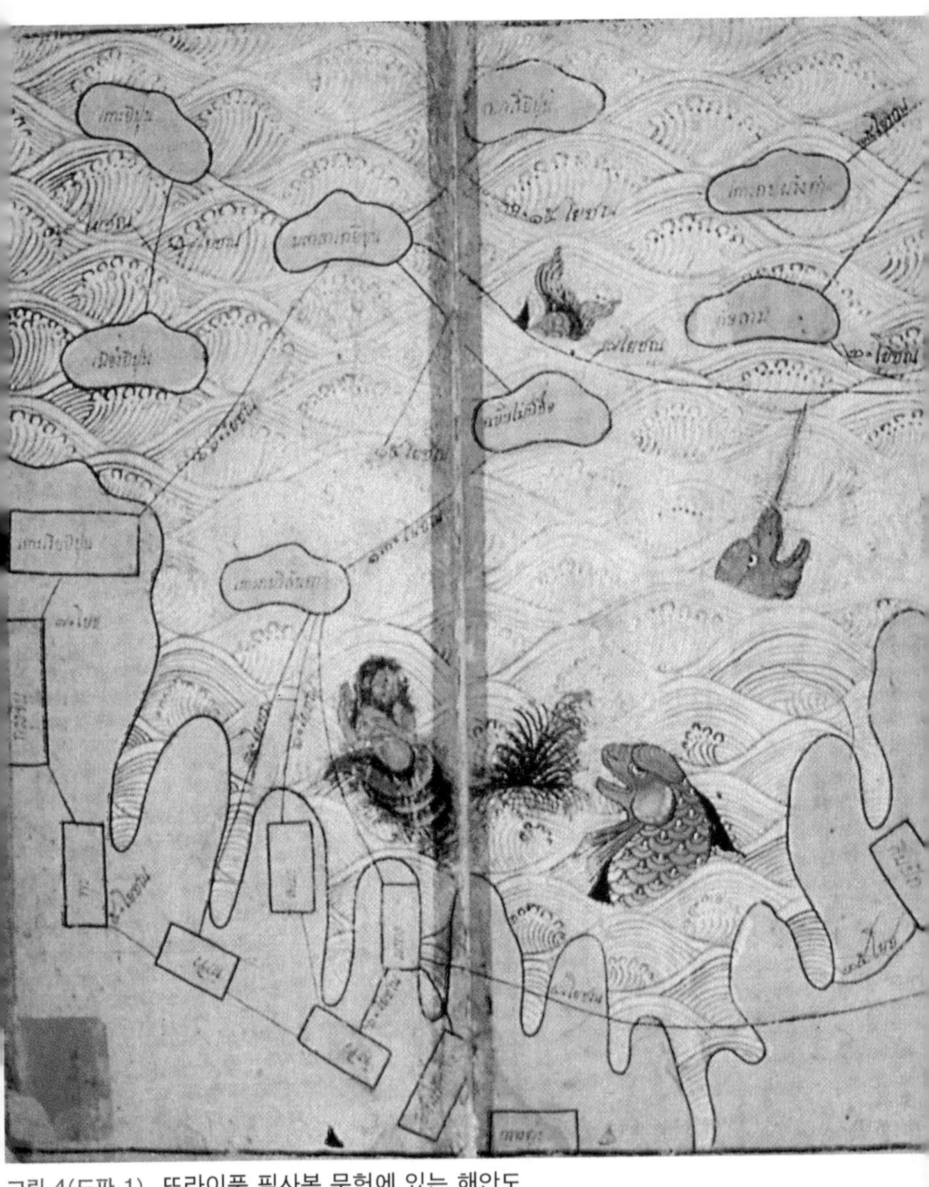

그림 4(도판 1) 뜨라이품 필사본 문헌에 있는 해안도
(실라빠와타나탐의 허락을 받음)

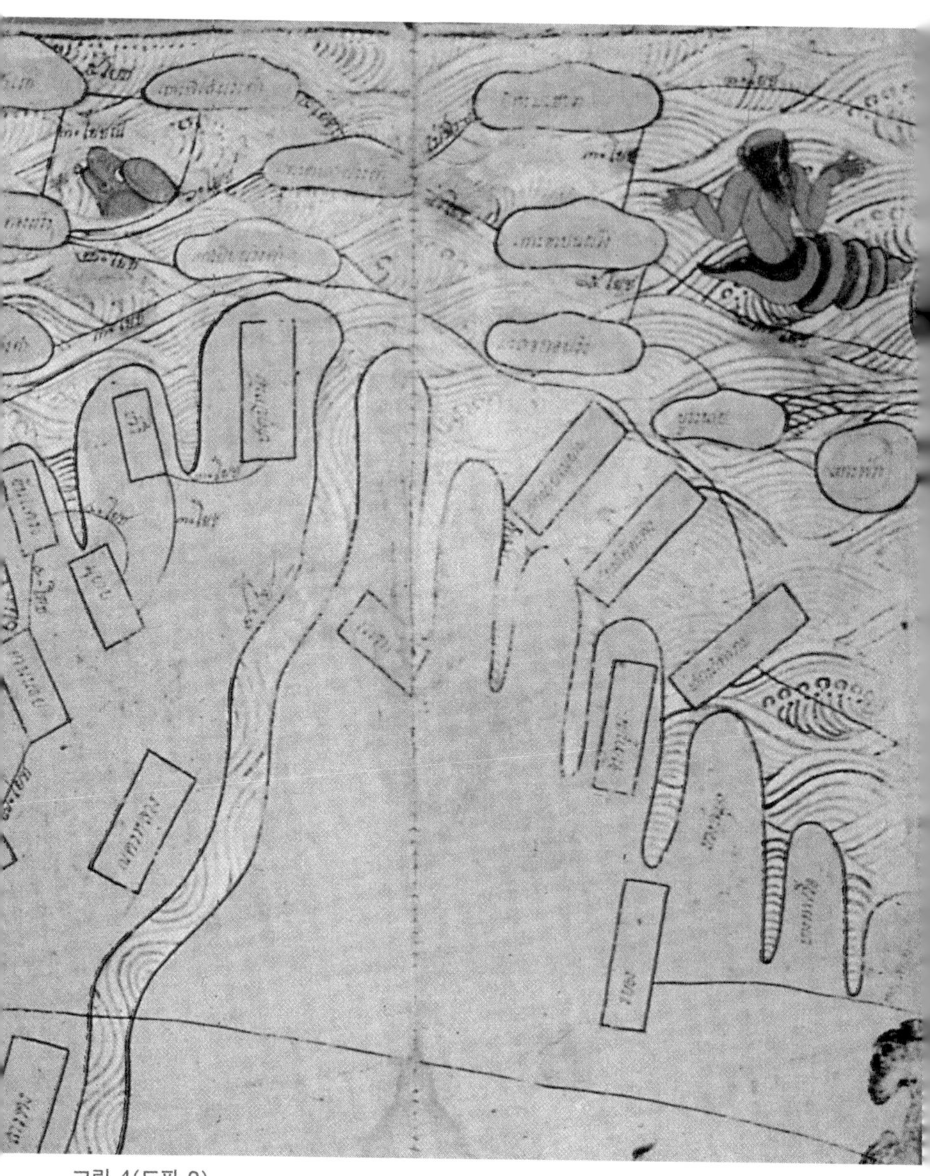

그림 4(도판 2)

그림 4(도판 3)

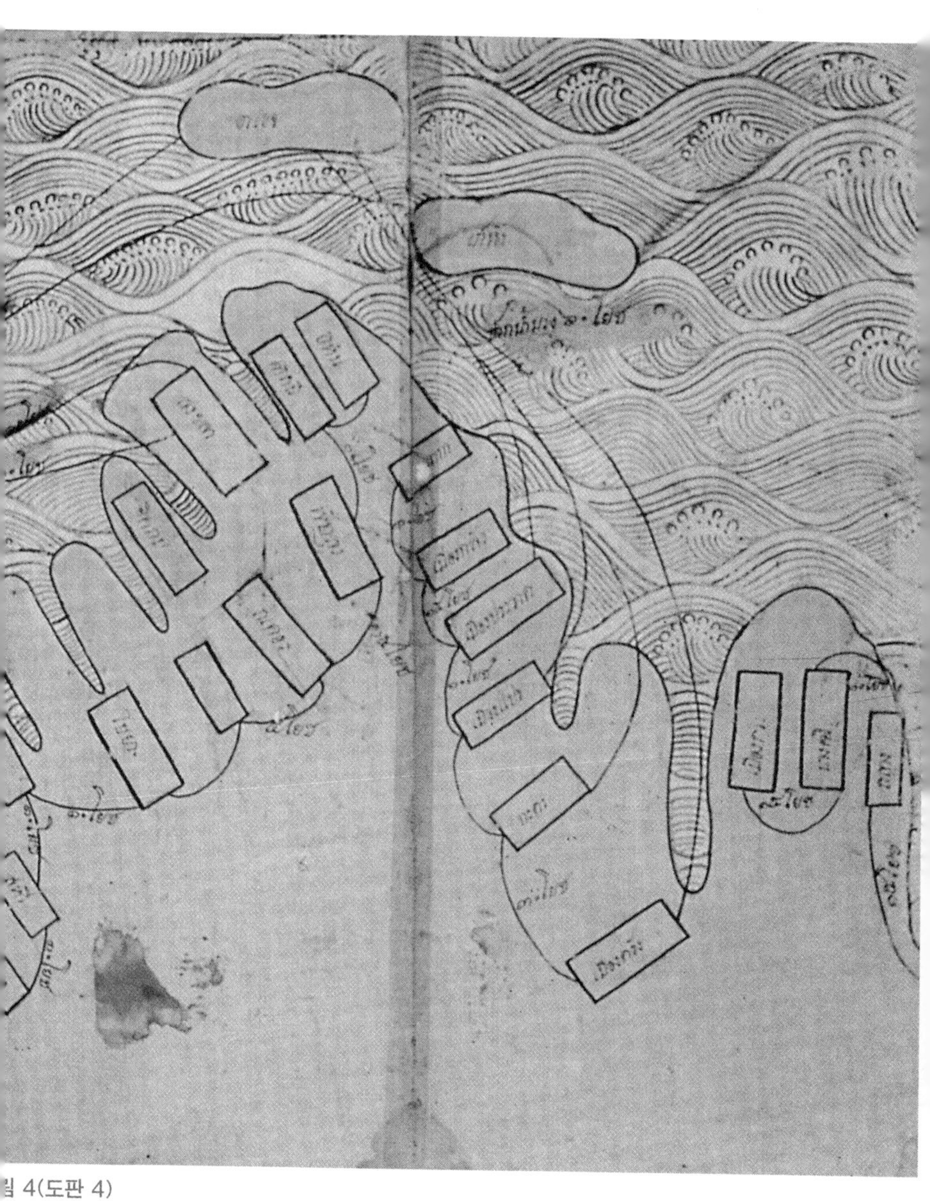

림 4(도판 4)

그림 4(도판 5)

림 4(도판 6)

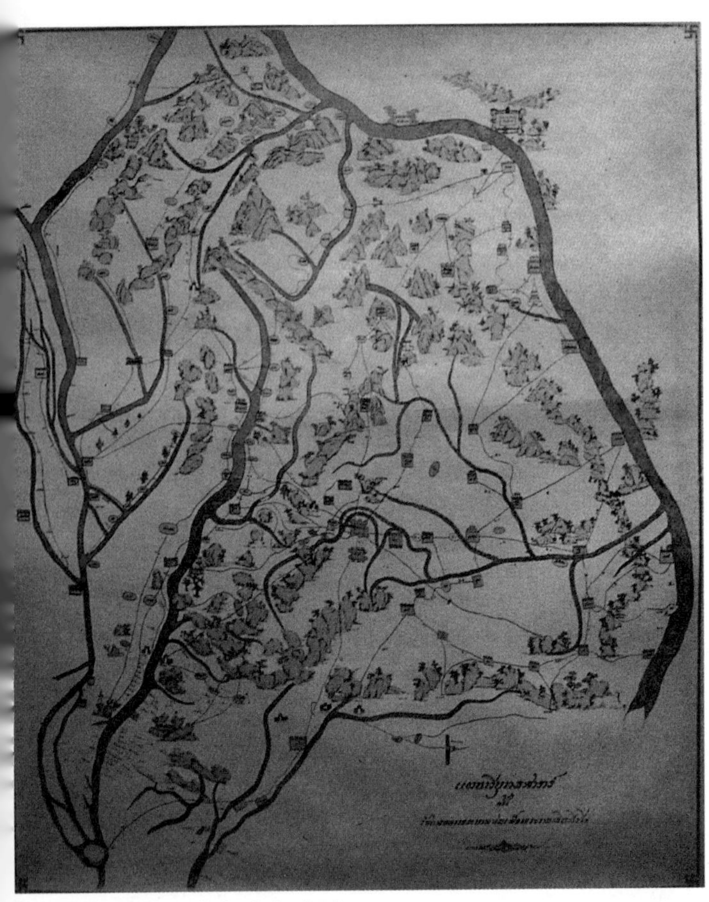

그림 5 '왕 라마1세의 전략 지도'

(왕립태국측량과)

그림 6 닐(Neale)의 '시암 지도'

(F. A. Neale, *Narrative of a Residence at the Capital of the Kingdom of Siam*, 55)

림 7 프랑스 지도제작자가 그린 시암 왕국과 주변국 지도: 1686

왕립태국측량과)

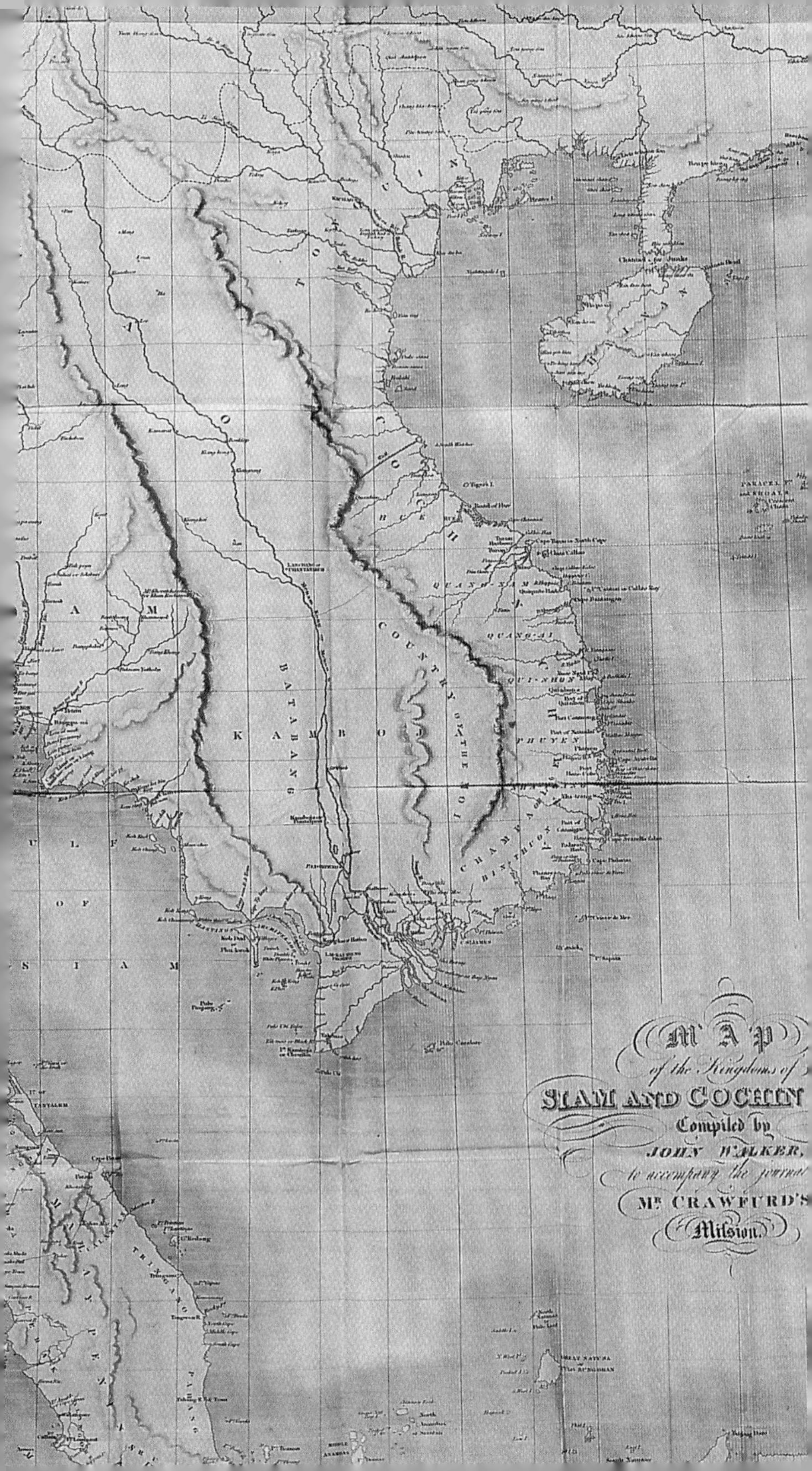

MAP
of the Kingdoms of
SIAM AND COCHIN
Compiled by
JOHN WALKER,
to accompany the journal
Mr. CRAWFURD'S
Mission.
K A M B O
BATABANG
COUNTRY OF THE MOI
QUANG-NAM
QUANG-AI
QUI-NHON
PHUYEN
G U L F
O F
S I A M

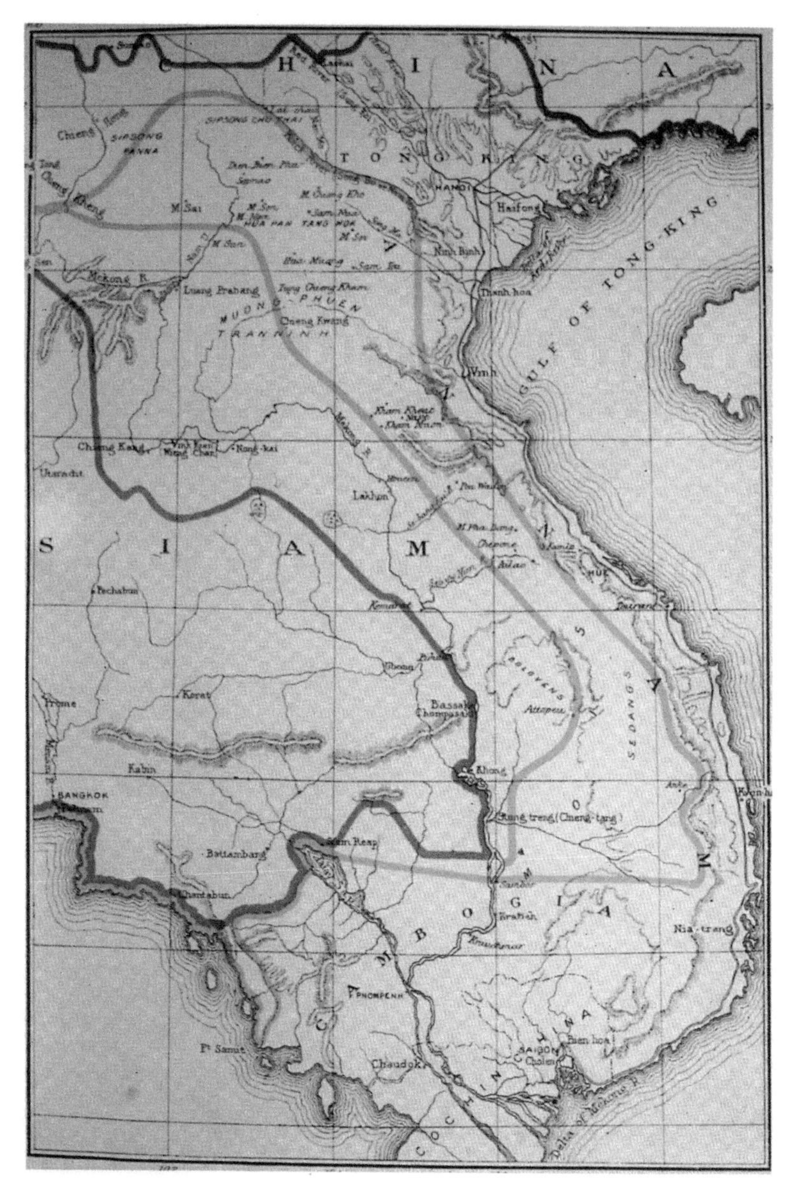

그림 9 조지 커즌의 '시암의 경계 문제': 1893

왼쪽에서 오른쪽 방향으로 첫째 경계선은 슈레이더(F. Schrader)가 추정한 변경, 둘째 경계선은 가르니에(F. Garnier)가 추정한 안남과 시암의 변경(1866-1868), 셋째 경계선은 매카시(J. McCarthy)가 추정한 변경(1887)(대영도서관의 허락을 받음)

림 8 존 크로퍼드의 '시암 왕국과 코친차이나 지도': 1828

·처: *Journal of an Embassy from the Governor-General of India to the Courts of Siam and chin China*)

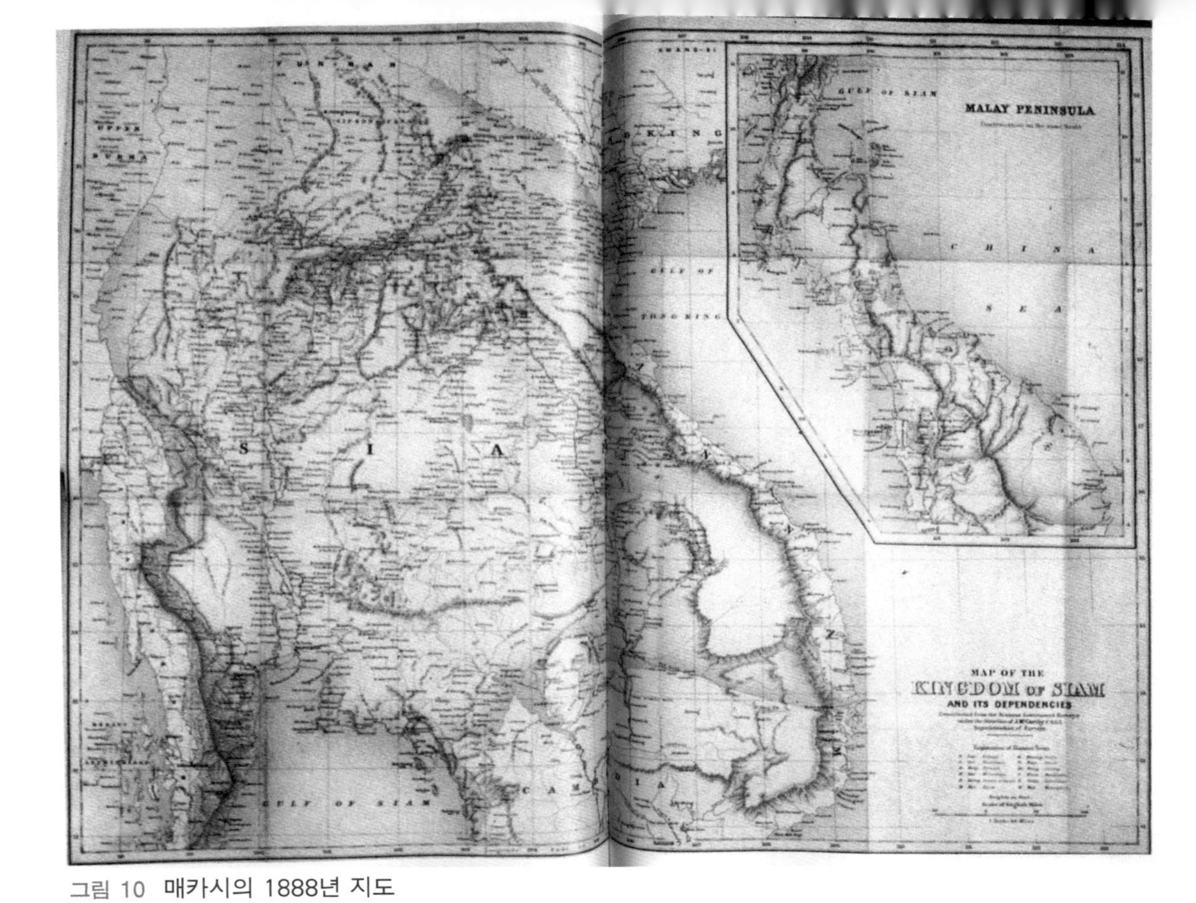

그림 10 매카시의 1888년 지도
(대영도서관의 허락을 받음)

그림 11 와치라웃 시기의 만화

(출처: *Dusit samit*)

그림 12 사이차이타이 재단의 상징

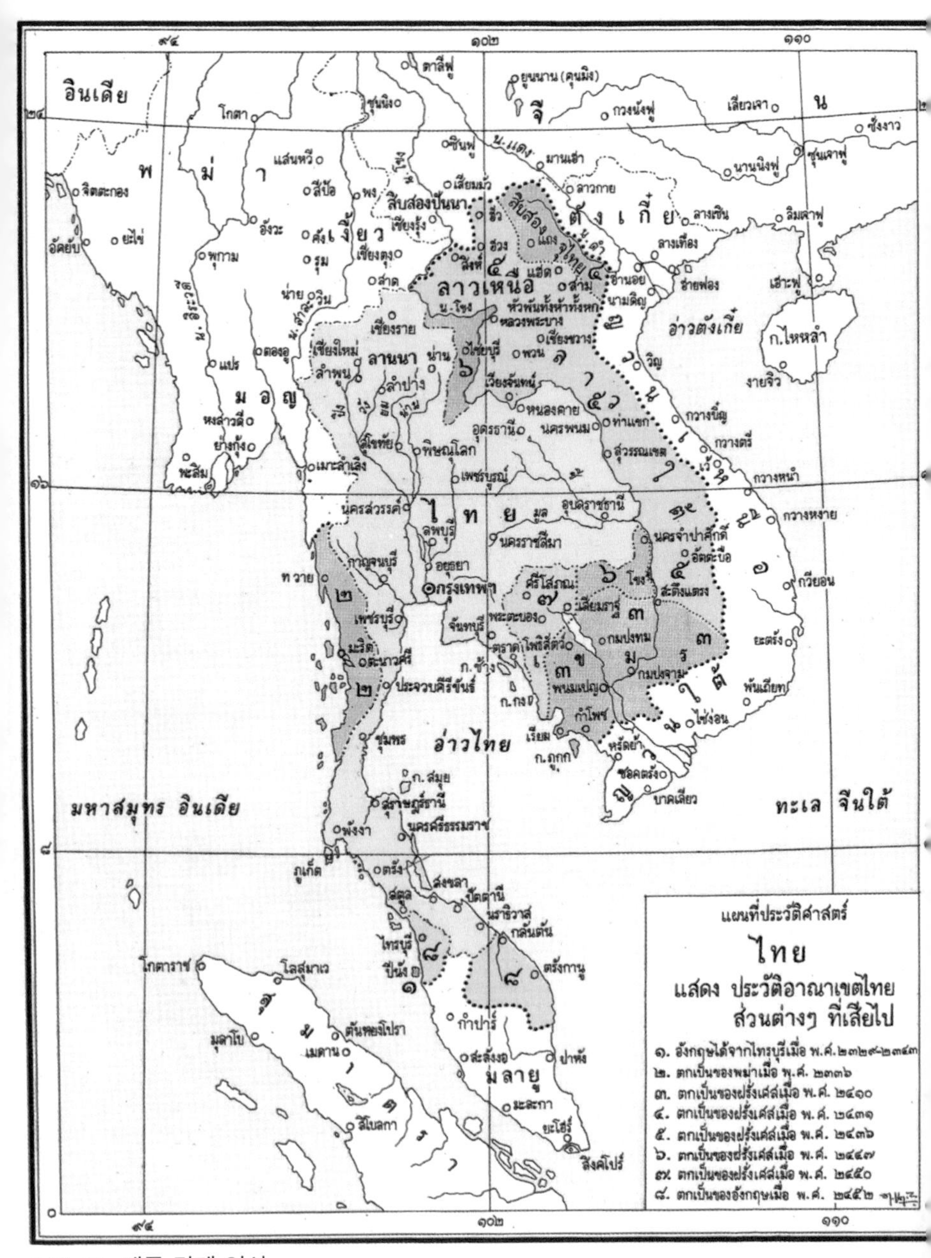

그림 13 태국 경계 역사

(타이와타나파닛Thaiwatthaphanit 회사의 허락을 받음)

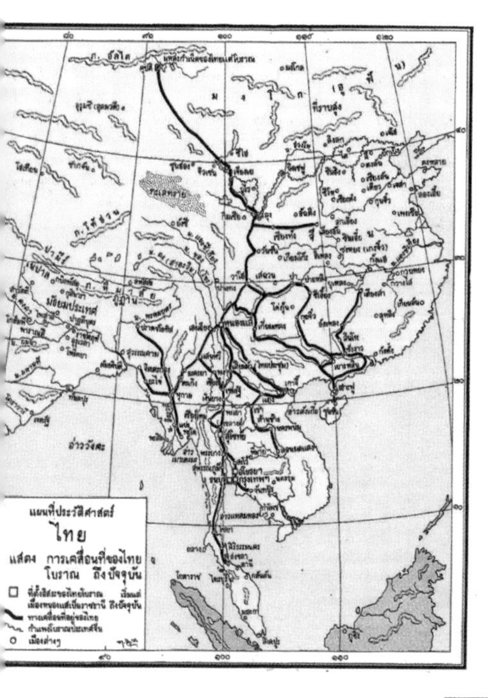

그림 14 고대부터 현대까지 이루어진 타이족의 이동
(타이와타나파닛 회사의 허락을 받음)

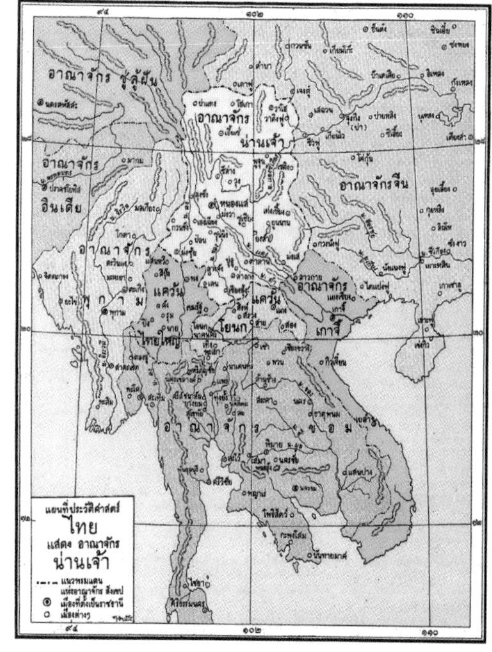

그림 15 난짜오 왕국
(타이와타나파닛 회사의 허락을 받음)

그림 16 람캄행대왕 재위기
수코타이 왕국
(타이와타나파닛 회사의 허락을 받음

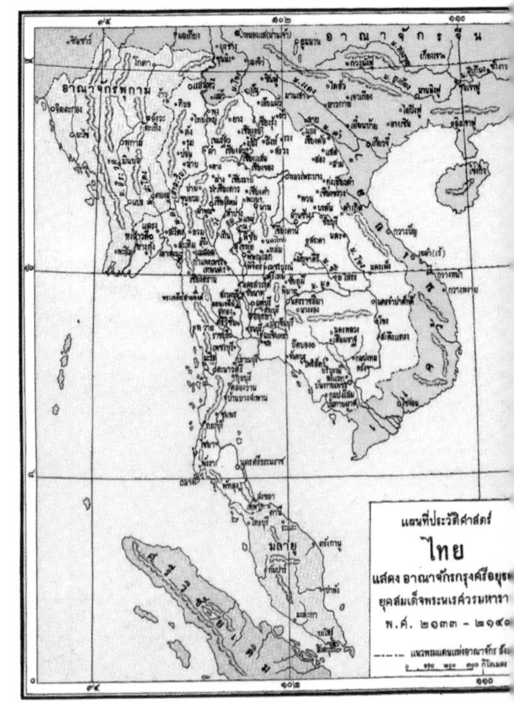

그림 17 나레수안대왕 재위기
아유타야 왕국
(타이와타나파닛 회사의 허락을 받음)

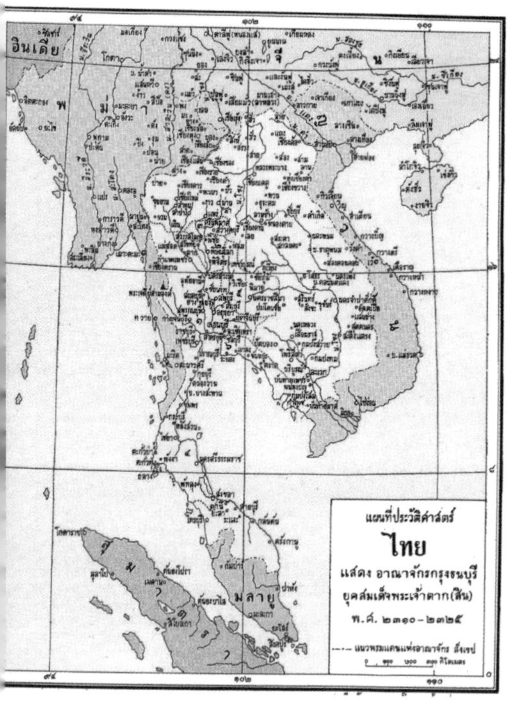

그림 18 딱신왕 재위기
톤부리 왕국
(타이와타나파닛 회사의 허락을 받음)

그림 19 라마1세 재위기
라따나꼬신 왕국
(타이와타나파닛 회사의 허락을 받음)

그림 20 “깨어나라, 태국인이여”
(콘래드 테일러Conrad Taylor의 허락을 받음)

::

4.
주권

국경이 회랑이 아니라 하나의 왕국 이상이 공유하는 변경 성읍일 때 시암의 영토 범위를 정하는 것은 훨씬 더 복잡한 사안이다. 어느 영역에 무엇이 속하는지 가르지 않는다면 근대의 경계는 성립될 수 없다. 전근대 정치체제는 그러한 근대적 작업을 무시했던 터였다. 오늘날 이른바 '주권'의 문제에 얽힌 대결과 논란이 샨족 국가들, 란나, 캄보디아, 말레이 국가들, 메콩강 좌안을 두고서 벌어졌는데, 이것이 근대 태국과 태국이 오해한 역사를 구성하는 데 결정적이었다.

국가들 사이의 위계적 관계

전근대 정체에서 정치권력들 사이의 관계는 위계적이었다. 대부분 근처에 있던 여러 토착 통치자들이나 작은 성읍의 수장들을 거느린 지배자는 또 다른 종주에게 복종했다. 이 관계의 유형은 피라미드 위로 쭉 올라가 왕국의 가장 강력한 왕권에게까지 이른다. 리버만(Lieberman)은 버마의 역사에서 가장 통일된 시기였다는 바인나웅(Bayinnaung) 재위기(1551-1581)에도 중앙 지배자와 지역 지배자 사이의 관계는 전적으로 제왕(High King)에 대한 개인적 복종이었다고 말한다. 바인(bayin)이라는 주요한 성읍들의 왕들은 제한적인 권력과 왕권 상징물을 갖고 있었다. 최고의 왕에 대한 개인적 복종이 유지되는 한 그 왕국은 통일성을 유지했다.[227] 태국어에서는 이 위계에서 지위의 단위를 구별 없이 '므앙'이라고 부른다. 므앙은 통치 지역-즉 종주의 의로운 보호를 받는 지역-을 뜻한다.

이 유형은 시암이나 버마처럼 지역(region)의 거대한 왕국과 란나, 란상, 말레이 국가들처럼 그의 조공국 사이를 비롯해 여러 왕국들 사이의 관계에도 적용된다. 기본적으로 이 조공국들은 별도의 왕국, 다시 말해 위계적 지배 관계망을 별도로 갖추었다고 인정받았다. 이 조공국들의 왕마다 그 자신을 그의 통치영역에서 군주라 간주했을 뿐만 아니라 그 지역의 최고 종주 역시 그 조공국 왕에게 별 참견을 하지 않았다. 왕은 저마다 그 자신의 왕실, 행정과 재정 체계, 세금 징수, 군대, 사법 체계를 갖고 있었다. 우리는 이러한 소왕국들이 그들 자체의 주권을 갖고 있었다고 말할 수 있을 것이다. 그럼에도 이 지역에서 국가들 사이의 관계는 공통적으로 인식했던 위계질서에 의해 작동되었다. 그 질서에서는 최고 종주가-가장 높이 쌓은 공덕이 필요시 힘으로 표현될 수 있었기에-그 아래의 왕들에게 영향을 행사할 수 있었다. 조공국은 당연히 낮은 지위를 인정하면서 최고 종주에게 복종해야했다. 결국 이 세계질서에 기반을 두고 최고 종주는 그의 요구를 관철시키거나 그가 생각하기에 정당하다면 하위 왕국들의 사안에 개입할 수 있었다. 그러나 종주가 쌓은 공덕은 갑자기 사라질 수 있었다-따라서 그의 힘과 정당성도 쇠퇴할 수 있었다. 그런 상황에서는 그의 조공국이 그 종주에 반기를 들 수 있었고 또는 다른 경쟁 종주가 도전해 오기도 했

---

227 Victor Lieberman, *Burmese Administrative Cycles*, pp. 33-38.

다-따라서 국가들 사이의 관계가 혼란이나 무질서에 빠졌다. 불확실한 위계가 구체적인 조치로 정리되는 것이 불가피했다. 그 조치는 바로 전쟁이었다. 질서가 어떤 식으로든 회복될 때까지 조공국은 어느 종주를 당분간 멀리할 수도 있고 다른 종주와 협력할 수 있었다. 질서가 회복되면 그 조공국은 조공관계에 다시 들어가야만 했다. 태국어에서 조공국은 '쁘라텟사랏'(prathetsarat)이라고 부른다. 동남아 정체의 권력관계 틀은 학자들에게 '만달라'(mandala)로 알려져 있다. 이 용어를 제안한 월터스(O. W. Wolters)는 다음과 같이 말한다.

> 만달라는 어떤 특정한 정치 상황, 종종 불안정한 정치 상황을 나타내는데, 그러한 상황은 고정된 경계 없이 희미하게 정의된 지리영역에서, 곧 작은 중심부들이 보호 받기 위해 사방을 바라보려 하는 곳에서 발생한다. 만달라는 콘서티나처럼 늘어났다 줄어들었다 한다. 각 만달라는 여러 조공국 지배자를 거느리는데, 그들 중 누군가는 기회를 엿보아 속국 지위를 거부할 수 있고 그들 자체의 속국 네트워크를 구축하려고 시도할 수 있다.[228]

조공관계는 그 자체의 의무, 승인, 충성의 형태를 갖고 있다. 가

---

228 O. W. Wolters, *History, Culture, and Region in Southeast Asian Perspectives*, pp. 16-17. 또한 Renee Hagesteijn, *Circles of Kings* 참조. 이 지역에서 한 왕국 내 권력관계와 여러 왕국들 사이의 권력관계를 더 체계적이거나 이론적인 방식으로 설명하려는 여러 다른 시도들이 있다. 그중 잘 알려진 개념이 탐비아(Tambiah)의 천체적 정체(galactic polity)이다. S. J. Tambiah, "The Galactic Polity: The Structure of Traditional Kingdoms in Southeast Asia," 또는 그의 책 *World Conqueror and World Renounce*, chap. 4 참조.

장 중요한 의무는 복종 의례이다. 조공국은 정기적으로, 대개 매년 또는 3년마다, 충성을 다시 맹약하는 표시로 조공을 바치는 사절단을 최고 종주에게 보내야만 했다. 돈과 사치품이 조공에 포함되어 있었지만, 중요한 조공은 금은목(金銀木gold and silver tree) – 말레이어로 붕가마스(bunga mas)로 금색과 은색 잎사귀로 치장된 작은 나무-이었다. 그 답례로 종주는 더 높은 가치의 선물을 주며 조공국 지배자를 명예롭게 했다.

또 다른 중요한 승인은 조공국 지배자 임명이었는데, 종주가 인정하고 그 지위를 수여해야 했다. 이 관습은 새 조공국 지배자의 복종 의례를 언제나 수반했다. 그 조공국 지배자는 답례로 왕권 상징물, 선물, 황금 두루마리 지위 수여장을 받았다. 보통 최고 왕은 조공국의 왕위 계승이 세습으로 이루어지든 찬탈로 이루어지든 상관하지 않았다. 특별한 상황에서만 종주가 관여하여 그 결과를 좌지우지했다. 그래서 임명은 한편으로는 최고 종주가 그의 하위 왕을 승인하는 것이고, 다른 한편으로는 조공국의 충성을 확증하는 수단이기도 했다. 게다가 조공국은 인력, 군대, 물건, 돈 등 여타의 물자를 종주가 요구할 때마다 보내야 했다. 이 의무는 특히 전시에 물적 지원의 측면에서, 또한 충성의 표시로서 중요했다.

이러한 의무, 특히 복종 의례를 회피하려는 어떤 시도도 종주에 대한 반항 표시-따라서 반란 의도-로 간주됐다. 사실 이 지역의 역사에서 수많은 전쟁이 경쟁 왕국들 사이의 대결이 아니라 최고 종주가 조공국의 반항을 응징하는 전쟁이었다. 파괴의 정도는 저마다 달랐다. 단순히 조공국 지배자를 교체하는 선일 수 있고, 적대적 왕국들 사이의 전투 못지않게 파괴적일 수도 있었다.

이 관계 원리는 약한 국가가 또 다른 종주의 야욕에 대항하여 자신을 보호할 목적 그래서 더 강력한 국가에게 안위를 의탁할 필요성이라는 측면에서 설명돼왔다. 약한 국가는 보호자가 베푼 자비를 되갚으며 보답해야 했다. 그래서 호혜적 관계였다. 그러나 그 관계를 끊으려는 조공국에게 가한 무자비한 응징은 상호 동의나 약자가 갈구했던 관계가 아니라는 것을 보여준다. 태국어에서는 조공국이 이 관계에 들어오는 방식을 '코뻰 카-콥칸타시마'(khopen kha-khopkhanthasima)라 하여 최고 종주의 성스러운 영역안으로 들어갈 수 있게 해달라는 요구를 뜻하거나 '타와이 사와미팍'(thawai sawamiphak)이라 하여 온전한 충성을 바친다는 것을 뜻한다. 예컨대 방콕은 버마나 베트남과 같은 다른 최고 종주의 공격으로부터 그리고 요청이 있을 시 그 조공국 지배자에 대한 반란으로부터 그의 조공국들을 지켜야했다는 것을 의미한다. 그리하여 복종은 자발적이었지만 보호는 요청에 따랐다. 이러한 논리가 틀리지 않았더라도 반쪽의 진실에 불과하다. 이 관계에서 보호라는 개념은 다른 뜻을 갖고 있었다.

이 지역의 상좌부불교 정체에서 의로운 왕, 즉 보편 군주나 전륜성왕(짜끄라바띤cakravatin)은 종교가 쇠락하는 것을 막아야할 의무를 지녔다. 종교를 보호하고 패권을 차지하려는 모색, 그 둘은 동일한 과업이었다.[229] 강력한 방콕의 왕은 싸워서 그의 공덕과 의, 즉 다르마(Dharma)의 범위를 최대한 넓히고 작은 왕국들을 그의 드높은 공덕의 보호 아래로 들여와야 했다. 약한 왕들을 보호받지 못하도록 두는 것은 그들이 악의 구렁텅이에 빠지도록 방치하는 것이기에 옳지 않은 일이었다. 조공국을 획득하는 것은 그 자체로 패권의 상징이었다. 조공국이 반항하거나, 충성을 거두거나, 다른 최고 종주에게 넘어가려는

229 이 역사적 왕권을 이론화한 고전적 연구인 Tambiah, *World Conqeror and World Renouncer*를 보라. 또한 Sunait Chutintaranond, "Cakravatin: The Ideology of Traditional Warfare in Siam and Burma, 1548-1605"를 보라.

것을 성공적으로 막는 것은 패권 지위를 드러내는 일이었다. 다른 말로 전륜성왕이 되려는 그 자신의 욕구를 충족하려고 피보호자를 찾았던 자가 바로 보호자를 자처했던 것이다. 이점에서 보호는 강요되었지, 요청되지 않았다.

보호에 대한 통념은 위험이 제삼자로부터, 즉 다른 왕국이나 내부 반란에서 비롯된 것이라고 한다. 그러나 보호를 달리 생각하면 그 위협이 다름 아닌, 약한 국가를 그의 보호를 받는 조공국으로 만들고 유지하려는 최고 종주 자신으로부터 비롯된 것임을 알게 된다. 이 상황에서 복종은 자발적이라기보다는 피할 길 없이 강요당한 것이었다. 그 두 생각이 공존했고, 같은 관행이 그 둘을 드러냈다. 다른 말로 조공관계 관행은 불명료했다.

말레이 국가들과 캄보디아의 경우에 조공관계로 들어간 상황이 달랐다. 어떤 경우에는 강압적 보호가 일방적으로 내려져 조공국들은 선택할 여지가 없었다. 하지만 다른 경우에는 조공국 내부의 파벌 싸움이 벌어져 하나 이상의 종주국의 보호를 요청하기도 했다. 그렇지만 어떤 상황에서는 조공국이 어느 종주에게 요청하여 또 다른 종주가 가하는 압력을 막으려고 했다.

공유 주권: 생존전략

캄보디아는 메콩강 남부에서 강력한 왕국이었다. 그러나 시암과 베트남이라는 더 강력한 두 왕국 사이에 놓여 있었다. 14세기에 쇠락한 이래로 캄보디아는 시암 왕국인 아유타야의 조공국 처지였다. 그 상황은 17세기 이후 베트남이 강력해지고 캄보디아로부터 복종을 요구해오면서 더 나빠졌다. 둘 사이에 낀 캄보디아로서는 힘센 두 왕국을 종주로

모실 수밖에 없었다.[230]

캄보디아를 둘러싼 시암과 베트남의 대결은 18세기 말에서 19세기 전반부까지 캄보디아 왕실 내부의 파벌 싸움 탓에 더 치열해졌고 복잡해졌다. 한 파벌이 한 종주국으로부터 지원을 요청할 때마다 패자는 다른 쪽의 보호를 요청했다. 왕위를 놓고 파벌 싸움이 치열해지자 두 종주국은 양극화된 파벌을 이용하여 캄보디아 왕실에 개입했다.[231] 초강대국인 방콕과 후에(Hue, 당시 베트남의 왕도-역주) 모두 조공을 받고 캄보디아의 왕을 승인하는 등 여러 의무를 부과했을 뿐만 아니라 캄보디아 영역에 그들의 군대를 주둔시키기도 했다.[232]

이 절망의 관계에서 캄보디아 왕들은 항상 그 왕국의 독립을 그나마 유지하려고 충성의 줄을 희미하게 하면서 종주들 사이에 힘의 균형을 이루어내려고 했다.[233] 베트남의 황제인 쟈롱(Gia Long)이 1811년 시암의 왕 라마2세에게 보낸 편지가 이러한 관계에 놓인 캄보디아를 가장 잘 드러낸다. 쟈롱은 그 편지에서 그의 계승자와 다툰 뒤 사이공, 당시 쟈딘(Gia Dinh)으로 피해온 우타이라차(Uthairacha)왕을 대신하여 용서를 빌었다. 우타이라차와 다투었던 그 계승자는 계승자는 방콕으로

230 19세기 이전 캄보디아가 시암과 베트남과 맺은 관계의 역사를 보려면 David Chandler, *History of Cambodia*, pp. 94-97, 113-116 참조.

231 더 많은 이야기를 보려면 Chandler, *History of Cambodia*, chap. 7과 Vella, *Siam Under Rama III*, chap. 7 참조.

232 "Phongsawadan khamen" [캄보디아 연대기], in *PP* 1/1, p. 295와 "Phongsawadan muang phratabong" [밧덤봉 연대기], in *PP* 12/16, p. 127. 그 무렵 캄보디아 왕은 우동에 거주했던 반면 시암의 군대는 밧덤봉에, 베트남의 군대는 프놈펜에 주둔했다.

233 Chandler, *History of Cambodia*, p. 116.

이미 도망간 터였다.

> [캄보디아 왕은] [시암과] 베트남 모두에게 오랫동안 의지해 왔습니다. 태국 왕은 그의 아버지와 같고 베트남 왕은 그의 어머니와 같습니다. 이제 그의 아버지에게 해를 입힌 [왕] 우타이라차가 그의 어머니에게 아버지께 용서를 대신 빌어달라고 합니다. 짐은 그를 쉬이 내칠 수 없어서 폐하께 용서를 구하는 서신을 씁니다.[234]

아버지와 어머니 사이의 불화는 보호하는 아들들 사이의 다툼 때문에 점점 더 커져서 마침내 1834년에 전쟁이 발발하여 14년 동안이나 이어졌다. 부모의 불화가 지쳐서 잦아들 무렵 캄보디아는 피폐해졌고 어느 쪽도 승리를 자축하지 못했다. 화해는 전쟁 이전의 상태로 되돌아가는 것으로 결말이 났다. 캄보디아 왕은 이 결과를 잘 파악하고 있었다. "부디 저에게 두 위대한 왕국의 공덕과 힘에 무릎을 꿇게 하시어 저의 백성들이 평화롭고 행복하게 살 수 있도록 해주시기를 바랍니다."[235]

라마3세가 "[베트남이] **우리의** 캄보디아를...36년 전에 빼앗아갔었으나 이제야 우리가 **되가져왔느니라**"고 말한 점으로 보아 시암은 그

234 "Chotmaihet kieokap khamen lae yuan nai ratchakan thi 3, tonthi 1" [제3대왕 재위 시기 캄보디아와 베트남에 관한 기록, 1부], in *PP* 41/67, p. 235에서 인용. 약간 다르지만 같은 진술이 Chandler, *History of Cambodia*, p. 116에도 등장한다. 그러나 챈들러는 베트남 자료에서 인용한다.

235 Thiphakorawong, *Third Reign*, vol. 2, p. 107.

결과를 성공으로 여겼다.[236] 챈들러는 이 결과를 캄보디아의 '독립' 회복으로 보았다.[237] 1847년 캄보디아의 독립은 앞선 1811년의 상황과 크게 다르지 않았다. 쟈롱은 1811년에 핵심을 드러낸 말을 했었는데, 챈들러의 번역에 따르면, 캄보디아는 "두 국가의 노예인 독립국"이었다.[238]

말레이 북부 국가들을 보자면 그들을 곤경에 빠뜨린 환경이 조금은 달랐다. 그들은 한낱 작고 분열된 속국에 불과했지만 그들이 자리한 곳이 최고 권력으로부터 멀리 떨어져 있어서 종주들 간의 대결에 관여되지 않았다. 따라서 그들은 이리저리 돌릴 궁리를 더 갖고 있었고 시암의 압박을 저지할 전략은 더 담대했다. 그럼에도 그 결과는 크게 다르지 않았다.

역사적으로 크다의 라자는 믈라카(Malacca)와 아체(Aceh) 등 이웃 말레이 국가들 및 강력한 경쟁국들과 그의 지배를 지켜내려고 대결을 벌여왔다. 1650년대 당시 그 지역의 해상 강국이었던 네덜란드와 충돌이 발생하자 크다는 하는 수 없이 금은목인 붕가마스를 아유타야에 보내며 시암의 도움을 구했다. 시암은 그때부터 크다를 조공국으로 여겼다. 그 후 17세기 후반부 내내 크다는 번갈아 네덜란드와 시암으로부터 도움을 요청하면서 어느 한쪽 국가가 우세하지 못하도록 줄타기를 했다. 라자는 그럭저럭 성공적으로 독립국 통치자의 지위를 지켜냈다.[239]

---

236 "Waduai hetkan muang khamen ton set songkhram thai yuan" [시암-베트남 전쟁 이후 캄보디아 상황에 관하여], in *PP* 31/56, p. 207. 강조는 내가 했다.

237 Chandler, *History of Cambodia*, p. 133.

238 Ibid., p. 119.

239 R. Bonney, *Kedah 1771-1821*, pp. 18-22.

18세기 말 버마의 강성한 왕국 어와의 성장과 아유타야의 멸망은 크다가 시암으로부터 벗어날 수 있다는 것을 의미했다. 그러나 어와는 크다의 복종을 요구했다. 크다는 어와에게 붕가마스 사절단을 보냈다. 더 안 좋게도, 시암이 재빨리 회복하고 아유타야의 이전 조공국에 대한 종주권을 되찾으려 했다. 보니(Bonney)가 말하듯이 크다의 라자는 현명하게 "때로는 한쪽에, 때로는 다른 쪽에, 종종 둘 모두에게 경의를 표하며, 그 두 국가와 평화를 유지했다."[240]

시암의 지배권은 두 가지 이유로 커졌다. 첫째, 크다의 왕위를 둘러싼 파벌 싸움이었다. 특히 1803년에 한 파벌이 시암 군대의 주둔을 요청했다.[241] 둘째, 나콘(Nakhon)이 말레이 국가들에 대한 시암의 이익을 돌보는 방콕의 주요 대리자로 행세하면서 그 자체의 이익을 위해 방콕의 지시와 명령을 넘어서 크다에 대한 영향력을 적극적으로 확대했다.[242] 그러나 나콘의 행동은 종종 시암에 대한 불복종과 반란을 불러일으켰다.[243] 결국 크다의 라자는 1821년 나콘의 군대에 의해 축출당했다.

클란탄(Kelantan), 트릉가누(Trengganu), 페락(Perak)도 비슷한 상황

---

240 Ibid., p. 26.

241 Ibid., pp. 110-112. 또한 Kobkua Suwannathat-Pian, "The DhonburiBangkok Political Ideology and Its Effects upon Thai-Malay Relations 1767-1851,'' pp. 95-106 참조.

242 Lorraine Gesick, "Kingship and Political Integration in Traditional Siam 1767-1824," pp. 154-164. 그리고 *Chotmai luang udomsombat* [루앙 우돔솜밧의 서신], p. 12에 있는 담롱의 서론.

243 Kobkua, "Dhonburi-Bangkok Political Ideology," pp. 103-104; and Bonney, *Kedah 1771-1821* 참조.

에 처했다. 이 소국들의 라자들은 자율적으로 그들의 왕국을 지배했지만 시암의 요구를 부담을 짊어지고 들어줄 수밖에 없었다. 왕위에 대한 지원 말고는 보호를 결코 반기지 않았지만 독립을 위한 투쟁은 아직 가능하지 않았다. 종주가 가해오는 응징을 피하기 위해서는 다중복종 관행이 필요했다. 외부 종주국 모두에게서 벗어나기보다는 라자는 시암의 종주권을 누르기 위해 다른 세력이 그의 왕국에 관심을 갖게 만들어야 했다. 그래서 그 지역 해상무역의 새로운 강자인 영국 동인도회사가 그 지역의 주둔지를 찾을 때 크다로부터 자기 쪽에 자리를 잡으라는 청을 받았다.

영국이 1772년 쿠알라(Kuala)의 항구와 1785년 피낭을 조차하고, 1800년 웰슬리를 양도받은 것은 돈을 목적으로 하는 부동산 계약 이상의 것이었다. 그러한 조치들은 18세기 후반 토착 국가들 사이의 정치를 반영한 것이었다. 크다는 그것들을 계약상의 의무라 여겼고 이로써 영국은 시암이나 버마, 특히 야심찬 나콘이 위협할 경우 크다를 보호할 터였다. 다시 페락, 클란탄, 트릉가누가 비슷한 전략을 채택했다.[244] 심지어 페락은 시암이 개입할 경우 도움을 보장받고자 영국에게 그 왕국을 제공하기까지 했다.[245] 불행히도 영국은 이 조공 정치를 몰랐다. 그들이 알고 있는 정치는 전혀 다른 규범을 갖고 있었다. 영국은 이 라자들이 제공한 것은 대부분 받아들였지만 그들이 바라는 바는 거절했다.

캄보디아와 말레이 국가들의 사례는 이 조공국들이 맞닥뜨린 딜레마와 최고 군주의 압력에 대처하여 그들이 구사한 미묘한 전략을 뚜

---

244 L. A. Mills, *British Malaya 1824-67*, pp. 150-153. 또한 [루앙 우돔솜밧의 서신], 서신 9-15 참조.

245 D. G. E. Hall, *Henry Burney: A Political Biography*, pp. 13, 28.

렷이 보여준다. 보호는 환영하지 않는 압력이었지만 동시에 압력에 대처하는 대안이기도 했다. 보호는 파벌 싸움에서 제삼의 도움이었으나 으레 무력이 되었다. 예컨대 1874년 시암 왕실 내부의 갈등에서조차도 영국의 영사는 개입해달라는 요청을 받았다. 애국심이 아직 태어나기 전이었기에 지배자들은 외국의 개입을 보호라고 여기며 환영했다. 이것은 생존에 중요한 전략이었다.[246]

두드러지는 점은 이 왕국들의 관계에서 대부분의 상호교류는 선물이라는 수단, 특히 공물과 금은목을 통해 이루어졌다는 것이다. 사실상 조공관계의 애매모호함은 조공의 애매모호한 의미에 의해 역시 표현되었다. 마르셀 모스의 고전작품인 『증여론』에 비추어보면 전근대 사회의 선물교환은 주는 자와 받는 자 사이에 이루어지는 관계의 종류, 수준, 조건에 관한 어떤 메시지를 교환하는 수단이다.[247] 전근대 동남아에서 여러 선물들은 국가들 사이의 관계의 규범에 따라서 해독할 수 있는 일종의 코드이다. 이점이 왜 이 왕국들 사이의 관계 및 서구와의 관계를 다룬 문헌들이 주고받은 선물들을 언제나 자세하게 기록했는지 설명해준다. 그러나 여기에서 핵심은 선물교환이라는 고전적 관행

---

246 방콕의 1874년 위기에 대해서는 Noel Battye, "The Military, Government, and Society in Siam, 1868-1910," chap. 4를 보라. 아유타야의 나라이 왕(King Narai)이 그의 경쟁자들인 귀족들에 맞서서 그의 보좌를 지키려고 프랑스의 부대를 끌어들이려 했던 17세기 말의 또 다른 사건에 대해서는 Nithi Aeusrivongse, *Kanmuang thai samai phra narai* [나라이 왕 시대의 태국 정치]. 이 사건은 1688년 혁명으로 알려져 있다. Claude de Beze, *1688, Revolution in Siam*과 E. W. Hutchinson, *Adventures in Siam in the Seventeenth Century*를 보라.

247 Marcel Mauss, *The Gift: Forms and Functions of Exchange in Archaic Societies*.

에 역설이 있다는 점이다. "보기엔 선물에 관심이 없지만, 언제나 관심이 있고, 보기엔 자발적이지만, 본질적으로 비자발적이다."[248]

시암의 경우에 비록 시암의 사절단이 언제나 복종의 의례를 수행했지만, 오늘날 대부분의 태국 학자들은 중국의 황제에게 보낸 그 조공 사절단을 복종의 표시가 아니라 이익창출 사업이었다고 설명해왔다. 왜냐하면 중국의 황제는 시장에서 잘 팔리는 높은 가치의 상품을 시암에게 되갚아주었기 때문이었다.[249] 역설적으로 열등한 국가가 시암에게 바친 조공, 특히 금은목은 항상 복종의 증거라고 여겨졌다. 그러나 크다와 같은 제공자는 마찬가지로 그러한 지배적 해석을 거부하면서 이것은 연합과 우정의 증거라고, '단지 예의의 교환일 뿐' 그 이상은 아니라고 내세웠다.[250]

조공관계에서 조공은 두 가지의 보호에 대한 증거라 할 수 있다. 이것은 어느 경우에는 종주와 평화롭게 지내려고 바치는 불가피한 복종을 뜻할 수 있고 또는 다른 상황에서는 단지 술책을 뜻하기도 했다. 의도, 상황, 주는 자와 받는 자 사이의 관점에 따라 조공은 동시에 문제이자 해결, 억압이자 대안, 비자발적인 것이자 자발적인 것, 강요된 의무이자

---

248 Mary Elizabeth Berry's introduction to "Giving in Asia-A Symposium," p. 307.

249 19세기의 시암의 지도자들도 마찬가지로 이렇게 생각했다. Mongkut, *Prachum prakat ratchakan thi 4* [제4대왕의 포고문 문집], vol. 4, pp. 158-184; *PP* 4/5, pp. 37-40에 있는 담롱의 서론. 현대 학자들 가운데에서 비용-수익 해석이 일찍이 1936년에 등장했다. ["방콕 왕조 시기 서양 사절단"] in *PP* 34/62, note on p. 227을 보라. 이 관점에서 본 더욱 최근의 연구를 보려면 Sarasin Viraphol, *Tribute and Profit: Sino-Siamese Trade 1652-1853*과 Suebsaeng Phrombun, "Sino-Siamese Tributary Relations, 1282-1853" 참조.

250 Mills, *British Malaya,* pp. 31-32.

생존전략이었다(역사가들도 마찬가지로 한쪽이나 다른 쪽 견해를 취한다).

조공국들의 지배자들은 보호와 조공 제공의 애매모호함을 생존전략으로 활용했다. 설령 그들은 강요된 우격다짐의 보호를 막지 못했더라도 똑같은 매개체-조공과 선물-를 이용하여 저항하며 다른 힘 있는 국가의 보호를 확보하기도 했다. 조공관계는 힘과 저항이 같은 관계와 관행 속에서 발생하는 한 유동적이었다. 더욱이 현대의 주권국가 개념과 달리 조공국이 명시적이고 공식적으로 복종했더라도 그 자체의 자율성이나 '독립'을 유지해나갈 수 있었고, 자율성을 찾더라도 언제든 하나 이상의 최고 권력에 복종할 수 있었다. 사실상 한 국가가 '독립'을 지키려면 다중 복종 관행은 종종 꼭 필요했다. 이 전략의 비극적 측면은 종주국마다 그러한 조공국을 자기의 소유로 여기는 것이었다. 시암과 베트남 모두 캄보디아에 대한 종주권을 주장한 반면 캄보디아 왕실은 늘 자신을 독립적이라 여겼다. 크다에 대해서도 마찬가지로 얘기할 수 있다. 크다는 늘 시암의 우격다짐 보호를 받는 피해자였지만 거리낌 없이 피낭과 웰슬리를 내놓으며 힘의 균형을 맞추었다. 각 조공국의 주권은 종주국들에게 뺏기지 않았으며 그 영역도 근대 식민주의와 달리 침범당하지 않았다. 전근대 국가의 주권은 하나이지도 배타적이지도 않았다. 여럿이었고 공유될 수 있었다. 하나는 그 자체 지배자, 다른 하나는 종주에게 속할 수 있었다. 주권이 분할되었다는 뜻이 아니라 위계적이었다는 뜻이다. 이것이 바로 영국인 조사원이 '공동의' 므앙이라고 표현했던 바다.

다중 주권과 유럽인

다른 국가에 암묵적 '영향'을 미치는 것이 오늘날 국제정치의 한 부분이더라도 한 국가의 주권은 공식적으로 배타적이어야 하고, 위계적이거나 여러 개일 수 없고, 모호하지 않아야 한다. 심지어 식민지조차도 그를 거느린 제국의 주권에 엄연히 포함된다고 여겨진다. 그래서 19세기 유럽인의 눈에는 어떤 조공국이 독립국인지 아니면 또 다른 왕국의 식민지인지 가려져야 했다. 독립국과 종속국 사이 어딘가에 있거나, 하나 이상의 왕국이 어찌어찌 동시에 소유하고 있어서는 안 되었다. 조공관계의 애매모호한 성격은 우리 시대의 역사학자들도 오해하게 만든다. '쁘라텟사랏'이라는 개념이 1930년대와 1940년대에 근대 정체에서 식민지를 가리키는 새로운 태국어 단어 '아나니콤'(ananikhom)으로 대체되었기 때문이다.[251] 태국 역사의 한 권위자는 독립/종속의 정도에 따라 이 조공국들의 지위를 반독립국(semi-independent), 공국(principality), 준독립국(quasi-independent), 변방중심(peripheral center)으로 구분하려 했다.[252] 근대 시암에 관한 또 다른 권위자는 심지어 조공국을 시암의 지방이라고 간주하기까지 했다.[253]

19세기 말레이 국가들의 경우, 영국인 식민관원들이 시암과 말레이 지배자들과 의사소통하면서도 오해를 했고 그들 스스로도 오해를

---

251 Narathipphongpraphan, *Witthayawannakam* [지식을 위한 문학], pp. 172-186. 새로운 단어를 설명하면서 유명한 태국 문헌학자인 저자는 국제법을 참조했고 의미를 파악하는 데 대영제국을 그의 모범으로 활용했다. 따라서 아나니콤이라는 단어는 정확히 근대적 의미의 '식민지'를 가리킨다. 이것이 전근대적 시암의 정체에서 쁘라텟사랏이나 므앙쿤의 의미가 아니라는 점은 명백하다. 그러나 그때로부터 이 용어들과 동일시하면서 그리고 전근대 정체가 사라지면서 쁘라텟사랏이 식민지 개념으로 대체됐다.

252 Wyatt, *Short History of Thailand*, pp. 158-161.

253 Tej Bunnag, *Provincial Administration of Siam 1892-1915*가 그렇게 간주한다.

했다. 오해를 불러일으킨 그 문제는 일찍이 1821년 나콘의 군대가 크다를 침입했을 때 발생했다. 크다의 라자는 영국의 보호를 요청했다. 그러나 거절당했다. 그러자 라자는 의무(피낭과 웰슬리 양도가 함의하는 바)를 져버렸다며 영국을 비난했다. 결국 그는 나콘에 의해 퇴위 당했고 영국은 끼어들지 않았다.

영국은 조공관계의 애매모호함에 혼란을 겪었다. 크다가 독립국인가 아니면 시암의 속국인가? 만약 크다가 속국이라면 나콘이 크다를 공격한 사안은 영국이 크다를 돕기는커녕 끼어들어서는 안 될 내부 문제였다. 그러나 이렇게 할 경우 1787년과 1802년에 맺은 조약에 따른 피낭과 웰슬리 양도는 시암의 승인 없이는 무효인 셈이다. 다른 한편, 만약 크다가 독립국이라면 그 양도는 유효하고 나콘의 행동은 침입에 해당됐고 따라서 영국은 여기에 대응해야했다. 영국인 관원들 사이의 논쟁은 붕가마스가 비자발적인지 자발적인지를 둘러싸고 벌어졌다. 이것이 받는 자에 대한 주는 자의 복종을 의미하는가 아니면 크다의 라자가 주장하는 것처럼 이것은 자기 뜻대로 관계를 맺거나 끝낼 수 있는 좀 약한 국가가 바치는 단순한 존경의 표시인가? 한 역사가는 다음과 같이 언급한다. "진실은 그 두 극단적인 관점 사이 어딘가에 있다."[254] 또는 더 정확히 말하여 진실은 두 관점 모두에 있다.

더욱이 영국은 크다와 맺은 조약이 크다를 보호해야하는 의무를 뜻하는지 궁금했다. 다시금 이 질문의 핵심은 토착관습에서 선물교환-이 경우 양도-이 뜻하는 바였다. 모든 질문에서 조공관계와 선물교환 관행을 두고 영국 식민관료들은 두 파로 나뉘었다. 각 파마다 자기의 해석을 견지했고 그에 맞는 정책을 추진했다. 19세기 전반부에는

254 Mills, *British Malaya*, p. 32.

토착 정치에 끼어드는 것이 바람직하지 않다고 여겨졌다.[255] 물론 영국 동인도회사는 그 양도가 합법적이지만 크다에게 동맹의 의무를 지는 것은 아니라는 해석을 선호했다. 그들은 어떤 협정에도 그러한 의무가 언급되지 않았다고 주장하면서 철저하게 선물교환의 토착 관점을 무시했다. 그 지역을 교란했던 1821년의 그 사건에 영국은 관여하지 않는 데서 그치지 않고 시암이 그들의 주둔에 대해 문제를 제기할까봐 걱정했다. 시암에 파견된 존 크로퍼드(John Crawfurd) 사절단의 임무중 하나는 크다와 맺은 조약과 영국의 주둔에 관해 시암이 어떻게 생각하는지 파악하는 것이었다.

결국 크로퍼드는 그 사안이 전혀 문제되지 않는 것에 놀라면서도 기뻤다. 그가 확신하는 유럽식 법리에 바탕을 두면서 그는 시암의 37년 침묵은 영국의 권리를 인정하는 명백한 증거라고 그의 보고서에서 결론 내렸다.[256] 재밌게도 크로퍼드 보고서가 나온 후 몇십 년 동안 크다와 맺은 조약의 유효성에 대해 계속 의심을 품은 당사자는 시암이 아니라 영국이었다. 시암에 대한 크다의 지위가 그들에게 확실하지 않았기 때문이다. 어떤 이는 설사 크다가 시암의 속국이었을지라도 독립국이라는 이해(오해)에 바탕을 두고 그 양도가 이루어졌다고 매조지어 말했다. 그의 말을 따르면 피낭과 웰슬리의 점령은 '실수'지만, 점령하며 획득한 권리는 나중에 시암의 인정을 받은 것이다. 그의 주장에서 놀라운 점은 나콘의 지배자가 시암의 고위 귀족이었기 때문에 법의식을 갖고 있던 영국이 1833년의 경계획정 협정을 피낭과 웰슬리에 대한 영국의 권리를 본격적으로 인정하는 첫 번째 법적 증거로 간주했다는

---

255 Ibid., pp. 30-39.

256 *Crawfurd Papers*, pp. 38-39.

것이다.[257]

조공관계에 대한 또 다른 혼동은 더 어리둥절했는데, 1826년 나콘의 군대가 또 다른 말레이 국가인 페락을 침입한 것을 둘러싼 사태에서 드러났다. 1825-1826년에 파견된 버니 사절단의 한 임무는 시암이 어떤 상황에서든 말레이 국가들에 파병하지 않겠다는 약속을 받아내는 협상을 벌이는 것이었다. 버니는 이들 국가들의 독립/종속 지위의 모호함을 정리할 필요 없이 그 목적을 달성했다.[258] 시암은 영국이 지금까지 수행해온 말레이 국가들의 붕가마스 의례를 막지 않는다는 것을 조건으로 동의했다. 그 당시 영국이 겪었던 혼동의 상태를 고려할 때 그러한 상충된 타협을 했다며 버니를 탓하기는 어렵다. 그럼에도 그 조약이 영국으로부터 강한 비판과 강한 지지를 동시에 받았다는 것은 당연했다.[259] 그들은 붕가마스는 방콕에 대한 복종의 표시로 해석되어서는 안 된다는 생각에만 동의했을 뿐이다. 그래서 영국의 관점에서 시암은 말레이 국가들의 사안에 끼어들 권리를 갖지 않았다.[260] 다른 말레이 국가들, 즉 클란탄과 트릉가누에 관해서도 영국은 시암과 비슷한 협정을 체결했다.[261] 양자 모두 그 협정이 오해에 바탕을 둔 것이라

---

257 James Low, "Retrospect of British Policy in the Strait of Malacca," in *BP* 5, pp. 63-67을 보라. 그 말은 65쪽에서 인용한 것이다. 이 문헌은 특히 크다 문제와 양도의 타당성에 대해 논의한다. 이 문헌은 또한 그 사안에 대한 여러 다른 영국 당국자들을 언급한다. Mills, *British Malaya*, p. 36도 보라.

258 *BP* 1, pp. 201, 215-216, 245-247, 257-258, 261, 299-301.

259 Mills, *British Malaya*, p. 156; Hall, *Henry Burney*, p. 155.

260 Hall, *Henry Burney*, pp. 282-283, 298, and 494-512. 여기에서 버니는 그의 경쟁자였던 피낭의 영국 당국자가 내세운 주장에 맞서서 그 조약에 관한 자기의 해석을 설명했다.

261 버니 조약의 12조를 보라. 더 자세한 사항을 보려면 Mills, *British Ma-*

는 것을 깨닫지 못했다.

버니 협정이 체결된 직후 나콘은 작은 규모의 군대를 페락에 파견하며 붕가마스를 요구했다. 제임스 로는 피낭의 통치자들 가운데 친말레이파에 속했으나 붕가마스를 복종의 표시라 간주하고 페락에게 나콘의 요구를 거절하며 독립국이라는 것을 보여주라고 강력히 권고했다. 더욱이 그는 재가 없이 영국 동인도회사를 대신하여 페락을 독립국으로 인정하는 협정에 서명했다. 페락은 로의 협정으로 영국이 그의 보호국이 되었다고 생각하여 나콘의 군대를 몰아냈다. 그러면서 시암에게 영국이 그의 편을 들 것이라고 통보했다. 그러나 그 사건을 알게 된 피낭의 영국 당국은 그러한 이해를 거부하며 그러한 의무가 존재하지 않는다고 말했다. 재밌게도, 나콘은 물러났다. 페락은 더 이상 군대에 의해 침해를 당하지 않을 것이나 여전히 시암의 조공국이라는 말을 들었다. 페락은 동의하며 페락과 시암의 관계에서 변한 것은 없다고 말했다. 사실 페락은 시암-영국 협정에 박수를 보냈다. 페락은 영국의 이용하여 시암을 저지하려는 목적을 이미 달성한 것이었다. 영국이 지원을 거부했지만 말이다. 복잡하고 혼란스러운 오해 덕으로 그 사건은 마무리되었다.[262]

시암은 말레이 국가들이 시암의 조공국이라는 사실에 근거하여 그 국가들에게 군대를 파견하지 않는다는 협정을 별도의 사안으로 간주한 것 같다. 그래서 시암의 왕실은 페락에서 차지하는 영국의 위치를 제대로 이해하지 못했다. 1850년에 이르러 시암은 왕실에 파견된

laya, pp. 150-153 참조.

262 전체 이야기를 보려면 *BP* 2/6, pp. 1-35, 118-121 참조.. 그 사건을 영국의 편에서 노골적으로 보는 관점에 관해서는 Mills, *British Malaya*, pp. 140-162 참조.

다른 영국인 사절이었던 제임스 브루크 경(Sir James Brooke)에게 불만을 제기하기를, 붕가마스를 바치던, 시암의 조공국 페락을 이제는 피낭이 차지해버렸다고 했다.[263] 당시 영국은 이 주장을 부인했을 것이나 그 불만은 왕실이 영국-페락 관계를 어떻게 이해하고 있는지 드러낸다. 어떻게 왕실이 페락과 영국의 관계를 후자에 의한 전자의 '보호'가 아닌 다른 것으로 해석했다고 기대할 수 있겠는가?

보호? 크다의 여러 라자들은 거듭거듭 영국이 선물에 담긴 의무를 지키지 않는다는 것을 알게 되었다. 영국은 지역의 평화(라고 쓰지만 무역이라고 읽는다)를 위해 기구한 운명에 처한 동맹을 희생시킬 수 있었다. 영국은 크다를 희생시켜 시암에게 척지지 않으려고 했다. 시암과 적극적으로 협력하지 않으면 시암이 불만을 제기하게 될 것이고 곧 피낭과 웰슬리에 자리 잡은 그들의 존재에 영향을 끼치게 될 것을 우려했다. 1831년과 1838년 두 번에 걸쳐 전(前) 라자의 충성파들이 전 라자를 왕위에 다시 앉히려할 때 영국은 포함(砲艦)을 보내 크다강 입구를 막아버리며 시암이 그 반란을 진압할 수 있도록 지원했다.[264] 크다가 법의식을 갖고 있던 영국에게 피낭과 웰슬리를 양도했으나 그 양도는 시암의 간섭을 저지하는 데 통하지 않았다. 영국은 좋은 항구를 획득했고 무역에 해를 끼칠 그 어떤 것도 원하지 않았다. 보니가 말하듯 라자의 희망은 결국 '거대한 착각'이었다.[265]

---

263 ["방콕 왕조 시기 서양 사절단"] in *PP* 35/62, p. 152.

264 1831년 사건에 대해서는 *BP* 3, pp. 210-287을 보라. 1838년의 시도에 대해서는 *BP* 3, pp. 477-530을 보라. [루앙 우돔솜밧의 서신]은 특히 1838년의 사건에 대한 기록이다. 또한 Kobkua, "Dhonburi-Bangkok Political Ideology," pp. 104-105를 보라.

265 Bonney, *Kedah 1771-1821*, chap. 4.

이러한 사례들은 토착 조공관계와 유럽 관점의 합리적 근대 국제관계가 마주칠 때 비롯된 오해를 보여준다. 더욱이 영국은 이들 말레이 국가들의 보호 요청을 그 국가들을 자기의 소유로 주장할 수 있는 기회로 삼았다. 19세기 전반부 내내 영국은 그 지역에서 무역을 확대하는 것을 최우선 관심사로 삼았기에 불간섭 정책을 견지했다. 그러면서 조공국들의 애매모호한 주권을 그대로 두었다. 프랑스 역시 토착 조공관계의 애매모호함과 맞닥뜨렸다. 프랑스는 그 애매모호함을 그대로 두지 않았다. 그 상황을 인식했고 이를 활용하여 인도차이나에서 그들의 목적을 이루려고 했다.

상대편 영국처럼 프랑스도 처음에는 캄보디아에 대한 시암의 영향력을 인정했고 내정에 끼어들지 않으려 했다.[266] 심지어 1861년 왕실 내 분투가 발생한 뒤 프랑스의 보호를 요청한 캄보디아 왕실의 한 파당에게 도움의 손길을 주는 것을 거절하기까지 했다.[267] 그러나 나중에 그들은 애매모호함의 다른 측면-즉 조공국의 자율성-을 깨달았다는 것이 분명하다. 프랑스령 인도차이나와 캄보디아 사이의 첫 번째 협정이 시암이 모른 채 1863년에 작성되었을 때, 시암은 항의했다. 프랑스의 해군 사령관은 캄보디아는 주권을 가진 독립국이고 따라서 다른 어떤 국가와 상의하지 않고 코친차이나(프랑스가 점령한 베트남 남부-역주)와 조약에 관한 협상을 할 수 있다며 법리에 근거를 두고 답변했다.[268]

---

266 Mongkut, *Phraratchahatthalekha phrabatsomdet phrachomklaochaoyuhua* [몽꿋왕의 서신], pp. 65-66 and 640-641.

267 Ibid., pp. 633-640.

268 Bangkok, National Library, Manuscript Section, *Chotmaihet r. 4 ch.s. 1225* [제4대왕 재위 시기 1863년 기록], no. 63, Admiral to the Phra-

프랑스와 후대의 역사가들은 캄보디아를 프랑스 보호령으로 만든 1863년의 19개 조항의 조약을 식민관계의 이정표라고 여겼다. 그러나 그 당시 시암과 캄보디아는 같은 관점에서 그 조약을 이해하지 않았을 것이다. 반제국주의적 이념 때문이 아니라 서로 다른 개념 틀에서 그러한 협정들을 이해했기 때문이다. 사실 조약을 맺었지만 프랑스는 캄보디아가 공물을 바치는 관습을 비롯해 시암과 조공관계를 유지하는 것을 막지 않았다.[269] 이듬해인 1864년 그들은 캄보디아 왕 노로돔(Norodom)의 대관식에 참석해달라고 시암을 초청했다.[270] 이에 몽꿋은 노로돔에게 편지를 보냈는데, 프랑스의 영사가 시암의 왕실에게 이 모든 상황에 대해 설명했다고 그 편지에 쓴다.

> 프랑스의 영사인 오바레(Aubaret)씨가...[시암과] 프랑스가 함께 캄보디아 왕을 추대해야한다고 제안해왔소. 이것은 [캄보디아 전 왕들의] 전례를 따르는 것이오. 그들은 방콕으로부터 황금 두루마리로 된 [왕이 된다는 임명장]을 받았고, 그 다음 베트남으로부터는 홍(조공국 왕에게 주는 중국의 지위)을 받았소....그러한 경우들에서 [시암과] 서신교환할 때는 태국의 지위를 사용했고, 베트남과 서신교환할 때는 베트남의 지위를 사용했소. 베트남과 시암은 서로 적대적이었기에 따로 임명을 했던 것이오. 각자 캄보디아를 자기의 것이라고 주장하오. 시암과 베트남이 캄보디아를 자기의 것이라고 주장하는 사안에 대해 프랑스는 중립을 지켰소. 그러나 프랑스가 베트남 남

khlang, dated 5 October 1863.

269 Thiphakorawong, *Fourth Reign*, vol. 2, pp. 46–47.

270 Ibid., pp. 55–57.

> 부를 점령한 후, 베트남이 예전에 그랬던 것처럼, 캄보디아는 프랑스의 이웃이 되었고 프랑스는 캄보디아를 키우려고 조약에 대해 협상을 벌였소. [프랑스가] 시암과 좋은 관계를 유지하고 있기 때문에 시암과 캄보디아의 모든 우호적 관계는 유지되고 있소. [프랑스와 시암 모두] 캄보디아에 대해서 같은 힘을 갖고 있소....프랑스의 영사가 말한 바는 우동(Udong)에서 그대와 맺은 협정(1863년 조약)을 따른 것이오....영사의 설명 이후 고위 대신들이 그 사안에 대해 논의했고 만장일치로 프라야 몬뜨리수리야웡(Phraya Montrisuriyawong)을 파견하여 대관식에서 그대에게 황금 두루마리와 휘장을 수여하기로 결정했소.[271]

위 진술이 오바레의 말을 정확히 전달했는지 여부는 중요한 것이 아니다. 문제는 몽꿋과 그의 대신들이 그 상황을 어떻게 이해했는가에 있다. 캄보디아 문제에 관한 다른 글에서 몽꿋은 시암이 처음에는 프랑스가 캄보디와 왕과 맺은 협정을 제대로 이해하지 못했다고 말한다. 그리고선 토착 담론에 입각하여 그 상황을 자세하게 다룬다. 캄보디아는 여전히 시암과 프랑스 모두에게 복종했다. 베트남과 달리 시암과 프랑스는 친구사이였다. 그래서 시암은 프랑스가 캄보디아 지배자를 보살피고 시암으로서는 너무 떨어져 돌볼 수 없는 캄보디아의 두 영역을 돌보는 것에 동의했다. 반면 시암은 시암에 가까운 나머지 두 영역을 여전히 돌봤다. 따라서 캄보디아 지배자는 시암과 프랑스 모두

271 Mongkut, [몽꿋왕의 서신], pp. 115-116. 이 구절 곳곳에 나오는 '시암'과 '베트남'이라는 단어는 원문의 '태국'(thai)과 '유안'(yuan)이라는 단어를 각각 번역한 것이다.

를 여전히 존경해야하는 것이다.[272] 방콕은 프랑스가 현존 관계에서 베트남의 자리를 차지했음을 보여주고 또한 복종을 표현하는 중요한 두 의례-즉 조공 제공과 조공국 왕의 대관식에서 방콕이 수행하는 역할-가 수행되도록 하면서 프랑스의 역할이 토착 정체에게 낯선 것이 아니라는 것을 드러냈다. 프랑스는 캄보디아를 둘러싼 오래된 공동 후견의 새로운 동반자가 된 것이다. 프랑스는 의도적으로 토착 조공관계를 활용한 것 같다.

그러나 이 새로운 동반자관계에서 피해자는 오로지 캄보디아였다고 할 수 없고, 승리자 역시 오로지 프랑스였다고 할 수 없다. 조용하게 힘을 모으는 또 다른 경쟁이 관련된 나라들 사이에 관계의 유형이었다. 한편으로, 캄보디아에 대한 공동 보호는, 어느 캄보디아 왕이 말했던 것처럼, 캄보디아의 평화와 일상의 삶을 훌륭하게 보장해주었다. 지역 안정의 조건이 되어왔던 것이다. 이 다중 주권은 특이한 것이 아니었고 새로운 패권 투쟁이 일어나지 않는다면 조정할 필요가 없었다. 다른 한편으로, 이 동반자관계에 프랑스가 들어오면서 유럽 방식의 식민관계가 펼쳐질 기회가 열렸다. 이 방식에서는 한 국가가 다중주권이나 중복주권을 갖는 것이 특이했다. 이 상황은 평화도 안정도 보장하지 않았던 것이다. 조정은 불가피했다.

개념과 실행의 차원 모두에서 국가들의 관계에 관한 두 방식이 같은 영역에서 작동되었고 따라서 국가들 사이의 관계가 혼란스러워졌다. 캄보디아를 둘러싼 주권의 애매모호함을 해결하려고 프랑스는 잇따르는 몇 년 동안 국제법에 근거를 두고 국제사회에 호소했다. 몽꿋

272 Mongkut, "Ruang phaendin khamen pen si phak" [네 구역으로 분할된 캄보디아 영토], in *Prachum phraratchaniphon nai ratchakan thi 4 muat borankhadi* [몽꿋왕의 저작 문집: 역사 영역], pp. 91-93.

도 마찬가지로 국제사회에 시암의 권리를 주장했으나 그의 주장의 근거를 토착 정체에 두었다. 그는 캄보디아 역사를 태국의 관점에서 해석하며 캄보디아(그의 말에 따르면 반문명-반야만인)의 지위가 더 문명화된 인종인 시암의 조공국이라고 주장했다.[273] 몇 년 지나지 않아 프랑스는 거듭 시암의 왕실이 '캄보디아의 정치적 문제'에 관해 협상에 나서야 한다고 촉구했다. 결국 1867년 7월 15일 파리에 파견된 시암의 사절단은 프랑스가 캄보디아에 대하여 절대적 권한을 갖고 있다고 인정하는 협정에 서명했다. 캄보디아의 생존을 위한 다중 복종은 프랑스에게 기회가 되었다. 즉 새로운 지리학의 힘이 된 것이다. 영토와 주권에 관한 전근대적 개념 및 관행과 더불어 전근대 정체가 패자가 되었다. 근대 정체는 서구인들뿐만 아니라 토착 엘리트에게도 국가들 사이의 관계를 규정하는 새롭고도 합법적인 유형으로 확립됐다.

시암의 남쪽 변경에서 시암과 영국 모두 그들이 영향력을 갖고 있는 말레이 국가들에 행정관을 파견하며 19세기 마지막 30년 동안 내내 이런저런 방식으로 그 국가들에 대한 간섭과 통제를 강화했다. 둘 모두 충돌 없이 저마다의 영향력을 지켜냈다. 그 무렵 영국 정치권에서 식민주의자들은 말레이 국가들과 끄라 지협을 합병하는 것을 제안했다. 프랑스를 자극하지 않기를 바라는 반대파들 역시 강했지만 말이다. 영국은 1860년대와 1870년대 말레이 지배자들 사이에 발생한 일련의 갈등 후 말레이 국가들을 본격적으로 지배해나가기 시작했다. 다른 한편 시암은 점점 그가 주장하는 국가들을 새로운 중앙집권 행정에 통합시켜나갔다. 특히 크다는 1871년 방콕의 직접적인 지배를 받는 지방

---

273 Milton Osborne and David K. Wyatt, "The Abridged Cambodian Chronicle," pp. 189-197.

이 되었고, 1891년 새로운 행정체계에서 지역의 거점이 되었다.[274] 그러나 시암은 말레이 지방들을 통합하는 데는 말할 것도 없고 지배하는 데 여러 어려움을 겪었다. 그들이 시암의 짐이 된 것이다. 마침내 시암은 1909년 크다를 비롯해 네 말레이 국가를 영국에게 주었다. 그 대가로 영국은 시암에서 누리는 치외법권을 양보했고 방콕과 영국령 말라야 간 철로 건설에 저리 융자를 제공하는 등 몇 혜택을 주었다.[275] 경계 획정에 관한 공식 협상이 그맘때 시작되었다.

마찬가지로, 캄보디아의 주권에 관한 정치적 협정이 근대적 관점에서 마무리되자 시암과 프랑스 제국 하의 캄보디아 사이에 경계획정이 시작되었다.[276] 그러나 시암과 프랑스령 코친차이나가 메콩강 주변 지역의 영토 경계를 정하려 할 때 그 둘 사이의 완충지를 형성했던 그 지역이 다중 주권의 성읍들이었기 때문에 문제가 발생했다. 그들이 누구에게 속하는지 가려야만 했다.

---

274 "Phongsawadan muang saiburi" [크다 연대기], in *PP* 2/2, pp. 268-299; Sharom Ahmat, "Kedah-Siam Relations, 1821-1905," pp. 97-117.

275 Thamsook Numnonda, "Negotiations Regarding the Cession of Siamese Malay States 1907-1909," pp. 227-235.

276 Thiphakorawong, *Fourth Reign*, vol. 2, pp. 78-79, 118-119.

::

5.
가장자리

19세기에서 20세기로 바뀔 무렵 라오스를 둘러싸고 시암과 프랑스가 벌인 다툼은 동남아를 연구하는 학자들이 많이들 다루어왔다. 그 사안을 다룬 연구들은 기본적으로 세 가지 접근법으로 나뉜다. 첫째, 국제관계 관점이다. 시암, 프랑스, 영국을 비롯해 러시아와 독일 등 특정 유럽 국가들 사이의 외교관계 측면에서 그 사안에 접근하는 것이다. 이러한 유형의 연구들은 식민정책, 집행, 협상, 조약, 시암의 외교정책, 조약의 효과 등을 다룬다. 두 번째의 접근법은 해당 국가들의 국내 정치를 다룬다. 왕실이나 정부의 파벌다툼, 주요 인물들의 전기, 제국주의자에 대처하는 시암의 능력, 내부 사정, 군대, 행정, 제국주의의 위협을 저지하는 주요한 사회변화 등에 관심을 갖는다. 세 번째의 접근법은 사건들을 설명해왔다. 충돌, 논쟁, 영웅적 일화, 1893년 방콕 왕궁 주변의 짜오프라야강을 프랑스의 해군이 봉쇄한 사건 등을 다룬다.

서로 다른 각도에서 보지만 프랑스-시암 다툼에 관한 연구 대부분은 똑같은 주제를 다루었다. 바로 프랑스 제국주의의 공격성이었다. 시암의 지배자들은 이 상황을 다루면서 천재적인 외교술과 선견지명을 발휘했고 국내 사안에서 견줄 수 없는 정치력을 발휘했다며 칭송받아왔다. 이러한 연구들에 따르면 그 사건이 프랑스 제국주의의 공격성의 결과라는 것은 틀림없다. 다툼 그 자체가 영토에 관한 것이었지만, 가장 결정적인 요인, 즉 공간의 속성 그 자체에 대해서는 관심을 거의 기울이지 않아왔다.

그 이유는 사료 증거의 속성과 관련을 맺고 있는데, 사료 증거는 대부분 방콕, 파리, 런던 사이의 서신교환이었다. 그래서 공간의 속성이 탈바꿈된 것을 밝히기보다 어떻게 이 영토들이 정치적으로 분할되었는가를 밝히는 것이 역사적 관심이었다. 대부분의 설명이 외교와 전투에 국한되었다. 그러나 그보다 더 근본적인 이유는 학자들이 정치공간에 관한 지식과 기술에 차이가 없다고 단정해왔기 때문이다. 근대 개념의 주권, 국가의 일체성, 국제관계에 너무나도 깊게 몰두하여 현재 우리의 것과 다른 개념과 관행의 존재를 보지 못했다. 학자들의 눈이 알기도 전에 닫혀 있었는지도 모른다. 그렇게 몰두하면서 학자들은 으레 영토분쟁에서 분쟁 당사자들의 역사적인 권리를 따져보면서 유일하고 합법적인 주권을 해명하려고 시도해왔다. 근대의 생각 틀은 익숙지 않은 토착 정체와 지리학을 근대적 담론으로 번역하며 우리에게 좀 더 익숙한 것으로 만들어버린다. 그러한 학자들은 급속히 커가는, 새로운 공간 기술의 역할을 보지 못한다. 결국 이러한 연구는 우리를 잘못된 길로 이끌어 오로지 나중에 근대 국가가 된 해당 국가들의 관점만 고려하도록 한다. 이 사안에 대한 논의가 있을 때마다 우리는 단지 주요 국가들의 주장만을 들을 뿐이다. 다툼의 대상이 되는 작은 조공국들의 운명은 사실상 알려지지 않고 있다. 그들의 목소리는 지금껏 들리지 않는다. 마치 생명 없이, 눈 없이, 목소리 없이, 따라서 자체의 역사 없이 그들은 죽은 공간을 차지하고 있는 듯하다.

다중 주권 상황은, 시암과 버마 사이의 변경을 제외하고, 메콩강 주변과 그 너머의 모든 라오스 지역을 비롯해 시암의 모든 변경에 자리한 작은 왕국들과 수장국들에게 일반적이었다. 두드러지는 점은 이 상황에 놓인 므앙은 태국어와 라오어에서 형용사인 '송파이파'(songfaifa) 또는 '삼파이파'(samfaifa)로 불린다. '송파이파'와 '삼파이파'는 문자적으로 각각 '두 종주 아래'와 '세 종주 아래'를 뜻한다. 앞 낱말인 송(둘)과 삼(셋)은 한 므앙이 복종하는 종주의 숫자를 가리킨다.[277] 때론 그 므앙은 '수아이송파이(파)' 또는 '수아이삼파이(파)'로 불리는데, '수아이'라는 낱말은 조공을 뜻하고 마지막 낱말은 종종 생략되어 각각 두 군주와 세 군주에게 바치는 조공을 뜻한다.[278]

란나, 루앙프라방, 위앙짠처럼 비교적 작은 왕국들은 언제나 동시에 여러 종주 아래 있었다. 란나와 버마 사이, 루앙프라방과 윈난과 통킹 사이, 위앙짠과 통킹 또는 안남 사이의 작은 수장국들 역시 여러 종주들의 므앙이었다. 이들은 샨족, 루족, 카렌족, 라오족, 푸안족(Phuan), 푸타이족(Phuthai), 중국인 등 여러 다른 종족들의 수장국들이었다. 이들은 더 약했고, 더 나뉘어졌지만 강력한 국가들과의 관계에서 자율성을 갖고 있었다. 결국 그들은 보호를 해주거나 해를 끼칠 수 있는 우월한 세력 그 누구에게든 복종했다.

이 작은 조공국들은 동시에 여러 왕국들의 변경으로 여겨졌다. 다른 말로 최고 종주국들-시암, 버마, 베트남-의 영역들이 겹쳤다. 사실 이런 상황은 절대적이고 배타적인 근대의 경계와 영토주권 개념이 적용될 때 문제의 근원이 된다. 이 지역의 주요 국가들의 가장자리가 애매모호하기 때문이다.

---

277 Surasakmontri, *Prawatkan khong chomphon chaophraya surasakmontri* [육군 원수 짜오프라야 수라삭몬뜨리 전기], vol. 2, p. 622를 보라.

278 James McCarthy, *Surveying and Exploring in Siam*, p. 102에서는 이 전통을 '새삼파이'(Saesamfai)라고 불렀는데 같은 것을 뜻한다. [McCarthy], *An Englishman's Siamese Journal 1890-1893*, p. 186도 보라.

1890년대에 이르면 방콕의 왕실은 이 문제를 잘 알고 있었다. 방콕은 자발적으로 불명료한 주권의 공간을 차지하려는 경쟁에 나섰다. 그러나 영국과 프랑스는 서쪽과 동쪽에서 동시에 그들 나름대로 길을 헤쳐 나갔다. 서로 다른 깃발을 들면서 그들 모두는 토착 전근대 정치 공간을 대체하는 근대 지리학의 요원들이었다. 그들 사이의 단 하나의 불일치는 어떻게 중첩된 변경을 해결하는가에 관한 것이었다. 1893년의 프랑스-시암 위기는 배타적인 영토주권에 대한 갈망에서 비롯되었다.

중첩된 가장자리

시암의 북부에 자리했던 란나와 십송판나(오늘날 중국 남부, 중국에서는 '시솽반나'로 부른다. '십송판나'는 태국어나 라오어에서 만이천개의 논이라는 뜻이다-역주). 치앙마이에 왕도를 두었던 란나는 14세기부터 16세기 초까지 그 지역에서 가장 강력했던 왕국들 중 하나였다. 16세기 말부터 18세기까지 란나는 버마의 따웅우(Toungoo) 왕국의 조공국이 되었으며 때론 시암의 조공국이 되기도 했다. 1760년대부터 1780년대까지 시암과 버마 사이에 계속된 전쟁으로 파괴된 란나는 18세기 말에 다시 시암의 조공국이 되었다. 란나의 북부에 자리한 십송판나는 더 분절되고 더 작은 국가들의 연합체였으며 켕뚱(치앙뚱)이 그중 가장 강력했다. 버마와 란나와 윈난 사이에 자리한 켕뚱은 버마와 중국 모두를 종주로 둔 조공국이었으며 때론 시암의 조공국이기도 했던 반면 십송판나 영역에서는 자체의 조공국을 거느리기도 했다.

치앙마이와 켕뚱 사이에는 쩽훙(Jenghung, 치앙룽Chiang Rung), 치앙캥(Chinag Khang), 치앙샌(Chiag Saen)과 같은 수없이 많은 약한 수장국들이 있어 지역 종주 모두에게 조공을 바쳤을 뿐만 아니라 직접적으로 버마의 최고 종주에게 때론 시암의 최고 종주에게 조공을 바치기도 했다. 그러나 종종 종주들에 반기를 들고 충성을 바꿀 수 있는 한 그들은 자율적이었다. 그럼에도 그들 왕실 내부나 종주들 사이의 다툼이 벌어질 때마다 더 많은 종주들이 개입하곤 했다.[279]

여러 종주들의 영향을 받는 수장국의 지위와 상황은 매우 일반적이었으며 종주들도 이를 알고 있었다. 치앙샌-온 역사에 걸쳐 치앙마이와 켕뚱과 루앙프라방을 종주로 두었던 고대 도시-은 18세기 말 버마와 시암의 전쟁 와중에 인구가 사라지고 내버려져 1880년대에서야 회복되었다. 그러나 그 무렵 버려진 성읍의 성곽 주변에서 생계를 이어가던 샨족들이 그 성읍을 점령했다. 놀라운 점은 쭐라롱꼰(라마5세)이 치앙샌에 대한 시암의 주권을 다시 주장하면서도 치앙샌이 배타적으로 시암에게만 속한 것이라고 주장하지 않은 것이다. 그는 제안하기를, 치앙샌이 양측(버마/켕뚱과 시암/치앙마이) 모두에게 복종하는 것을 버마와 켕뚱이 허락한다면 치앙마이는 샨족이 그곳에 정착하도록 허락할 것이라고 했다. 당연히 이 사안에 대한 버마의 태도는, 같은 편지에서 쭐라롱꼰이 말하듯이, 치앙샌에 대한 권리 주장이 아니라 치앙샌을 현재처럼 그대로 두자는 요청이었다. 즉 켕뚱과 치앙마이 사람들 모두가 살 수 있는 '공동의' 므앙으로 두자는 것이었다.[280]

란나의 서쪽 변경인 살윈강 주변은 꺼야족의 영토였다. 꺼야족은 적카렌 또는 양(Yang)이라 알려져 있기도 하다. 로널드 레나드(Ronald

---

279 예컨대 "Phongsawadan chiangrung" and "Phongsawadan chiangkhaeng" [치앙룽 연대기와 치앙캥 연대기] in *PP* 9/9를 보라.

280 Natthawut Sutthisongkhram and Banchoed Inthuchanyong, *Phrachaoborommawongthoe kromluang prachaksinlapakhom* [쁘라짝실라빠콤 왕자], pp. 187-190에 있는 쭐라롱꼰이 쁘라짝 왕자에게 보낸 편지를 보라.

Renard)가 언급하듯이 군소 꺼야족 국가들은 17세기 이래로 버마와 란나에 충성을 바치면서도 때론 두 왕국에 반기를 들어왔다. 꺼야족 국가들이 그 두 왕국 사이에서 역동적이고 유동적인 변경을 형성한 것이다. 꺼야족은 때론 치앙마이 왕국의 지배를 받는 매우 작은 성읍에 조공을 요구하기까지 했다.[281]

메콩강 주변의 라오 지역은 비슷한 처지의 수장국들로 넘쳐 났다. 라오족 국가인 란상(Lan Sang) 역시 캄보디아와 란나처럼 지역의 강력한 왕국들 중 하나였으나 16세기 말 이래로 시암과 버마의 조공국이 되었다. 1680년대에 란상은 두 왕국, 즉 루앙프라방과 위앙짠으로 갈라졌다. 그리고 18세기에 또 다른 종주인 베트남이 끼어들었다. 18세기 말부터 두 라오 중심국이 시암과 베트남에 정기적으로 조공을 바쳤다. 1826년 위앙짠의 아누웡(Anuwong)왕자가 포악한 종주인 시암에 대항하여 조공국의 반란을 일으켰다. 이것이 실패하자 그 왕자는 안남의 보호를 요청했기에 베트남은 직접적으로 끼어들었다. 온 메콩지역이 그때로부터 경합 대상이 되었다.

루앙프라방, 위앙짠, 베트남 중심부인 통킹과 안남 등 이 국가들 사이에는 란나의 북부에서처럼 군소 수장국이 수없이 많았다. 중국 남부와 인접한 그 지역의 위쪽은 십송쭈타이(Sipsong Chuthai)로 알려졌는데, 라이(Lai)의 영향권 내 군소 수장국들의 연합체였다. 라이는 푸타이(Phuthai)족의 옛 거주지였다. 라이는 루앙프라방, 통킹, 중국(광둥)에 조공을 바쳤다. 그 역사가 알려주듯이 라이는 300년 넘게 세 종주의 영향 아래 있었다.[282] 그 영역은 세 부분으로 나뉘어져 있었는데, 저마다

281 Renard, "Delineation of the Kayah States," pp. 81-87.

282 "Phongsawadan muang lai" [라이 연대기] in *PP* 9/9, p. 45. 1885년 라오 당국자를 면담한 시암의 관원들이 이 연대기를 기록했다.

인력과 세금을 각 종주에게 바쳐야했다. 왕실, 행정 유형, 통화, 문자는 중국과 베트남의 전통을 따랐다. 라이의 지배자는 베트남에게는 꽌푸(Kwan Fu)로, 중국에게는 홍(Hong)으로, 루앙프라방에게는 루앙프롬웡사(Luang Phromwongsa)로 알려졌다.[283] 지역민에게 '호'(Ho)라고 알려진 대규모의 중국인 강도단이 태평천국의 난(1850-1864)이 실패로 돌아가자 중국 남부에서 도망쳐와 그 지역을 19세기 후반부 내내 어지럽혔다. 통킹의 군대는 라이를 보호하며 라이가 호를 몰아낼 수 있도록 지원한 반면, 루앙프라방은 라이의 보호 요청을 거절했다. 이에 루앙프라방에 바치는 공물이 중단되었다. 그리하여 프랑스-시암 대결 바로 직전에 라이는 문화적으로, 군사적으로 베트남의 절대적인 영향 아래 있었던 것이다.[284]

탱(Thaeng) 또는 오늘날 디엔비엔푸(Dien Bien Phu)는 라이, 베트남, 루앙프라방의 삼파이파였다. 그들과 맺은 연대가 너무나도 튼튼해 탱은 세 종주의 오랜 조공국이었을 뿐만 아니라 그의 기원 신화를 보면 탱은 이 세상에서 베트남인과 라오인들과 같은 뿌리를 갖고 있다고들 한다. 그들의 조상들이 형제였던 것이다.[285] 탱과 베트남의 관계가 특히 가까웠다면 시암은 탱에 거의 관여하지 않아왔다. 그러나 프랑스-시암 대결 바로 직전에 시암은 탱을 점령하고 최외곽 성읍으로 만

---

283 Ibid., pp. 48-56.

284 Ibid., pp. 70-99. 루앙프라방과 라이를 보려면 pp. 85, 122 참조.

285 "Phongsawadan muang thaeng" [탱 연대기], in *PP* 9/9는 라이 연대기가 다룬 똑같은 사안에 대한 기록이다. 탱이 얼마 동안 라이의 조공국이었는지 확실히 알 수는 없다. 라이가 1870년대에 호(Ho)를 탱으로부터 몰아낸 뒤에 베트남이 탱을 라이에게 주었을 것이다(pp. 50-52, 79-80 참조). 신화에 대해서는 pp. 103-113 참조.

들어 1885년 호에 대한 군사작전을 위한 사령부를 거기에 설치했다.[286] 시암이 탱의 지배자, 즉 라이 지배자의 아들을 체포한 것이 바로 이때였다. 그가 시암의 군대에 복종하기를 거부했기 때문이었다. 시암은 그를 대신하여 충실한 인물을 새로 세웠다.

십송쭈타이(Sipsong Chuthai) 남부는 '후아판 탕하 탕혹'(Huaphan Thangha Thanghok, 이후 후아판)이라 불리는 군소 성읍들의 또 다른 연합체였다. 그들 모두는 루앙프라방, 위앙짠, 통킹, 안남, 그리고 때로는 중국 남부 지배자들의 조공국이었다. 1826년 아누웡의 반란을 진압한 후, 시암은 루앙프라방의 충성에 대한 보상으로 후아판을 루앙프라방에 넘겼다. 그러나 동시에 후아판은 아누웡으로부터 베트남에게로 선물로 넘겨졌는데, 베트남이 시암에 맞서서 그를 보호해준 것에 대한 보답이었다. 호 강도단이 들어닥치자, 후아판은 베트남과 시암 모두에게 도움을 요청했다. 결국 1885년 시암의 군대는 그 모든 연합체가 시암에 속한다고 선포했다.

푸안의 사례도 비슷했다. 아누웡의 반란 후에 푸안은 동시에 루앙프라방과 베트남에 넘겨졌다. 아누웡 자신은 패배 후에 도망쳐 시암의 군대가 자기를 제거하러 오기까지 푸안에 머물렀다. 시암은 자신에게 충실한 자를, 몇 년 뒤에 베트남이 그를 처형했지만, 푸안의 지배자로 앉혔다. 결국 1833년 시암은 후아판과 푸안을 베트남의 최전방 성읍이라고 여기며 이들을 소탕하는 군사작전을 단행했다.[287] 14년간의 베트남-시암 전쟁 이후 베트남은 푸안을 그의 조공국으로 되돌리고 푸안

---

286 Damrong, "Chotmaihet kongthap prap ho" [호에 대한 진압군 기록], in *PP* 14/24, pp. 232-234.

287 "Chotmaihet kieokap khamen lae yuan nai ratchakan thi 3" [제3대 왕 재위 시기 캄보디아와 베트남에 관한 기록], in *PP* 41/67, pp. 255-276.

의 지배자에게 베트남에 해마다 공물을 바치라고 요구했다. 그렇지만 1885년 푸안은 탱과 라이와 후아판을 점령했던 시암의 군대에 의해 점령을 당하며 시암의 수중에 다시 떨어졌다.[288]

메콩강 주변 지역은 군소 조공국들로 가득 찼다. 이 수장국들의 지배자들은 자신들을 나름대로 주권을 가졌고 자율적이라고 여겼지만 여러 종주들의 영향권 가장자리에 놓여 있었다. 다른 말로 그 수장국들은 종주의 관점에서 보면 종주 당사자의 변경이든 적들의 변경이든 변경 성읍이었다. 그 지역 종주들 사이에 전쟁이 없는 한, 변경 성읍으로서 그들은 얼마간 독립을 유지할 수 있었고 간섭을 받지 않았다. 그러나 전쟁이 발생하면 경쟁국들 사이에 있는 조공국이라면 으레 맨 먼저 희생을 당했다. 좀 더 관대한 상황이라면 지역의 지배자는 종주의 군대에 복종해야했다. 그렇게 하지 않으면 종주는 자기에게 충실한 자로 대체할 터였다. 최악의 경우에 그 조공국들은 식량과 인력을 제공해야 했다. 그렇게 하지 않으면 종주의 군대는 적들의 공급선을 박탈하기 위해 그들을 약탈하고, 파괴하고, 소탕했다. 시암의 한 사령관이 1833년 푸안의 사례에 대해 다음과 같이 언급하듯이 말이다.

> 푸안 사람들 누구든 자기네들의 성읍으로 돌아가지 못하도록 잘 살펴야 할지니라. 건기에, 그 성읍에 여전히 남아 있는 푸안 사람들을 제거하는 시도를 계속 해야 할지니라. 만약 그들이 협조한다면 안심시키고, 만약 설득한 이후에도 푸안 사람

288 "Tamnan muang phuan" [푸안 역사], in *PP* 44/70, pp. 114-130. 푸안의 비극에 대한 더 자세한 설명을 보려면 Kennon Breazeale and Sanit Samuckkarn, *A Culture in Search of Survival: The Phuan of Thailand and Laos*. 이후 *Phuan*.

들이 남아 있다면 국왕은 무력으로 그들을 완전히 퇴거시키기를 제안하느니라. 적에게 식량 공급이 될 그 어떤 것도 남겨두지 말지니라.[289]

변경 므앙인 이 군소 조공국들은 살기 위해서는 어떤 수를 써서든 충성을 바꿀 수밖에 없었다. 따라서 이 국가들의 주권은 애매모호했고 충성의 이동과 정복에 따른 교체로 복잡했다. 그러나 점령은 늘 일시적이었고 그 목적은 사실상 조공국 지배자로 하여금 충성을 바치게 하는 데 있었지 정복자의 배타적인 소유를 확증하기 위한 데 있지 않았다. 정복자가 소유를 주장하더라도 이 '변경' 조공국들의 주권은 여전히 여럿이었다.

최고 종주의 권력 자장이 촛불의 빛처럼 퍼져나가는 토착 정체에서 이 군소 수장국들은 언제나 그 권력의 자장이 겹치는 곳에 자리하고 있었다.[290] 시암과 버마를 가르는 국경과 달리 시암의 다른 모든 국경들은 다른 국가들과 공유했다. 그들의 변경은 겹쳤다. 토착 국제관계에서 두 권력의 자장이 겹치는 가장자리는 적이 침입하는 통로가 되지 않는 한 반드시 문제될 필요가 없었다. 관련 당사국들은 다중 주권을 현상으로서 기꺼이 인정했다. 쭐라롱꼰과 그의 상대였던 버마도 치앙샌을 그 두 종주국 아래 두는 것을 선호했다.[291] 따라서 이들 변경 조

289 ["캄보디아와 베트남에 관한 기록"], in *PP* 41/67, p. 275. 1827-1851년에 시암이 푸안의 인구를 퇴거시킨 것에 대한 전모를 보려면 Breazeale and Sanit, *Phuan*, chap. 1 참조.

290 토착 관념의 권력과 그 촛불과 같은 권력의 장(場)을 보려면 Benedict Anderson, "The Idea of Power in Javanese Culture," pp. 22-23 참조.

291 Natthawut Sutthisongkhram, [쁘라짝 왕자] p. 188.

공국들의 애매모호한 주권은 유용했고 종주들이 바랐던 바였다. 독립 국가를 완충지로서 세우기보다는 종주들은 변경 조공국들의 지배자가 모든 관련 종주들에게 충성을 바치는 한 그 완충지대의 주권을 공유하는 것이 토착 관행이었다. 시암은 근대의 경계선과 같은 것에 의해 구획된 적이 결코 없었을 뿐만 아니라 '공동의' 변경, 공유된 국경으로 둘러싸여 있었다.

그러나 근대 정체에서 겹치는 변경은 허용될 수 없다. 국가들 간의 영토주권은 두 국가의 영역이 마주하는 지점에서 확실하게 갈라진다. 그 영역들이 겹쳐져서는 안 되며 그들 사이에 거리가 있어서도 안 된다. 전근대의 가장자리를 근대의 영토 접점으로 탈바꿈시키거나 전근대의 공유 공간을 날처럼 구분된 근대 국가의 끝단을 만드는 데에 하나 이상의 경계가 있을 수 있으며 모든 경계들이 똑같이 정당성을 지닐 수 있다. 한 조공국의 주권이 어떻게 결정되는가에 따라 겹치는 영역 내 어디든 경계가 있을 수 있기 때문이다. 수학적으로 말하여 조공국과 그에 관여하는 종주가 많을수록 잠정 경계의 숫자는 많아진다. 따라서 영토를 둘러싼 다툼이 발생할 가능성도 무한하다.

그럼에도 경계를 고정하고 주권을 배타적으로 만들려는 희망을 실현하려면, 겹치는 변경의 조공국들이 누구의 것인지 결정되고 할당되어야 했다. 시암과 유럽 열강이 이 일을 한 것이다. 시암은 그 나름의 방식으로 그 영토에서 그들의 몫을 뽑아서 할당했다. 시암은 보통 생각하는 것처럼 식민주의에 무력하게 당한 피해자가 아니었다. 19세기가 저물 무렵 시암의 지배집단은 조공관계에 익숙했고 마찬가지로 서구의 정치지리 개념에도 친숙해졌다. 시암이 시급히 그의 조공국들에 대해 종주권을 굳게 지켜야 했던 때가 바로 새로운 종류의 경계와 정체(polity)를 무기로 갖춘 식민주의가 일어났던 때다. 한편으로 시암의 지배자들은 조공국들이 아직 시암에 실제로 속하지 않았다는 점에서 이들의 주권이 불확실하다는 것을 알고 있었고, 다른 한편으로 시암은 조공국들에 대한 영향력을 확대하고 이들을 더 강하게 틀어쥐려 했다. 이전의 종주의 보호와 다른 점은 시암은 이제 군대와 행정과 경계획정과 지도로써 새로운 방식의 종주권을 행사한 것이었다. 시암은 유럽 열강과 대결을 벌이기 시작하며 이들 가장자리 국가들을 점령하고 시암의 배타적인 주권 영토에 통합시켜버렸다. 팽창주의 야욕을 버젓이, 곧이곧대로 드러냈다.

'우리' 공간 만들기

19세기 말에 시암은 더욱 강력해진 유럽의 존재를 알고 있었다. 그러나 이것은 조공국들에 대한 시암의 종주권을 확장하려는 욕망이 끝났음을 뜻하지는 않았다. 버마가 1885년에 영국과 갈등을 겪을 때 일부의 샨족 성읍은 시암의 보호를 요청했다. 왕은 야심찬 언사로 응답했다. "타이족과 라오족과 샨족은 모두 자신들을 같은 인종이라고 여기도다. 그들 모두가 짐을 최고 주권자로, 지복의 보호자로 존경하느니라."[292]

왕은 주요 라오 조공국인 루앙프라방이 베트남과 시암에게 송파이파였고 시암에 대한 그의 충성에 의심할 여지가 없다는 것을 확실하게 알고 있었다. 호의 난이 발생했을 때 방콕의 군대는 적절한 보호를 해주지 못했다. 루앙프라방은 1887년에 약탈을 당했고 그 왕은 프랑스 파견대의 도움을 받아 겨우 탈출할 수 있었다. 비록 방콕의 군대가 루

292 이 번역은 Winai Pongscripian, "Traditional Thai Historiography," p. 392에서 따온 것이다. 여기서 인종에 대한 원문 태국어 단어는 찻(chat)으로서 '민족'으로(정치적 단위가 아닌 출생으로) 역시 번역될 수 있다.

앙프라방을 1888년에 회복시켰지만, 쭐라롱꼰은 루앙프라방의 충성심에 의문을 품었다. 라오 왕실이 프랑스에 끌려 넘어갈 것을 두려워했던 것이다. 방콕은 얼마 전에 루앙프라방에 주재관을 임명했었는데, 쭐라롱꼰은 그에게 보낸 비밀 편지에 라오의 지배자들을 흡족하게 만드는 방법, 그들이 프랑스를 의심하게 만드는 방법, 프랑스의 주장에 맞서는 방법을 지시사항으로 담았다. 그러나 가장 흥미로운 사항은 조공국의 애매모호함을 시암에 유리하게 돌리는 의식적인 전략에 관한 것이었다.

> [우리는] 반드시 타이족과 라오족이 한 땅에 속한다는 것을 설명하면서, [루앙프라방이] 흡족하게끔 시도해야 할지니라....프랑스는 라오족을 야만인이라고 멸시하는 한갓 외부자일지니라. 프랑스가 루앙프라방의 지배자들을 흡족하게 하려고 그 무슨 짓을 하든지 그저 낚시 미끼일지니라....설령 라오족이 두 백성만을 고려할 때 습관적으로, 타이족과 프랑스를 견주며, 라오족을 우리로, 타이족을 그들이라고 여긴다 해도, 라오족이 타이족을 우리로 프랑스를 그들로 간주하는 것이 당연할 것이니라.[293]

이것은 시암의 역사가들에게 유럽의 위협에 맞선 자기방어 조치라고 알려져 왔던 두 주요한 노력-즉 지방행정 개혁과 라오 지역에서 발생한 호의 난을 진압하기 위한 군대 파견-의 핵심 목표였다. 사실 둘

---

293 이 태국어 인용은 Chirapom Sathapanawatthana, *Wikrittakan r.s. 112* [1893년 위기], pp. 411-412에서 따온 것이다. 번역은 내(저자)가 했다. 편지 전체는 pp. 405-421에서 보라.

모두 겹치는 가장자리의 애매모호함을 해소하기 위한 전략이었다.

1880년대와 1890년대 시암의 지방행정 개혁은 시암의 근대화에 관심을 둔 사람들이 선호하는 주제다. 개혁은 1870년대 란나에 처음 시도되었고, 이후 개선되어 루앙프라방과 여러 크고 작은 조공국 등 메콩강 주변의 라오 지역에 도입되었다. 마지막으로 1892년부터 시암의 내륙 지방을 포함한 다른 지역에 시행되었다. 이것은 전통적인 토착 자율성, 특히 조공국들의 자율성을 근대 중앙집권 체계로 대체하는 점진적인 과정이었다. 속도와 책략과 문제와 해결책은 지역마다 달랐다. 그러나 최종 결과물은 똑같았다. 즉 수입과 세금과 예산과 교육과 사법체계와 여타 행정 기능을 방콕이 주재관을 통하여 통제하는 것이다. 주재관은 대부분 왕의 형제들이나 측근자들이었는데 지역 지배자를 감독하거나 심지어 각 지역의 지사직을 맡도록 파견되었다. 눈여겨보아야할 점은 방콕과 조공국들 사이의 관계는 위계적이고 토착 지배자를 통해 운영되었던 반면 새로운 행정은 말 그대로 영토 보호를 의미하는 테사피반(thesaphiban) 체계로 불렸다는 것이다.

새로운 행정체계는 식민지에 설립된 체계와 매우 비슷했다. 몽꿋은 한때 몸소 싱가포르에 가서 서구식 정부를 배우고자 했다. 쭐라롱꼰은 그의 아버지의 희망을 이루어 재위 초기부터 싱가포르, 자바, 인도에 갔다. 태국의 지배자들은 그곳들의 정부가 유럽의 정부와 비슷하고 문명적이라 믿었던 터였다.[294] 당시 인도의 총독에게 쭐라롱꼰은 이렇게 말했다. "짐과 위원회는 동양에서 인도처럼 과학적 정부에 대한 이해가 높고 사람들의 복지에 충실히 주의를 기울이는 나라는 없다고 확신하오."[295] 따라서 새로운 행정이 여러 면에서 식민지 체제가 토

294 Damrong, *Khwamsongcham* [회고록], pp. 246-247, 264.

295 Battye, "Military, Government, and Society in Siam," p. 121.

착민들에 관해 고안했던 것과 비슷하다는 점이 놀랍지도 않다. 이 새로운 체계를 설계한 담롱왕자는 자바의 체제에 관한 글에서 네덜란드의 주재관을 '렛시덴(사무하테사피반)'으로 불렀다.[296] 여기에서 그는 식민 주재관을 개혁 체계의 태국 지사에 비유했는데, 후자를 괄호 속에 넣으며 독자들에게 전자의 의미를 전달하려고 했다. 그러나 그와 반대로 읽어야 한다. 괄호 바깥의 용어는 사실 '사무하테사피반'의 정의라고 읽어야 한다. 또한 두 체계가 담롱의 관점에서 얼마나 비슷했는지도 눈여겨보아야 한다.

그 개혁이 비교적 평화로운 방식으로 공간의 애매모호함을 제거했다면 호의 난에 대한 원정은 더 공격적인 방식이었다. 호는 라오인들이 윈난인들을 두루 일컫는 단어이다. 이 경우에서는 1860년대 중반 중국 남부의 태평천국의 난에서 패배한 뒤 남쪽으로 도주하여 메콩강 상류 유역과 다강(Black River, 홍강의 지류-역주) 유역으로 들어온 중국인들을 가리켰다. 그들은 스스로 비적떼가 되어 1870년대와 1880년대에 군소 수장국들을 약탈하고 파괴하거나 점령했고 메콩강 주변의 라오 왕국들을 위협하기까지 했다. 1884-1885년, 1885-1887년에 시암은 군대를 파견하며 그들과 맞섰다.[297] 그러나 지역의 군소 수장국들이 자기들끼리 싸우게 되면서 상황은 훨씬 더 복잡해졌다.

많은 경우에 호는 한 수장이 다른 수장을 공격하는 것을 돕는 용병대였다. 어떤 상황에서는 그들은 한 지역 수장과 협력하여 다른 연

296 Damrong, [회고록], p. 256.

297 태국어로 된 문헌인 Surasakmontri, [전기], 특히 vols. 2-4를 보라. 여기에서 그 파견을 설명한다. 영어로 된 문헌으로는 Breazeale and Sanit, *Phuan*, pp. 47-52 and passim in pt. 1. 또한 Andrew D. W. Forbes, "The Struggle for Hegemony in the Nineteenth Century Laos," pp. 81-88을 보라.

맹을 결성한 호와 지역 수장에 맞서 싸웠다. 호의 부대와 지역 수장국들의 부대가 섞였다. 많은 호의 지도자들이 지역 수장국의 지배자와 관원이 되었고, 결국 시암은 여러 지역 수장들이 호 강도단의 지도자라고 간주했다. 지역의 바깥에서 온 강도단 때문에 난리가 났다는 이해는 부분적으로는 맞다. 그러나 난리에 대한 모든 비난을 호에게 쏟아 붓는 것은 오해를 불러일으킬 소지가 많다. 예컨대 1887년 루앙프라방을 약탈한 것은 사실 라이의 수장이 1886년 시암의 군대가 그의 세 아들을 붙잡아간 것에 대한 보복이었다.[298] 그러나 일부 호 강도단이 라이의 군대에 들어가 있었다는 것도 사실이다. 따라서 당시 시암은, 역사가들도 마찬가지로, 라이의 지배자를 호 강도단의 우두머리라고 여겼던 것이다.[299]

1880년대 시암은 호의 난에 맞서 단지 호를 진압하는 데만 목적을 두지 않았다. 그 지역에 대한 시암의 종주권을 무력으로 재주장하는 데도 목적을 두었다. 더욱이 전근대 방식의 종주권 행사는 더 이상 존재하지 않았다. 야전사령관인 수라삭몬뜨리가 한 말을 보면 그의 군대는 호를 진압할 뿐만 아니라 '아나켓을 안착시키는' 데에도 목적을 두었다.

> 이것은 아나켓을 안착시키는 기회다. [베트남과] 전쟁을 벌여오며 후아판과 십송쭈타이 가까이에서 경계선을 그을 작정인 프랑스는 앞으로 더 나아가 국왕 폐하의 왕국에 발을 디디며 그 땅이 지금껏 베트남의 영토였다고 주장할 것이다. 이

298 루앙프라방 약탈에 관한 분석을 보려면 Breazeale and Sanit, *Phuan*, p. 96, 그리고 Forbes, "Struggle for Hegemony," pp. 86-88 참조.

299 예컨대 Battye, "Military, Government, and Society in Siam," p. 257을 보라.

때문에, 그리고 기회를 잃지 않기 위해 국왕 폐하는 우리에게 이 닭의 해 건기에 호를 궤멸할 군대를 동원하라는 명령을 내리셨다.[300]

'아나켓을 안착시킨다'는 표현은 변경, 경계, 또는 왕국의 한계에 대하여 풀 문제가 있다는 것을 뜻한다. 그 파견 부대는 이 지역이 배타적으로 시암에 속한다는 것을 확실히 할 수 있는 기회를 잡으려했다. 쭐라롱꼰은 몸소 자세하게 경계 사안과 충돌이 발생 시 프랑스를 어떻게 다루어야할지 조언했다. "국경의 어느 쪽이 누구에게 속하든지 각자가 지도를 만들어 협상하고 방콕에서 우호협정을 맺어 [영토를] 가를 지니라."[301]

시암과 베트남이 1834-1848년에 벌인 14년간의 전쟁 이후 이 지역의 조공국들은 루앙프라방과 베트남의 조공국이라는 원래의 지위로 돌아갔다. 시암은 1884년부터 호에 맞서 군사작전을 벌이며 처음으로 이 조공국들에 대해 권력을 행사하게 됐다. 이 조공국들이 루앙프라방에 속한다는 시암의 주장은 옳은 것이었다. 그런 주장을 했음에도, 시암은 이 조공국들에 권한을 행사하는 종주가 여럿이라는 것을, 심지어 루앙프라방에게도 그렇다는 것을 알고 있었다. 이들에 대해 배타적인 주권을 주장하는 것은 새로운 지리 개념 체제 아래의 시암의 영역을 애매모호한 토착 공간에 확장시키는 것이었다. 다른 말로, 이들 군

300 Surasakmontri, [전기], vol. 2, p. 499. 태국어로 그 문구는 '짯깐 아나켓'(chatkan anakhet)이다. '짯깐'이라는 단어는 '관리하다,' '통제하다,' '고치다,' '정리하다'를 뜻한다. 나는 여기서 동사인 '안착하다'(settle)를 써서 그 단어의 넓은 뜻을 전달하고자 했다.

301 Ibid., pp. 339-340.

소 수장국들을 점령한 후 시암은, 지역 수장이 이전처럼 여러 종주에게 조공을 바치도록 하는 것 대신에, 시암의 배타적 권한을 굳건히 지키는 수단을 도입해야 했다.

시암이 팽창주의 정책을 매우 의식적으로 펼쳤다는 것을 보여주는 여러 사건들이 있다. 예컨대, 1886년 시암의 군대가 뻔히 시암의 영역 밖에 있는 한 성읍을 점령했을 때 왕은 군대에게 그 성읍을 고수하라고 권고했다. 더 나아가 그는 만약 프랑스가 나중에 이 사안에 대해 문제를 제기한다면, 이 성읍이 송파이파라거나 성읍의 통치자가 시암의 개입을 요청했다거나 시암의 군대가 시암과 프랑스의 공동의 적인 호를 추적해오다 그 성읍을 침략한 게 아니라 진정시키려고 점령한 것이라는 등의 알리바이를 현장과 방콕에서 대야 한다고 권고했다.[302] 이처럼 시암의 군대가 1887년 십송쭈타이로 진군했을 때, 수라삭몬뜨리는 이들을 시암의 영역으로 통합시켜야 할 것인지 왕에게 물어보았다. 외교 담당 대신과 협의한 왕은 수라삭몬뜨리에게 이들을 병합하라고 조언했다. "만약 프랑스가 [십송쭈타이의 반환]을 주장하거나 요청하면, 그리고 십송쭈타이를 되돌려야 한다면, 나중에 그렇게 할지니라."[303] 시암의 지배자들은 전근대 정체를 확실하게 이해하고 있었다. 그 이해를 활용하여 이전 조공국들을 차지했던 것이다. '평화'와 '호'는 그들의 행동을 정당화하는 긍정적·부정적 명목일 뿐이었다.

언급해야할 또 다른 중요한 사례는 캄껏(Khamkoet)과 캄무안(Khammuan)이다. 이들은 1893년 시암과 프랑스 군대의 충돌이 발생했던 푸안 관할의 쌍둥이 성읍이다. 1886년에 쭐라롱꼰은 이 쌍둥이 성읍에 대한 기회주의 정책을 버젓이 권고한다.

302 Surasakmontri, [전기], vol. 3, p. 13.

303 Ibid., p. 59.

> 캄껏과 캄무안의 경우, [베트남이] 통치자를 임명한 것이 확실하기에…[우리가] 더 불리한 처지에 있도다. 그러나 그곳이 두 군주에 속했다는 것이 우리의 주장이니라. 이제 프랑스가 [베트남을] 통제하기는 하지만 아직 완전하게는 못하고 있어서 그 먼 성읍들을 다스리기에는 아직 때가 이르느니라. 캄껏과 캄무안을 어떤 수를 쓰든 우리 것으로 만들 수 있는지 숙고하고 실행에 옮겨야 할지니라. 만약 이것이 너무 벅차거나 프랑스와 다툼을 일으킬 것이라면 시도하지 말지니라. 우리의 경계가 그 산악 지방에 있지 않을 것이라는 점 말고는 [우리가] 잃을 것이 없느니라.[304]

1891년에 푸안의 처음 타이족 지배자이자 프랑스-시암 충돌에서 역사적인 영웅인 프라 욧(Phra Yod)은 시암이 역사적인 권리로서가 아니라 메콩 지역에 대한 시암의 점령을 공고히 하는 목적에서 그 쌍둥이 성읍을 붙들고 있어야 한다고 제안했다.[305]

이전에 정복자는 복종을 요구했고 대부분의 경우에 그 성읍을 잠시만 배타적으로 다스렸다. 그 성읍의 토착 지도자는 군대가 떠난 뒤 생존을 보장받기 위해 다른 종주에게 복종하기 마련이었다. 그러나 1880년대의 정복에서 시암의 군대는 거기에 상주하려고 작정했다. 종주의 '보호'가 더 이상 멀리 있지 않았다. 시암의 군대는 정복한 군소국가마다 체제를 탈바꿈시켰다. 어떤 경우에는 시암에 충실한 인물을

304 Natthawut Sutthisongkhram, [쁘라짝 왕자], pp. 190-191.

305 "Ruang kromluang prachaksinlapakhom sadet pai ratchakan na huamuang laophuan" [쁘라짝 왕자의 푸안 지역 임무], in *PP* 46/74, pp. 195-198.

새로운 지배자로 앉혔다. 여러 다른 경우에 타이족 관원이 임명되어 그 성읍들을 다스리기도 했다. 토착 지배자가 성읍을 통치하도록 허락을 받는 곳이면 으레 타이족 관원이 감독자로 임명되었다. 새로운 지역 정권 모두는 방콕의 군대 사령관이 직접 관리했다. 외딴 메콩 지역의 애매모호한 공간은 군사 수단에 의해 결정되었다. 다른 식으로 말하여 무력이 시암의 이 지역 지리체를 구체화시켰다.

새로운 행정은 방콕과 이전 조공국 사이에 새로운 관계, 그리하여 새로운 정체 속에 새로운 종류의 주권을 수립하는 장치였다. 군사작전은 영토 정복에 다름 아니었다. 행정과 군사작전은 겹치는 가장자리와 여럿의 주권이 허용되지 않는 새로운 종류의 정치지리를 확립했다. 지구 표면은 새로운 방식으로 그어졌다. 이른바 호에 대한 진압에서 시암의 지도자들 마음속에 지리적 임무가 얼마나 중요했는지는 시암의 군대에 복종했던 토착 지배자에게 수여된 지위에서 잘 드러난다. 전통적으로 지위는 권력, 공덕, 축복, 신이나 신성한 개체들과의 관계, 여타 신비한 속성을 뜻하기 마련이었다. 이제 새로운 지위는 어딘가 어색했고 예전에 나타난 적이 없는 것들이었다. 예컨대, 프라 사와미팍사얌켓(Phra Sawamiphaksayamkhet, 시암의 켓에 대한 충성), 피아판 투라-아나켓꼬사이(Phiaphan Thura-anakhetkosai, 아나켓의 업무에 관하여), 프라 피탁-아나켓(Phra Phithak-anakhet, 아나켓의 보호자), 프라야 쿰폰-피탁-부라나켓(Phraya Khumphon-phithak-buranakhet, 영토의 일체성을 보호하는 사령관), 프라 라따나-아나켓(Phra Ratana-anakhet, 보석으로 치장한 아나켓), 프라야 칸타세마(Phraya Khanthasema, 왕국의 영역) 등이 이러한 지위들이다.[306]

---

306 예컨대 Surasakmontri, [전기], vol. 2, pp. 264, 389, and vol. 3, pp. 202-203, 290을 보라.

그럼에도 토착 수장들은 그들에게 익숙한 조공 관행의 관점에서 그 정복을 이해했던 것 같다. 이번의 정복이 새로운 종류의 정치적 통제라는 것, 새로운 지리 의식의 행태라는 것을 예상하지 못했을 터이다. 이러한 행위들 모두는 동시에 두 종류의 관계를 상징하는 규약을 구성했다. 한편으론 전근대적 종주/조공 관계를 뜻했고, 다른 한편으론 새로운 정체와 정치지리를 표상했다. 새로운 담론의 대리자가 전근대 담론의 대리자를 정복하게 되자 변환은 필연적으로 일어났다. 즉 종주국 군주의 권력 행사와 매우 유사한 행동 방식으로 새로운 개념과 관행이 새로운 담론을 구체적으로 실현시키기 시작했다. 프랑스가 캄보디아에 이중 규약의 보호령을 설립하면서 토착의 조공관계에 개입했을 때 캄보디아 왕실과 토착 종주로서 태국 왕실은 그 행동을 이해할 수 있었다. 방콕은 비슷한 전략을 썼다. 정복 행위, 즉 점령과 행정개혁을 통해 새로운 종류의 관계, 주권, 공간을 밀어붙였다. 식민 방식의 관계가 대체 과정에서 중간 다리 역할을 했다. 그것은 우월한 국가와 그에 의해 정복당한 국가 사이의 관계였으나 애매모호한 주권과 공간이 해소됐다는 점에서 조공국/종주국 관계는 아니었다.

방콕은 그 자신을 유럽의 제국주의와 비슷하다고 결코 생각하지 않았다는 것은 확실하다. 시암의 관점에서 가장 중요한 차이점은 프랑스와 여타 유럽 열강은 낯선 자이거나 외국인이거나 '그들'이었으나 시암은 그 지역 토착민들에게 '우리'라고 보았다는 점일 것이다. '식민화'라는 말이 여기에서 너무 과하다면 두 유형의 식민화, 즉 '우리'에 의한 식민화와, '그들'에 의한 식민화가 있었다고 하겠다. 그야말로 이것은 강력한 차이점으로서 '그들'에 의한 식민화를 비난하며 '우리'에 의한 식민화를 더 정당하고 칭송할 가치가 있다고 만든다. 물론 라이, 탱, 심지어 루앙프라방은 시암을 '그들'과 다를 바 없는 '우리'로 여겼을 것이다.

새로운 가장자리: 시암과 영국

시암만이 애매모호한 영토에 관한 사안을 해결한 것이 아니었다. 개혁이 추진되고 시암의 군대가 메콩 지역을 두루 진격할 무렵 유럽 열강도 움직여 애매모호한 영토를 정리하는 데 참여했다. 어떻게 보면, 그들 모두는 함께 일하며 토착 정치 공간을 대체했다. 따라서 갈등이 이러한 인간 세력들 가운데에서뿐만 아니라 다른 영역의 지리지식들 사이에서도 발생했다.

마지막 영국-버마 전쟁이 1885년에 끝난 후, 란나와 상부 버마의 변경이 문제가 되었다. 여러 세력들이 각축을 벌이는 영역이기 때문이었다. 주요 문제 지역은 살윈강 주변의 꺼야족 국가와 켕뚱과 란나 사이의 샨족과 루족의 수장국들이었다.[307] 살윈강 주변의 변경을 보면, 작은 마을들이 국경을 따라 세워졌다. 그 마을들에 시암의 흰코끼리 깃발을 내걸고, 방책(防柵)을 치고, 군대를 주둔시켰다. 몇몇의 꺼야족 사람들에게는 5개의 꺼야 성읍에 대한 시암의 소유권을 뒷받침하기 위해 문신을 새겨넣기도 했다.[308] 그러나 1875년 어와의 버마 왕은 꺼야

---

307 특히 이 변경에서 발생한 경계 분쟁과 해결에 관하여 태국어 문헌에 바탕을 두고 태국어로 이루어진 주요 연구를 보려면 Nakhon Phannarong, "Kancheracha lae khotoklong rawang ratthaban sayam kap ratthaban angkrit kieokap huamuang chaidaen lannathai lae phama samai phrabatsomdet phrachunlachomklaochaoyuhua raya ph.s. 2428-2438" [1885-1895 쭐라롱꼰왕 재위기 란나와 버마의 변경 성읍에 관한 시암 조정과 영국 정부 간 협상과 합의] 참조. 영어로 된 연구로는 Sao Saimuang Mangrai, *Shan States and the British Annexation*, chap. 10 참조. 이 연구는 주로 영어 문헌에 바탕을 둔다.

308 Renard, "Delineation of Kayah States," p. 90; Sao Saimuang Mong-

족 수장이 "복종의 표시로 버마 왕에게 처녀들을" 보내왔고 버마는 이 관례적 선물을 "창세부터" 받아왔다며 인도의 영국 정부에게 이 지역의 소유권이 버마에게 있다고 주장했다. 버마의 사절단은 말하길, "꺼야족 사람들은 이른 때부터 바로 몇 달 전까지 버마에게 충성 서약을 해왔다"고 했다.[309] 따라서 영국은 시암의 주장을 거부하는 토착 지배자들을 지원했다. 그리고 1888년 말 영국 군대는 "소유권을 회복했다." 시암은 항의했다.[310]

다툼이 될 여러 사안이 켕뚱과 치앙마이 사이의 영토에 있었다. 시암과 영국은 지역 주민에게 물어보며 그 지역을 조사할 위원회를 꾸려서 문제를 해결하기로 결정했다. 가장 논쟁적인 사안은 므앙싱의 사례였다. 므앙싱이 당시 영국의 지배를 받는 켕뚱에 속한 것인가 아니면 시암의 난(Nan)에 속한 것인가? 므앙싱의 수장은 켕뚱 지배자의 친척이었다. 그러나 난에 복종했고 금은목을 방콕에도 바쳤다. 다툼이 일어났을 때 그는 심지어 영국의 종주권을 바라는 표시로 똑같은 공물을 영국에 바치기까지 했다.[311]

조사와 협상이 1891-1892년에 걸쳐서 진행되었다. 결국 그들은 므앙싱을 시암에 주고 산림자원이 많은 5개의 꺼야족 성읍은 영국령 버마에게 주는 협정을 1892년에 체결했다.[312] 측량과 지도작성과 획정은 1890-1891년에 협상과 동시에 이루어졌다. 마지막 경계획정은

---

rai, *Shan States*, p. 227; and Nakhon, ["협상과 합의"], pp. 314-326.

309 Renard, "Delineation of Kayah States," p. 90.

310 Sao Saimuang Mangrai, *Shan States*, pp. 229-231.

311 Ibid., p. 233.

312 Ibid., pp. 233-234; Renard, "Delineation of Kayah States," pp. 90-92; and Nakhon, ["협상과 합의"], pp. 208-213.

1892-1893년에 공동위원회에 의해 이루어졌다. 지도를 곁들인 협정은 1894년에 공식적으로 인준되었다.

이러한 다툼들이 군사적 충돌로 이어지지 않았다는 사실은 여러 요인 때문이었다. 기본적으로 영국령 인도정부는 시암을 인도의 동쪽 변경의 완충 국가로서 두기를 원했다. 더욱이 그 무렵 프랑스는 인도차이나에서 활동을 늘려나갔고 프랑스와 시암의 갈등은 심해졌다. 시암과 영국 사이에 충돌이 발생한다면 곧 다른 쪽의 프랑스를 자극하기 마련이었다.[313] 다른 한편 당시 영국에 대한 시암의 태도에는 공포와 존경과 경외 그리고 우정과 일종의 연대를 바라는 욕망이 뒤섞여 있었다. 이것은 프랑스에 대한 시암의 태도와 정 반대였다. 프랑스에 대해서는 적대적이었다.

시암의 지배집단 내에서 영국의 영향력은 상당했다. 이 영향력을 보여주는 중요한 표시 하나가 1874년 방콕 왕실 내부의 파벌다툼 때문에 내전이 일어날 뻔한 위기의 상황에서 영국이 담당한 역할이었다. 그 다툼은 영국의 중재로 진정되었다.[314] 그 특별한 관계를 보여주는 또 다른 표증이 프랑스와 갈등 속에서 진행된 시암-영국 관계이다. 시암은 영국이 도와주기를 간절히 바랐다. 시암의 지배자들은 갈등의 모든 경과를 죄다 영국에 알렸고 사사건건 영국과 협의했다.[315] 시암은 '일종의 수정된 형태의 보호령'을 영국에 요청하기까지 했다. 그러나 영국은 반발을 불러일으키고 싶지 않아서 프랑스에 대해 어떤 행동을 취하는 것을 거부했다. 오히려 프랑스가 요구한대로 항복하고 메콩강

313 Chandran Jeshuran, "The Anglo-French Declaration of January 1896 and the Independence of Siam," pp. 105-126을 보라.

314 Battye, "Military, Government, and Society in Siam," chap. 4.

315 Ibid., p. 315; ChandranJeshuran, "The Anglo-French Declaration."

좌안을 넘겨주라고 시암에게 권고했다.[316]

영국인 자문가가 시암의 조정에서 한 역할 등과 같은, 시암과 영국의 관계가 특별했음을 알려주는, 또 다른 표시가 있다. 태국 국가 형성에 관한 최근 연구는 소위 란나의 행정 개혁이 사실은 산림산업의 이익을 위한 방콕과 영국의 협력 결과라고 말하기까지 한다. 새로운 국가 체계는 영국의 위협에 대한 방어 전략으로서가 아니라 영국의 이익을 도모하려고 고안되었다는 것이다.[317] 이 모든 것은 우리에게 크다와 영국령 피낭의 관계 그리고 상대에 맞서서 최고 권력과 동맹을 맺어 자신을 보호하려는 토착 정치에 대해 일깨워준다. 따라서 시암과 영국 정부가 마침내 미결정된 조공국에 관계된 모든 사안에 대해 평화로운 분위기 속에서 1892년에 조약을 체결했다는 것은 놀라운 일이 아니다. 그러나 시암은 그 협정으로 말미암아 영국이 그 무렵 전개된 시암과 프랑스의 다툼에 개입할 수 있기를 기대했다. 시암은 또한 그 협정이 시암이 지원을 받게 될 것과 그들의 공동 국경에서 무기금수가 없을 것이라는 점을 확증받기를 기대했다.[318] 크다처럼 그러한 기대는 거대한 망상이었다.

316 ChandranJeshuran, "The Anglo-French Declaration," pp. 108-111.

317 Chaiyan Rajchagool, "The Social and State Formation in Siam 1855-1932," pp. 24-28.

318 Nakhon, ["협상과 합의"], pp. 210-211; Amphorn Tangseri, "Withesobai khong phrabatsomdet phrachunlachomklaochaoyuhua thimito maha-amnat yurop" [유럽 열강에 대한 쭐라롱꼰왕의 외교정책], pp. 19-20.

무력으로 만든 접점

영국과 시암이 차이점을 해결하는 방식과 달리 시암과 프랑스가 메콩강 주변의 애매모호한 공간을 정하는 데 벌인 다툼은 폭력적이었다. 프랑스는 시암보다 2년 늦게 그 지역을 통치하는 작전을 개시했다. 어느 역사가가 말하듯이, 프랑스는 "태국의 작은 초소가 유역을 따라 주둔하고.... 태국 군대가 산맥의 정상에 자리를 차지하면서 훤히 안남 평원을 내려다보는 것을 발견했다."[319] 따라서 프랑스는 시암의 소유권 주장에 대해 그리고 그 지역에 주둔한 시암의 군대에 대해 반론을 제기했다.

19세기 말 유럽인이 작성한 모든 문헌과 지도는 짜오프라야 평원 너머의 지역들을 시암과 별도인 국가들로 취급했다. 갈등 당시 루앙프라방과 방콕의 프랑스 영사이자 그 자신 측량관이며 탐험가였던 오귀스트 파비(Auguste Pavie)가 자기 관점을 표명했듯이, 시암의 영역은 짜오프라야 평원에 한정되어 있었고, 어느 정도까지 라오 지역이 시암의 주권 아래 있고 또는 어느 지점에서 시암이 베트남의 영역에 닿는지 확실하지 않았다.[320] 시암이 프랑스보다 먼저 움직여 다툼이 되는 영역 대부분을 점령했다는 사실은 시암이 실제로 획득하는 데 어느 정도 유리했다는 것을 뜻했다. 프랑스는 그 당시 시암의 주둔과 소유권에 대해 강하게 항의해야 했다. 파비 스스로도 다중 복종의 토착 관행을 언급하며 자율성의 상실이 아니라고 주장했다. 시암은 중국과 안남, 또는 버마보다 더 많은 권리를 갖는 것이 아니라는 것이다. 그는 심지어 루앙프라방의 연대기를 찾아보기까지 하며 시암이 라오의 역사에서

319 Breazeale and Sanit, *Phuan*, p. 93.

320 Auguste Pavie, *Mission Pavie Indochine 1879-1895*, vol. 1, p. 194.

거의 언급되지 않는다고 주장했다.[321] 흥미롭게도 이 사례에서 시암과 프랑스가 선택한 역할과 주장을 내세우는 전술은 1864년의 것들과 뒤바뀌었다. 그때 몽꿋은 캄보디아에 대해 배타적 소유권을 주장한 프랑스에 항의했었다.

라오 지역을 둘러싼 경쟁의 전환점은 1887년 6월 라이의 군대가 시암이 라이 지배자의 아들들을 붙잡아 간 것에 대한 보복으로 루앙프라방을 약탈했을 때였다. 파비는 몸소 루앙프라방의 왕을 구했다.[322] 이 사건 후에 라오의 왕이 그에게 루앙프라방은 시암의 정령지가 아니라 말했다고 파비는 주장했다. 루앙프라방은 모든 공격으로부터 보호를 받고자 자발적으로 시암에게 공물을 바쳤다. 물론 라오의 왕은 그 결과에 만족하지 못했다. 파비는 라오의 왕이 토착 담론 관점에서 했던 말을 전한다. "짐은 더 이상 그들[시암]과 함께 하고 싶지 않소. 내 아들이 동의한다면 우리 자신을 프랑스에게 선물로 바칠 것이오. 프랑스가 앞으로 불행으로부터 우리를 지킬 수 있다는 조건 하에서 말이오."[323] 그러나 잠재적 종주 어느 누구도 그러한 불행을 막을 수 없었다. 잠재 종주가 불행의 원천이었기 때문이었다. 더욱이 라오의 왕은 점령 없는 복종으로서 선물을 제공하는 그의 담론이 시암과 프랑스 둘 모두 내세우는 새로운 지리 담론에서 더 이상 설 자리가 없을 것이라는 점을 깨닫지 못했다.

각자가 자기의 주장을 입증하고 상대의 주장을 무효화하려고 사용한 방법-복종의 증거-은 그 어느 것도 증명하지 못했다. 모든 반론들은 맞기도 하고 틀리기도 했다. 애매모호한 가장자리의 속성을 논

321 Ibid., vol. 6, pp. 111, 127, 135, 142.

322 Forbes, "Struggle for Hegemony," p. 88.

323 Pavie, *Mission Pavie*, vol. 6, p. 114.

리적으로, 역사적으로 파악할 수 없기에, 평화로운 방식이든 폭력적인 방식이든 임의로 그 가장자리를 정해야 했다. 지리적·종족적 증거가 시암의 주장을 정당화하기에 적절하지 않아서 시암이 군사적인 수단에 의존할 수밖에 없었다는 파비의 말은 옳은 것이다. 호는 단지 시암이 개입하는 구실이었다는 파비의 말 역시 옳은 것이다.[324] 그러나 이 언급은 똑같이 프랑스에게도 적용된다. 나중에 밝혀진 것처럼 이 지역의 애매모호한 국경을 없애는 시도는 순전히 양측의 무력에 의해 이루어졌다.

시암의 군대와 프랑스의 군대 둘 모두 점령한 영토에 재빨리 깃발을 세우며 그 지역에 진군했다. 마침내 메콩강 좌안의 여러 지점에서 그 둘은 마주쳤다. 1888년 탱(디엔비엔푸)에서 충돌한 것은 경계선이 일시적으로 어떻게 정해지는지 보여주는 예이다. 그 사건에서 양측 군대는 탱에서 서로 마주칠 때까지 "호를 진압해" 나갔다. 처음에 양측의 사령관들은 각자의 소유권을 주장하며 상대에게 물러나라고 명령했다. 결국 그들은 어느 쪽도 더 이상 나아가지 않는다는 아주 간단한 협정을 맺어 그 다툼을 해결하기로 했다. 방콕에서 진행되는 협상이 외교적으로 그 사안을 해결할 때까지 그 영토는 정복자에 속한다고 합의했다. 1888년 12월 탱에서 체결된 협정은 메콩 지역의 다른 모든 전선에 두루 적용되었다.[325]

조공국들이 정복되었다는 데서 그치지 않고 다중 주권국의 토착 정치지리가 사라지게 될 판이었다. 군대는 애매모호함을 제거했다. 충

---

324 Ibid., vol. 7, p. 270.

325 Surasakmontri, [전기], vol. 4, pp. 154-172, 특히 pp. 155-159. 또한 Pavie, *Mission Pavie*, vol. 1, pp. 245-246, 288-289, 290과 Chiraporn, [1893년 위기], pp. 61-66을 보라.

돌 때문에 양측의 보병대가 장악한 공간이 처음으로 맞붙게 되었다. 따라서 겹쳤던 공간은 두 주권 영토의 접점으로 탈바꿈됐다. 시암의 군대와 프랑스의 군대가 행사한 새 지리지식의 힘은 팽배하여 새로운 종류의 공간을 창출했다. 그러나 무력 점령을 통한 영토 할당은 잠정적이고 일시적이었다. 양측의 지리체는 아직 확정되지 않았다. 양측이 접점의 위치를 정하는 모든 사안에서 협의를 이룰 수 없기 때문이었다.

그 즈음이면 시암의 지도자들은 영토-그들의 조상들은 한 번도 걱정한 적도 없고 선물로 주기까지 한 그 땅-에 대해 신경을 많이 썼다. 주권이 미칠 대상이 통치 성읍과 그 지배자에서 실제의 영토로 옮겨갔다. 이제 시암으로서는 흙 한 줌 한 줌이 중요해졌는데, 그 경제적 가치 때문이 아니라 주권과 왕의 위엄과 국가에 결부된 그 의미 때문이었다. 1888년 첫 충돌부터 1893년 위기까지 시암은 거의 모든 국경을 그의 주권 영역에 편입시키려고 온갖 노력을 다했다. 국경을 다루는 전통 방식이 불가피하게 사라져야 했다. 국경 감시는 더 엄격해졌고 더 통제적이었다. 국경 주변의 모든 지역은 강화되었다. 제비뽑기로 동원된 강제 노역꾼들이 교대로 사람이 살지 않았던 몇몇의 땅에 당분간 거주하도록 했다.[326] 당연히 이 모든 관행과 우려가 그들 조상들에게는 낯선 것이었다. 전장은 성읍 요새의 방어에서 여러 부딪치는 지점으로 옮겨갔다. 사람이 도무지 살지 않고 가질 것 없는 버려진 땅도 그 지점에 포함됐다. 빡남 위기와 짜오프라야강 봉쇄를 야기했던 여러 사건들이 전근대 지리 관념이 팽배했더라면 무시되었을 곳들에서 발생했다. 1893년 4월 메콩강 중부의 무인 모래톱에서 큰 충돌이

---

326 Orawan Nopdara, "Kanprapprung kanpokkhrong lae khwamkhatyaeng kap farangset nai monthon udon rawang ph.s. 2436-2453" [1893-1910년 우돈 지방에서 단행한 행정 개혁과 프랑스와 벌인 갈등], p. 118.

일어났다.[327] 이것이 지역 차원, 나아가 국제 차원의 위기를 야기해 프랑스가 짜오프라야강을 봉쇄하려고 두 척의 함대를 보내기에 이르렀다. 이것은 곧 공간의 애매모호함을 해결하려는 또 다른 전략적 움직임이었다.

프랑스-시암 갈등은 두 국가가 서로 다른 편에서 갈등을 겪어온 것으로 여겨져 왔다. 그러나 토착 조공 공간이 새로운 지리체에 의해 대체되었다는 한에서는 두 경쟁자는 실제로는 같은 편에 서있었다. 양측은 근대 지식의 힘을 활용하여 토착 지식과 맞섰고 이를 제압했다. 겹치는 영역을 정하여 나누었다. 새로 등장한 접점이 각자의 영토에 한계-두 영역 사이에 날카롭고 명명백백한 구분-가 되었다. 더욱이 이 새로운 구분법에 의해 표시된 영역은 새로운 관리 장치에 의해 통합 영역으로 탈바꿈되었다. 이 모든 행위와 사건들은 지리 담론의 대체가 발생한 변환의 순간들이었다. 충돌과 봉쇄는 근대 영토주권과 국제 질서와 새로운 의미의 모국의 등장으로 이어졌다.

그러나 무력과 새로운 행정이 공간의 애매모호함을 정하는 유일한 수단은 아니었다. 주권의 구현이 실제의 영토에서 이루어지는 것으로 바뀌었다는 것은 주권이 표상되는 형식이 마찬가지로-전통적인 복종 의례와 관행에서 지평면을 직접적으로 다루는 새로운 표상으로-바뀌었다는 것을 뜻한다. 쭐라롱꼰 조정이 본격적인 조사와 경계에 대한 지도를 작성하기 시작했다는 것은 근대 지리학에 대한 그의 호감뿐만 아니라 주권 담론의 변화를 반영한다. 프랑스와 시암 모두 그들의 지리학을 구체화하려는 욕망을 실현하기 위해 군대와 지도를 갖고서 싸웠다.

---

327 그 사건에 대한 직접적인 설명을 Phra Narongwichit [Luan na Nakhon], *Chotmaihet r.s. 112* [1893년에 대한 기록]에서 보라.

::

6. 지도제작: 새로운 공간 기술

지리학은 유럽인의 탐험 초기부터 19세기 식민주의에 이르기까지 동양에 대한 지식과 분리될 수 없는 강력한 과학이었다. 중국인들은 말레이 반도를 자주 방문했고 그 지역에 대한 해안도를 여럿 작성했다. 몇몇 지도는 마르코 폴로 등 유럽인들에게 귀중한 자료가 되었다. 마르코 폴로의 지도는 1292-1294년에 만들어졌다.[328] 그때로부터 이 지역 지도가 고전, 중세, 근대 초기 유럽의 여러 지도에 포함되었다.[329] 그러나 시암만 봤을 때는 이 지역에 관한 유럽의 지도에 뒤늦게 등장했다. 16세기 후반부에 이르러서야 포르투갈의 탐험에 포함됐다. 이때로부터 유명한 지도제작자들이 시암을 제대로 알아보았다.[330]

---

328 Larry Sternstein and John Black, "A Note on Three Polo Maps," pp. 347-349.

329 Paul Wheatley, *The Golden Khersonese*, pt. 2; R. H. Phillimore, "An Early Map of the Malay Peninsula," pp. 175-178. 또는 Salwidhannidhes, "Study of Early Cartography in Thailand," pp. 81-89.

330 R. T. Fell, *Early Maps of South-East Asia*, pp. 71, 73.

서구 지도와 시암

17세기 프랑스와 네덜란드는 지도제작 기술에서 선두 주자였다. 특히 프랑스 왕실은 과학협회를 설립했는데, 여러 세대에 걸쳐 지도제작자들이 이 단체를 이끌었다.[331] 양국 모두 그 당시 동양 탐험을 주도하는 유럽의 강국이었다. 프랑스는 1680년대 시암과 매우 가깝게 지내며 시암에 대한 지리지식을 확장했고 지도도 작성했다. 루이 14세 왕실의 프랑스 사절단과 지도제작자들은 시암에 관한 지도 여럿을 발간했고 그들이 가진 지식을 다른 유럽의 지도제작자들에게 전수했다. 〈그림 7〉은 1686년 시암에 파견된 프랑스 사절단과 함께 여행한 한 지도제작자가 그린 지도이다. 이로부터 시암은 유럽의 지도제작자들이 작성한 이 지역 지도 모두에 눈에 띄게 등장한다.[332]

그럼에도 19세기 후반부 이전의 모든 지도에서 시암에 관한 사항은 대개 해안 지역에 국한되었다. 내륙은 그때까지 유럽인들에게는 미지의 땅이었다. 일부 예수회 사람과 여행가들만이 17세기 중반에 라오 지역을 방문했을 뿐이었다. 1636년 한 네덜란드 사람이 오늘날 태국의 중부 평원의 짜오프라야부터 북쪽으로 라오 지역까지 이르는 수로 지도를 제작하려고 했다. 내륙지역에 대한 지식은 매우 어설펐다. 그 지도에서 짜오프라야강은 란상(루앙프라방 또는 위앙짠)으로 이어졌고 북쪽으로는 오늘날 라오스-캄보디아 국경의 리피(Liphi)로 이어진다.

1821년 시암에 파견된 존 크로퍼드 사절단의 임무 일부는 그 땅이 어떻게 생겼는지 과학적인 조사를 하는 것이었다. 그 자신 지리학자였

---

331 기본적으로 유럽 사례이긴 하지만 지도제작의 역사를 보려면 Leo Bagrow, *History of Cartography* 참조.

332 Fell, *Early Maps of South-East Asia*, pp. 72-75.

던 크로퍼드는 방콕에서 시암만까지 이르는 짜오프라야 수로의 모래톱을 비롯해 시암만의 동부 해안에 관한 10장의 지도를 작성했다.[333] 헨리 버니 역시 란나에 대해 알고자 했다. 그의 말에 따르면 란나는 그때까지 "유럽의 지리학자들에게 알려져 있지 않았다."[334] 그러나 그는 1825-1826년 영국 사절단으로 방콕에 왔을 때 그 기회를 갖지 못했다. 1830년까지 크로퍼드는 시암의 북부 국경에 대한 사항은 추측과 다름없다고 계속 언급했다.[335] 〈그림 8〉은 그가 시암과 베트남에 사절단으로 갔을 때인 1821-1822년의 일을 1828년에 기록한 문헌에 포함된 지도이다.

메르카토르가 온 지구를 아우르는 위도-경도 도법을 개발한 이래로 세계는 채워질 빈 사각형으로 가득 찼다. 신세계는 '발견되었다.' 먼 쪽의 아프리카도 발견되었다. 발길이 닿지 않았던 곳들이 열리고 지도에 표기되었다. 사실 근대에 수많은 원정대가 온 지구를 표시하려는 욕망을 채우려고 지도제작에 나섰다. 앞선 시기 선구자들처럼 크로퍼드와 그 세대의 여러 다른 탐험가와 식민관료들이 시암과 그 지역 전체에 관한 지도를 제작하려고 했다. 지리지식에 대한 갈망은 식민 지배 확장에 깊이 결부되었다. 이 지식이 탐험가와 행정가뿐만 아니라 식민지 획득에서도 주요 과학이 되었기 때문이다.[336] 래리 스턴스타인

---

333 *Crawfurd Papers*, pp. 9, 11, 71-72. 왕실은 짜오프라야 수로 지도에 성미가 나 피낭의 그 영국 거주민에게 항의했다. 그 지도가 궁정 안보에 위협이 된다고 간주했기 때문이다. "Thut farang samai krung rattanakosin" [방콕 왕조 시기 서양 사절단], in *PP* 34/62, pp. 254-256을 보라.

334 *BP* 1, p. 58.

335 John Crawfurd, *Journal of an Embassy from the Governor-General of India to the Courts of Siam and Cochin China*, vol. 2, p. 199.

336 Edward Said, *Orientalism*, pp. 216-219.

(Larry Sternstein)은 제임스 로 선장의 사례를 다룬다. 로는 경력 개발 차원에서 상대적으로 알려지지 않았던 지역에 관한 지도를 제작했다.[337] 대륙동남아시아가 거의 알려지지 않았으나 크로퍼드의 조사가 곧 결과물을 낼 것이라는 것을 알게 된 로는 다급히 시암과 라오스와 캄보디아에 관한 지도를 제작했다. 그의 상급자 여럿이 그 작업을 열렬히 환영했고 2천 스페인달러가 그 일에 수여됐다. 그러나 그 지도는 현장조사 덕목 없이 토착민들이 자원하여 제공한 정보로 작성되었다. 스턴스타인은 그의 논문 대부분에서 로의 1824년 지도가 한물간 정보로 만들어졌으며 새로운 발견과 토착 자료를 도외시하고 '대부분 전해들은 말에 근거를 둔 것'이라는 것을 밝히려고 자세히 분석하며 그 지도를 비난하지만,[338] 로의 지도와 그의 이야기는 당시, 특히 19세기 전반부에 유럽인들이 시암의 지리에 대해 가졌던 지식의 수준을 드러낸다.

그때 작성되었던 지도에서 내륙지역은 여전히 미지의 땅이었다. 예컨대 존 보링 경은 1857년 그의 유명한 책에서 중부 평원과 란나 사이에 알려지지 않은 사막이 있다고 믿었다.[339] 메콩강의 줄기는 수원지에서 남동쪽으로 곧바로 내려와 이어진다고 믿었다. 물줄기가 동쪽으로 가다가 남쪽으로 다시 구부러지는 루앙프라방 남쪽의 큰 굽이가 프란시스 가르니에의 책이 1864년에 발간되기 전까지는 알려지지 않았다.[340] 그때까지 오늘날 태국의 동북부 지역 전체가 거의 존재하지 않

337 Larry Sternstein, "'Low' Maps of Siam," pp. 132-156과 "Low's Description of the Siamese Empire in 1824,'' pp. 9-34.

338 Sternstein, "'Low' Maps of Siam," pp. 138-144. 인용은 p. 138에서 따왔다.

339 Sir John Bowring, *The Kingdom and People of Siam*, vol. 1에서 그 지도를 보라.

340 Francis Garnier, *La Cochinchine francaise en 1864.*

았다. 메콩강과 시암 동부 산맥 사이의 좁다란 지대로서만 등장했을 뿐이었다. 1850년대까지 유럽의 지식에서 시암은 그야말로 '옛 도끼'와 같았다. 사실 18세기 초의 자료를 보면 그 모양이 초승달 같았다.[341] 보나마나 이 지도들은 지구 차원의 지식을 갖지 않았고 내륙지역과 메콩강의 지리에 대해 거의 알지 못했던 토착민들이 전해준 정보에 근거를 둔 것들이었다.

이 지도들이 여러 면에서 서로 다르긴 하지만, 놀랍게도 모두들 한 가지를 공통으로 갖고 있다. 시암이 오직 짜오프라야 분지와 말레이 반도의 위쪽에 놓여 있다는 것이다. 북쪽 변경을 보자면, 시암은 피차이(Phichai), 핏사눌록(Phitsanulok), 또는 수코타이(Sukhothai)나 깜팽펫(Kamphaengphet)의 남부를 조금 넘는 데까지 뻗어 있다. 동쪽 국경에서는 시암의 영역은 거대한 산맥까지이고, 그 산맥 너머에는 라오스와 캄보디아의 영역이 펼쳐진다. 크로퍼드와 보링과 같은 사람들은 라오 지역, 캄보디아 지역, 말레이 지역이 시암과 버마와 중국과 베트남 등

---

341 Salmon, *Modem History or the Present State of All Nations*, vol. 1. 이 책은 1724년 무렵 쓰였다. 그 책에서 동남아시아 지도는 유명한 지도제작자인 허먼 몰(Herman Mall)이 그렸다. 가르니에(Garnier)의 메콩강 대굽이 '발견' 이전에 유럽이 만든 지도들을 더 보려면 Simon de la Loubere, *The Kingdom of Siam*; John Crawfurd, *History of the Indian Archipelago* (1820) and *A Descriptive Dictionary of the Indian Islands and Adjacent Countries* (1856); J. H. Moor, *Notices of the Indian Archipelago and Adjacent countries* (1837); F. A. Neale, *Narrative of a Residence at the Capital of the Kingdom of Siam* (1852) 등 여러 여행가들의 기록을 참조. 스턴스타인 또한 로 선장이 1824년과 1830년에 그 지역의 지리를 연구하고 지도를 작성하려는 시도를 훌륭하게 설명한다. 그 지도들의 개략을 보려면 그의 "'Low' Maps of Siam"과 "Low's Description of the Siamese Empire in 1824" 참조.

등락을 거듭하는 강대국들의 영향 아래 있다는 것을 인정했다.[342] 그러나 분명하게도 그들은 이 약한 국가들이 가장자리에서 경계선 없이 동시에 여러 군주에게 충성을 바쳤다기보다는 더 강력한 왕국이 번갈아 이 약한 국가들을 점령했다고 생각했다. 이것은 어떤 역사적 주장에 대한 증명이나 부정이 아니다. 오히려 이것은 그들이 시암을 지리적 관점에서 어떻게 생각했는지, 정보제공자와 지역민이 무엇을 시암으로 여기고 무엇을 시암으로 여기지 않았는지 보여준다. 시암인들 스스로 란나와 라오 지역과 캄보디아 지역을 시암의 영역이 아니라고 인식했음을 이 지도들과 기록들은 알려줄 터이다.

시암에서 이루어진 서구식 지도제작

17세기 이후 시암의 지도제작에 네덜란드와 프랑스가 끼친 영향에 대한 증거는 현재까지 없는 실정이다. 몽꿋의 재위(1851-1868)까지 시암의 왕실은 지리 조사에 흥미를 느끼지도 그렇다고 귀찮아하지도 않았다. 왕실의 항의를 야기했던 짜오프라야 수로에 관한 크로퍼드의 지도처럼 방콕까지 이르는 잠재적 전쟁 경로를 다루는 사례를 제외하면 말이다.[343] 한번은 방콕에서 테나세림 지방까지 육로로 여행하기를 바랐던 한 영국 전령이 시암의 관원을 따라가며 국경의 정글에서 정처 없이 헤맸던 적이 있다. 그 시암 관원은 그 전령이 방콕과 영국이 점령한

342 예컨대 Crawford, *Journal of an Embassy*, vol. 2, pp. 214-215와 Bowring, *Kingdom and People of Siam*, vol. 1, pp. 1-4를 보라.

343 ["방콕 왕조 시기 서양 사절단"] in *PP* 34/62, pp. 254-256을 보라.

영토 사이의 육로를 알지 못하도록 그렇게 처신했던 것이다.[344]

몽꿋이 지배하던 때의 시암은 달랐다. 지도자들은 서구의 관념과 과학 도구에 더 익숙했다. 지구본과 지도는 시암인들이 즐기던 도구들이었다. 서구 사절단이 그에게 선사하려고 골랐던 선물 중에 여러 나라들과 도시들에 관한 지도가 종종 포함되었다는 사실은 그것들이 몽꿋에게 얼마나 중요했는지 알려준다.[345] 주는 자가 모종의 의도를 숨긴 채 받는 자로 하여금 이 지도를 갖게 했는지, 아니면 후자가 이것을 입수하여 소유하기를 바랐는지 분간하기는 어렵다. 다만 이 지도들이 렉스 시아멘시움(Rex Siamensium, 라틴어에서 딴 영국식 국왕 칭호-역주)-몽꿋이 외국인과 교류할 때 스스로를 즐겨 불렀던 이름-에게 아주 특별한 선사품이었다는 것만은 확실하다. 시암의 지도자들이 먼 나라에서 온 그렇게 많은 사절단들을 눈으로 직접 보고, 일정 기간 그들에 관해 알아가고, 특히 그들의 나라들을 지도에서 보면서, 시암이 문명국들처럼 지도에 등장하는 것을 상상하거나 바라기를 거절할 수 있었겠는가? 시암은 존재하여 지구상에 포함될 터였다. 그러나 지도제작 관점에서 보면 시암은 상당 부분 미지의 땅이었다. 심지어 시암의 지도자들에게도 미지의 땅이었다. 시암은 존재했다. 그러나 아직 완전히 인식되지 않았고 설명되지 않았다.

몽꿋 재위기의 시암의 지도자들은 더 협조적이었고 전통 지도를 갖고서 외국인들을 상대할 자세를 갖추었다. 사실 협조적인 태도에서 더 나아가 시암은 적극적으로, 창조적으로 국정에서 지도제작에 관련한 기능과 역할을 확대했다. 재위 마지막 5년 동안 방콕은 지역 행정 당국에 수많은 서신과 지시를 내리며 버마의 국경과 캄보디아의 국

---

344 *BP* 1, pp. 199-200.

345 Thiphakorawong, *Fourth Reign*, vol. 1, pp. 136-137, 140.

경 부근의 변경에 대해 파물었다. 핏사눌록, 피마이, 쁘라찐과 같은 시암 본토 내의 여러 지역들에 관한 조사와 지도를 작성하는 것과 관련된 교신도 많았다. 어떤 교신은 시소폰(Sisophon, 당시 태국-캄보디아 국경으로 오늘날과 달리 캄보디아 영토가 아니었다)에서 프랑스와 같이 조사하는 것에 관련되기도 했다.[346] 이것은 영토 행정에 관한 새로운 개념을 보여주는 첫 번째 표시일 것이다.

그 무렵 서쪽과 동쪽 변경에서 영국과 프랑스와 경계에 관한 협상이 벌어지고 있었다. 그러나 시암이 그 자체의 지리체에 관한 지도를 그리려 했다는 증거는 없다. 프랑스의 탐사대가 메콩강 주변 지역을 조사하고 있다는 것을 알게 된 1866년에 이르러서야 몽꿋은 시암도 마찬가지로 그렇게 해야 한다고 각성했다. 곧 한 네덜란드인이 난, 루앙프라방, 그리고 동쪽으로 묵다한(Mukdahan)까지 이르는 메콩 지역을 탐사하는 조사단을 이끄는 수장으로 임명되었다. 그러나 오늘날까지 어떤 언어로든 그 탐사에 관한 자세한 사항이 발견되지 않고 있다.[347] 이 임무를 제외하면 1880년대까지 시암이 경계를 조사했다는 기록이 없다.

지도제작과 지형 조사는 방콕과 몇 지방에서 근대화 프로젝트에서 매우 커다란 역할을 수행한 것으로 보인다. 이 역할은 이어졌고 시암이 급속히 근대화를 추진하면서 다음 왕의 재위기에 더욱 커졌다.

346 Bangkok, National Library, *Manuscript Section, Chotmaibet r. 4 ch.s. 1226-1230* [제4대왕 재위 시기 1864-1868년 기록].

347 Sternstein, "'Low' Maps of Siam," p. 145. Thiphakorawong, *Fourth Reign*, vol. 2, pp. 99-100에서는 그 이름을 태국어로 도이쪽(Doichok)이라고 언급한다. 스턴스타인은 그가 다이사트(Duysart)라는 이름을 가진 네덜란드인이라고 확증할 수 있었다 (그의 논문의 주석 12를 보라).

방콕에서 도시화가 확대되고 특히 도로, 철도, 전선 등 건설 프로젝트가 증가하면서 지식과 기술자와 설비의 측면에서 지도제작 기술에 대한 필요가 더 늘어났다.

이것이 시암에게는 새로운 기술이었기에 초기에 외국인, 심지어 기술자가 아닌 자들이 대부분 지도제작을 담당했다. 몽꿋 재위기에 방콕의 부영사였던 영국인 헨리 앨러배스터(Henry Alabaster)는 쭐라롱꼰이 가장 신뢰한 자문위원 중 하나가 되었다. 그는 훈련된 측량사나 지도제작자는 아니었지만 공학에 조예가 깊어 적임자였다. 그는 주요한 두 전신선(방콕-빡남, 방콕-방빠인)과 방콕 내 여러 도로와 방콕에서 시암만에 이르는 도로를 관할했다. 다재다능했던 그는 왕에게 깊은 인상을 주었고 그도 맡은 일을 좋아했던 것 같다.[348] 1878-1879년에 방콕 조정이 고용한 또 다른 외국인은 다재다능한 프랑스 탐험가 오귀스트 파비였다. 그는 방콕에서 시작하여 이제는 캄보디아 영역인 밧덤봉(Battambang)을 지나 사이공까지 연결되어 프랑스의 전신선과 만나는 전신선을 관할했다.

1880년에 영국령 인도정부는 영국령 인도의 경계선 지도를 위한 삼각 측량을 마무리하려면 시암에서 조사를 해야 한다며 이를 허락해 달라고 시암의 왕실에게 요청했다. 영국은 인도에서 그들의 동쪽 변경, 즉 버마까지 삼각 측량을 끝마쳤다. 그러나 이 지점의 경계 지도를 완성하려면 삼각 측량을 시암과 연결해야 했다. 따라서 영국령 인도정부는 시암의 영토 내 몇 최고 지점들에 표지를 세우고자 했다. 처음에 제안한 곳이 방콕의 황금산(Golden Mountain)이었다. 황금산은 왕궁으로

---

348 Natthawut Sutthisongkhram, *Somdetchaophraya borommahasisuriyawong akkharamaha senabodi* [시수리야웡: 위대한 대신], vol. 2, pp. 158-159.

부터 수 킬로미터밖에 떨어져 있지 않은 인공 건축물로서 방콕의 성산을 표상하며 그 꼭대기에는 부처의 사리탑이 자리 잡고 있다. 그 다음에 제안한 곳이 시암에서 가장 큰 불탑인 프라 빠톰쩨디(Phra Pathomchedi)였다. 그 불탑은 방콕에서 남서쪽으로 50킬로미터 이내에 있다.[349]

시암의 왕실은 두려워했다. 대신들과 고위 관료들을 긴급히 소집하여 회의를 개최하고 그 요청을 숙의했다. 여전히 많은 이들이 그러한 조사가 외국 침입의 첫 번째 단계라고 믿었기 때문이다. 이것이 시암의 통치자들에게 익숙한 일, 즉 어떤 특정 지역의 건설 프로젝트를 위한 조사가 아니었기 때문에 이러한 반응은 이해할만 하다. 아마도 그들 중 많은 이들이 삼각 측량이 무엇인지 몰랐을 것이다. 그 무렵 방콕에서 그 어떤 넓은 지역에 관한 조사가 없었던 실정이었다. 국경지역의 여러 곳에서 지형 조사가 있었으나 그 어떤 것도 거대한 지역과 거대한 길이의 경계를 다루는 삼각 측량과 같은 거대한 규모의 측량이 아니었다. 영국령 인도정부의 그 조사는 그 일환으로서 수도를 포함했는데, 이것은 아마도 왕실에게 가장 위협적인 사안으로 다가왔을 것이다. 표지를 세우려고 제안한 두 곳 모두 신성한 장소였고 당연히 우려를 자아냈다. 사실 그 제안은 영국과 근대 지리학의 제국주의적 무감각에 대해 많은 것을 우리에게 알려준다. 게다가 영국이 먼저 나섰고, 영국이 수행하고, 영국의 이익을 위해서였다는 것을 알려준다.

앨러배스터는 그처럼 우려하지 않았다. 그러나 시암의 두려움을 누그러뜨리기 위해 제안을 했는데, 시암이 한 영국인 기술자를 고용하여 시암의 지도를 작성하는 임무를 수행하고 이로써 시암정부가 영국

349 Maha-ammattayathibodi (Seng), "Kamnoet kantham phaenthi nai prathetthai" [태국 지도의 탄생], pp. 1-2.

의 삼각 측량과 연결해야 한다는 제안이었다. 쭐라롱꼰왕은 동의했다. 그리하여 태국 지위로 프라 위팍푸와돈(Phra Wiphakphuwadon)으로 알려진 제임스 피츠로이 매카시(James Fitzroy McCarthy)가 시암정부에 복무하는 관원이 되었다.[350]

인도로부터 시작된 삼각 측량은 완수됐고 시암의 지도를 위한 조사의 기초가 되었다.[351] 그러나 이 작업이 끝난 후 매카시와 그의 조사단은 근대화 과업으로 돌아왔다. 몇 주요한 업적은 다음과 같다.

1881: 시암의 딱(Tak)과 영국령 버마의 모울메인 사이의 전신선
1882: 중국인들에게 인두세를 효과적으로 징수하기 위한 방콕의 중국인 공동체의 중심부인 삼펭(Sampheng)에 관한 지도
1882-1883: 벌목세(伐木稅)를 둘러싼 갈등을 해결하기 위한 라행(Rahaeng, 시암의 딱 지방을 일컫는 말-역주)과 치앙마이의 경계 지도
1883: 두 말레이 국가인 빠따니(시암 지배)와 페락(영국 지배) 사이의 경계 지도[352]

그러나 이 유럽 기술은 토착민들에게 그렇게 환영받지 못했다. 매카시에게 훈련받은 성공한 측량사이자 지도제작자인 프라야 마하암맛(Phraya Maha-ammat) 셍(Seng)은 그들의 작업이 재산이 몰수될 것을

---

350 Ibid., pp. 2-3. 매카시에 대한 간략한 전기를 보려면 pp. 43-48 참조.

351 시암이 활용한 인도 동부 변경 삼각 측량 도표의 예를 보려면 McCarthy, *Surveying and Exploring*에서 chap. 1의 앞에 나온 도표 참조.

352 이 과업들에 대한 더 자세한 사항을 보려면 McCarthy, *Surveying and Exploring* 참조

두려워한 귀족들에 의해 방해를 받았다고 언급했다. 지도제작 관원들은 일하는 동안 매 순간 감시를 당했다. 매카시 자신도 그의 기록물에서 여러 차례 지방 관원들의 방해로 작업이 생각했던 것보다 훨씬 더 어려웠다고 불평했다. 생의 형제는 십송판나를 조사하던 중 지역민들이 이 작업을 원하지 않았기에 살해됐다.[353] 그럼에도 변화는 오고 있었다. 1895년 매카시가 시암에서 그의 성공적인 경력을 마무리할 무렵 그가 처음 시암에 거주할 때 마주했던 일들을 회상하며 언급하듯이 말이다. "이 나라 행정 당국은 조사를 쓸모없다고 여겼으며 더 나아가 이 나라의 의로운 통치자보다는 미래의 침략자들이 목적을 이루는 데 그 조사가 쓰일 것이라 여겼다. 그러나 이제 그러한 생각은 자취를 감췄고 조사 작업은 좋은 환경에서 이루어지고 있다."[354]

방콕의 통치자들에게서 지도제작의 역할은 급속히 증대했다. 이것은 도로와 전기와 전신과 철도처럼 시암에게 필요한 것이 되었다. 시암에서 최초의 서구식 부대인 왕립경호원(Royal Bodyguard)에서 50명을 선발하여 최초의 지도제작 관원단을 1875년에 구성했다. 이 조직은 '왕립경호원공병대'(Military Engineers of the Royal Bodyguard)로 불렸

---

353 Maha-ammattayathibodi, ["지도의 탄생"], pp. 6, 14-15와 McCarthy, *Surveying and Exploring*, preface and pp. 1-3, 117.

354 [McCarthy], *An Englishman's Siamese Journal 1890-1893*, pp. 2-3. 출판사가 저자의 이름을 밝히지 않았으나 첫 쪽에 그 책은 런던에서 1895년 저자 미상으로 출판되고 유통되었던 *Report of a Survey in Siam* [시암에서 수행한 조사 보고서]를 원문 그대로 재출간했다고 언급한다. 그 내용은 나중에 출간된 McCarthy, *Surveying and Exploring*과 거의 동일하다. 그래서 나는 매카시를 저자로 파악하면서도 참고문헌 정리 목적으로 재출간본의 제목을 유지한다.

고, 앨러배스터의 지도를 받았다.[355] 그러나 일부만이 훈련을 마쳤고 운영이 유야무야해졌다. 1881년에 이르러서야 비로소 매카시가 이 일을 맡아 훈련을 재개했다.

1882년에 담롱은 관원들을 유럽 기술자의 보조원으로 훈련시키는 최초의 지도제작 학교를 설립할 것을 제안했다. 그 학교는 수요에 따라 학생을 제한했고 그들 중 대부분은 정부 고위관료 자제들이었다. 이 학교가 제공한 과목에는 서구 수학과 천문학을 비롯해 고급 과학 도구 사용법이 들어가 있었다. 학생들은 또한 좌표를 계산하고 지형을 측정하는 여러 방법들을 배웠다.[356] 사실 이 학교는 그 당시 몇 안 되는 서구식 학교들 중 하나였다. 그리고 시암정부가 운영하는 유일한 학교였고 직무에 필요했기에 영어와 서구 과학을 집중적으로 교육시켰다. 그러나 이 학교가 일반 교육보다는 특수 목적을 위한 양성 학교였기 때문에 태국의 근대 교육에 관한 연구는 이 학교에 대해 거의 언급하지 않는다.[357]

---

355 "The Royal Survey Department Siam: A Retrospect," p. 19.

356 Ibid., p. 20; Maha-ammattayathibodi, ["지도의 탄생"], pp. 5, 8; and "Phatthanakan dan kansuksa nai rongrian phaenthi" [지도제작 학교에서 이루어진 교육의 발전], in Royal Thai Survey Department, *Thiraluk khroprop wansathapana 100 pi kromphaenthi thahan 2528* [1985년 왕립태국측량과 설립 100주년 기념집], p. 293. 그러나 이 자료들 모두 교육과정에 대해서는 자세하게 언급하지 않는다.

357 David Wyatt, *Politics of Reform in Thailand*, pp. 110, 115, n. 356. 여기에서 그 학교의 이름이 '왕립측량과 학교'로 등장하지만 그에 대한 어떤 설명도 없다. Warunee Osatharom, "Kansuksa nai sangkhomthai ph.s. 2411-2475" [1868-1932년 태국 사회의 교육]. 이 연구는 태국의 근대 교육 역사에 대한 최고의 연구 중 하나이지만 역시 교육과정에 대해서는 한마디도 안한다.

3년 뒤인 1885년에 왕립측량과(Royal Survey Department)가 설립됐다. 이 조직이 정부의 모든 조사, 기획, 지도제작 사업을 책임졌다.[358] 지도제작은 시암에서 더 이상 외국 기술이 아니었다.

지도로써 '우리' 공간 만들기

언젠가 프라야 마하암맛(셍)은 그가 1892년 내무부에서 일을 시작할 때 그의 상급자들이 변경 성읍들을 알고 있을 거라고 확신했지만 지도에서 그곳들의 위치를 파악하지 못했다고 말한 적이 있다. 그는 덧붙이기를 아마도 그들이 국경에서 벌어지는 문제에 그렇게 큰 관심을 갖지 않았을 것이라고 했다.[359] 이 회고는 과장됐다. 왜냐하면 국경 문제는 벌써 1892년 방콕 조정의 으뜸 현안이었고 변경 성읍의 지도는 그 무렵이면 수많은 통치자들에게 틀림없이 알려졌을 것이기 때문이다. 그럼에도 그러한 언급은 변경 성읍을 이름으로 알았던 시기에서 지도로 아는 시기로 옮겨가고 있음을 그가 인식했다는 것을 알려준다. 이 이동은 꽤 짧은 기간에, 즉 19세기 마지막 20년 동안에 발생했다.

위협적인 삼각 측량 요청을 받은 지 몇 년 지나서 지도제작에 대

---

358 그 과의 역사에 대한 간략하지만 도움이 되는 기록을 보려면 "회고"(위 주석 355를 보라) 참조. 이 문헌의 저자는 아마도 1901-1909년에 그 과의 책임자였던 로널드 지블린(Ronald W. Giblin)일 것이다. 그 과의 역사의 대한 유일한 문헌이 공식 역사 기록인 [기념집]이나 그 정보가 불행히도 도움이 되지 않는다.

359 Tej Bunnag, *Provincial Administration of Siam 1892-1915*, pp. 1-2.

한 필요는 빠르게 증가했다. 그러나 1880년대 중반 이후 이를 추동했던 것은 기반시설 건설이 아니었다. 바로 앞서 언급한 새로운 지방행정에 대한 필요였다. 1882-1883년 매카시의 작업에서 알 수 있듯이 시암과 란나 사이의 성읍의 경계, 그리고 남쪽의 시암의 조공국인 빠따니와 영국의 지배를 받는 페락 사이의 경계에 대한 문제가 있었다. 사실 나라 전체가 지배자들의 전통적 위계관계에서 영토에 기반을 둔 새로운 행정으로 옮겨가기 시작했다.

지방을 관리하는 기존의 체계는 방콕 귀족의 영향을 받는 지역 지배자들 사이의 위계적 종주권 네트워크에 기반을 두었다. 이 체계에서 대개 분쟁 뒤에 작은 성읍은 한 종주에서 다른 종주로 바꾸어 의존하는 것을 요청할 수 있었다. 새로운 종주는 동떨어진 성읍의 지배자일 수도 있다. 지역 종주의 영역은 서로 연결되지 않을 수도 있다.[360] 그리하여 한 성읍은 이름으로 알 수 있을 따름이었고 대부분의 경우 방콕은 각 지역의 중심부의 영역에 대해 알지 못했다. 켓댄에 관하여 지역민들한테 물어봐달라고 영국에게 말했던 라마3세의 왕실처럼, 몽꿋의 왕실이 변경의 성읍들에게 특정 지역의 경계에 관해 물으며 내린 교신은 왕실이 그의 영역을 알지 못했음을 보여준다.

대부분 란나와 메콩강 주변의 주요 조공국들에서 시작된 개혁을

360 이 체계의 예들을 태국의 동북 지역이 된 라오 성읍들의 사례에서 찾아볼 수 있다. "Phongsawadan huamuang isan" [동북부 성읍들의 역사] in *PP* 3/4, 특히 pp. 359-360, 363-364 그리고 몇 뚜렷한 사례에 대해서는 pp. 394-395 참조. 또한 Toem Wiphakphotchanakit, *Prawattisat isan* [동북부 역사]와 Orawan Nopdara, "Kanprapprung kanpokkhrong lae khwamkhatyaeng kap farangset nai monthon udon rawang ph.s. 2436-2453" [1893-1910년 우돈 지방에서 단행한 행정 개혁과 프랑스와 벌인 갈등], pp. 118-122를 보라.

통해 방콕은 이들에 대한 지배를 강화했을 뿐만 아니라 크고 작은 성읍들의 행정을 재조직했다. 방콕의 관원들은 누가 어디를 지배하는지 도무지 알 수 없다는 것이 주요한 문제들 중 하나라는 것을 알았다. 해결책은 영토 재분배였다. 즉 여러 성읍을 한 종주에서 다른 종주로 옮기고 그중 몇 성읍은 없앴다. 새로운 지리 의식을 갖고서 방콕은 재분배된 모든 지방의 행정에 관하여 필요한 두 가지 조치를 시행했다. 다름 아닌 지도제작과 가구 등록이었다.[361]

개혁은 시암의 영역에 대한 개념에서 극적인 변화가 있어났음을 보여준다. 최초로 시암은 영토적 관점에서 왕국을 구성하는 단위를 알고자 했다. 당연히 이것은 근대 지리 담론이 지도와 관련하여 불러일으킨 새로운 관점의 결과이다. 지도는 인지 체계이자 새로운 행정의 실질 수단이었다. 영토에 기반을 두면서 새로운 행정 권력을 행사하기 위해서는 공간을 재조직하고 재분배해야 했다. 지도제작을 위해서는 이것이 필요했다. 새로운 행정체계 이름-테사피반(thesaphiban, 영토 보호)-은 이러한 변화를 버젓이 반영한다. 그러나 재분배는 메콩강을 둘러싸고 프랑스와 대결을 벌일 무렵에 시작되었다. 여기에서 쭐라롱꼰은 프랑스를 저지할 조치로서 국경지역을 재조직하고 그에 대한 지도를 작성하려는 바람을 숨김없이 드러냈다.[362] 그 지역에서 개혁이 공식적으로는 1890년 말에 시작되었지만 실질적으로는 그전에 이미 시작되었다.

두드러지는 점은 시암에서 지도제작은 초기부터 라오 지역을 시암의 영역에 편입시키려는 의도와 관련되었다는 것이다. 1884년 초, 한 시암의 왕자는 제안하기를, 왕실이 측량사들과 지도제작자들이 참

361 Orawan Nopdara, [“우돈 지방 개혁”], pp. 127, 176-180.

362 [“동북부 성읍들의 역사”], p. 370.

여하는 단을 구성하여 통킹과 안남에 근접한 상류의 메콩 유역에 관한 지도를 만들어야 한다고 했다. 매카시 자신도 그 지역의 국경을 둘러싸고 다툼이 곧 벌어질 것이라면서 지도를 시급히 제작해야 한다고 경고했다.[363] 당연히 지도제작은 호를 진압하는 것과 관련이 없었으나 시암의 지배자들은 지도가 국경 문제를 다루는 데 강력한 수단이라는 것을 알고 있었다.

역사상 최초로 1884년 1월-7월에 매카시가 관장하는 지도제작단이 방콕의 군대를 따라와 루앙프라방과 위앙짠 주변의 영토를 조사했다.[364] 이때부터 1893년 중반까지 호를 진압하는 소위 시암의 원정대는 늘 측량사들과 지도제작 기술자들을 대동했다. 사실 지도제작은 모든 원정대의 주요한 임무였다. 1885년 쭐라롱꼰이 시암의 군대에게 내린 지시는 단도직입적이었다. "국왕은 국왕의 주권 아래 있는 모든 지역을 알고자 하느니라....이 때문에 폐하는 지도제작단을 구성하여 모든 지역을 조사하고 정확한 정보를 수집하게 했느니라. 그러므로 모든 사령관들과 장교들은 이 지도제작단이 임무를 수행할 수 있도록 지원해야할 것이니라."[365] 여기에서 알고자 한다는 것은 지리를 알고자 한다는 것이다. 호를 진압하려는 작전에 대한 수라삭몬뜨리의 기록은 여러 지역들과 사람들의 특성, 여러 명칭법을 사용하여 각 지역의 위치를 정확히 파악하려는 시도들로 가득 차 있다. 군대가 진군할수록 지도를 그려나갔다는 것은 뻔하다. 그리고 그 지도들을 때때로 방콕으로

363 Chiraporn Sathapanawatthana, [1893년 위기], pp. 41-46, 67.

364 McCarthy, *Suweying and Exploring*, pp. 18-77. Chiraporn, [1893년 위기], pp. 44-45에 나온 이 조사단의 날짜는 부정확하다.

365 Surasakmontri, [전기], vol. 2, p. 332.

보냈다.[366]

시암은 지도가 왕국의 모든 경계를 한 번에 영원히 결정할 수 있는 수단이 될 것으로 기대했던 것 같다. 즉 지도를 사용하여 애매모호한 가장자리가 사라지고 확실한 한계를 가진 왕국이 등장할 것으로 기대했던 것이다. 지도제작 기술은 더 이상 낯설거나 의심스러운 것이 아니었다. 프랑스의 주장을 맞받아치려면 서구가 들을 수 있는 근대 지리학이 유일한 지리 언어이며 오로지 근대 지도만이 주장을 내세울 수 있다는 것을 시암은 확실하게 알고 있었다. 지도는 재위 초기에 왕실을 겁먹게 했다. 이제는 시암의 지리체를 결정하고 확립하는 필수 기술이 되었다.

그러나 지도에 대한 이 모든 추진 사항은 그때까지 시암은 그의 주장을 입증할 수 있는 이와 같은 증거를 손안에 갖고 있지 않았다는 것을 또한 보여준다. 몇 번의 원정 이후 짧은 기간 내에 그러한 엄청난 일을 끝낸다는 것은 상상하기 어려웠다. 그러나 시암의 지배자들이 기술의 중대함을 깨달았는지 알기는 어렵다. 시암의 지도자들이 그들의 군사 역량을 과대평가했으나 실질적으로는 제대로 준비하지 못했다는 어느 역사가의 평가를 그들이 지도를 다루는 데에도 마찬가지로 적용할 수 있다.[367] 그들은 전장과 협상테이블에서 그들의 주장을 입증하려

---

366 Ibid., vol. 3, p. 234.

367 Battye, "Military, Government, and Society in Siam," pp. 319-350. 그 무렵 시암의 지도자들이 새로운 세대의 사람들이었다고 배타이(Battye)는 주장한다. 서구 방식으로 교육받은 사람들로서 그들은 상대편인 유럽인들과 동등한 대접을 받으려 애쓰고 위축당하지 않으려 했던 원칙주의자들이었다. 그들은 시암이 직접적인 종주국이었기에 그 영토들이 그들에 속한 것이라는 강한 확신을 갖고 있었다. 그래서 원칙과 영토를 위해 싸울 태세를 갖추었다.

고 지도를 사용하려는 준비는 되어 있었다. 그러나 1893년 위기가 터지기 전까지 그 변경의 경계에 대한 단 한 장의 지도도 완성되지 않았다.

1884년 조사는 시암이 수행한 첫 번째의 사업-결과를 알 수 없는 다이사트(Duysart)의 탐사를 별도로 하면-이었으며 유럽인이 관장한 것들 중 최초였다. 1860년대부터 여러 프랑스 탐험가들이 그 지역에 왔지만 과학적 지도는커녕 어떤 만족할 만한 결과가 나오지 않았다. 그러나 1884년 조사는 그 조사단의 거의 모든 사람들을 무력하게 만들고 한 영국인 기술자의 목숨을 앗아간 심각한 열병 때문에 실패했다.[368] 변경에 대한 조사는 그 다음해부터 건기마다-10월이나 11월

쭐라롱꼰은 국경이 애매모호하다는 것을 알고 있었지만 군대 등 어떤 수단을 써서든 그의 존엄성을 굳게 지켜야 한다고 결심했다. 하지만 전통 체계를 재빨리 개혁하고 국제무대에서 그 나라의 위엄을 드높이려 애썼던 이 이상주의자이자 성미 급한 젊은이들의 강한 의지는 그에 맞는 힘을 갖지는 못했다. 시암은 군사적으로나 정치적으로 잘 준비되지 않았다. 시암의 군대는 변변치 않았다. 주로 방콕에 주둔하고, 외딴 지방에서는 드문드문 부대를 두었던 보병대는 걸음마 단계에 있었다. 기병대와 포병대도 전쟁이 아니라 의례 목적으로 구성되었다. 그 장교들이 대부분 덴마크인이었던 해군 역시 전쟁에 준비되지 않았다. 부역으로 충원하던 전통 군대에서 전문적인 군대로 옮겨가는 변화를 겪고 있었다. 그 무렵 대개 의례 목적으로 후자를 도입했다. 더욱이 대부분의 전투 부대는 한때 시암에 맞서서 싸웠으나 패배한 포로들과 소수종족들이었다. 농민 집단은 구식의 전쟁과 전투만을 여전히 알 뿐이었고 애국적 또는 반식민주의적 전쟁은 몰랐다. 프랑스와 벌인 갈등은 그들 대부분이 전혀 듣지 못했던 지역들의 유지에 대한 것이었다. 배타이의 말을 따르자면, "프랑스에 맞서서 꾸렸던 시암의 군대에 위로부터 아래까지 시대착오가 만연했다" (p. 340).

368 McCarthy, *Suweying and Exploring*, pp. 72-73.

부터 5월-정기적으로 수행됐다. 1887년 초에 이르면 지도제작단 일원들은 탭, 십송쭈타이, 후아판, 푸안을 비롯해 여러 다른 작은 수장국들에 다다랐다. 그러나 그 시기에 수행된 사업은 단지 지형 조사였을 뿐이다.

지도의 십자포화: 발사된 치명적 무기

시암만이 지도를 제작한 것이 아니었다. 프랑스 탐험가들은 이미 몇십 년 동안 그 지역에 발을 붙였다. 그들은 메콩강이 신비롭고 풍부한 중국 남부에 닿는 길이라는 신념에 차 있었다. 앙리 무오(Henri Mouhot)는 1860-1861년 루앙프라방에 도달한 첫 번째 사람이었다. 그러나 더 위쪽으로 올라가기 전에 병으로 목숨을 잃었다.[369] 두다르 드 라그레(Doudart de Lagrée)와 프랑시스 가르니에(Francis Garnier)가 1866-1868년에 그 열정을 이어받았다. 그들은 실제 조사를 통해 메콩 지역 지도를 작성한 첫 번째 유럽인이었다.[370] 1880년대와 1890년대 시암과의 대결에서 프랑스의 관심을 밀어붙인 두드러진 인사는 오귀스트 파비였다. 1878-1879년 시암의 전신 사업에서 일하게 된 이후 10년 동안 파비와 프랑스 탐험단은 프랑스령 인도차이나정부를 위해 일하며 라오스 북부 지역을 조사했다.

1886년 파비는 프랑스 정부를 대신하여 루앙프라방에 영사관을 세울 수 있게 허락해 달라고 시암에 요청했다. 쭐라롱꼰은 주장하기를,

---

369 Henri Mouhot, *Travels in the Central Parts of Indo-China (Siam), Cambodia, and Laos.*

370 이 비극적 탐험을 훌륭하게 다룬 것을 보려면 Milton Osborne, *River Road to China: The Mekhong River Expedition 1866-1873.*

그 무렵 라오스에 프랑스인들이 그리 많지 않았기 때문에 그 영사관에 대한 필요는 프랑스인들을 보호하려는 것이 아닐 것이라고 했다. 그 지역의 지도를 제작하려는 목적이 뻔했다.[371] 영사관 설립 제안은 거절당했지만, 파비는 계속 일했고 시암 군대의 보호를 받으며 그 지역을 두루 돌아다녔다. 파비와 그 조사단은 그 어떤 형태의 군대의 주둔에 앞서 프랑스의 이익을 대표했다. 그의 지도제작 사업은 새로운 기술 권력의 상징으로서 프랑스가 식민 권력을 행사하는 데 선봉 역할을 했다.

시암이 파비의 행동에 위협을 느꼈다는 것은 당연하다. 파비의 기록과 일기를 보면 그가 여러 번 시암의 관원들에 의해 방해를 받았다고 나온다. 설령 최종 결과물에서 그가 한 역할을 과도하게 높이 평가하려고 그 불만을 과장했다고 해도 그 불만은 어느 정도 맞을 것이다. 태국어 기록도 일부의 방해를 확증하고 시암의 이익을 위해서 필요한 조치였다고 명백히 인정한다. 예컨대 1888년에 시암은 파비가 루앙프라방 조사를 수행하기에 앞서 그곳에 대한 시암의 권리를 인정하라고 요구했다. 시암도 여러 관원들을 보내서 여정 내내 파비를 감시하도록 했다. 그리고 파비의 관점으로 보건대, 방콕은 파비의 조사를 방해하려고 여러 다른 사업들을 추진했다. 그때마다 방해를 받아 파비의 조사는 여러 날 미뤄지곤 했다.[372] 파비는 늘 이 사람들이 방해한다고 불만을 제기했다. 그들은 파비의 작업을 이해하지 못했고 곤충과 식물과 고대 문헌을 수집하는 데 그렇게 관심을 가진 그를 의심의 눈초리로 보았다. 물론 그들은 그가 지역 전통에 관심을 갖고 사진을 찍어대는

371 Surasakmontri, [전기], vol. 2, p. 470.

372 Ibid., pp. 468-470; Pavie, *Mission Pavie*, vol. 1, pp. 199-200, 246; vol. 2, p. 101; vol. 6, p. 113; and Chiraporn, [1893년 위기], pp. 28-29.

것도 의심했다. 한번은 그에 따르면, 그는 이렇게 불쑥 내뱉었다. "당신들이 끼친 폐 때문에 아주 괴롭소... 당신들에게도 득 될 게 없소.... 내가 오로지 당신들에게 요구하는 바는 당신들이 내게 우리와 공유한 경계들[성읍들의 이름들]을 보여주는 것으로 나를 돕는 것뿐이오."[373] 하지만 초기에 프랑스 군대 없이 파비는 안전과 물자공급과 여정 중 모든 준비물을 그 시암인들에게 의존해야 했다. 그리하여 그는 시암의 방해를 피할 수 없었다. 그러나 어느 누구도 그에게 그가 원하는 바, 경계를 보여주지 않았다.

시암의 지도제작 관원들이 시급히 그들의 조사를 밀어붙이며 가능한 한 멀리 그리고 빨리 시암이 소유권을 주장하는 지역을 포함시키려고 했다는 것은 당연하다. 한때 매카시는 군대가 아직 가닿지 않은 곳으로 자신이 갈 수 있도록 왕이 권한을 내려줄 것을 요청했으나 그 점령한 성읍의 행정 사안들 때문에 미뤄졌다. 매카시는 경계의 위치를 파악하고 이를 지도에 표시할 목적으로 그가 지역민들에게 이 성읍들의 역사를 물어볼 수 있다며 열정으로 가득 찬 제안을 했다. "그러면 우리가 살고 있는 곳을 알 수 있습니다" 하고 왕에게 썼다. 그 못지않게 열정적이었던 왕은 그를 칭송했으나 경고했다. "[매카시가] 몸소 그 경계를 정하려는 것 같도다."[374] 의식했든 그렇지 않았든, 그 말은 정확히 매카시가 하려는 바를 짚은 것이다. 매카시는 지도의 힘을 알고 있었다. 한때, 매카시는 지역 통치자들과 군벌들에게 말하기를, "외곽 성읍들에 사는 사람들이 확실하게 태국의 영토가 어느 지점까지 이르는

373 Pavie, *Mission Pavie*, vol. 6, p. 37.

374 그 요청과 응답을 보려면 Surasakmontri, [전기], vol. 2, pp. 365-372 참조. 그 인용 문구는 각각 372쪽과 365쪽에서 따왔다.

지 알게 하려고" 왕이 그 지역을 조사하도록 자신을 보냈다고 했다.[375]

마침내 프랑스 군대가 도착했다. 1888년 탱에서 마주칠 때, 각자는 상대측의 퇴각을 요구했을 뿐만 아니라 상대측이 점령하는 영토에 조사대원들을 보내려는 의도도 밀어붙였다. 수라삭몬뜨리는 파비의 말을 전했는데, 십송쭈타이에 관한 그의 지도가 경계를 정하는 데 충분할 정도로 우수하며 시암의 조사대원들이 그 지역에 굳이 들어갈 필요가 없다는 말이었다.[376] 파비는 수라삭몬뜨리가 1887년과 1888년에 각각 그를 설득하여 시암이 만든 그 지도를 사용하라고 설득했다고 전했다. 그 지도에는 당연히 시암의 영역이 메콩강 상류 유역까지 뻗어 있었다.[377] 양측이 영토권을 주장하고 협상의 기초로서 그들의 지도를 제안하면서도 그들이 지도가 아직 완성되지 않아 더 많은 조사가 필요하다는 데에 뜻이 일치했다. 결국 군사적 대치 가운데서도 그들의 지도가 단지 예비 지도일 뿐이라는 사실을 받아들였다. 따라서 방콕에서 예정된 협상을 위해서 그들은 상대측 조사대원들이 자기측이 점령한 영토에 들어와 작업을 이어나갈 수 있도록 허락했다.

시암과 프랑스가 조사와 지도제작에서 벌인 경쟁은 메콩 지역의 정치적 혼란과 더불어 전개됐다. 1884년 이후 경계 지도를 제작하기 위한 시암의 조사를 요약하면 다음과 같다.

> 1884: 루앙프라방, 십송쭈타이, 후아판, 푸안 등 동북부 변경의 지형 조사
>
> 1884-1885: 난을 거치는 또 다른 경로로 루앙프라방까지 다

375 Breazeale and Sanit, *Phuan*, p. 74에서 인용.

376 Surasakmontri, [전기], vol. 4, pp. 154-155.

377 Pavie, *Mission Pavie*, vol. 7, p. 46, and vol.6, pp. 51-52.

다른 여행과 루앙프라방 주변 지역의 지형 조사
1885-1886: 루앙프라방까지 다다른 여행 그러나 군대가 뒤늦게 도착하여 작업 수행 실패
1886-1887: 치앙마이, 루앙프라방, 탱까지 다다른 여행과 군사적 · 행정적 목적을 위한 조사
1887-1889: 방콕-치앙마이 철도 조사
1890-1891: 시암과 버마 사이 변경의 경계에 관한 지도제작
1891: 북부 변경을 삼각 측량하여 영국령 인도의 동쪽 변경의 삼각 측량 체계와 연결; 북서부 변경 조사와 이 부분의 경계 지도 완성
1892-1893: 란나의 북서부와 북부에서 동쪽으로 삼각 측량을 이어나가 루앙프라방을 가로지르고 루앙프라방의 동북부에서 남부 지역까지 진행[378]

시암의 주장을 떠받치는 결정적인 증거를 제공하는 지도-그때나 역사가가 소급하여 주장을 전개하는 오늘날이나-는 이른바 1887년 매카시 지도이다.[379] 1893년 위기가 발생하기 6년 전에 제작된 이 지도는 이제 태국에서는 시암의 최초 근대 지도라고 여겨진다. 그러나 프랑스-시암 갈등을 다루는 태국 역사가들은, 조지 커즌(George Curzon)의 글에서 나타나듯이, 원본을 보지 않은 채 늘 그 지도를 언급한다. 영국 정치에서 유명한 식민주의자이자 지리학자이고 나중에 영국령 인도의

378 "회고," pp. 20-23에서 요약.

379 파비는 수라삭몬뜨리가 주장을 내세울 목적으로 매카시 지도를 손수 갖고 있었다고 말했다. 그러나 어떤 이유 때문인지 수라삭몬뜨리는 이것을 펼치지 않았다. Pavie, *Mission Pavie*, vol. 7, p. 67을 보라.

총독이 된 커즌 경은 1893년 7월 그 글을 썼는데, 주로 프랑스의 인도차이나 진출 이후 영국의 정책을 논의하는 데 목적을 두고 있다. 그는 시암과 베트남의 경계에 관한 지도 세 개를 상정하며 보여준다. 하나는 1887년에 매카시가 작성한 것, 다른 두 개는 1866-1868년과 1892년에 프랑스 탐험가들이 작성한 것이다(그림 9 참조). 그는 그 두 개의 프랑스 지도에 대해 문제를 제기하며 신뢰성이 없고 자료가 혼란스럽다고 비판했다. 놀랍게도, 매카시의 지도에 대해서는 그는 한 마디도 안했다.[380]

1985년에 왕립태국측량과는 제임스 매카시가 작성한 '1887년 시암과 그 종속국 지도'라는 이름이 붙은 지도를 재출간했다. 확실컨대, 이것은 1893년 프랑스와 맺은 조약 이후의 시암의 경계를 보여주고 사실 1899년까지 이름이 없던 여러 지방들의 이름(한 지방은 1906년까지 이름이 없었다)을 제공하기 때문에 매카시의 1887년 지도는 아니다.[381] 1884년부터 1887년까지 매카시의 조사는 두 철 실패했고 두 철 성공했다. 이 모든 조사는 루앙프라방과 십송쭈타이 사이 메콩강 상류 유역에서 수행됐다. 모두 지형 조사였다. 서쪽 국경과 연결하는 삼각 측량으로 시작해야하는 실제 측정은 1890-1891년 시기까지 시작되지 못했다. 매카시는 1887년 잠시 영국으로 돌아가 있으며 그해 11월 권위

---

380 George N. Curzon, "The Siamese Boundary Question," pp. 34-55.

381 나 역시 학위논문을 쓸 때 매카시의 원본 지도를 보지 못했다. 그래서 나는 자세히 왜 1985년 재발간본이 1887년 발간 지도가 아니라 1899년이나 심지어 그 후에 발간된 지도인지 논의했다. Thongchai Winichakul, "Siam Mapped" (학위논문), pp. 297-308. 앤드류 터턴(Andrew Turton)과 케넌 브리질(Kennon Breazeale)에게 그 정보와 대영박물관에 소장된 재발간 지도를 알려준 것에 감사한다.

있는 왕립지리학회(Royal Geographic Society)에서 시암에서 수행한 그의 조사에 대해 연설을 했다. 실제로 그 지도는 1887년 아닌 1888년에 출간됐다.[382]

원본 지도는 커즌의 글에 나온 것과 비슷하다. 그 지도는 메콩 지역에 강조를 두면서 시암의 모든 영역을 포함하고 있다. 경계선으로 추정되는 색칠한 선이 치앙캥(오늘날 버마-라오스 국경)에서 시작하여 십송쭈타이 일부와 후아판과 푸안 전부를 포함하며 다강(Black River)까지 이어지고, 거기에서 남쪽으로 산맥을 따라 해안과 나란히 북위 13도까지 내려간 다음 서쪽으로 틀어 밧덤봉에서 이미 합의된 경계선에서 만난다(**그림 10**). 이렇듯 이 지도는 시암의 지도자들이 지도에서 보고자 하는 시암에 대한 신념과 욕망을 담고 있다. 공간에 대한 새로운 규약으로 애매모호한 가장자리 영토를 해석하는 여타 모든 상정 경계들처럼, 매카시의 지도는 또 다른 공간 획책이며 욕망의 기호체계였다.

한편 파비는 그의 책들에서 여러 번 경계가 아직 정해지지 않았다고 언급했다. 프랑스를 대신하여 영토를 주장했지만 경계가 아직 없다는 것도 알고 있었다. 그의 책들에 나온 발간된 지도들 대부분에서, 몽꿋의 사절단과 파리가 1867년에 맺은 조약의 결과였던 시암과 캄보디아 간 밧덤봉-시엄리업 경계를 제외하고는, 그 어떤 경계도 파악할 수 없다. 어느 누구도 파비의 책들에서 시암과 프랑스령 인도차이나 사이에 경계선이 없는 것이 교활하게 의도한 것인지-추가 주장을 위해 미해결 상태로 둔 것인지-아니면 그가 과학적으로 엄격하여 획정이 이루어지지 않은 상태에서는 경계선을 표시하기를 원치 않아서인지 확

382 그의 지도와 연설이 *Proceedings of the Royal Geographic Society*, new series 10 (March 1888): 117-134에 실려 있다. 그 지도는 188쪽 맞은편에 있다.

실하게 알지 못한다.

역사적 권리를 확신해서든 그의 군사적 능력과 지도를 비현실적으로 과신해서든 아니면 둘 다이든 시암의 지배자들은 설사 그들의 주장에 확신을 가졌더라도 충돌은 피하고 싶었다. 쭐라롱꼰은 무력충돌을 야기할 법한 그 어떤 다툼거리도 방콕의 협상테이블로 미뤄야 한다고 강력히 권고했다. 바라지 않은 충돌을 피하려는 방법들 중 하나는 1887년 이래로 경계를 조사하고 표시할 공동위원회를 설립하는 것이었다.[383] 그러나 그 위원회는 결과물을 전혀 내놓지 못했다. 이와 같은 갈등에서 대개 그렇듯이 양측은 상대측이 그 위원회와 협상을 이래저래 우습게 봤다며 비난했다. 그러면서도 평화로운 해결에 대한 강한 신념을 확고히 내비쳤다.[384]

지도와 군사력 사이의 관계는 두드러졌다. 무력을 원했던 것은 배타적인 영토를 만들고 그에 대한 지도를 작성하려 했기 때문이었다. 실제 현장에서 그 지역에 대한 예비 지도가 군사작전을 짜는 데 안내 역할을 했다.[385] 매카시의 요청 사례가 보여주듯이 종종 지도제작 활동이 군대보다 한 발짝 앞서 갔다. 그러면 군사작전이 뒤따르며 그 지역 지도를 제작하려는 제안을 현실화시켰다. 그럼에도 양측의 영향력의 범위가 한 번도 파악되지 않았고 실제로는 겹쳤기 때문에 근대 경계가 그러한 가장자리 지역들에서 그야말로 그 어디든 놓일 수 있었다. 따

383 Chiraporn, [1893년 위기], pp. 47-49; Pavie, *Mission Pavie*, vol. 1, p. 224.

384 Chiraporn, [1893년 위기], pp. 72, 77-81, 92-93, 119-128; Pavie, *Mission Pavie*, vol. 1, p. 325; vol. 2, pp. 86, 214.

385 예컨대 Surasakmontri, [전기], vol. 2, p. 444. 1886년 초 어느 때 수라삭몬뜨리는 측량과에서 만든 그 지도가 너무 작고 조잡하다고 불평했다. "그 지도를 군대의 이동에 사용할 수 없다. 한갓 어설픈 지도일 뿐이다."

라서 제안된 경계는 하나의 추측으로서 한 측의 관점에 따라서 상대측의 제안과 견주어 더 맞을 수도, 더 틀릴 수도 있었다. 실제 현장에서는 한 측의 지역 조사는 군대의 진출과 더불어 이루어졌다. 군대가 영토 주권의 한계를 정했고 지도제작을 수행하는 권한을 부여했는데, 그 권한은 군대의 영향 아래 있었다. 그 반대는 아니었다. 무력이 공간을 정한 것이다. 지도제작은 이를 입증했다. 군사력 없이 지도제작 스스로 공간을 정당화하는 주장을 제대로 펼치지 못했다. 그러나 무력이 존재하는 정당성은 언제나 지도의 뒷받침을 받았다. 지도제작과 군대는 서로 키워주는 한 세트의 기술이 되어 공간에 대해 권력을 행사하며 시암의 지리체를 정하고 창조해나갔다.

이 과정에서 지도제작자와 군사작전의 관계는 더욱 놀라웠다. 제임스 매카시는 단지 조사가이자 기술자만은 아니었다. 메콩 지역에 대한 1884년 초의 작전부터서 그는 그 지역을 가장 잘 알았기 때문에 수많은 전략 및 작전 기획에 관여했다. 그의 발견들 덕분으로 시암의 군대는 푸안 지역에 집중하고 푸안의 중심부인 치앙쾅(Chiang Khwang)을 본부로 회복시키면서 효과적으로 푸안과 후아판 고원 전체를 장악할 수 있게 되었다는 말이 나오기까지 했다. 그 결과인 1885-1888년의 성공적인 군사작전은 통상 그의 제안 덕분이라고들 한다. 작전 내내 매카시의 조사 보고서는 현장과 방콕에서 큰 역할을 했다. 지리학은 그에게 권위를 부여해 장악해야할 특정 성읍을 그가 추천할 수 있게 했다. 매카시를 통해 지리학은 시암의 군대에게 어디에 국경 초소와 경계표시를 세워야 하는지에 관한 지식을 제공했다. 작전 지도를 기안한 자도 매카시였고 1887년 시암의 주장과 군사작전을 지원하려고 시암의 경계 지도를 기안한 자도 매카시였다.[386]

---

386 Breazeale and Sanit, *Phuan*, pp. 74, 89-92, 95-98, 116.

1893년에 이르면 긴장감이 고조됐다. 양측의 지도제작단이 일을 수행하는 동안 작은 무력 충돌들이 간간히 국경지역에서 발생했다. 매카시는 란나의 서쪽과 북쪽에서 시작된 삼각 측량 조사대를 시급히 라오 지역을 거쳐 동쪽으로 1890년부터 1893년까지 이동시켰다. 1893년 빡남 위기가 발발하기까지 여느 때처럼 방콕에 돌아오지 않았다. 시암과 영국령 버마의 경계에 대한 지도제작 작업을 하고 그곳에서 동쪽으로 난, 루앙프라방, 푸안, 짬빠삭, 우본을 거쳐 밧덤봉의 기존 경계에까지 이르며 삼각 측량을 하려고 이 사업을 이어나갔다. 그러나 이 작업은 사업 지역의 절반을 겨우 넘어섰을 때 그 위기로 갑자기 중단됐다.[387] 프랑스가 짜오프라야강을 봉쇄했다는 뉴스가 도달했을 때 매카시는 산에 있었다. 그의 손에는 당장 방콕으로 돌아오라고 명령하는 급보가 들려 있었다. 현안이 강에서 결정되려는 참에 지도제작은 산에서 진행 중이었다. 지리체는 말 그대로 종위 위에서 만들어지고 있었다. 시암에게 새로운 삶이 시작되려 했다.

---

387 [McCarthy], *An Englishman's Siamese Journal*은 특히 1890-1893년 동안 했던 그의 일에 대한 기록이다. 근대적 경계를 획정하려는 작업이 진행될 지역에 관한 자세한 사항이 담은 방콕의 지시를 보려면 그 책의 146-147쪽이나 매카시의 *Surveying and Exploring*의 175쪽을 보라. 그 변경에 대한 삼각 측량 도표는 *Surveying and Exploring*에서 1장 앞에 포함되어 있다.

::

7. 지리체(Geo-Body)

경계로 둘러싸인 시암의 지도는 1893년의 빡남 위기 이후 최초로 등장했다. 이것이 결국 영국과 프랑스와 시암 사이 협력의 결과물이었다는 것은 아이러니이다. 1893년이면 시암과 버마 사이의 서쪽 경계와 지도가 완성된다. 다른 국경에서는 밧덤봉의 짧은 경계와 크다와 페락 사이의 경계를 제외하고는 지형 조사와 밑그림만 있을 뿐이었다. 이에 시암은 영국의 협조를 받아 시암과 프랑스의 지도제작단원들이 수집한 자료와 수행한 작업을 모두 모았다. 1897년에 시암은 두개의 지도를 발간했다. 첫 번째 것은 영국에서 발간됐다.[388] 다른 지도는 캘커타에서 '팬티 프라랏차-아나켓 사얌 왕조력 116년'(Phaenthi phraratcha-anakhet sayam r.s. 116, 1897년 시암의 경계 지도)이라는 제목으로 발간되는데, 손(Son)과 뱁(Baeb)이라는 두 타이 관원이 그린 것이다.[389] 두 지도 모두 시암의 조사에서 빠진 것이 있을 때마다 영국과 프랑스가

---

388 "회고," p. 23. 아마도 이것은 매카시의 1887년 지도라고 주장하는 1985년 재발간본의 원본일 것이다.

389 [태국에서 이루어진 지도의 발전]이라는 책자에 나오는 지도 8을 보라. 또는 내 학위논문, "Siam Mapped"의 그림 6.18을 보라.

그린 지도를 복사하여 채워 넣었다고 확실하게 밝혔다. 실제적으로 그리고 상징적으로, 시암은 서구 열강이 적어도 일부분 만들고, 채우고, 빚은 첫 번째의 지리체와 그 표상을 갖게 됐다.

오귀스트 파비는 1902년 그 지역에 관한 상세 지도를 발간했다. 당시 가장 믿을 만하고 정보가 풍부한 지도라 간주되는 그의 지도는 기본적으로 자연의 특성을 보여주는 지형도다. 경계선은 유일하게 시암과 영국령 버마 사이에 존재한다. 이 경계선은 매카시와 영국이 1890년과 1891년 사이에 수행한 작업에서 복사한 것 같다. 다른 변경에서는 경계선을 찾아볼 수 없다. 메콩 지역에서 경계선은 보이지 않는다.

시암의 지리체는 1893년, 1899년, 1902년, 1904년, 1907년에 영국 및 프랑스와 맺은 여러 조약으로 그리고 지도제작 기법으로 다시 빚어졌다. 시암과 두 열강은 여러 위원회를 설치하여 경계를 정하고 나아가 경계의 각 부분에 대하여 자세한 특별 협정들을 마련하고 이와 더불어 지도를 제작하려고 했다.[390] 파비의 지도가 오랫동안 나중에 나온 모든 시암의 지도에게 준거 지도가 되었다는 것은 아이러니이다. 와치라웃의 때(라마6세, 재위 1910-1925), 소위 민족주의 시기에 1909년에 개정된 파비의 지도가 시암의 공식 지도로 유포됐다.[391]

---

390 시암과 영국령 버마, 시암과 프랑스령 인도차이나, 시암과 영국령 말라야 사이에 각각 이루어진 경계 협정에 대한 자세한 사항을 보려면 J. R. V. Prescott, *Map of Mainland Asia by Treaty*, pp. 382-408, 418-446, and *Frontiers of Asia and Southeast Asia*, pp. 54-59 참조.

391 [태국에서 이루어진 지도의 발전], pp. 8-9.

지리체의 등장: 지도의 승리

시암과 프랑스가 메콩강 상류와 라오 온 지역을 두고 벌인 경쟁을 시암 영토의 상실로 볼 것인가 아니면 획득으로 볼 것인가는 보는 사람의 관점에 달려 있다. 다만 이 경쟁이 시암의 지리체 등장을 알렸다는 것은 확실하다. 패자는 시암군과 프랑스군의 행로 주변에 있었던 작은 수장국들이었다. 그들은 점령당했을 뿐만 아니라-그들에게만 특별했던 운명이 아니었다-새로운 개념의 주권과 경계가 규정하는 새로운 정치 공간에서 내부 일원으로 통합되는 변화를 겪었다. 또 다른 최후 패자는 토착 정치 공간 지식이었다. 근대 지리학이 이를 대체했고 지도제작을 거느리는 체제가 지배하게 됐다.

작은 수장국들이 수백 년 동안 존재해왔던 대로 존재할 수 있는 기회는커녕 가능성을 제거해버린 것은 바로 근대 지리학의 승리였다. 다른 말로 근대적 담론의 지도가 궁극적인 정복자였다. 그 힘이 해당 경쟁국들을 대표하는 주요 기관들의 행위를 통해 행사됐다. 새로운 지리지식은 새로운 실체를 생각하고, 기획하고, 창조하는 모든 단계 뒤에서 작동하는 힘이었다.

처음부터 이것은 새로운 지식이었다. 즉 새로운 지리 '언어'로서 정보를 생성해내고 새로운 개념의 시암의 영역을 생각해냈다. 욕망하는 바의 영토를 생각하고, 상상하고, 기획하는 틀이 되었다. 이것은 실제로 시암을 다루는 언어가 되었다. 그러나 이러한 현실이 아직 존재하지 않았기에 새로운 지리학은 창조해야 할 시암의 지리체를 전망해주는 역할을 했다. 이것의 요건들-새로운 종류의 경계와 주권과 가장자리-은 여러 때, 여러 곳에서, 여러 방식으로 구비되었다. 모든 당사자들이 새로운 개념의 국가에 몰두할 무렵, 시암의 끝자락에 대한 초안과 밑그림이 실제 조사가 수행되기도 전에 작성되었다. 모든 당사자들이 시암의 지리체를 기대했고 갈구했다. 두 유럽 강대국의 제국주의적 개념과 왕실의 지배권을 강화하려는 시암의 야망이 격돌했다.

그때 지도는 이제 공간을 표상하는 단순한 개념 도구가 아니었다. 기획된 욕망을 지표면에 구체화하는 치명적 기구가 되었다. 지도는 새로운 행정체계와 군사적 목적에 필요한 도구-온건하고 도구적으로만 보이는 기능-일 뿐만이 아니었다. 사실 지도 담론은 패러다임이 되어 행정운영과 군사작전은 이 안에서 작동되고 이를 떠받쳤다. 다른 말로 지도는 그의 계획을 현실화시키고, 그의 '발화'를 구체화시키려고 행정과 군사를 그의 장치로 변모시켰다. 지도는 모든 국가의 인간들을, 영웅적이거나 야만적이거나, 명예롭거나 비열한 행동을 한 사람들을, 지도가 만든 공간을 진실이 되게 하는 지도의 대리자로 변모시켰다. 시암은 경계 지어졌다. 그의 지리체가 등장했다. 지도는 새로운 시암-그 지리체가 이전에는 존재하지 않았던 새로운 실체-을 만들었다.

의사소통 이론은, 일반 상식도 마찬가지로, 지도가 현실을 과학적으로 추상한 것이라고 우리를 설득한다. 지도는 이미 객관적으로 존재하는 무언가를 단지 표상할 뿐이라는 것이다. 지리체의 역사에서 그 관계는 뒤바뀌었다. 지도가 공간 현실을 앞지른다. 그 반대가 아니다. 다른 말로 지도는 표상하려는 바에 대한 모델이라기보다는 표상하려는 바를 위한 모델이다. 지도는 인간과 공간 사이를 곧이곧대로 잇는 것이 아니다. 지도는 적극적인 매개자이다. 국가의 지도에 대한 모든 요건들이 전근대 시암에서는 구비되지 않아서 지도의 필요를 맞추려면 그 요건들이 창조되어야 했다. 그 최종물은 당사자들이 내세우려는 기대를 반영했고, 그 기대는 각 당사자의 지도에 표현됐다. 생각하는 것 이상으로 지도 체제는 시암을 수동적으로 비추지 않는다. 오히려 우리의 마음속에 그리고 지표면에 적극적으로 '시암'을 새겨놓는다.

사실 지도와 그에 앞서는 대상 사이의 애매모호한 관계-그리고 그 관계가 뒤바뀔 가능성-는 애매모호한 지리 개념 그 자체에서도 발견할 수 있다. 영어에서 '지리,' 마찬가지로 태국어에서 '푸미삿'은 공간 대상에 대한 지식이나 연구를 가리키기도 하고 또한 그런 대상 자체를 가리키기도 한다. 그 두 개념 사이의 애매모호하고 미묘한 관계는 어떤 대상이 그것에 대한 지식이 규정하는 대로 존재할 수 있다는 것을 알려준다. 물론 우리는 역사처럼 같은 용어가 이중의 개념을 지시하는 여타 부류에서도 지식과 그의 대상(연구 주제)의 관계에 대해서 질문할 수 있다.

기존 역사에서, 대개들 근대 시암의 형성은 시암의 지도자들이 추진한 개혁과 근대화의 결과라고 보았다. 시암의 영토는 '내부' 장치로써 예전에 분열돼 있던 단위들을 통합해내는 '국가 통합'의 결과였다. 서구는 시암의 생존을 위협하고 '그 신체 부위들을' 해체시키려는 '외부의' 권력이었다. 서구가 잔인하게 등장하는 것 못지않게 시암은 희생양으로 등장했다. 그러나 지리체의 역사를 보면 시암은 새로운 행정 장치와 무력을 이용하여 독립적으로 존재했을 단위들을 야심차게, 호전적으로 병합했다. 하지만 이 모두 지표면에 시암의 지리체를 새기려는 시도의 한 측면일 따름이다. 그것들은 '우리의' 공간 영역에 대한 긍정적인 인식이다.

시암의 지리체 등장에 대한 다른 측면은 제국주의자들에 의한 '타자들의' 공간 형성이다. 그들은 자신들의 식민지 한계를 정하고 외교와 군사 정복을 이용하여 시암의 끝자락을 구분했다. 시암을 둘러싼 타자들도 똑같은 과정을 겪으며 역시 구체화됐고 경계 지어졌다. 시암은 '외국'이었던 여러 조공국들을 시암 내로 흡수했기 때문에 시암을 타자들과 구분 짓는 것은 언어도, 문화도, 종교도 아니었다. 시암은 직접적인 식민주의가 남겨 놓은 공간에 불과했다. 시암은 사이에 낀 공간이었다. 이것이 시암의 지리체에 대한 부정적인 인식이다. 시암이 제국주의자들에게 영토를 빼앗겼는지 아니면 팽창주의자들 간의 대결에서 패자일 따름인지는 보는 이의 관점에 달려 있다. 그러나 논쟁의 여지가 없는 사실이 있다. 식민 권력이 시암의 현존 지리체를 만드는 데 한몫 거들었다는 것이다.

시암의 지리체는 토착 정치 공간에서 근대 공간으로 점진적으로 진화하며 등장한 것이 아니었다. 외국 열강이 그리고 시암 스스로 여러 계기에 전자를 후자로 대체시켜버렸다. 새로운 담론은 기존의 담론을 위협하고, 뒤흔들고, 또는 헷갈리게 만든 다음 이것을 내쫓아버렸다. 시암의 지리체 존재는 근대 지리학과 지도의 지배 효과다. 이것은 하나의 현상으로서 인간의 공간 영역은 다른 방식이 아닌, 그 방식대로 새겨진다. 이 현상은 이를 새긴 지식이 지배하는 한 계속될 것이다. 국가의 지리체가 근대의 창조물이라는 데서 끝나지 않는다. 우리가 역사를 지구와 인간의 장기지속 관점에서 바라본다면, 이는 일시적이다. 잔존하든, 등장하든, 지리체와 겨루며 작동하는, 공간에 대한 또 다른 지식들이 있기 마련이다. 지리체의 존재는 늘 도전을 받는다.

권력이 된 지리체

근대 시간 속에서 국가의 물신화는 불가사의하여 설명을 필요로 한다. 로버트 색(Robert Sack)은 사람들이 영토를 자연스런 실체라고, 감정적으로, 영적으로 그들이 속한 곳이라고들 생각한다고 말한다.[392] 벤 앤더슨(Ben Anderson)은 민족과 자연 사이의 관계에 기댄다. 그는 주장하기를, 민족을 자연화하면서 공동체 소속감이 자연스럽게 만들어진다

392 Robert Sack, *Human Territoriality*, p. 74.

고, 그리하여 민족이 신성시되고 결속력을 갖추게 됐다고 한다.[393]

여러 초기 유럽 국가들의 탄생은 언어, 종족성, 또는 정치적 신념과 같은 오래된 공통 특성들에 바탕을 두고 있다. 이런 특성들은 정체성의 본질적 요소라고 간주된다. 따라서 공동체의 경계는 마찬가지로 자연스럽다고 쉽게들 본다. 그러나 부인할 수 없는 사실이 있다. 모든 경계는 인위적이다. 설사 어떤 것은 다른 것들과 견줘 자연스레 보일지라도, 모두 다 규정된 것이지, 자연스럽게 주어진 것이 아니다.[394]

규정하는 방법은 산과 바다나 유역 같은 자연 특성을 도입하는 것부터 좌표를 계산하는 것(여러 아프리카 국가들의 사례처럼), 또는 지도에 매우 자의적으로 선을 긋는 것(수천 명의 목숨을 앗아간 인도-파키스탄의 사례처럼), 또는 도로와 울타리와 기둥이나 벽을 세우는 것까지 다양하다. 그러나 문제는 남아 있다. 지리체와 같은 인공물이 어떻게 자연스럽게 되었을까?

시암 최초의 지리 교과서들 중 하나에 나오는 간단한 학습은 지리체를 그야말로 자연스럽게 만드는 지적 세뇌 전략을 드러낸다. 여기에서 아저씨는 두 소년을 가르친다.

아저씨: 너희들은 지구가 둥글다는 것을 이미 알고 있을 테지. 하지만 지구가 어떻게 나뉘어 있는지 알고 있니?
쭌: 지구는 물 세 부분과 육지 하나로 나뉘어 있어요.
아저씨: 맞아. 그럼 육지는 어떻게 나뉘어 있지?
쫌: 대륙들로요, 아저씨.
아저씨: 대륙은 어떻게 나뉠 수 있을까?

393 Ben Anderson, *Imagined Communities*, pp. 131-132.

394 J. R. V. Prescott, *Boundaries and Frontiers*, chap. 1.

쫀과 쫌: 모르겠어요.

아저씨: 우리의 지구는 대륙이라 하는 큰 부분들로 나뉠 수 있고 하나의 대륙은 국가들(쁘라텟)로 나뉠 수 있단다. 많은 국가들이 서로들 다르단다. 중국은 큰 나라들 중 하나이고, 시암은 작은 나라란다.[395]

지표에 대한 이 학습은 단순하지만 의미심장하다. 두드러지는 점은 지리 범주들이, 즉 국가와 자연 특성이, 섞여있다는 것이다. 국가는 육지와 대양처럼 지구의 자연스런 구성요소이다. 국가들 사이의 유일한 차이점은 크기일 뿐이다. 비슷한 유형의 설명이 앞서 언급한 시암의 초기 지리 교과서에 대부분 등장한다. 국가들에 관한 기본 지도책인 반 다이크의 책은 지표에서 시작한 다음, 자연 특성에 대한 설명 없이, 지표를 각 대륙의 국가들로 나눈다. 우리 시대의 모든 사람들은 아마도 이런 단계의 지리 학습, 즉 국가를 자연 특성과 같은 범주에 상정하는 것에 익숙할 것이다. 그러나 알아두어야 할 점은 시암의 경우 초기 세대의 책들 중 1901년에 쓰였으나 1918년에 처음으로 발간된 『땀라 피치까-푸미삿』(*Tamra phichika-phumisat*, 자연지리 교과서)은 예외였다는 것이다. 대기에서 지구의 핵까지 지구의 자연 특성을 설명하면서 이 책은 국가를 포함하지 않았다.[396]

말 그대로 지리체의 자연화는 그 물질적 기반이 지표이기에 일견에 이뤄질 수 있다. 푸미삿과 쁘라텟 같은 용어를 포함하여 지리체는 지구와 흙에 참조점과 근거를 둔 채로 이뤄진 표상이다. 대부분의 동남아시아 문화에서 흙은 인간의 기원과 문명의 핵심적 요소다. 지하세

395 Thepphasatsathit, *Phumisat lem 1* [지리학 제1권], p. 95.

396 Salwidhannidhes, *Tamra phichika-phumisat* [자연지리 교과서].

계 뱀인 나가(naga)도 지구(흙)의 여신도 인간의 어머니다. 모국이라는 관념은 어떤 형태로든 모든 문화에 깊숙이 뿌리내려 있다. 전근대시기에 흙이나 모국은 사원이 자리한 땅, 끝자락 땅, 똑같은 기원 신화를 공유하고 똑같은 최고 종주의 영역에 함께 사는 부족이나 친족의 땅을 가리킬 수 있었다. 우리 시대에서 모국은 지리체가 대표한다. 지리체는 사랑하는 모국이나 공동의 흙을 객관화하고 그 반대급부로 원래 흙에 바쳤던 인간의 충성심을 차지한다. 흙이 공동체성을 가리켜왔듯이 지리체는 그 자체를 공동체성을 가리키는 것으로 만들어오면서 흙의 구체적 중요성을 떠받았다. 지리체는 자연스러운 것으로 만들어졌을 뿐만 아니라 클리퍼드 기어츠(Clifford Geertz)가 부르는 바 원초적 감정을 흙에 의해 부여받았다.[397]

하지만 자연스러워진다는 것이 지리체가 똑같은 공동체에 속한다는 감정을 만들어내는 유일한 전략 담론은 아니다. 흙이나 땅에 대한 상징은 문화마다 다르다. 다른 공동의 상징들이 있기 마련이다. 지리체는 다른 공동의 상징들과 결합하면서 국가의 강력한 토템이 되었다. 그의 물신적 힘은 '자연스러움'에만 의존하지 않는다. 다른 토템과 결합하여 힘을 얻는다. 시암의 경우 이에 대한 좋은 사례가 지리체와 왕권의 관계이다.

동남아의 여러 전근대 사회에서 왕토, 왕국, 또는 나라는 신성한 왕의 확장된 몸으로 믿어왔다. 결국 신성 권력의 의인화였던 것이다. 그러나 왕국은 경계로 둘러싸인 영토 국가가 아니었다. 셸리 에링턴(Shelley Errington)은 부기스 사회에서 왕의 몸이 생물학적 몸만은 아니라고 밝힌다.[398] 왕국을 왕자들과 낫(토착 정령)의 동맹이라 여기는 몬

397 Clifford Geertz, "The Integrative Revolution," pp. 105-157.

398 Shelley Errington, "The Place of Regalia in Luwu," p. 228.

족에서도 비슷한 사례를 확인할 수 있다. 시암의 경우, 왕의 몸은 마찬가지로 생물학적 몸만은 아니다. 라마야나의 태국 판본인 『라마끼얀』의 한 절은 방콕 왕조의 라마1세(재위 1782-1809)가 지은 것으로 알려져 있는데, 다음과 같다.

> 모든 성읍들은 몸,
> 왕은 마음,
> 마음은 곧 몸의 주인.[399]

나라, 왕국, 또는 왕토는 언제나 왕실의 자산으로, 즉 프라랏차-아나켓(왕실의 영역)이나 프라랏차-아나짝(왕실의 국가)으로 표현된다. 이것은 영토가 범속하지 않음을 의미한다. 영토는 왕실의 몸을 구성하는 요소인 것이다. 지리체가 경계 지어지지 않았고 위계적이었던 전근대 영역을 대체했을 때, 왕실의 몸이 새로운 형태로 발현되어 등장했다. 그러나 이것은 여전히 왕실의 몸이었다. 1893년의 위기가 지나간 이후 왕은 깊은 슬픔에 빠졌다. 그러나 결국 회복했고, 한 신하에 따르면, 그 자신을 달랠 구실을 마땅히 갖고 있었다. "프라랏차-아나짝[왕실의 국가]의 국경 주변의 가장자리들을 우리가 어떤 이유로든 돌볼 수 없어 상실한 것은 우리의 손가락 끝을 상실한 것과 같으니라. 그것들은 우리의 마음과 몸통에서 멀리 떨어져 있고, 우리가 최선을 다해 지켜야 할 것이 바로 그것들이니라."[400] 이 기호학적 거래는 늘 쌍방향의 교환이다. 그리하여 왕국은 새로운 몸을 획득했다. 왕의 확장된 몸은 이제

399 *Ramakian*, vol. 2, p. 73.

400 Khachom Sukhabhanij, *Khomun prawattisat samai bangkok* [방콕 왕조 시기 역사 기록], p. 252.

푸른 지구 위의 작은 조각이 되었다. 더 이상 우주의 중심이거나 힌두-불교 세계관의 남쪽 대륙이 아니었다. 그러나 이 기호학적 변환에서 왕실의 신성함은 지리체로 자리를 옮겨 계승되었다.

가장 중요한 기호학적 접합과 변환은 찻 또는 '국가' 자체의 개념과 관련돼 있다. 어원학적으로 찻(chat), 차-띠(cha-ti), 차-따(cha-ta)는 탄생이나 종족과 시간과 사회의 차원에서 공동의 혈통을 갖고 태어난 것에 붙이는 집합명사이다. 브래들리의 1873년 태국어사전에서 '찻'은 여전히 그런 것을 뜻했다. 그는 그 단어의 예로 찻나(chatna, 다음 생), 찻타이(chatthai, 타이로 태어남), 찻프라이(chatphrai, 종으로 태어남), 찻까삿(chatkasat, 왕으로 태어남), 오늘날에도 여전히 유명한 욕설인 찻마(chatma, 개처럼 태어나고 행동함) 등을 들었다. 태국어에서 오늘날 '종족'을 뜻하는 단어는 찻판(chatphan)이다. 차-따(cha-ta)는 여전히 탄생이라는 원래의 뜻을 고수하고 있다. 19세기 말 무렵 찻의 뜻은 큰 변화를 겪었다.

두 학자가 앤더슨의 관주도 민족주의(official nationalism) 개념을 활용하여 이 변화를 연구했다.[401] 기본적으로 그들은 당시 시암이 전통적 개념이 내재된 '찻'을 어떻게 '국가'라는 관념으로 탈바꿈시켜 발전시켰는가를 설명한다. 의도하지는 않았을지라도 그들이 또한 보여준 것은 새롭게 떠오른 지리체의 힘이 불러일으킨 기호학적 변환과 접합의 과정이다.

예전에 나라, 즉 통치 공간 단위를 얘기할 때 그 용어는 므앙(muang)

---

401 Eiji Murashima, "The Origin of Modern Official State Ideology in Thailand," pp. 80-96; Kullada Kesboonchoo, "Official Nationalism Under King Chulalongkorn"; and "Official Nationalism Under King Vajiravudh," pp. 107-120. 관주도 민족주의(official nationalism) 개념을 보려면 Anderson, *Imagined Communities*, chap. 7 참조.

이거나 반므앙(banmuang)이었다. 말 그대로 저마다 성읍과 마을-성읍을 뜻했다. 공간의 어감을 갖고 있긴 하지만 반므앙은 공간적으로 구획되지 않았다. 이것은 나라와 왕실의 영역을 뜻하는 포괄적인 용어였다. 찻은 의미론적으로 공간과 전혀 관련을 맺지 않았다. 공통 기원을 가리켰다. 19세기 말에 약간의 의미변화를 겪은 후, 찻은 문화적 공통성, 특히 똑같은 군주의 신민들이라는 공통성을 갖고 있는 사람들의 공동체를 뜻하게 되었다. 따라서 찻과 반므앙 모두 왕의 권력 아래 있는 문화적·지리적 공동체를 가리키게 된 것이다. 그런 다음 지리체가 그러한 공동체를 거느린 왕의 영역에 새로운 공간적 정의를 제공했다. 앞서 말했듯이, 이것은 근대 지리학을 통해 왔다. 즉 예전에 불특정한 공간 단위를 가리켰던 쁘라텟이라는 단어를 통해 왔다. 반므앙과 찻에 스며 있는 권력과 가치-공통 기원, 문화적 공통성, 흙, 신성한 왕권-가 지리체의 권력과 가치와 만나서 서로 의미를 주고받게 되었다. 이 만남과 접합이 찻과 프라텟이라는 용어에서 발생했다. 공통의 정체성이라는 뜻에 어원을 둔 찻과 공간에 어원을 둔 쁘라텟이 동의어가 되어서 각자가 상대에게 의미와 가치를 부여했다. 실로 그때로부터 그것들은 한 단어로, 즉 쁘라텟찻 또는 찻쁘라텟으로 통상 쓰인다.[402] 이 단어들은 전통 가치와 근대의 구체적 형태를 결합시킨 주도면밀한 창조였다.

지리체 개념과 공통성을 가리키는 다른 상징들이 결합하여 지리체의 의미를 더 넓혔고 더 복합적으로 만들었다. 그 의미가 영토성을 넘어서자 강력한 가치가-예컨대 흙, 찻, 왕국의 관념도 포함하면서-그에 붙었다. 지리체는 이제 영토뿐만 아니라 사람들이 속하는 유기체적 공동체도 표상한다. 지리체의 물신적 힘이, 날조한 자연스러움에만

402 더 자주 사용되는 단어가 쁘라텟찻이라는 것을 여기서 눈여겨보면 흥미롭다. 그러나 푸미폰 국왕은 여러 연설에서 찻쁘라텟을 선호했다.

있는 것이 아니라 다른 강력한 담론들과 섞이면서, 특히 그 존재를 강화하려고 전통적 가치가 부여되면서, 엄청나게 증가하고 있다. 그 생명이 괴물처럼 생장한다.

영토와 지리를 넘어서

여러 의미들과 가치들을 덧붙여나가는 동안 지리체는 상징과 가치를 서로 주고받으며 다른 담론의 의미도 변화를 일으키는 힘이 되었다. 다시금 좋은 사례가 지리체와 왕권의 관계이다. 엑까랏(ekkarat)과 잇사라팝(itsaraphap)이 특히 그에 해당한다. 오늘날 두 용어 모두 '독립'에 상응하는 말이다. 엑까랏 국가는 독립 국가를 뜻한다. 엑까랏의 상실은 식민지가 됨을 뜻한다. 하지만 19세기에 편찬된 모든 태국어 사전에서 엑까랏과 잇사라팝은 결코 독립을 뜻하지 않았다. 팔르그와(Pallegoix) 1854(태국어-영어-라틴어)를 예로 들자.[403]

> 엑까라(ekkara): 우월한; 다른 사람을 두려워하지 않는 자; 용감한, 오만한
>
> 엑까랏(ekkaraat): 왕, 다른 사람보다 높은 자
>
> 잇사랏(itsaraat): 왕, 다른 사람보다 높은 자
>
> 잇사라팝(itsaraaphaap): 최고 권력

---

403 Pallegoix, *Dictionarium*, pp. 129, 175-176. 또한 Pallegoix, *Siamese French English Dictionary*, pp. 178, 192-193을 각각 보라. 이것은 사실상 마지막 두 수록어를 제외하고 똑같다.

잇사라팝(itsaaraphaap): 최고 권위를 가짐
잇사라(itsara), 잇사로(itsaro): 처음의, 훌륭한, 다른 사람을 지배하는

또는 브래들리 1873(태국어-태국어)을 보자.[404]

엑까라(ekkara): 용감하고 오만한 자
엑까랏(ekkarat): 왕
잇사로(itsaro), 잇사라(itsara): 왕과 같이 다른 사람보다 높은 자
(이 사전에서 잇사라팝itsaraphap이라는 단어는 없다)

또는 쿤 쁘라섯-악손닛 1891(태국어-태국어)을 보자.[405]

엑까랏(ekkarat), 엑까라차야(ekkarajaya): 쁘라텟의 왕
잇손(itson), 잇사라(itsara), 이수안(isuan): 왕, 신

스미스의 1899년 영태사전에서는 '의존'과 '종속'이라는 단어와 가장 가깝게 대응하는 것이 '므앙쿤'이라는 용어이다.[406] 당연히 그 용어는 식민지보다는 위계적 종주관계를 가리킨다. 스미스는 '독립'에 대

---

404 Bradley, *Nangsu akkharaphithansap: Dictionary of the Siamese Language,* pp. 798, 806. 번역은 내가 한 것이다.

405 Prasert-aksonnit et al., *Photchananukrom lamdap lae plae sap thichai nai nangsu thai* [태국 문헌들에서 사용된 용어 사전], pp. 579, 584. 번역은 내가 한 것이다.

406 Samuel J. Smith, *A Comprehensive Anglo-Siamese Dictionary,* p. 1028.

해서는 그에 맞는 태국어 단어를 찾지 못하여 "누구에게도 의존하지 않고 누구의 밑에 있지도 않고, 스스로 주인인 자, 자유롭고 누구의 노예도 아닌 자"로 설명했다.[407]

이 사전들이 알려주듯이, 엑까랏과 잇사라팝은 그 당시 최고 군주-즉 으뜸인 자 그리하여 그 누구에게도 뒤지지 않는 자-를 가리켰다. 두 용어 모두 위계질서의 정점에 있는 지위를 뜻했다. 예컨대 18세기 후반에 한 승려가 쓴 빨리어 불교 문헌인 상킷띠야웡(Sangkhitti-yawong)에서는 나라가 아닌 왕인 엑까랏은 다른 왕들의 잇사라팝을 질시했다.[408] 또 다른 예가 있다. 왕실 연대기의 모든 판본들은 19세기 중반 이전에 쓰였는데, 그 연대기에 16세기 후반에 시암이 버마에 져서 속국이 된 이야기가 있다. 나중에 버마의 왕은 태국의 왕자가 반란을 일으킬 것이라고 의심했다. 여기에서 모든 연대기는 버마의 왕이 "다른 성읍보다 더 큰 잇사라팝"을 이룩하기 위해 그의 적수를 살해할 음모를 꾸몄다고 말한다. 잇사라팝은 독립이 아닌 패권을 뜻했다. 시암이 버마로부터 잇사라팝을 추구했기보다는 버마가 시암을 누르며 잇사라팝을 추구했다.[409] 왕들의 위계관계에서 조공국 왕이 갑자기 잇사

---

407 Ibid., p. 90. 번역은 내가 한 것이다.

408 Somdet Phra Wannarat, *Sangkhitiyawong* [결집(結集) 연대기], pp. 370, 381.

409 *Phraratchaphongsawadan chabap phraratchahatthalekha* [왕조 연대기: 국왕 친필 개정본], vol. 1, p. 226; *Phraratchaphongsawadan krung si-ayutthaya chabap phan chanthanumat* [아유타야 왕조 연대기: 판 짠타누맛 본(本)], vol. 1 (*PP* 38/64), p. 174; *Phraratchaphongsawada krung si-ayutthaya chabap chakkraphatdiphong* (*chat*) [아유타야 왕조 연대기: 짜끄라팟디퐁(찻) 본(本)], vol. 1, p. 170; and *Phraratchaphongsawadan krung si-ayutthaya chabap phra phanarat* [아유타야 왕조 연대기: 프라 폰

라팝을 위해 싸웠다는 것은 이치에 맞지 않는다. 패권을 잡기까지 상당한 시간이 걸리기 때문이다.

위계관계에서 국제관계로 맥락이 바뀔 때 그리하여 관계의 단위가 영토 국가일 때, 엑까랏의 개념도 군주의 패권에서 상대국가에 대한 근대 국가의 지위로 바뀌었다. 위계적 종주관계가 사라지자 옛 의미는 더 이상 설 자리가 없어졌다. 그 변환에서 위계질서 속의 패권이라는 개념은 사라진 반면 누구에게도 의존하지 않는다는 것을 뜻했던 다른 용법은 유지됐다. 20세기 초반부터 엑까랏과 잇사라팝은 왕권의 지위와 상관없이 쓰인다. 어원학적으로 두 용어는 토착 위계관계 개념이 사라질 때 존재 조건을 잃어버릴 수도 있었다. 그러나 새로운 지리 개념과 결합하면서 그 의미가 변환되고 살아남게 되었다. 지리체는 공간 정의(definition)라는 주요 임무를 넘어서 새로운 관념, 새로운 가치, 새로운 문화를 만드는 데 적극적으로 참여한다.

시암에 관한 지도 역시 적극적으로 시암의 영토를 표상하는 역할을 할 뿐만 아니라 다른 의미와 가치를 전달하는 역할도 한다. 지도는 국가성을 표상하려고-민족주의, 애국심 또는 국가에 관한 여러 교훈을 불러일으키려고-자주 활용된다. 〈그림 11〉은 시암의 왕실 지도자들이 도와 달라고 애원하는 버마, 캄보디아, 베트남 위로 시암을 끌어올리는 장면을 보여준다. 그러나 이 만화는 와치라웃왕의 상을 탔던 원래의 것과는 약간 다르다. 원래의 만화에서는 사람이 아니라 시암의 지도가 매달려 있었다.[410]

국가성의 상징으로서 시암의 지도는 단체와 정당과 회사와 상표에서 가장 인기 있는 로고가 되었다. 지도가 어느 상징의 메시지를 적

나랏 본(本)], p. 140.

410 Thawi Muktharakosa, *Phramahathiraratchao* [와치라웃왕], p. 593.

절하게 전달하는 데 필수적이라면 또는 감정적 효과를 불러일으키도록 기획되었다면 지도를 더욱 진지하게 사용할 수 있다. 〈그림 12〉는 태국 왕실을 후견인으로 둔 사이차이타이(Saichaithai) 재단의 상징이다. 그 재단은 국가를 지키려고 모든 종류의 '적들'과 싸우다 부상을 당하거나 장애를 입은 군인과 경찰, 또는 다른 준군사 부대 요원들을 대상으로 활동한다. 그 재단의 상징은 태국 지도, 불탑, 왕실 상징, 피를 흘리는 심장으로 이뤄져 있다. 이것은 의도적인 조합물이다. 여기에서 지도는 어떤 의미를 의식적으로 전달하기 위해 사용됐다. 비슷하게 묵직한 의미를 담고 있는 상징이 빌리지 스카우트(Village Scout)의 상징이다. 이 대중 왕당파 조직은 1970년대 말 태국 정치에서 특히 1976년 10월 학생 운동 학살에서 주도적인 역할을 했다.[411] 빌리지 스카우트의 주요 상징은 요원마다 들고 다니는 진홍색 스카프다. 그 스카프에 나타난 상징을 보면, 노란색 태국 지도 바탕 위에 파란색의 '타이'라는 글자가 새겨져 있다.

때론 지도의 등장이 심각하지 않다. 지도가 어떤 감정적 효과를 불러일으키도록 고안되지 않았기 때문이다. 예컨대 상업적 이용에서, 지도는 시각적 효과를 위해 장식되거나, 뒤틀리거나, 변형될 수 있다. 전혀 지도라고 보이지 않을 수도 있다. 국가의 지도가 그저 가볍게 풍자화로 쓰일 수도 있다. 만약 가볍거나 왜곡된 지도가 사이차이타이 재단과 빌리지 스카우트 스카프의 상징의 심각한 지도를 대체한다면 어떤 일이 일어날지 상상해보라. 의미가 적절하게 전달될 수 있을까? 풍자 지도가 민족주의, 왕정주의, 또는 다른 심각한 감정적 반응을 불

---

411 David Morell and Chai-anan Samudavanija, *Political Conflict in Thailand*, pp. 244-246; John S. Girling, *Thailand: Society and Politics*, pp. 211-214.

러일으킬 수 있을까?

지도는 보통 기원 맥락을 갖고 있다. 즉 지표에서 비롯된 것이다. 지리 교과서에서 보듯이 좌표나 주변 국가들을 가리키는 상징이 없는 경우가 많다. 지도는 정처 없이 떠다닐 수 있다. 더욱이 지도제작에 관련된 상징과 규약이 없을 수도 있다. 지도제작에 관련된 규정을 갖지 않은 채, 떠다니는 지도는 지도에 익숙한 어느 누구와도 소통할 수 있다. 위에 언급한 상징과 광고 속의 모든 지도가 더 이상 지도가 아니기 때문이다. 상징과 광고 속의 지도는 더 이상 국가의 영토를 표상하지 않는다. 더 정확히 말하면 그 지도는 국가의 지도를 가리키는 지시어이다. 이것은 국가성의 의미와 가치를 담고 있는 국가의 지도를 가리키기 때문에 의미와 가치를 갖고 있고 내용을 전달할 수 있다. 다른 말로 국가의 지도가 기의가 되었다. 롤랑 바르트의 말을 따르면 메타기호(metasign)가 되었다. 즉 그 자체로 적절한 의미 기호가 되면서 반드시 국가의 영토성을 덧붙여 가리킬 필요가 없게 되었다. 그리고 국가의 지도가 뒤바뀌어 메타기호가 되면서 영토와 전혀 관계가 없는 가치와 의미를 만들어낼 수 있다.

이 지점에서 우리는 지도와 공간의 관계가 훨씬 더 복잡해졌다는 것을 깨달을 수 있다. 지도를 공간에 대한 표상이라는 추정적 성격에만 묶어둘 수 없다. 지도는 그가 태어난 기술에서 너무나 멀리 나가버려 그를 창조한 지도제작자에게 돌아올 수 없다. 더 이상 지도제작자에게 속하지 않는다. 지도제작자는 그에 대한 통제권을 완전히 잃어버렸다. 대상과 인간 창조자에서 독립하여 지도는 국가 담론의 공동 자산이 되었다.

여러 방식으로 지도는 국가에 대한 인간 지식에서 한 몫을 한다. 기호로서 지리체를 창조까지 하는 효과적이고 적극적인 매개체이고, 메타기호로서 그 자체가 지시 대상이고 그 기원을 넘어서 더 많은 의미와 가치를 창조할 수 있다. 인간이 국가라고 부르는 인공적인 대공간을 인식할 수 있는 수단을 지도가 독점한다는 사실 말고도, 지도는 그 두 역할을 수행하면서 국가성에 대한 지식 영역을 안정적으로 지배하고 또한 국가성을 자연스런 실체와 가까운 것으로 만들 수 있게 되었다.

예를 들라면, 우리는 지리체와 더불어 담론, 지식, 기호, 메타기호로서 지도가 의미를 만들고 개념 변화를 일으키며 작동하는 수많은 사례를 지적할 수 있다. 그러나 지리체와 지도가 우리의 지식에 끼치는 가장 심각한 효과들 중 하나는 과거에 대한 우리의 인식을 빚어내는 힘이다. 여기에서 논란이 되는 것은 새로운 지리지식과 과거의 결합이다. 지리체와 지도는 역사를 어떻게 만들었을까? 지리체의 출현 그리고 그 파괴적 발생과 타협하기 위해 역사는 어떤 방식으로 변해야만 하는가?

::

8.
지리체와 역사

> 유적지는 국가의 위신이다. 단 한 장의 옛 벽돌이라도
> 소중히 지켜야 한다. 수코타이, 아유타야, 방콕이 없다면
> 쁘라텟타이[태국]는 의미가 없다.
> 푸미폰왕(라마9세, 1927-2016)

역사는 국가성의 생애에서 실로 중요하다. 위에 인용한 왕의 말은 그 사실을 드러내고, 재생산하고, 설득력 있게 전달한다. 그런데 시암의 예전 수도들이 없다면 쁘라텟타이는 왜 의미가 없을까? 오늘날의 태국인들은 왜 그 말을 명료하게 이해하고 있을까? 어떻게 왕의 그 말이 확고하게 이해되며 자리를 잡았을까? 어떻게 국가 역사 담론이 생겨났을까?

과거를 얘기한다면 사람들은 무슨 일이 일어났는가를 생각할 것이다. 그러나 우리가 떠올릴 수 있는 것만이 우리에게 의미 있는 과거의 형태를 구성할 수 있다. 영어에서 과거는 다시-모을(re-collected) 수 있는 것이다. 과거는 우리가 그에 대해 알고 있는 것과 관련하여 존재한다. 따라서 우리가 아는 과거는 언제나 우리 자체의 생각에서 만들어진 것에 대한 표상이다. 그 표상을 우리는 참된 과거라고 믿는다. 학

문 분야로서 역사학은 과거에 대한 담론이다. 이것은 파편들을 모아서 의미 있게 만들고 이해되도록 하는 언어이다. 이것은 사실의 단편들을 발견하는 것에 대한 사안이라기보다는 그것을 어떻게 기억하는가에 대한 사안이다.

지리처럼, 과거에 대한 전근대 토착 개념은-이를 대체해 버린-서구의 역사 개념과 완전히 달랐다. 그러나 이 문제는 별도의 작업을 필요로 한다. 우리는 여전히 지리체의 출현이 시암의 과거를 어떻게 창조하는 데 관여했는가에 초점을 맞춘다. 어떻게 지리체는 다른 지식이나 담론을 만들고 또는 그에 영향을 끼쳐 그 지식과 담론이 지리체의 힘과 필요에 부합하도록 했을까? 이를 살피면 우리는 복잡하지만 명쾌한, 강력한 두 담론의 결합 발생 과정과 그 결과에 대한 사례를 알 수 있게 된다. 사실 지리체의 등장이 시암의 생애에서 파괴적 순간이었기에 완전히 새로운 역사에 대한 필요가 지리체와 더불어 일어났다. 그 뒤틀림을 수정하여 생애를 연속시키기 위해 새로운 종류의 과거를 만들 필요가 있었다.

1893년의 상처 그리고 단절된 과거

프랑스가 짜오프라야강을 함대로 봉쇄한 것은 더군다나 며칠 동안 시암의 왕실을 총으로 겨누고 있었던 것은 시암의 지도자들에게 충격이었다. 그렇게 쉽게 질 것이라는 것이 도무지 믿기질 않았다. 게다가 그 지도자들은 프랑스와 다툴 때 영국이 도와줄 것이라는 헛된 믿음을 갖고 있었다. 그 사건 와중에 그 믿음은 깨졌고 영국은 결국 믿을 수 없는 동맹이었다. 영국은 결코 시암을 대신하여 프랑스와 심각한 대결을 벌이는 것을 원치 않았고 몇 번 시암에게 그 사건에 '휘말리고' 싶지 않다고 이미 일러두었다. 따라서 봉쇄당한 날에 있었던 시암의 요청에 응대하면서, 런던은 방콕에게 "우리가 방콕을 지키기 위해 어떤 공동 행동을 도모하고 있을 것이라는 그 어떤 생각도 떨쳐버리라고" 말했다. 예상보다 더 안 좋았던 것은 영국이 시암에게 메콩강 좌안에 대한 프랑스의 요구를 들어주라고 재촉한 점과 시암이 머뭇거릴 때 협력적이지 않다고 비난한 점이었다.[412]

시암은 마침내 물러났다. 그의 능숙한 외교술과 무력에 대한 확신이 갑자기 사그라들었고, 분쟁 영토에 관해 가졌던 당연한 권리에 대한 확신도 그러했다. 한 역사학자는 1893년 사건이 시암의 지배자들에게 '사기(morale)의 위기'가 되었다고 말했는데, 적절하게 표현한 것이다.

> [시암의] 불안감은 커져만 갔고, 자존심이 무너졌다.....그 위기 내내 앓아누웠던 왕은 육체적·정신적 상실을 겪었다. 8월과 11월 사이에 몸무게가 42파운드(19.05킬로그램-역주) 정도 빠졌고, 살 의욕을 잃었다고 공공연히 밝혔다.[413]

많은 사람들이 왕은 더 이상 살 수 없을 거라고 생각했다. 젊은 왕위 계승자 뒤에서 실력을 행사하려는 섭정의 자리를 두고 경쟁이 벌어지고 있었다.[414] 그러나 결국 왕은 살아남았다. 그의 사촌형제들 중 하나인 담롱왕자가 지은 비판적이지만 영감을 준 시의 덕이 컸다.[415] 왕

---

412 Chandran Jeshuran, "The Anglo-French Declaration of January 1896 and the Independence of Siam," pp. 108-111.

413 Battye, "Military, Government, and Society in Siam," p. 369.

414 Ibid., p. 376.

415 James N. Mosel, "A Poetic Translation from the Siamese: Prince

은 살아남았을 뿐만 아니라, 담롱이 표현하듯이 시암선(Ship of Siam)의 선장으로서 놀랍게 회복했다. 그는 리더십을 힘껏 발휘하며 앞두고 있는 과업들을 처리해 나갔다.

그러나 누가 왕을 비롯해 여러 사람들이 "1893년의 위기로 씻지 못할 상처를 입었다"는 견해를 부인할 수 있겠는가?[416] 그들로서는 시암의 독립은 곧바로 무너질 듯 했고, 실제로 해가 지날수록 더욱 그러했다. 인지하게 된 영토 '상실,' 1893년 7월 중순의 충격, 갑작스럽게 드러나고 증명된 제국의 실패, 비현실적인 자신감과 문명 외교를 믿었던 것에 대한 환멸, 그 사건 다음 몇 달 동안의 사기의 위기, 이 모두 시암의 역사에서 깊은 고통의 순간으로 인식돼왔다. 당연히 이것은 시암의 통치자들에게 고통이었다.

이런 점에서 1893년의 위기는 거대한 상충의 순간이었다. 시암이 프랑스에게 여러 옛 조공국들을 넘겨준 것이 바로 이때다. 그러나 시암의 지리체가 등장하는 정점도 이때였다. 지리 개념과 관행이 철저하게 단절됐고 국가성에 대한 옛 관념이 사라졌다. 겉으로는 시암은 그때 근대화 과정 중에 있었고 그 위기가 이 과정에 방해를 놓는 것으로 보였다. 그러나 1893년 이후의 시암은 이전과 같지 않았다는 것을 부인할 자는 없다. 통치자들에게도 마찬가지였다. 그들은 과업을 이어나갔지만 다른 상황에서, 다른 시암에서 그 일을 했던 것이다. 지표와 그들 마음속에서 상황과 시암은 달라져 있었다. 1893년의 위기는 시암의 생애에서 연속성을 끊어버렸다. 국가의 생애가 연속된 시간의 흐름 속에 있다는 것을 모든 사람에게 재확증시키기 위해서 이렇게 파탄난 국

Damrong's Reply in Verse to Rama V," pp. 103-111에서 번역된 전체 시를 보라.

416 Battye, "Military, Government, and Society in Siam," p. 396.

가의 생애를 꿰매야 했고 이 격동을 적절하게 설명해야했다.

연속성/불연속성 순간들에 긴장이 발생할 때 새로운 설명을 요구하는 것은 새로운 현상이 아니다. 시암에게만 그랬던 것이 아니다. 여러 연구들은 역사적 글쓰기가 정치적 도구로서 상대와 맞서며 새로운 지배체제를 정당화하는 역할, 즉 역사적 글쓰기가 선전의 관점이나 심지어 오웰적인(전체주의적인-역주) 관점에서 수행하는 역할을 강조해왔다.[417] 그러나 파탄과 익숙한 것의 연속성이나 심지어 전성기의 회복을 강조하며 자신감을 되찾게 하는 과거 쓰기의 관계를 분석하는 연구는 많지 않다. 예컨대 18세기 후반 방콕 시대가 시작할 무렵 새로운 도시의 새로운 왕궁의 새로운 왕조-즉, 새로운 소우주-는 옛 수도의 붕괴 이후 질서를 회복하려고 했다. 재정비된 세계에 관한 종교적 설명이 연속성/단절의 긴장을 진정시켰다. 또한 옛 세계질서의 연속성을 강조하며 창조한 왕실 역사가 그 긴장을 진정시켰다.[418] 그 왜곡과 잘못된 설명을 보건대 그러한 글쓰기는 새로운 체제를 정당화하는 정치적 도구라기보다는 바로 직전의 과거와 타협하는 데 도움을 주는 이념적 도구였다. 또 다른 파탄은 절대왕정을 끝내버리고 군부가 통치하는 새로

---

417 태국 역사에서 전형적인 접근이 Nithi Aeusrivongse, *Prawattisat rattanakosin nai phraratchaphongsawadan ayutthaya* [아유타야 왕조 연대기 속의 방콕의 역사].

418 그 시기의 연속성/단절을 보려면, David Wyatt, "The 'Subtle Revolution' of King Rama I of Siam," pp. 9-52; Nithi Aeusrivongse, *Pakkai lae bairua* [깃촉펜과 돛], 특히 논문 "Watthanatham kradumphi nai samai ton rattanakosin" [방콕 왕조 초기의 부르주아 문화] 참조. 또한 Klaus Wenk, *The Restoration of Thailand Under Rama I 1782-1809* 참조. 그 긴장을 시급히 진정시키려는 필요를 보려면 Craig Reynolds, "Religious Historical Writing and the Legitimation of the First Bangkok Reign," pp. 90-107 참조.

운 시암을 시작한 1932년의 혁명이었다. 이때는 그 사건이 불러일으킨 분열 양상을 그저 억누르거나 또는 그대로 두면서 그 파탄을 봉합했다. 그 대신 태국의 과거를 익숙한 반식민주의에 입각하여 외국의 지배에서 벗어나거나 독립을 지키려는 투쟁의 연속이라고 쓰는 것이 골격이 되었다. 더 나아가 1932년 이후의 시암은 첫 번째 왕국 수코타이의 영광을 회복하는 것으로 설정되었다.[419] 이 기획에서, 국가의 생애가 우여곡절을 겪지만 현재의 국가는 좋았던 옛 시절을 이어받았음을 증명한다. 절대왕정이 없어도 어떤 것도 잃어버리지 않았고, 국가의 미래 생애에서 익숙지 않은 것이란 없을 것이었다.

격동의 시간은 억누를 수 없고 기억에서 지워지지 않는다. 오히려 완벽하게 인식하고 그 파탄들을 영속적인 과거라는 것에 꿰맞추는 방식으로 그 격동을 시간을 빚고 설명할 뿐이다. 그럼 어느 정도까지 시암의 과거에 대한 근대의 설명이 1893년의 파탄에 영향을 받았을까? 불연속성을 해소하기 위해서는 지리체의 출현과 지도의 역할을 숨겨야만 했을까? 1893년 이후의 시암과, 특히 지리체의 출현과 근대적 역사 쓰기의 출현 사이에 어떤 관계가 있었을까? 1893년의 파괴적 순간에 대한 이야기가 어떻게 그려져 왔는지 보도록 하자. 그러한 역사 쓰기가 사용한 전략은 시암의 과거에 대한 전모가 어떻게 구성되어왔는지 알려줄 것이다.

419 Craig Reynolds, "The Plot of Thai History: Theory and Practice," pp. 318-325.

태국의 과거와 추정의 지리체

우리가 보게 될 지리체와 역사의 첫 번째 결합물은 그 결정적 시기에 관한 역사학이다. 태국 역사학자들에게 19세기 마지막 20년은 지리체의 등장으로 알려져 있지 않다. 오히려 그 시기와 그 사건은 영토의 상실과 지방행정의 통합으로 알려져 있다. 그 둘은 관련됐지만 이 관점에서 보면 별도의 과정이었다. 그리고 서구 학자들도 이 태국 관점을 당연하게 생각해왔다. 이 관행의 역사학이 그러한 역사, 그 파괴적 순간에 대한 기억에 확실하게 영향을 끼쳤던 그러한 역사를 생산하려고 사용한 방법은 무엇인가?

전형적인 설명은 프랑스 식민주의의 욕망으로부터 시작한다. 프랑스는 동남아에서 팽창하는 영국의 영향력을 저지하고 경제적으로 이익이 되는 사업이라고 믿으며 중국 남부로 가는 길을 찾기 위해 이 지역을 점령하려고 했다. 프랑스가 베트남을 점령하고 나아가 메콩강 좌(동)안에 대한 권리를 주장한 이후 문제가 시작되었다. 롱 사야마논(Rong Sayamanonda)은 영어로 쓴 태국에 관한 교과서에서 프랑스가 1887년에 십송쭈타이와 후아판을 시암에게서 탈취했으나 아직 만족하지 못했다고 말한다. 롱은 부당한 프랑스, 즉 자체 지도에는 라오스를 시암의 일부라고 표현하면서도 라오스 전체를 싹쓸이하려는 프랑스를 그린다. 프랑스는 국경 주변에서 여러 다툼을 일으키며 공세적으로 행동했다. 그들은 탐욕에 사로잡혔다.[420]

또 다른 유명한 태국 역사학자인 카쫀 수카파닛(Khachorn Sukhabhanij)은 비슷한 방식으로 부당하고, 탐욕스럽고, 믿을 수 없는 프랑스를 그린다. 다툼을 평화롭게 해결하려고 시암이 이치에 맞고 진정성 있는

420 Rong Sayamanonda, *A History of Thailand*, pp. 135ff.

제안을 했는데도 프랑스는 얼버무렸고, 질질 끌었고, 거짓말을 계속 해댔다. 순진한 다음번 희생양으로서 시암은 위험에 빠졌고 그저 약탈자로부터 스스로를 지키려고 최선을 다했다. 그러나 충돌이 발생하자 프랑스는 시암이 여러 해에 걸쳐 국경 주변에서 그들을 괴롭혀 왔기에 정당한 댓가를 치러야 한다며 시암을 비난했다. 이것이 프랑스가 팽창을 정당화한 방식이라고 그는 설명했다.[421]

롱과 카쫀 모두 세세한 역사를 쓰지는 않았으나 그들의 지도를 받은 역사학 대학원생들이 그 견해를 이어나갔다. 우선 그들은 세심하게 그 사건에 대한 사항을 정리했다. 그 관점이 확립되자 창시자 없이도 재생산할 수 있었다. 여러 연구가 같은 관점을 공유한다. 우리는 프랑스가 그 탐욕스럽고 침략적인 목적을 달성하려고 구사했던 사악한 책략, 거짓말, 부정직에 대해 듣는다. 시암은 자기를 지키려고 방콕이 직접 조공국들을 관리하는 행정 개혁을 단행하고 분쟁 영토에 들어온 호 강도단을 제압하는 등 온갖 시도를 했다. 결국 어떤 이성적 동기를 결여한 채 그저 성공만을 이루려는 프랑스는 시암이 겨룰 수 없는 함포외교에 의존했다. 요컨대 처녀가 악마에게 희생당한 슬픈 이야기이다.[422]

말할 나위 없이 모든 설명은 메콩강의 좌안 전체가 단연코 시암

---

421 Khachorn Sukhabhanii, *Khomun prawattisat samai bangkok* [방콕 왕조 시기 역사 기록], pp. 240-244.

422 Chiraporn, [1893년 위기]와 Suwit Thirasasawat, *Khwamsamphan thai-forangset r.s. 112-126*: *kansiadindaen fangkhwa maenamkhong* [1893-1907년 프랑스-태국 관계: 메콩강 우안 상실]이 태국어로 된 가장 알려진 책에 포함된다. 학교 교과서도 같은 구성과 이야기를 따르게 되었다. 예컨대 Pharadi Mahakhan, *Prawattisat thai samaimai* [근대 태국 역사], pp. 164-165를 보라.

에게 속했다고 주장한다. 이제는 영어로 쓰인 표준 태국 역사교과서가 된 와이어트(Wyatt)의 책 역시 같은 견해를 채택한다. 시암에 동정심을 느끼면서 그는 회고하며 주장하기를 프랑스가 그들의 주장을 떠받치는 단 하나의 증거도 갖지 않았다고 했다. 시암은 영국을 그렇게까지 신뢰하지 않았어야 했다며 통탄하고, "이 문명화된 세계에서 프랑스가 어리석은 주장을 밀어붙이지 않을 것"이라는 잘못된 믿음을 시암이 가졌다고 말한다.[423] 여기 적절한 요약이 나와 있다. 모든 관행적 설명이 의심의 여지없이 한결같이 이에 동의한다.

> 따지고 보면 시암은 **터무니없는** 요구를 받아들일 수밖에 없었다. 순전히 왕국이 **외국의 지배에** 맞서서 **자신의** 영토를 **지켜야했기** 때문이다. 이것은 마치 영국에서 새로 들어선 정부가 18세기에나 있었던 미국에 대한 소유권 주장을 다시 내세움에 따라 미국 정부가 그 주장을 관철하기 위해 파견된 영국 침략군에 맞서서 저항할 수밖에 없는 것과 같다.[424]

와이어트는 이 모든 사건에 대한 주제를 포착하기 위해 허구의 영국-미국 역사를 선택한 반면, 카쫀은 이솝의 유명한 우화를 비유로 선택한다. "먼저 양과 일부러 다툰 다음 뛰어들어 잡아먹는 늑대의 계략을 프랑스가 썼다는 것을 우리는 확실하게 보았다."[425] 이 비유가 그 이야기로부터 나왔을까? 아니면 그 반대 방향일까? 이 유명한 우화가

---

423 Wyatt, *A Short History,* pp. 201-208. 인용은 204쪽에서 따온 것이다.

424 Ibid., pp. 203-204. 강조는 내가 했다. 이번 장의 나중에 말들이 어떻게 우리의 관점을 지배하고 감정 효과를 불러일으키는지 논의하겠다.

425 Khachorn Sukhabhanij, [방콕 왕조 시기 역사 기록], p. 244.

실제로 복잡한 이야기 요소들을 가지런하게 정리하고 이해하기 쉽고 익숙하게 만들어 독자에게 전달하는 장치가 되어버렸는가? 그 비유는 어느 정도까지 과거의 이 사건을 개념화하는 틀일까?

시암의 관점에서 그 순간의 역사는 비극적이었다. 주인공의 욕망이 서구 비극에서처럼 이루어지지 못했기 때문이 아니라 이 역사의 사건에서 아다르마(adharma, 악)가 다르마(dharma, 선)에 승리를 거두었기 때문이다. 이것이 그렇다면 불교의 합리성에 어쩌면 역행하는 것이고 개혁의 역사학은 상실감과 불합리성을 구제해줄 터였다.

그러한 구제의 기억은 1892년과 1915년 사이에 몸소 개혁을 관장했던 담롱왕자의 개인의 회고 형태로 처음 등장했다. 1940년대 초에 쓰였으나 그가 죽을 때 미완이었던 『테사피반』(*Thesaphiban*)은 쭐라롱꼰이 담롱에게 그 당시 시암에 가했던 외국의 위협을 상기시키며 그에게 개혁을 수행하라고 독려했다고 전한다. 시암이 재빨리 지방행정을 손보지 않고 어수선하게 내버려두었다면 나라가 위험에 빠졌을 테고 시암은 독립을 잃어버렸을지도 모른다는 것이다.[426]

뗏 분낙(Tej Bunnag)이 몇십 년 뒤에 이 논지를 받아들였다. 그의 유명한 책은 태국의 개혁에 관한 여러 후속 연구에서 권위서가 되었다. 뗏은 담롱이 내무부장관이었던 시기만을 선택하여 연구하면서 담롱의 유산을 우리에게 일깨운다. 뗏은 담롱의 견해를 전적으로 지지하며 말하기를 "[지방행정의 개혁]이 유럽 제국주의 시대에 시암이 독립국으로서 살아남을 수 있는 데 일조한 요인 중 하나라는 점을 믿으며" 그 책을 썼다고 했다.[427]

---

426 Prince Damrong and Phraya Rajasena, *Thesaphiban* [지방행정의 테사피반 체계], p. 7.

427 Tej Bunnag, *Provincial Administration of Siam 1892-1915*, p. v.

뗏은 1892년 이전의 행정에 대한 설명으로부터 시작한다. 1892년 이전의 시암은 그의 말에 따르면 '이론상' 통일되었다. 외딴 지방과 조공국들에 대한 시암의 주권은, 따라서 시암의 통일성은 의심의 여지가 없었다. 1892년까지 그러한 이론이 제대로 '실행'되지 않았다는 점에 문제의 소지가 있었다.[428] 이 이론/실행의 차이는 식민주의를 맞게 되자 위험한 조건이 되었다. 1896년 1월에 왕은 이전의 조공국들을 관장하는 위원들에게 외국 열강이 어떤 '내부' 갈등이라도 시암의 내정에 개입할 구실로 삼을 수 있다고 주의를 주었다. 그들은 "내부와 외부의 위험에 맞서서" 시암을 지켜야 했다.[429] 조공국들이 가장 약한 지점이었고 나라를 스스로 '지키려면' 이를 개혁해야 했다. 따라서 여러 반대와 저항이 있었지만 정부의 중앙집권이 문제를 푸는 열쇠였다고 뗏은 설명한다. 그 책의 나머지 부분은 통합 행정이 어떻게 온 나라에 걸쳐 차근차근 실행됐는지 자세하게 다룬다.

뗏의 책은 태국 역사가들의 수많은 후속 연구에 기초를 제공했다. 태국 역사가들은 그저 똑같은 생각을 특정 지역이나 개혁의 특정 측면에 적용하거나, 담롱의 재위 전후로 시기를 늘려 적용하거나, 여러 왕자들의 작업에 적용했다.[430] 외국의 위협이라는 주제-그리하여 나라를 '지키려면' 개혁을 단행할 필요성-는 논증이 필요한 것이 아니라 미리 주어진 것이 되었다. 참이 아니더라도 처음부터 반박의 여지가 없는 사실로 밀어붙이기까지 하는 경우가 많았다. 당연히 안도와 확신을 표

---

428 Ibid., pp. 17-19.

429 Ibid., p. 249.

430 태국의 여러 대학의 석사 학위논문 대부분이 그 전통을 따라 연구한 것이다. Wutthichai Munlasin, ed., *Monthon thesaphiban: wikhroh priapthiap* [테사피반 지방행정: 비교 분석]에 그 예들이 있다.

명하며 결론을 내린다. 개혁 덕분에 시암이 살아남은 것이다. 뗏에게는 시암은 그 생애에서 가장 힘겨웠던 시기를 큰 성공을 거둔 채 통과했다. 단지 개혁에서 그친 것이 아니었다. 영광스러운 혁명이었다.[431]

> [담롱왕자]와 테사피반 체계의 지방행정은 실로 유럽 제국주의 시대에 타이 왕국을 동남아의 유일한 독립국으로 보전하는 데 기여를 했다....그 시기[담롱 재위의 1892-1915] 동안 시암은 확실한 경계가 없는 국가들과 지방들의 집합체에서 확실한 경계를 지닌 탄탄한 국가로 탈바꿈했다. 근대적 중앙행정과 중앙이 통제하는 지방행정을 위한 기초가 놓였다. 우선 경제가 발전했다. **사람들은 반(半)예속과 노예 상태에서 해방되고 자치정부가 수립되었다**....[개혁은] 역동적인 힘을 일으켜 여전히 근대 태국의 모습을 빚고 있다.[432]

영토 상실과 개혁의 이야기 모두에서 유럽의 제국주의, 특히 프랑스의 제국주의는 늑대의 역할을 맡는다. 시암은 그 이웃들이 이미 몰락한 환경에서 생존이 위태로운 양이다. 시암은 홀로 선 채, 품위 있게, 이성적으로, 현명하게 스스로를 지킨다. 어느 이야기에서 끝은 좀 비극적이지만 그렇게 끝난 이유는 늑대를 이성적으로 다루는 것은 시암의 능력을 벗어나는 일이었기 때문이다. 다른 이야기에서는 행복하게 끝난다. 시암이 스스로를 지켰을 뿐만 아니라 위대한 발걸음을 내디디며

431 Tej Bunnag, "Kanpokkhrong baep thesaphiban pen rabop patiwat ru wiwatthanakan" [테사피반 지방행정은 혁명이었나, 진보였나?]

432 Tej Bunnag, *Provincial Administration,* p. 261. 강조는 내가 했다. 이 구절은 그 책의 마지막 문단이다.

성공하기까지 했다.

영토 상실과 개혁 모두 같은 원인-외부의 위협-의 결과로 나타난다. 그 외부 위협이 두 이야기를 꿰매는 유일한 가닥이다. 두 이야기는 같은 내용, 즉 외부의 위험과 보호나 희생의 필요성을 전달한다. 같은 과거 순간의 양면의 결과로 나타난다. 영토 상실과 개혁은 우리의 기억 속에 같이 잠재하며 수많은 민족주의적 역사 담론을 양산하는 이항의 담론을 만들어냈다. 물론 배타적 가장자리를 두고 벌인 경쟁에서 수행된 두 작전, 즉 지리체의 출현으로 이어진 두 작전으로는 나타나지 않는다. 사실 몇몇 연구가 지도제작과 관련된 얘기를 많이 하고 다중 복종에 대해서 무언가를 얘기했다. 뗏 역시 근대적 경계의 부재를 1892년 이전 행정의 문제들 중 하나라고 언급한다. 그러나 지도제작과 경계의 문제는 그 원인이든 해결이든 그 어떤 중요한 역할도 하지 않았던 그저 기술적인 사안일 따름이었다.

주의 깊게 살펴보면 이 두 이야기는 여러 공통 가정들에 의존하고 있다. 그 가정들이 없으면 그 이야기는 다르게 읽히고 기억될 것이다. 나는 그 가정들을 '전략들'이라고 부른다. 왜냐하면 단순한 비효과적인 생각들이 아니기 때문이다. 오히려 명령 기능을 갖고 있어 그것으로써 이야기를 만들거나 재구성하여 적당한 플롯에 끼워 맞추고 지적으로나 감정적으로나 품고 있는 의미와 가치들을 지탱시킨다.

첫 번째 전략은 시암의 지리체가 앞서 존재했다고 가정하는 것이다. 영토 상실에 관한 모든 설명은 시암의 지리체가 언제나 있었고 메콩강 좌안을 훨씬 넘어서까지 뻗어 있었다고 주장을 펼치기 마련이다. 정치 공간과 국가 관계에서 토착적 유형과 근대적 유형이 근본적으로 다르지 않다고 한다. 그래서 애매모호한 공간이 없다는 것이다. 이 가정이 없다면 그 어떤 '상실'도 없었을 테니까 고통에 아무런 근거가 없을 것이다. 개혁의 역사학에서 이 전략은 방콕의 직접 통치를 정당화는 데 더 필요하기까지 했다. 이것이 없다면 분쟁 영토를 다스리려는 시암의 지도가 결코 자기방어가 아니었을 테고 옛 조공국을 진압하는 행동도 결코 내부 문제가 아니었을 테다. 이 전략의 명령 기능은 시암의 팽창, 정복, 또는 경쟁까지 손가락질할 수 있는 '부적절한' 해석을 막기 위한 것이다. 가정의 지리체는 내부/외부와 방어의 생각을 지배하는 데 일조한다. 더욱이 이 전략은 이제는 당연하게 생각한 견해 즉 모든 문제를 방콕의 관점에서 보는 견해와 연결된다. 이것은 또 다른 전략으로서 우리가 곧 보게 될 것이다. 이 전략은 이 지역의 군소국의 견해를 억누르는 것을 뜻한다. 무엇보다 지리체가 앞서 존재했다는 것은, 적어도 '이론상' 그렇다는 것은 이것이 창조되는 과정을 겪었다고 보는 그 어떤 기억도 바로 막아버린다. 따라서 지리체에 앞서서 수행됐던 조사 등 지도제작 과정은 감춰진다. 그렇게 함으로써 파탄의 성격이 근본적으로 바뀐다. 그 순간들은 그저 기존의 통일성을 유지하고 통일된 지리체와 배타적 주권을 시행하는 중요한 시기가 된다.

두 번째 전략은 근대 국제정치, 특히 식민주의 맥락에서 그 이야기들을 설정하는 것이다. 우선 이 맥락은 시암-통합 국민국가-과 서구 열강 사이의 관계의 관점에서 그 이야기가 인식되도록 통제한다. 국제정치 맥락은 그 무렵 활발한 역할을 했지만 나중에 국민국가로 태어나지 못한 군소국의 목소리를 줄이고, 분류하고, 또는 제거하는 틀을 내세우고 막 등장하는 국민국가의 이야기만 들리도록 통제한다. 이것은 오로지 수도에서 보는 사건의 맥락인 것이다. 지역(local) 관점에서 보면 이것은 잘못되고 시대착오적인 맥락이다.

다른 맥락에서 보면 외국과의 관계에서 시암의 역할은 달라질 것이다. 지리체가 부재한 채 위계적 권력들이 영향을 끼치던 토착 맥락에서 보면, 그들은 능력이 같지 않았더라도 같은 먹이를 두고 다투는 경쟁 팽창주의자들이었다. 그러나 식민 시대 국제정치의 세계적 맥락에서 보면 그 충돌들은 세계적 강대국들과 자기를 방어하는 외딴 국가 사이의 불공정한 다툼이었다. 탈식민주의 시기 여러 역사가들이 자랑스럽게 받아들인 반제국주의 관점은 이러한 관계들의 측면을 바꿔버린다. 이 세계적 기준에서 보면 시암은 더 이상 경쟁국이거나 패권국이거나 토착 팽창주의 국가가 아니었다. 작은 늑대라기보다는 양일 따름이었다. 지역(region) 패권국의 역사였을 것이 시암 지도자들이 수행한 위대한 반식민주의 역사로 둔갑해버렸다. 그 당시 시암이 무슨 짓을 했건 그 짓은 비도덕적 권력이 가하는 위협에 맞서서 '생존'을 지키려는 시암의 정당한 몸부림이었다.

세 번째이자 마지막인 전략은 방콕의 관점을 취하는 것이다. 앞의 전략이 설정한 조건에서는 좋은 역사학자가 방콕쪽을 편드는 것이 적절하고, 정치적으로 올바르고, 따라서 정당하게 보인다. 마치 안보를 위해 치른 불가피한 비용처럼 군소국들의 고통, 목소리, 관심사는 묵살되거나 제압된다. 시암이 무력으로 점령하고 중앙집권 체제를 시행한 것은 자랑스러운 치적으로 칭송돼왔다. 뗏이 앞의 인용구에서 밝히듯이 사람들은 해방되고 자치정부가 수립되었다. 누구의 자치정부란 말인가? 누가 누구로부터 해방되었단 말인가?

사실 우리가 단지 관점만 바꾸면, 행정 개혁과 호에 대한 전투에 대한 전체의 이야기가 식민주의 역사와 매우 유사하게 읽힌다. 그 식민주의 역사에서 시암은 언제나 그 지역에서 자신들의 우세를 당연하다고 주장했다. 이 때문에 이야기의 인과관계로서 외부 위협의 기능은 시암의 역사에서 빼놓을 수 없다. 이 기능은 참조를 삼는 맥락을 제안한 대로 바꿀 수 있는 데서 그치지 않는다. 이 기능은 방콕의 관점을 시암의 희생자를 바라보는 데서 외부의 열강을 바라보는 데로 옮길 수도 있다. 그렇게 옮겨진 관점은 시암의 팽창주의 야욕을 숨기고 반식민주의 행세를 부풀린다.

이것은 대부분의 역사학자들이 시암의 근대화에 관하여 갖는 관점이다. 그들은 1902년의 반란들처럼 방콕의 중앙집권화에 대항하여 발생한 저항을 제압한 것을 비롯해 란나와 몇 말레이 국가들을 간직한 능력을 찬미하고, 미화하고, 기념한다.[433] 지역에서 일어난 반란은 방콕의 관점에서 보면 '국가' 생존에 문젯거리였다. 그리하여 때때로 조공국들을 정벌하는 것이 '내부' 안정에 필요했다. 더욱이 방콕의 시암 지배자들의 고통-1893년 7월 중순의 갈등과 충격의 결과-은 태국인들 사이에 외국의 위협에 대하여 공통의 감정을 불러일으킨 국가적 고통이 되었다.

더 나아가 엘리트 민족주의자들의 맹목성이 또 다른 영향을 끼치는 경우가 많았다. 바로 사료에 대한 평가였다. 카쫀에서 그의 제자들까지 여러 세대를 거치는 동안 이 주제에 대한 연구는 앞서 언급한 조지 커즌의 지도와 글을 프랑스의 주장에 맞서 소급하여 내세우는 권위 있는 증거로 삼고 있다. 카쫀은 심지어 커즌 경을 시암을 잘 아는 인물이라고 칭송하고 따라서 그의 글은 틀림없이 신뢰가 가는 자료라고 평가했다. 우리가 추측하듯이 매카시도 충분히 신뢰할 수 있는 사람에 해당된다.[434] 사실 커즌은 프랑스가 서쪽으로 더 전진해오는 것이 영국령 버마와 말라야를 위험에 빠뜨릴 수 있기에 이를 원치 않는다는 것을 그의 글에서 확실하게 밝혔다. 그러나 그는 영국이 프랑스-시암 대결에 개입하는 것을 강하게 반대했다. 그의 글 어느 곳에서도 그가 시암의 주장에 편들지 않았다. 조지 너대니얼 커즌은 나중에 영국령 인도의 총독이 된 유명한 식민주의자였다. 그러나 시암에 대해서 그렇지 많이 알지 못했을 것이다. 에드워드 사이드는 그에 대해 말하기를,

---

433 Tej Bunnag, *Khabot r.s. 121* [1902년 반란].

434 Khachorn Sukhabhanij, [방콕 왕조 시기 역사 기록], pp. 232-233.

> 커즌 경은....언제나 제국주의 공통어를 말했고 심지어 크로머보다 더 노골적으로 영국과 동양의 관계를 점유의 관점에서, 효율적인 식민 지배자가 온통 거대한 지역을 차지하는 관점에서 기술했다. 그에게,...제국은 '포부의 대상'이 아니라 "단연코, 위대한 역사적·정치적·사회적 사실"이었다.[435]

역사학자들 자신이 국가적 고통을 자꾸 되뇌면서 과거의 프랑스를 맹목적으로 배척하는 선까지 이른 것 같다.[436] 그들이 취한 기본적인 신뢰성 기준은 그저 그 갈등에서 누가 누구의 편을 드는가이다. 이럼 점에서 영국의 협조를 믿었던 시암의 신뢰가 씁쓸하게 된지 한 세기가 되었는데도 이 역사학자들은 여전히 영국 식민주의의 권위에 기대어 프랑스를 성토하는 비슷한 책략을 사용하며 똑같은 게임을 하고 있는 것 같다.

요컨대 영토 상실과 지방 개혁에 관한 기존 역사는 전근대 위계적 정체와 경계 지어지지 않았던 왕국의 관점이 유예되거나 억제되어야만 존재할 수 있다. 그리고선 이 모든 시나리오를 근대적 관점의 국

---

435 Edward Said, *Orientalism*, pp. 213-216. 이 인용은 213쪽에 있다. 커즌 경이 영국 식민주의에서 수행한 눈부신 역할을 보려면 Chandran Jeshuran, *The Contest for Siam 1889-1902*.

436 Chiraporn, [1893년 위기]와 Suwit, [프랑스-태국 관계] 모두 주장을 내세우며 마치 그것들이 반식민주의 자료이거나 시암을 동정하는 주장인 것처럼 그 글과 지도를 활용한다. 게다가 그들이 그 지도를 언급할 때, 커즌이 여러 가지로 해석할 수 있게 경계선의 근사치를 나타내는 것으로서 사용한 두꺼운 색깔선들이 점들과 이음표(대시)들로 대체됐다. 아마도 색깔선들이 그들에게 가볍거나 미덥지 않았던 것 같다. 그래서 그 지도를 과학적이고 학문적으로 하는 데 지도제작 관행이 필요했던 것이다.

제관계에 비추어, 또한 경계와 배타적이고 절대적인 주권을 갖는 근대 영토 국가의 이상에 비추어 읽는다. 고통은 영토의 '상실'과 같은 새로운 상징들로 파악되며 역시 구체적인 것이 된다. 이 모든 전략은 시암의 일대기에서 그 결정적 순간에 대한 기억을 어떤 바라는 바의 효과를 위해 끼워맞춘다. 가장 두드러진 결과는 그 순간이 이웃국가들의 반식민주의 과거나 민족주의 과거와 거의 맞먹게 되었다는 것이다. 그리고 위대한 생존과 성공적인 개혁은 군주들과 통치자 왕자들의 총명 덕분이다. 그들 모두가 국가의 구세주가 되었다.[437] 이와 같은 유의 역사는 그 파탄을 태국의 역사의식에서 매우 익숙한 풍인 연속성과 자랑스러운 왕실의 업적으로 탈바꿈시킬 수 있다.

역사 지도책

유럽의 강대국에 패배한 고통이 오늘날까지 태국의 기억에 상처를 남겼다면, 그 파탄의 사건이 발생한 50년 뒤에도 그러한 기억이 그 세대의 시암의 지도자들의 마음에 깊게 새겨져 있다는 것은 당연하다. 그러나 절대왕정을 무너뜨린 1932년 혁명 이후 그 상처는 왕실 존엄성에 대한 것이 아니라 국가성에 대한 것으로 옮겨졌다. 그 고통에 대한 기념물은 '상실한' 영토 그 자체였다. 상실한 영토에 대한 주제가 여러 글들에서 가끔씩 제기되어 오다가 1930년대 말에 이르면 다시금 중

---

437 벤 앤더슨이 말하듯이 시암의 군주들에 대한 인상(image)이 시암의 이웃국가들의 다른 대중적 민족주의 지도자들과 나란히 등장하는 것 같다. "Studies of the Thai State: The State of Thai Studies," p. 198을 보라.

요한 국가적 안건으로 떠올랐다.[438] 왕실이 1935년에 퇴위하여 부재한 채 1932년 이후의 지배체제는 정당성과 신뢰성을 확립해야했다. 피분 정부(1939-1944)는 세계적 흐름의 파시즘을 따르며 타이 문명국이라는 맹목적 관점을 내세웠다. 그들은 1939년 5월에 나라의 이름을 '태국'(Thailand)으로 바꾸었다.[439] 여러 민족주의 관념과 관행이 정부의 지도를 받으며 속속들이 퍼졌다. 정부는 공공 수준에서 가족과 개인에 이르기까지 문화적·경제적 행동 규범을 명문화했다.[440]

정치에서 정부는 위대한 타이(Thai) 인종이라는 관념과 대륙동남아 따이계 사람들의 형제애를 선전했다. 더욱이 대중 지지를 결집해 내려고 상실한 영토를 회복하는 운동을 벌였다. 잃어버린 영토, 특히 1904년과 1907년의 조약에 의해 프랑스에게 넘어갔던 메콩강 좌안을 '회복하려는' 의지는 피분 정부에게는 너무나도 중요하여 비시 정부(독일 치하의 프랑스 정부-역주)가 그 요구를 1940년에 거절하자 피분 정부의 명성이 위기에 처하기까지 했다. 정치적 파국을 막기 위해 정부는 1940년 국제사회에서 일본이 강력하게 지원해줄 것을 조건으로 내걸고 일본과 협력하기로 결정했다. 이것은 1941년 11월 군사적 협력으로 이어졌다. 그 대가로 태국은 캄보디아 서쪽 영역을 부여받았다. 그 영

438 Thamrongsak Phetlert-anan, "Kanriakrong dindaen khun ph.s. 2483" [1940년의 영토 반환 요구], pp. 28-65를 보라.

439 Thamsook Nurnnonda, *Thailand and the Japanese Presence 1941-1945*, chap. 2.

440 Ibid. 이 사안에 대한 여러 정부 문서들의 번역물을 보려면 Thak Chaloemtiarana, ed., *Thai Politics: Extracts and Documents 1932-1957*, chap. 2 참조.

역은 2차 세계대전이 끝날 때까지만 잠시 차지했을 따름이었다.[441]

팬티 쁘라왓-아나켓-타이(태국 경계 역사 지도)라는 이름의 지도가 나오고 영향력 있게 된 것이 바로 이러한 상황에서였다(그림 13 참조).[442] 이 지도는 상실 이전에 시암의 영토 범위가 명백히 정당한 시암의 영역이라고 단정한다. 그러나 이러한 정당한 범위가 어디에서 비롯됐는지는 확실하지 않다. 경계를 다룬 그 역사는 정당한 왕국의 영역이 축소되어 현존 시암의 경계가 나오게 된 영토의 상실에 대해 설명한다. 그러나 상실의 판본이 여럿 있다. 아래에 제시된 대중적인 판본에서는 1번부터 8번까지 저마다의 상실이 그에 해당하는 색깔로 표시되어 있다.

1. 피낭과 웰슬리가 1786-1800년에 영국에 양도됨.
2. 타보이, 메르귀, 테나세림이 1793년에 버마에 빼앗김.
3. 서쪽 지역을 제외하고 대부분의 캄보디아가 1867년에 프랑스에 양도됨. 서쪽 지역은 7번의 상실 때까지 시암의 동부 지방이었음.

---

441 E. Thadeus Flood, "The 1940 Franco-Thai Border Dispute and Phibuun Songkhraam's Commitment to Japan," pp. 304-325.

442 이 지도는 Thongbai Taengnoi, *Phaenthi phumisat prayok matthayomsuksa tonton lae tonplai* [중고등학교용 지도책], p. 39에서 따온 것이다. 스턴스타인은 이 지도의 제목을 "시암 경계 지도의 발전"으로 번역하고 원본의 날짜로 1940년이라고 표기한다. "A Catalogue of Maps of Thailand in the Museum of the Royal Thai Survey Department, Bangkok," p. 56을 보라. 사실 이 지도의 더 이른 판본은 1935년에 출간됐는데 나중의 판본과 상당히 다르다. 그 지도를 Thamrongsak, ["영토 반환 요구"], p. 54에서 보라. 그러나 널리 유포된 것은 1940년 판본이었다.

4. 십송쭈타이가 1888년에 프랑스에 점령당함.
5. 메콩강 좌안의 라오스가 1893년에 프랑스에 양도됨.
6. 루앙프라방과 짬빠삭 건너편 메콩강 우안의 라오 지역이 1904년에 프랑스에 양도됨.
7. 캄보디아의 서쪽 지역(시엄리업, 시소폰, 밧덤봉)이 1907년에 프랑스에 양도됨.
8. 크다, 프를리스(Perlis), 클란탄, 트릉가누가 1909년에 영국에 양도됨.

이 지도에 설명된 상실들에서 18세기 후반에 넘어간 첫 번째와 두 번째를 제외하고 대부분이 19세기 후반부터 유럽 열강에 넘어간 것들이다(두 번째의 상실은 시암의 전통적 숙적에게 넘어갔다). 그러나 이 지도의 1935년 판본은 단지 일곱 개의 상실만을 설명했다. 이 사안에 대한 여러 글들에서 상실의 숫자와 지역은 다르게 나온다. 어떤 글은 이 지도의 네 번째의 상실을 생략한다. 이것이 한 번도 시암에 속해본 적이 없다는 것이다. 여러 글들이 처음의 두 개나 세 개는 나머지와 다른 맥락에서 벌어졌기에 생략한다. 어느 글은 싱가포르와 믈라카, 조호르(Jahore)를 상실에 포함한다. 어떤 글은 샨족 국가들과 십송판나를 상실의 목록에 추가한 반면 십송쭈타이는 언급하지 않는다.[443] 게다가 그 어느 것도 1834년에 치앙마이가 영국에게 넘긴 양도와 1892년에 방콕이 역시 영국에게 넘긴 양도를 언급하지 않는다.

이 사안에 대해서라면 서구 학자들의 사정도 마찬가지다. 그들도 제각각 상실을 다르게 설명하고 그들의 지도도 결코 동일하지 않

443 Thamrongsak, ["영토 반환 요구"], pp. 51-62와 지도 pp. 54, 56을 보라. 또한 Phayont Thimcharoen, "Naewphromdaen rawang sayam kap indochin khong farangset" [시암과 프랑스령 인도차이나의 경계], p. 26을 보라.

다. 예컨대, 민턴 골드만(Minton Goldman)은 십송쭈타이를 상실로 보지 않고 후아판이 1893년 이전에도 프랑스령 인도차이나에 속했다고 본다.[444] 대부분의 태국 학자들은 그의 견해에 동의하지 않을 것이다. 다른 한편, 와이어트는 1940년의 태국 지도를 주의 깊게 살펴본다. 그러나 1888년에 프랑스에 넘어간 영토가 다른 어떤 판본에서보다, 심지어 태국 지도보다 크게 나타난 반면 그 지도에서 버마에게 넘어간 영토는 포함하지 않는다. 따라서 그의 지도에서 상실 이전에 완전하게 정당성을 갖춘 영역은 태국의 원본 지도와는 다르다. 태국의 원본 지도에서 상실 이전의 완전한 영토는 하부 버마의 몬 지역을 포함하지만 십송판나는 제외한다. 와이어트의 지도는 거대한 십송판나는 포함하지만 몬 지역은 제외한다.[445]

이와 같은 종류의 지도는 대개 상실 이전과 이후의 시암의 영토를 표상하려 한다. 그러나 우리가 보았듯이 상실 이전의 시암이 정확히 어땠는지 또는 정말 영토를 상실했는지 알기가 불가능하다. 한 역사가가 무슨 수단을 써서 상실을 파악하거나 얘기하려고 근대의 지리적 관행을 모두 갖춘 19세기 말 이전의 정당한 왕국의 영역을 내세울 수 있겠는가? 그 연구들 중 하나라도 권위를 갖고서 어떤 부분이 시암의 영역에 속하고 어떤 부분은 속하지 않은지 그래서 무엇이 상실됐는지 어떻게 말할 수 있겠는가?

이렇듯 정당한 영토를 단정하는 판본들이 여럿 있다. 그 어떤 것도 왜 그렇게 단정하는지 설명하지 않는다. 모두들 총 영역에서 무엇이 빠져나갔는지 질문을 회피한다. 상실 이전 총 영토가 논리상 추측

---

444 Minton Goldman, "Franco-British Rivalry over Siam," p. 226을 보라.

445 Wyatt, *A Short History,* p. 207을 보라. 또한 D. G. E. Hall, *A History of South East Asia*, p. 729를 보라.

에 근거한 것이라면, 영토의 상실 역시 고작 고통에 빠진 지도자가 같은 감정을 나누기 위해 대중들에게 부과한 논리적 추측일 따름이다. 지도는 단지 두 근본적인 요소, 즉 위기에 관한 지도자들의 기억과 시암에 관한 근대 지리체의 창조물에 불과하다. 전자가 전수한 인식에 바탕을 두고 지도는 실제로 오늘날 시암의 지리체를 회고하여 비춘 것이다. 결과는 두 가지이다. 첫째, 과거에 결코 존재하지 않았던 지리체가 역사적 투사에 의해 현실화되었다. 둘째, 고통이 지도에 의해 시각적으로 드러난다. 이제 비통은 구체적이고, 헤아릴 수 있고, 쉽게 옮길 수 있다.

이 지도는 바깥 세계의 어떤 지리적 실체를 과학적으로 기록한 것이 절대 아니다. 이 지도는 역사적 기획의 시각적 텍스트요, 위기의 부호화요, 실로 순전히 기호학적인 생산물이다. 이 지도의 주제는 시암이 어떻게 만들어졌는가의 문제가 아니라 오늘날 도끼와 같은 모양의 시암이 어떻게 나왔는가의 문제이다. 이 지도는 그 자체의 역사를 말하는 것에 주저하지 않는다. 이것은 방콕 팽창주의와 같은 것이 있었다는 것을 영리하게 거부할 뿐만 아니라 시암이 유럽의 열강에 의해 최초로 경계 지어졌다는 그 어떤 견해도 반박한다. 더 위대한, 경계를 지닌 동질적인 시암이 오래전에 존재했다면, 수없는 사건들은 잔인하고 비이성적인 시암의 적들이 거듭하여 우격다짐으로 시암의 몸을 잘라 내갔음을 생생하게 보여준다. 때론 그 상실들은-마치 고통을 수량화하는 것처럼-평방킬로미터로 계산되어 그 상실의 크기는 온당한 몸의 거의 절반에 이른다. 그 만큼의 고통이 있었지만, 가장 중요한 과업은 독립을 유지하는 것이었다고 그 지도는 말하는 것 같다. 그리고 시암은 살아남았다.

1940년에 이 지도는 온 나라 학교와 관공서에 배포됐다. 영국 영사가 보기에 이것은 메콩강 좌안과 하부 버마와 네 개의 말레이 주들에 침입하려는 시암의 '제국주의'의 몸짓이었다. 그와 프랑스의 대리대사는 항의했다.[446] 그 발간을 관장했던 국방부는 역사 학습에만 사용할 것이라고 말하며 둘러댔다. 그러나 나중에 그 지도는 프랑스에게 빼앗긴 영토를 돌려달라는 운동에 사용됐다. 영국은 그 운동이 자기들이 빼앗은 영토도 요구할지 모른다며 경각심을 가졌다.[447] 피분은 그 영사에게 그런 일은 있을 수 없고 또한 지도 배포를 중단하겠다고 말했다. 그러나 그 정부에서 가장 친일적 인사라고 하는 피분의 측근 자문위원이 그 지도를 다시 발간했고 개당 1바트의 1/10 가격에 팔았다.[448] 다시금 정부는 그 발간에 관련돼 있다는 것을 부인했고 판매를 중단시켰다. 오늘날에도 그 지도는 여전히 학교 교과서와 대부분의 태국 지도책에서 쉽게 발견된다. 2차 대전 이후의 새로운 상황과 탈식민주의 시대가 오면서 그 지도는 당장의 정치적 추진력을 잃었다. 그러나 역사에 대한 감정적 시각 부호라는 기능은 지속됐다. 국가의 생애 담론에

---

446 Sir Josiah Crosby, *Siam: The Crossroads*, pp. 113-114. Flood, "The 1940 Franco-Thai Border Dispute"에서는 약간 다르게 이야기한다. 플러드(Flood)는 크로스비(Crosby)가 시암의 요구에 동정심을 가졌으나 이 사안에 대해 미국이 영국의 정책에 영향을 행사했기에 공식적으로 동정심을 표할 수 없었다고 말한다.

447 Konthi Supphamongkol, *Kanwithesobai khong thai* [태국 외교 정책], p. 24.

448 Ibid. 와닛 파나논(Vanit Pananonda)이라는 인물의 역할과 피분 정권의 친일파를 보려면 Flood, "The 1940 Franco-Thai Border Dispute," pp. 312-313, 317, and 322-324와 Thamsook Numnonda, *Thailand and Japanese Presence*, pp. 115-116 and passim in chaps. 1 and 3 참조. 이 인물에 대한 일본의 설명을 보려면 Benjamin Batson and Shimizu Hajime, eds., *Tragedy of Wanit*.

행사하는 그의 힘은 줄어들지 않았다.

또 다른 묶음의 강력한 역사 지도들은 일개의 위기 이야기가 아니라 전체 개요의 태국 역사를 다룬다. 국방부 산하 왕립측량과가 1935-1936년에 발간한 그 지도들은 서기 제1천년기(서기 1년-서기 1000)부터 이루어진 타이족의 이동을 비롯해 8세기부터 방콕 초기 시기까지 태국의 과거 왕국들을 보여준다(그림 14에서 19).[449] 스턴스타인은 그 지도 묶음을 '태국의 **그**(the) 역사 지도책'이라고 불렀다.[450] 태국 경계 역사 지도처럼 이 역사 지도책은 태국의 교과서와 여러 지도책들에 잘 알려져 있다.

그 지도 묶음의 제목은 여러 판들에서 약간 달라진다. 1963년부터 가장 유명한 태국어 지도책인 통바이(Thongbai)의 지도책은, 1935-1936년 원판에서는 그렇지 않았는데, 모든 지도의 제목에서 '타이'라는 단어를 강조한다. 각 지도에는 오로지 '...재위기의' 타이 '...왕국'만을 보여주도록 고안되었다.[451] 아래 목록은 통바이의 지도책에 나온 각 지도들의 제목을 번역한 것이다.

---

449 Royal Thai Survey Department, [태국에서 이루어진 지도의 발전], pp. 13-14. 하지만 다시 말하자면 실린 지도들은 Thongbai Taengnoi, [지도책], pp. 27, 29, 31, 33, 35, 37에서 각각 나온 것이다. 이것들은 사실상 1935-1936년 원본들과 똑같다.

450 Larry Sternstein, "An Historical Atlas of Thailand," p. 7. 강조(the)는 스턴스타인이 한 것이다. 그의 글에서는 'an'으로 되어 있긴 하다. 그의 연구가 내 목록에서 첫 번째 지도를 포함하지 않았다는 것을 눈여겨보아야 한다. 그래서 공식적으로는 한 묶음의 여섯 지도지만 다섯 지도만이 있다.

451 그러나 스턴스타인은 이 지도들을 '대륙동남아시아의 자연 조건 및 정치 상황'으로 접근했기에 각 지도들의 제목을 복수형으로 '...시대의 왕국들과 도시들'로 지었다.

〈그림 14〉: 고대부터 현대까지 이루어진 타이족의 이동에 관한 타이 역사 지도

〈그림 15〉: 난짜오 왕국에 관한 타이 역사 지도[452]

〈그림 16〉: 람캉행대왕 재위기(1277-1317) 수코타이 왕국에 관한 타이 역사 지도[453]

〈그림 17〉: 나레수안대왕 재위기(1590-1605) 아유타야 왕국에 관한 타이 역사 지도

〈그림 18〉: 딱신왕 재위기(1767-1782) 톤부리 왕국에 관한 타이 역사 지도

〈그림 19〉: 라마1세 재위기(1782-1809) 라따나꼬신(방콕) 왕국에 관한 타이 역사 지도

스턴스타인은 이 지도책을 "19세기 이전 몇 중요한 시기에 존재했다고 알려진 중심부들의 수, 위치, 지위에 관한 가장 포괄적이고 정확한 설명"이라고 여기지만 몇 오류와 결점을 지적한다.[454] 그는 또한 그 지도들이 그 왕국 내 중심부들의 복잡한 위계적 지위를 보여주지 못한다고 정확하게 지적한다. 그러나 어떻게 근대 지도가 그 일을 할 수 있겠는가? 토착 공간을 억누른 근대 지도의 기능은 한 번도 논의되지 않

452 Royal Thai Survey Department, [지도의 발전], p. 13은 1935년 원판에서 이것은 '난짜오'의 수도 이름이라는 '농새 왕국'이라 불리었다고 밝힌다. 그러나 스턴스타인의 글에서는 그 지도는 기원후 748년 난짜오 왕인 꼬로펑(Ko-lo-feng) 재위기의 그 왕국이라고 구체화되었다.

453 통바이의 지도책 1986년판 31쪽에서 그 지도에 나온 이 재위기는 최근 역사 지식에 따라 기원전 [불기] 1822-1843 (서기 1279-1300)으로 바뀌었다. 그러나 그 지도 반대쪽인 30쪽에 나온 내용은 최신화하지 않았다.

454 Sternstein, "Historical Atlas," p. 20.

왔다. 그러기는커녕, 과거의 공간을 만들어내고, 제압한 다음 종이 위에 표현하는 근대 지리 기술의 능력이 칭송돼왔다. 스턴스타인조차도 이 왕국들의 경계를 정확하게 표시하려는 시도에 동참한다.

질문은 이렇다. 이 지도책이 어떻게 감정적 효과를 만들어내고 우리의 기억을 빚어내는가? 먼저 이 지도들을 통하도록 만드는 적어도 두 기본 필요요건을 마땅히 언급해야 한다. 바로 이 지도들이 무엇에 관한 것인지 아는 데 필요한 역사 지식과 지도를 어떻게 읽는가에 관한 지식이다. 그러나 태국 경계 역사 지도처럼 이 지도들도 지표면에서 시암과 직접적인 관련을 맺지 않는다. 역사 지식에 관한 시각적 부호화로서 그 지도들은 오늘날 시암의 지리체에 근거한 채 과거를 추정한 것이다. 만약 누군가 오늘날의 시암 지도를 보지 않았더라면 이 역사 지도들은 사리에 맞지 않은 것들이다. 그러나 만약 누군가 집에서 몇 마일 밖을 나서지 않고서도 실제로 시암의 지도를 보았다면, 또는 태국에 한 번도 와보지 않은 외국 학생이 와이어트의 책을 읽었다면, 쉽게 이 지도들의 의미를 알아차릴 수 있다. 이 역사 지도들의 기원은 추정하는 것과 달리 먼 옛날이 아니다. 그 기원은 현재 시암의 지리체이다.

이 역사 지도들을 따르면 지리체는 근대 창조물이 아니다. 이 지도들은 태국의 국가성이 옛 시암과 서구 열강의 마주침의 결과로서 생긴 최근의 관념이라는 생각을 거부한다. 이렇듯 근대 시암은 연속성에 놓였던 것이 아니라 파탄의 결과라는 생각은 금지된다. 파멸의 순간들은 삭여서 견딘다. 지리체와 국가성을 탄생시킨 똑같은 기술인 지도가 지리체와 국가성이 최근에 탄생했다는 것을 억누르는 것은 역설적이다. 지도제작 과정에서 태어났다는 미천한 지리체 태생이 감춰질 때, 국가성의 지리체는 아득한 옛날부터 타이족과 함께 있어온 자연스러운 것이 된다.

지도제작 담론에 작동하는 영역이 공간에 대한 지식을 훨씬 넘어서 우리의 기억 속에까지도 들어온 것 같다. 사실, 지식과 감정을 겸비한 공간과 기억의 영역이 범위를 벗어나게 된 것은 이 역사 지도들이 다리를 놓았기 때문이다. 태국의 역사 연극이 어떻게 그러한 감정 효과를 만들어낼 수 있는가 논하면서 어느 역사가가 한 방법을 제시했다. "예컨대 쁘라텟타이[태국]라는 용어가 시대착오에 상관없이 수코타이와 아유타야 때에도 사용된다. 시간 범위를 흐리게 하려고 [이것을] 의도적으로 한다. 그리하여 과거는 그 맥락에서 빠져나와 작가의 필요에 맞게 재구성되고 특별한 감정 효과를 불러일으킬 목적으로 청중에게 상연된다."[455]

역사 지도에서 과거 시암의 지리체의 기능은 여기 쁘라텟타이 용어의 기능과 같다. 시대착오적인 장치들은 과거를 오늘날에 익숙하게 만든다. 그리하여 현재의 가치와 감정과 여러 의미들과 특히 애국심과 국수주의를 과거로 옮기고 그리하여 우리의 기억 속으로 옮긴다. 시대착오 없이, 연극들과 역사 지도들은 실패하기 마련이다. 역사 지도에서 지리체는 비슷한 기능을 한다. 현재의 필요를 반영하여 과거를 징발하도록 경로와 접근과 기회를 제공한다. 요컨대 시대착오적 장치로서 지리체는 태국 역사의 연속성을 내세우는 데 도움을 준다. 역설적으로 그 연속성의 파탄이라는 역사 효과로서 지리체가 탄생했지만 말이다. 지리체는 국가의 생애가 이어지도록 전달자의 기능을 담당한다.

지리체의 매개 기능을 제외한다면 다른 무엇이 이 역사 지도로 하여금 태국의 과거에 대한 인식을 빚어내는 데 효과를 발휘하도록 할까? 그 지도가 이 지역에서 태국이 우위를 차지하던 시기만을 나타낸

---

455 Somkiat Wanthana, "The Politics of Modern Thai Historiography," p. 341.

다는 것은 맞는 말이다. 지도책은 지배 영역과 권력이 변화를 거듭하고 공백도 많았다는 것을 표시하지도 않고 옳은 순서로 지역 정치를 배열하지도 않는다.[456] 그러나 그러한 것이 단점이 아니라 강점이다. 지도책은 현재까지 7 단계(6개의 역사 지도와 태국 경계 지도의 역사)의 틀에서 그 몸-즉 국가성-의 이주와 성장을 보여주며 시암의 생애를 선택적으로 강조한다. 그 지도들은 국가의 어린 시절 이야기를 하면서 타이족이 어떻게 외세의 위협, 즉 중국인에 시달려 남쪽으로 내려올 수밖에 없었는가를 들려준다. 남쪽은 그들이 믿는 바 영광의 땅으로 목적론에 입각하여 내세워진다. 그 이주는 역경뿐만 아니라 태곳적부터 이어온 독립에 대한 열망도 의미한다. 마침내 타이족은 크메르족이 대부분 점령한 황금 반도(Golden Peninsula)에 도착했다. 다시금 외세의 지배 아래 어려움을 겪었지만 독립은 타이족의 마음속에 있었다. 그리하여 자체의 위대한 왕국을 세우려는 투쟁을 성년이 될 때까지 이어나가 수코타이에서 결실을 맺게 되었다. 이렇게 독립을 유지해왔지만 타이족 왕국들은 수백 년 동안 종종 외세의 위협, 특히 버마의 위협과 마주했다. 그 강조된 시기들은 이 역동의 시간에서 영웅적인 왕들이 언제나 타이족을 이끌고 맞서 싸워 나라를 되찾았다는 것을 보여준다. 시암이 통합될 때마다 실로 그 힘은 이전보다 더 세졌다. 역경과 외적의 침입을 겪었지만, 시암은 위대했고 번영을 구가했다. 그 지도책은 국가의 과거를 살아 있게 만든다. 그 모든 지도들이 개별적이 아닌 한 묶음의 시각 부호들로서 작동한다. 함께 작동하며 그 지도들은 태국 역사의 전체 구성을 나타낸다.

---

456 스턴스타인은 이 언급을 하고 이 결점 때문에 각 지도를 별도로 다루어야 한다고 제안한다. "Historial Atlas," p. 7을 보라. 나는 그 지도들의 유용성이 개별 지도로서가 아니라 한 묶음이라는 전체성에 있다고 주장할 것이다.

이 지도들에 시각화될 수 있는 또 다른 감정 효과는 시암의 장엄함이다. 이웃국가들과 견주어 시암의 몸이 과거에 얼마나 위대했는가를 보지 않을 수가 없다. 그 지도들은 란나를 비롯해 라오스, 말레이 국가들, 중국 남부의 여러 지역, 샨족 국가들, 캄보디아 전체가 시암에 속했던 영광의 과거를 상상하는 데 도움을 준다. 시암은 너무나도 위대하여 그 역사적 정적인 버마와 베트남은 모든 지도에서 미천하게 보인다. 이것은 국가를 세우고 지켰던 선조들의 노력, 그리고 그 발전을 오늘날까지 이으려는 노력을 보여준다.

그 지도들은 역사 지리 학습을 위한 것이 아니라 국가의 생애에 관한 역사의식을 위한 것이다. 자료와 사실들은 실제적이고 객관적으로 보이도록 하는 데 필요하다. 한 지도, 가령 아유타야가 망하고 시암이 독립을 잃었던 1569-1584년의 지도를 만드는 가치가 무엇일까? 만약 그러한 시기가 이 지도책과 같은 방식으로 시각화되었다면 시암은 똑같은 지도에서 버마와 똑같은 색깔로 등장할 것이다. 아유타야가 버마 왕국에 통합되었기 때문이다. 가령 독립국이었던 란나가 수코타이를 다스리려고 아유타야가 싸웠던 15세기의 지도를 발간하는 가치가 무엇일까? 이 두 '가령의' 지도는 이 모든 설정을 기획했던 이념을 혼란스럽게 하거나 망칠 수 있다.

기획된 과거

지리체가 태동할 무렵 형성된 개념화 전략과 수사 기법은 1893년 위기에 관한 역사학과 역사 지도 모두에서 중요했다. 그 전략과 기법은 국가의 생애에서 파탄의 순간을 잠재우고 도리어 국가가 자랑스러워할 수 있는 시대착오적 일대기를 만들어내는 감정 효과를 기획하고 창조할 뿐만 아니라 추정과 관점을 지배한다.

여러 사상가들이 오늘날 밝히듯이 과거와 역사 서술, 수사적 구성은 서로 분리된 영역이 아니다. 시대착오주의와 선택적 강조만이 기획된 효과를 만들어온 것이 아니라 역사학과 지도책의 이야깃거리들의 배열도 과거를 회상하는 특정 방식을 만들어왔다. 놀랍게도 1893년 위기에 대한 역사의 배열-구성-을 자세하게 살펴보면 그것들이 태국 역사 소설과 연극의 전형적인 구성과 닮았다는 것을 알게 된다.

루앙 위찟와타깐(Luang Wichitwathakan, 루앙 위찟, 1893-1962)이 가장 중요한 인물로서 태국에서 민족주의 문화물을 가장 많이 생산한 자였다. 그는 강력한 민족주의 역사학의 주창자요, 여러 역사 소설을 쓴 소설가요, 역사 연극을 쓴 극작가요, 많은 군가를 쓴 작사가였다.[457] 그의 연극을 간략히 살펴보는 것이 수사 기법과 태국 역사의 관계를 가장 잘 이해하는 방법일 것이다. 루앙 위찟의 연극의 주제들은 매우 한정돼 있었다. 타이족의 기원, 타이 왕국들의 설립, 독립 투쟁, 외적에 대항한 전투, 타이족 국가의 통일이 그 주제였다. 일부만이 인생의 덧

---

457 그의 연극을 보려면 Pra-onrat Buranamat, *Luang wichitwathakan kap lakhon prawattisat* [루앙 위찟와타깐], 특히 chap. 4 참조. 그 다음에 나오는 루앙 위찟 연극에 대한 설명은 주로 이 문헌에서 나온 것이다. 역사를 다룬 그의 글을 보려면 Kobkua Suwannathat-phian, "Kankhian prawattisat baep chatniyom: phitcharanaluang wichitwathakan" [민족주의적 역사기술: 루앙 위찟와타깐에 대한 고찰], pp. 149-180과 Charnvit Kasetsiri, "Thai Historiography from Ancient Times to the Modern Period," pp. 156-170 참조. 루앙 위찟와타깐의 역사관에 대한 훌륭한 연구를 보려면 Somkiat Wanthana, *Politics of Historiography,* chap. 4 참조. 몇 노래들과 그것들의 영어 번역을 보려면 Thak Chaloemtiarana, ed., *Thai Politics*, pp. 317-322 참조. 평상시든 쿠데타 시기든 군사작전에서 많은 노래들이 사용됐다.

없음에 관한 것이었는데, 2차 세계대전 후 그의 관료 경력이 갑자기 끝났을 때 지은 것이다. 이야기가 복잡하지만, 이러한 주제들 속에서 그 구성은 대개 똑같다. 외적에 시달리는 평화로운 국가, 문제를 해결하려는 시도들, 그리고 눈부신 해결. 하이든 화이트(Hayden White, 문학비평 전통에 관한 미국 역사학자, 1928-2018-역주)의 도식에서 이것은 코미디 구성이다. 내 관점에서, 이것은 익숙한 태국 멜로드라마다.

이 전형적인 구성에 관한 예를 하나 들면 도움이 될 것이다. 루앙 위찟의 첫 번째 역사 연극인, '나레수안왕 독립을 선포하다'는 1934년에 처음 상연되었는데 16세기 말 영웅적인 태국 왕에 관한 이야기이다. 이 이야기는 15년 전 버마에 의해 나라가 멸망한 이후 타이족이 당하고 있는 고통에 관한 내레이션과 나레수안과 한 귀족이 그 고통에 대해 나누는 대화로 시작한다. 복수를 궁리하며 그들은 이제 나라의 독립을 되찾을 기회, 한 특정 구절에 나온 바에 따르면 왕국(딘댄)을 회복할 기회를 찾고 있다. "우리는 반드시 독립을 회복해야 하느니라. 독립은 우리 삶의 심장일지라. 그 어떤 쁘라텟이라도 독립이 없다면 그 쁘라텟의 백성들은 인간이 아니니라."[458]

기회가 찾아왔다. 바로 버마의 왕인 난다바인(Nandabayin)은 아유타야에게 1584년 어와에서 발생한 반란을 진압할 수 있도록 지원군을 보내라고 명령했을 때였다. 그러나 시암의 군대가 국경 근처의 몬족 성읍인 크랭에 도착했을 때, 매복했다가 나레수안을 공격하라는 명령을 난다바인으로부터 받은 두 몬족 사령관이 마음을 바꾸고 태국쪽으로 탈출해왔다. 버마왕을 부정직하다고 몰아붙이고 제거할 것을 모의

458 "Phra naresuan prakat itsaraphap" [나레수안왕 독립을 선포하다], in Luang Wichitwathakan, *Wichitsan* [루앙 위찟와타깐 선집], vol. 1, p. 125 참조.

하면서 나레수안은 아유타야의 독립을 선언하는 의례를 거행했다. 그 후, 몬족이 그곳에서 버고에 있는 버마의 왕도를 공격하기 위해 나레수안에 합류했다.[459] 그 연극은 태국 역사에서 가장 멋진 이야기들 중 하나인 맨 마지막 에피소드에서 다시 시작한다. 그 연극에 따르면 나레수안의 지도를 받는 모든 태국인과 몬족이 단 하나의 사상자 없이 버고에서 강을 건너 되돌아오는 길이었지만 버마 군대가 바짝 뒤쫓아 왔다. 그러자 나레수안은 강 너머로 총 한발을 발사하여 기적적으로 버마의 사령관을 쓰러뜨려 죽인다.[460] 나레수안은 최후를 맞이하며 그의 영혼이 나라를 영원히 지킬 것이지만 태국인은 그를 본받아 용감하게, 희생을 마다않고, 끝까지 노력하여 적들과 맞서 싸워야 한다고 예언한다.

그 연극의 이야기는 태국의 연대기를 충실히 따른다. 더 복잡한 이야기를 위해 더 많은 연기, 당연히 더 많은 문제나 갈등이 이야기 구성에 들어갈 수 있다. 하지만 그렇게 추가되면 다른 차원의 문제, 고마움, 개인적 적의, 그리고 대중이 가장 좋아하는 사랑 등 개인적 사안들의 문제와 언제나 직결된다. 여러 다른 차원들의 문제들은 더 복잡한 연기와 구성을 만들어낸다. 대부분의 경우에서 개인의 관심사는 결국 국가의 관심사와 충돌을 일으킬 것이다. 당연히 민족주의자에게 전자

---

459 그 어떤 태국 연대기도 이 공격을 언급하지 않는다. 버마의 연대기는 언급하지만 이 공격이 실패했다고 말한다. 루앙 위찟의 연극은 이 공격의 세부 사항과 결과를 생략한다.

460 쁘라-온랏(Pra-onrat)은 이 에피소드를 그 연극의 절정으로 여기면서 작자가 독립 선포를 절정으로 설정하지 않은 것을 비판한다 ([루앙 위찟과 역사 연극], 168쪽 참조). 이 에피소드는 단지 기적이 추가된 것뿐이라는 것이 내 생각이다. 기적의 독립 선포 순간이 사실은 그 연극의 절정이다.

는 후자에 견주어 부차적이고 마땅히 후자를 위해 희생해야 한다. 더욱이 각 이야기의 첫머리에서 문제는 늘 바람직한 결말, 예컨대 나라의 해방을 기대하고, 그 기대는 언제나 성취된다. 게다가 여러 연극들이 영웅의 희생이나 죽음으로 끝나 이야기를 더욱 감상적으로 만든다. 그럼에도 그러한 결말은 결코 비극적이지 않다. 숭고한 목적을 위한 희생이기 때문이다. 안일이 아닌, 고난을 위한 희생과 준비는 청중에게 던지는 메시지다. 개인 관심사와 국가 관심사의 충돌도 비슷한 기능을 갖는다. 개인 관심사의 희생은 매우 감상적이고, 슬프기도 흥분되기도 하여 여러 연극에서 절정 부분이다.[461] 비극적 구성은 해설적이거나 논리적 표현이 아니라 이미 모든 필요한 설명과 논리를 무력화시키는 감정적인 표현이다. 여러 경우에서 특히 연인들 사이에서, 루앙 위찟은 영리하게 이성과 감정으로서 갈등을 풀려는 대화를 사용한다. 예컨대, 그는 락(rak, 사랑)이라는 단어를 활용한다. 그 단어는 태국어에서 애국심을 가리키는 락찻(rakchat, 국가를 사랑하다)의 한 부분을 이룬다.[462] 그의 청중들은 연인들의 개인적인 락의 희생을 통하여 락찻을 생각하고 느끼도록 자극을 받는다.

루앙 위찟은 언젠가 역사 연극은 역사가 아니라고 인정했다. 비록 역사에 바탕을 두어야 하지만, 특정 효과를 만들어내려고 이야기를 화려하게 하고, 꾸미고, 또는 날조까지 한다.[463] 몇몇은 역사와 관련 있다는 것이 이름뿐이거나 이야기 배경에 그저 한 사건에 불과하기에 '역사' 연극(라콘쁘라왓띠삿)이라고 불러서도 안 된다. 인물들은 으레 밋밋하고, 편향돼 있고, 흑백논리를 따르고, 예상가능하다. 대화는 자연스

461 Pra-onrat, [루앙 위찟과 역사 연극], pp. 171-178.

462 Ibid., pp. 207-212.

463 Ibid., pp. 79-80.

럽지 않고 종종 문어체를 쓴다. 그러나 이 연극들이 역사 연극이라고 내세울 수 있는 것은 꾸며낸 이야기나 인물이 아니라 그 주제와 구성으로써 전달하는 메시지 때문이다.

시암에서 근대 역사 글쓰기는 문학이나 소설과 유사하다고 여겨본 적이 없다. 영토 상실과 지방행정 개혁에 관한 역사학이 어떻게 소설의 전략과 기법을 이용하는가? 우선 특정 관점에서 이야기를 접근하고 투사한다. 이것은 소설에서처럼 어떤 인물에 대한 과장과 험담과 같은 효과를 만들어낸다. 국제정치 상황 담론으로써 인물들은 분류되고 두 주요한 주인공, 즉 시암과 제국주의가 돋보인다. 이에 따라 갈등과 문제가 여러 차원으로 분류된다. 외부와 내부, 국제와 국내, 국가와 개인 등과 같이 서로 동등하지 않은 가치, 중요성, 함의, 우선 사항이 그 차원에서 불거진다. 충돌하는 이익에 따라 감상적 반응이 뒤따른다. 따라서 국가의 이익을 위한 연인의 희생이나 개인 이익의 희생은 칭송된다. 마치 국가의 독립이 '외부'로부터 위협을 받을 때 '해방'과 '자치'를 위해 옛 조공국을 희생시킨 것이 칭송된 것처럼 말이다.

이 장에서 논의하는 역사학과 지도는 시대착오적인 가정과 지리체, 경계선, 근대 독립 개념 등과 같은 장치들을 이용한다. 이런 것들은 루앙 위찟 드라마의 시대착오적인 단어 및 대화와 비슷하다. 역사학과 지도는 이 방법을 사용하여 오늘날의 청중에게 그 이야기를 이해시키고 익숙하게 만든다. 그렇게 함으로써 가치와 이념과 감정 전달이 가능해진다. 나아가 과거로부터 가치를 만들어내려고 주요 갈등 속의 두 주인공은 상대적으로 단조롭고 흑백논리를 견지한다. 선과 악에 관한 이솝의 우화들 중의 하나와 같을 정도까지 말이다. 역사 지도에서는 강조법이 필요하다. 모든 지도가 적절한 순서에 따라 놓인다면, 즉 선조의 이동 지도가 태국 역사의 첫머리가 되고, 뒤이어 영웅시대 지도가 나오고, 태국의 경계에 관한 역사 지도가 현재 직전에 발생한 에피소드를 소개한다면, 태국의 역사 과정은 태국의 영토 국가 발전이 된다.

이 전략과 기법을 제외하고서도 역사학과 지도와 루앙 위찟의 연극의 구성은 이제 놀랍게도 비슷하다. 이야기는 언제나 시암과 외적의 주요한 갈등에서 비롯된다. 그 지점에서 행동(액션)이 뒤따른다. 추가 갈등이 있을 수 있는데 주요 갈등에 부차적인 것이고 더 많은 행동들이 주요 갈등의 핵심부에 복잡하게 얽힌다. 지방행정 이야기에서 옛 조공국에 새로운 체제를 성공적으로 도입하는 것이 절정을 이룬다. 이 이야기는 행복한 결말로 끝나 온 나라에 걸쳐 새로운 체제가 확산되고 왕자 행정가의 업적을 칭송하는 것을 보게 된다. 물론 영토 상실 이야기에서 절정은 1893년 위기다. 그 이야기는 도리어 비극적이다. 그러나 루앙 위찟이 알아차렸듯이 희생은 감춰진 축복이다. 나라가 결국 생존하고 독립을 유지하는 한, 이것은 마음에 떠오르는 비극이나 현실 안주가 아니다. 그 이야기는 우리에게 고난과 희생과 애국심과 단결의 필요성을 일깨운다. 그리고 이러한 가치들은 자극적이고 감동적인 방식으로 우리에게 다가올 것이다. 역사 지도책을 보자면, 이것이 태국 역사의 여러 사건들을 다루더라도 구성은 비슷하고 가치는 똑같다. 이것은 상관없는 지도들의 모음집이 아니다. 전체 지도 묶음은 시암의 온 역사 개요로서 국가의 생애 내내 주요 문제는 언제나 외부에서, 즉 외적, 외부 위협, 중국인, 크메르, 버마, 프랑스, 늑대 등등에서 비롯된 위험이었다는 것을 포괄적으로 말한다. 외부 적들은 언제나 등장하고 늘 곧 닥친다. 처음 에피소드부터 현재까지 이것은 반복되는 주제다. 이러한 반복되는 주제들을 일목요연하게 꿰맞추는 것이 오늘날까지 이르는 국가의 온 일대기의 '중심 구성'이 된다.

이 중심 구성은 좀 역설적인 두 하위 구성을 갖는다. 한편으로 이것은 발전과 변화 또는 진보를 국가의 생애에서 내세운다. 다른 한편으로 외부의 위협과 독립을 위한 투쟁이라는 중심 동기가 반복된다.

역동적으로 보이는 이 역사는 단지 되풀이되는 현상일 뿐이다. 그 주제 반복이 쓸데없이 많을 정도다. 그러나 중복은 우리의 기억에서 중요한 기능을 한다. 에드먼드 리치가 창세기 신화에 대한 연구에서 밝혔듯이,

> 신자의 마음속에, ...신화의 중복은 사실을 확증해준다. 어느 신화라도 그 홀로는 삑삑 나는 소리로 방해를 받는 부호 메시지와 같다. 가장 신심 깊은 신자라도 그것이 정확히 무엇을 말하려고 하는지 잘 모를 수 있다. 그러나 신자가 여러 다른 판본의 신화를 접하게 되면 그 중복의 결과로 세세한 사항은 다르더라도 그가 알고 있는 모든 바를 더 잘 이해하게 되고 여러 다른 것들이 본질적으로 무엇을 의미하는지 더 확실히 알게 된다.[464]

그럼에도 두 하위 구성 모두 상대 구성을 보충하고, 함께 중심 구성을 이루어 시암의 모든 과거 생애를 설명한다. 나라의 생애에서 핵심적인 의미, 즉 독립은 강화되는 동안 시암은 성장하고, 앞으로 나아간다. 이 중심 구성에 따르면 시암은 여러 격동의 시기를 살면서 적과 위협과 고난의 이주와 패배와 혼란 등등을 겪었다. 그러나 시암은 살아남았다. 19세기 말의 고통은 시암의 자유가 위태로웠던 또 다른 격동의 순간일 뿐이다. 군주 덕분에 그리고 독립에 대한 시암의 사랑 덕분에 나라는 다시 한 번 생존한 것이다. 그 생애에서 나라의 몸은 여러 단계를 거쳐 왔고 때로는 비극적 상처를 견뎌 왔다. 20세기에 접어들 무렵의 몸의 희생은 생존에 중요했다. 그리고 시암은 다시금 번성

---

464 Edmund Leach, *Genesis as Myth and Other Essays*, p. 9.

했다는 사실이다. 이번에 국가는 훨씬 더 혁신적이었고 문명적이었다. 지리체의 등장과 1893년의 위기가 시암의 생애에서 몹시도 파멸적인 순간을 이룬다면, 우리가 지금까지 논의한 이와 같은 역사학은 국가의 삶이 이어지도록 다시 회복시키는 특별한 기능을 수행해왔다. 파멸도, 단절도, 대체도 없다. 우리의 기억에서 감춰졌거나 지워졌다. 그 격동의 순간들은 결정적 파탄이라기보다는 국가의 지도력 아래, 특히 현 왕조의 군주 아래 일치단결을 도모하는 계기가 된다.

실제의 과거가 아닌 이 중심 구성은 너무나도 포괄적이어서 루앙위찟의 허구적 역사에 마르지 않는 샘물을 제공한다. 이 영토 상실과 개혁의 역사를 위해, 이 중심 구성은 19세기 말의 이야기를 이해하는 데 필요한 선입관을 제공하고 미리 이야기 틀을 짜놓는다. 그 구성에서 그 사건은 이전의 위기들과 비슷한 현상이 된다. 다른 점이라고는 이야기 요소와 행동과 인물과 대화이다.

근대 역사학이 중요하게 다루는 이 과거에 대해 전근대 문학은 실제로 그러한 중심 구성을 갖고 있는가? 아니면 이것은 근대의 마음으로 전근대 서사를 그렇게 읽은 것인가?

다시 만들어진 과거

앞의 질문은 더 중요한 또 다른 질문거리들을 낳는다. 19세기 말과 20세기 초에 시암에서 근대적 역사 연구가 등장했다. 이 분야의 선구적인 학자들은 과거를 재구성하는 새로운 방법과 개념을 소개했다. 지리학과 여러 다른 학문들처럼 새로운 종류의 과거는 언뜻 보기에는 전통 문헌에 바탕을 두었지만 토착 관념과 확실하게 선을 그었다. 19세기 말의 파탄이 이처럼 과거를 새롭게 구성하는 데 영향을 끼쳤을까?

세기가 바뀔 무렵 몇십 년의 경험이 시암의 지배자들 마음에 너무나도 큰 상처를 남겨 그 잔혹한 순간이 과거와 현재의 나라의 운명에 관한 선험적 인식을 빚어냈을까? 그 순간 이후의 새로운 방식의 사고와 새로운 감정이 새로운 과거를 새기고, 지시하고, 그 줄거리를 짰을까? 오늘날 우리가 알고 있는 바 시암의 과거에 대한 중심 구성은 1893년의 상처가 남긴 결과일까?

지금껏 나는 파탄난 국가의 생애를 봉합하기 위한 새로운 역사를 요구하는 와중에 지리체가 등장했다고 주장해왔다. 그 위기에 관한 역사학은 그 기능을 잘 수행해왔다. 영토 상실과 지방 개혁에 관한 글쓰기가 위기보다 훨씬 나중에 재구성되었지만, 그 위기 자체와 그에 관한 기억이 시암에 대한 새로운 과거를 만들어내는 데 기여한 것 같다. 다른 말로, 지리체 등장의 효과는 너무나도 강력하여 시암의 과거는 새로운 관점에서 완전히 다시 만들어져야 했다. 상당 부분 새로운 역사는 지리체 담론과 그에 관련된 개념과 관행들-예컨대 이전의 몸체와 단일성에 대한 시대착오적인 가정, 필요에 맞게 왜곡한 국제정치 맥락, 배타적 주권 국가에 대한 개념, 무엇보다 지도 사용-에 의해 다시 만들어졌다. 영토 상실과 개혁에 대한 왜곡된 역사와 시대착오적인 지도는 새로운 구성과 선입관과 가치와 기술을 겸비한 새로운 담론의 태국의 과거를 만들어내고 영속화하는 데 큰 역할을 했다. 이 새로운 담론은 미디어와 학교에 의해 그리고 이념을 유포하는 여러 다른 기관들에 의해 재생산돼왔다. 그리하여 지배 담론이 되었다.

새로운 종류의 과거를 창조하는 데 중요한 역할을 했다는 점에서 볼 때 지리체 담론은 여러 다른 측면에서 새로운 역사를 만들어 내야 했거나 빚었어야 했다. 내가 여기에서 논의하고자 하는 것은 새로운 과거의 범위, 즉 그 지리체 담론의 주제다. 던지는 질문은 이렇다. 어떤 과거가 설명할 가치가 있는가? 1907년 12월 2일 쭐라롱꼰왕은 시암에서 역사 연구에 족적을 남긴 고사(古事) 탐구협회-태국어로 보란카디 사모손(Borankhadi Samoson)이라 알려져 있다-의 출범식에서 연설을 했다. 그 연설 내용은 확실히 시암의 과거에 대한 새로운 담론을 대표한다. 왕은 그 협회 회원들에게 쁘라텟(국가)의 과거를 연구하되 퐁사와단(phongsawadan)이라고 알려진 왕조에 대한 전통 연대기와 다르게 연구해야한다고 역설했다. 더욱이 그의 관점에서 쁘라텟은 아유타야와 방콕의 영역뿐만 아니라 쁘라텟사얌(시암)의 다른 주요 도시들도 포함했다.

> 역사는 항(Hang)이나 창(Chang)이라 부르는 므앙 루앙에서 시작해야 할지니라. 므앙 루앙은 타이족이 기원한 곳으로서 치앙샌, 치앙라이, 치앙마이, 사완칼록(Sawankhalok), 수코타이, 구 아유타야, 신 아유타야, 라워(Lawo), 롭부리(Lopburi), 나콘차이시(Nakhonchaisi), 나콘시탐마랏이 그 뒤를 이었고 예컨대 깜팽펫(Kamphaengphet), 차이낫(Chainat), 핏사눌록, 산(San), 수판(Suphan), 깐짜나부리(Kanchanaburi), 페차부리(Phetchaburi)와 같이 다른 므앙들을 통치했던 그런 므앙[성읍]도 그 뒤를 이었노라. 이 모든 므앙들이 왕왕 강력했고 오늘날 일치된 쁘라텟사얌[시암]을 구성하고 있느니라.[465]

최근에 등장한 지리체가 새로운 역사의 공간을 규정한 것은 틀림없다. 사실 지리체는 왜 그러한 성읍들이 그의 사고틀에 포함되어야 하는지 설명하는 유일한 논리적 근거다. 새로운 역사는 왕조의 연대기

465 King Chulalongkorn, "Samakhom supsuan khongboran nai prathetsayam" [시암의 고사(古事) 탐구협회], pp. 45-46. 전체 내용은 42-46쪽에 있다.

가 규정한 시간에만 한정되어서도 안 된다. 새로운 역사의 시간 범위는 천 년이어야 한다고 그는 주장했다.

이러한 다중심 관점의 과거를 염두에 두며 지역의 중심부에 대한 여러 역사들을 수집하고 썼다. 그러나 다음 세대의 역사학자들-특히 그의 아들인 와치라웃과 담롱왕자-은 쭐라롱콘의 시공간 한계를 바꾸었다. 1980년대까지 도전을 받지 않았던 새로운 틀은 큰 중심부, 즉 수코타이, 아유타야, 방콕의 역사에 초점을 더 맞추었다. 그러나 지리체 담론의 영향력은 여전히 확실했다. 수도에 초점을 맞추고 다른 주요 도시들이 보이지 않는다고 해서 새로운 역사의 공간이 전통 시대처럼 쪼개져 있었다는 것을 뜻하지는 않는다. 오히려 20세기 초까지 그 중심부는 일치된 나라를 대표했다(그리하여 수도나 지도자의 거주지를 일컬으며 나라를 대표하기까지 했다). 사실 이러한 신 역사학에서 수도에 대한 관념은 통합된 지리체에 대한 의식을 함의한다. 실제로 수코타이는 시암의 첫 번째 수도로서 간주돼왔다. 시암의 현 영역 대부분과 그 너머까지 지배했다고 생각하기 때문이다. 반면 다른 주요 중심부들은 그렇지 않았다. 담롱이 1929년에 한 말을 보자.

> 란나에 왕국을 세웠던 타이족은 오늘날의 북서부[지역] 영토만을 점령했을 뿐이고 그런 다음 쇠퇴했다. 그러나 수코타이에 독립 왕국을 세웠던 타이족은 영역을 광대하게 넓혀서 다른 나라들에까지 이르게 했다. 그때부터 타이족이 쁘라텟사얌[시암]을 지금까지 지배하고 점령해오고 있다. 그러므로 수코타이가 불기 1800년[서기 1257년] 이후로 타이족이 지배한 첫 번째 쁘라텟사얌의 수도라고 간주되어야 한다.[466]

---

466 Damrong, "Laksana kanpokkhrong prathetsayam tae boran" [고대

아마도 유명한 람캄행 비문이 과도하게 칭송된 것 같다. 수코타이 영역이 오늘날 지리체에 버금갈 정도로 위대했다고 보여주는 가장 오래된 증거라면서 그 비문을 믿기 때문이다.[467]

지리체에 대한 변화하는 인식이 이렇게 변화하는 과거의 공간적 한계와 관련을 맺는다. 쭐라롱꼰의 다중적 시암은 공간 단위들의 연속적 관계를 함의하는 반면 중심부들의 역사는 수도를 그 전체의 대표로 만든다. 이점에서 1980년대 태국의 소위 지방사에 관심이 커진 것과 그 무렵 태국의 정치적·경제적 조건이 변화한 것, 특히 지방 중심부들에서 국가 주도의 자본주의 성장과 도시화는 어느 정도 관련성이 있다.

당연히 시암의 과거에 대한 지식은 여러 방식과 정도로 지리체 담론에 의해 크게 영향을 받아왔다. 심지어 토착 과거의 정수인 다르마(선) 대 아다르마(악)의 이야기도 독립을 위한 민족의 투쟁 역사로 대체됐다.[468] 과거는 다른 민족과 대결하며 이루어진 타이족의 삶으로 인식되었다. 20세기 초 이후로 태국 역사에서 가장 강력하고 효과적인 주제가 맹위를 떨쳐오고 있다. 바로 "타이 롭 파마"(태국이 버마와 싸우다)이다.[469] 국가성, 애국심 등이 우리에게 과거를 다른 방식이 아닌 이 방

시암의 국가통치], p. 6.

467 이 시대착오적 역사 관점은 어노여타(Anoratha)와 짠싯타(Kyansittha) 시기의 바간, 사이야셋타(Saiyasettha) 시기의 란상 등 다른 나라의 과거와 영웅들에게도 역시 해당될 수 있다.

468 Thongchai Winichakul, "Phurai nai prawattisat thai: karani phra mahathammaracha" [태국 역사에서 악당: 아유타야 마하탐마라차 왕의 사례], pp. 173-196.

469 이 문구는 현대 태국 역사 문학에서 가장 강력하고 잘 알려진 작품 중 하나의 제목이다. 1917년 담롱이 *PP*, pt.6에 처음 쓸 때의 출판된 제목은 "Phongsawadan ruang rao rop phama" [우리와 버마 간 전쟁의 연대기]였

식으로 읽으라고 강요하는 짐이 되었다. 따라서 역사는 태국의 국가성을 규정하는 가장 중요한 수단들 중 하나가 되었다.

지리학의 대체에서처럼 과거에 대한 서로 다른 담론들이 충돌하는 장이 있기 마련이다. 새로운 과거가 옛 과거를 완전히 몰수하지는 않고 있다. 따라서 불일치, 애매모호, 새로운 과거가 어떻게 만들어졌는지 알려주는 흔적들이 있을 수 있다.[470] 그러나 이 영역은 이 책의 범위를 넘어선다.

다. 그리고 1920년 재간행판에서는 'rao'(우리)라는 단어가 'Thai'(태국)로 바뀌었다 (*PP* 5/6, 6/6, 7/6 참조). 후대의 재간행판에서는 그저 *Thai rop phama* [태국이 버마와 싸우다]로만 알려진다. 담롱이 1911년에 마찬가지로 이 점에서 본 과거에 대한 주제와 구조화를 소개했다. *Sadaeng banyai phongsawadan sayam* [시암의 과거에 대한 강의]를 보라.

470 Lorraine Gesick, *In the Land of Lady White Blood: Southern Thailand and the Meaning of History*를 보라. 아주 흥미로운 민족지적 역사로서 과학적·민족적 역사가 완전히 압도할 수 없는 지방의 과거 현장 속으로 들어간 여정이 담겼다. 나 역시 이와 비슷한 방식에서 새로운 종류의 과거의 등장을 살펴보기 위해 또 다른 질문을 갖고서 그 영역을 그려보았다. 나에게는 이 책에서 보듯이 지리학이 그 질문이었다. Thongchai Winichakul, "Siam Mapped," (학위논문), pp. 333-338을 보라.

::

결론
지리체, 역사, 국가성

지리체와 역사는 국가성의 강력한 기술이 되었다. 가장 강력한 효과는 타이다움 또는 우리를 타자와 대응하여 규정하는 작동법이다. 에드먼드 리치가 오래전에 말했듯이 세계 곳곳에서 발생하는 정치적 혼란은 경계가 얼마나 공격적으로, 자의적으로 종족 집단들을 다른 국민으로 갈라놓는지 보여준다.[471] 시암의 변경 주변에는 버마인, 라오스인, 캄보디아인, 말레이시아인과 대응하여-또는 실제로 몬족, 카렌족, 꺼야족, 샨족, 라오족, 몽족, 루족, 루아족, 푸안족, 크메르족, 말레이족과 대응하여-태국 국민이라 여겨지는 여러 종족 집단들이 있다. 그러나 똑같은 지리체의 힘을 받아 오늘날 종족 집단들이 그들의 정체성을 규정하는 경계를 가진 국가를 갖는 것이 매우 바람직하다고 본다는 것 역시 분명하다.

우리 대 타자의 창조

토착 동남아시아 전통에서 피지배자는 가장 우선적으로 국가보다는

---

471 Edmund Leach, "The Frontiers of Burma," pp. 49-51.

그의 주인에게 매였다. 한 지역에 살던 사람들은 그 땅의 주인에게 세금이나 지대를 바칠지언정 그 지역의 통치자에게 반드시 속하지는 않았다. 조사가인 제임스 매카시가 어리둥절하며 보았듯이 사람에 대한 지배와 땅에 대한 지배가 분리되었던 독특한 관습이었다.[472] 근대 서구인으로서 매카시는 이 관습이 동남아시아와 아시아에 두루 퍼져 있었다는 것을 깨닫지 못했다.

이것은 지리로써 국민 – 따라서 국가에 대한 충성 – 을 결정하기를 바라는 근대 행정가들에게 마찬가지로 난제였다. 1893년 조약이 체결되자, 라오-태국 국경에서 시암의 당국자들은 사람들이 어디에 흩어져 있는지 표시하는 경계 역시 정리되기를 바랐다. 메콩강 좌안(프랑스령 인도차이나)의 종주들에게 속하지만 다른 쪽(시암)에 거주하는 사람들은 본국으로 돌아가도록 허락받았다. 만약 그들이 돌아가지 않는다면 그들 거주 지역으로 판단하여 시암인이 될 터였다. 프랑스는 그 제안을 거부하며 출생지를 귀화를 결정하는 최우선 결정 기준으로 보자고 제안했다. 즉 좌안의 라오인들이 어디에 살든지 프랑스의 신민이 되는 것이었다.[473]

십 년 동안 이어진 이 논란의 정치는 사람, 따라서 인력에 대한 지배를 둘러싼 경쟁이었다. 왜냐하면 그 지역은 인구부족으로 유명했기 때문이다. 시암 당국자와 프랑스 당국자는 세금을 면제하고, 돈과 의복을 나눠주며, 겁을 주기도 하는 등 여러 조치를 취하며 그 사람들을 자신들의 신민으로 만들고자 했다.[474] 그러나 두 제안들 모두 신분 증

---

472 [McCarthy], *An Englishman's Siamese Journal 1890-1893*, pp. 185-186; and *Surveying and Exploring*, pp. 101-102.

473 Chirapom, [1893년 위기], pp. 316-318.

474 Ibid., p. 318. 또한 Piyachat Pitawan, *Raboppbrai nai sangkhomthai*

명과 소속이나 충성도를 배정하는 방식이 전통적 인간 유대에서 출생지나 거주지에 바탕을 둔 지리체로 옮겨가도록 밀어붙였다. 시암의 제안이 옛 관행으로부터 더 의식적으로 벗어난 것 같다.

그 결과는 이중적이었다. 한편으로 인력을 통제하려는 전통적 속박 체계가 비효과적이 되었다. 이것은 결국 그 체계의 폐지로 이어지는 중대한 변화였다. 다른 한편으로 사람들을 '시암인'으로 만드는 새로운 신분 증명 체계가 시급히 필요했다. 이에 따라 온 나라에 걸쳐 가구 등록이 이루어졌고 전통적 주종관계에서 영토에 기반을 둔 지방 행정이 시행되었다.[475] 게다가 우안의 라오 지역을 관장하는 타이 왕자-지사는 그의 지방 당국자에게 인구조사와 가구 등록에서 종족성으로 사람들을 구분하는 관행을 포기하라는 지시를 내렸다. 그 대신 모든 사람들이 똑같은 방식으로 '시암의 신민들'로 파악되어야 했다.[476] 새로운 신분 증명이 짧은 시간 내에 완전히 시행되지는 않았지만 지리체는 사람들에 대한 새로운 분류법의 방향을 제시하고 기초를 닦았다. 1941년 피분 정권의 국수주의적인 랏타니욤(ratthaniyom, 국가 규정) 중 하나는 어떤 지역적·종족적 배경을 가졌든 그 종족적 기원의 다양성을 파악하지 않고서 모든 사람들을 '타이'라고 부르는 것이었다.[477]

---

ph.s. 2411-2453 [1868-1910년의 태국 사회 프라이 체제], pp. 72, 75, 133-136을 보라.

475 Piyachat, [프라이 체제], pp. 145-156.

476 Toem Wiphakphotchanakit, *Prawattisat isan* [동북부의 역사], vol. 2, p. 531. 떰(Toem)은 이 지시를 내린 해를 언급하지 않았다. 간접적으로 1899년 후라고 제시하기는 했지만 말이다. 떰을 인용한 Chiraporn, [1893년 위기], p. 319는 1893년 위기 직후의 연도들에서 그 지시가 내려졌다고 말한다. 어느 연구든 주요 참고 자료를 언급하지 않는다.

477 Thak Chaloemtiarana, ed., *Thai Politics*, pp. 246-247.

1967년에 이르러 찰스 키즈는 메콩강 우안에 사는 사람들이 여전히 자신들을 라오(Lao)라고 본다고 전했다. 그들이 점점 '이산'(Isan, 동북부 사람)이 되가고 있지만 말이다. 키즈는 또한 그가 연구할 무렵에는 피분 정권 시기에 분리주의 문제를 일으킬 소지가 있었던 이산 지역주의가 더 이상 위협이 되지 않았다고 보았다. 지역 공동체가 태국의 영역 내에서 하나의 정체성이 되었고 어떤 반란 운동도 별도의 이산 국가를 요구하지 않았다.[478] '라오'가 '동북부인'이 된 것이다. 이것은 새로 창조된 국가의 몸틀에서 공간에 근거를 둔 종족적/문화적 인식이다.[479]

영토에 근거하여 사람들을 분간하는 방식이 태국의 가장자리 일부에 오늘날 새로이 소개되기도 한다. 1986년 태국 정부는 버마와 라오스와 마주한 태국 국경지역의 지도를 제작하기 위해 항공 조사를 실시했다. 정부는 그곳의 소수종족이 간섭을 받지 않고 오랫동안 세 국가의 영토를 왔다갔다 해온 것을 알게 되었다. 따라서 그 지도와 더불어 인구 조사와 가구 등록도 정부의 설명에 따르면 안보 차원에서 실시했다.

타이다움을 구성하는 역사의 과업에 관하여 살펴보면, 무엇이 타이이고 무엇이 타자인지 가르는 이항대립에 바탕을 두고 과거 역시 창조되어왔다. 여기서 지리체는 그 역사의 과업에서 타자를 개체로 인식하게 해준다. 타자로 지명된 국가들은 전근대 정체의 사례처럼 분절된 왕국이나 주요한 도시가 아니라 대부분 근대 국가들이다. 더욱이 무엇이 타이이고 무엇이 타자인가의 구분은 정치적 개체에만 한정되지 않

---

478 Charles F. Keyes, *Isan: Regionalism in Northeastern Thailand*, pp. 2-3, 60-61.

479 David Streckfuss, "Creating 'The Thai': The Emergence of Indigenous Nationalism in Non-colonial Siam 1850-1980"을 보라. 개정판이 위스콘신대학교-매디슨 동남아연구소에서 나왔다.

는다. 태국의 역사 관점에 따르면 버마는 공격적이고 팽창적이고 호전적인 반면 크메르는 좀 소심하지만 기회주의적이어서 시암이 어려움에 처해 있을 때만 공격을 한다. 타이의 특징이 이들 성향들의 거울 이미지였다는 것을 쉽게 알 수 있다. 타이는 용감하고 자유를 갈망하지만 평화적이고 비공격적인 사람들이다. 이것이 그야말로 태국 애국가가 우리에게 말하는 바이다.

이 책의 첫머리에 언급되었듯이 여기에서 타자성은 국가가 무엇인지, 무엇을 하는지 상관없이 부정적 방식으로 파악하는 근거로서 활용된다. 타국가들은 언제나 파괴와 악한 소행으로 비난을 받아왔다. 예컨대 태국 역사학자들은 그 무엇보다 근대 역사의식의 부족의 결과일 법한 역사 문헌의 상실에 대해서까지 으레 버마를 비난한다.[480] 그러나 이 역사가의 신화는 태국에게만 해당되지 않는다.[481]

적의 기능

독립을 위한 투쟁이라는 주제-또는 더 정확히 말하여 임박한 외적-는 역사와 현재에서 국가 안보 담론을 불러일으키는 마술 상자가 되었다. 역사에서 가장 두드러진 예로 한 유명한 태국 역사학자가 태국의 노예제를 어떻게 정당화했는지 살펴보자. 다시금 카쫀 수카파닛은 태국 사회에서 노예의 한 유형이었던 프라이(phrai)에 대한 고전적인 글을 썼는데, 태국의 과거에서 계급 압제과 착취의 근거로 본 마르크스주의

---

480 이것이 오늘날도 태국 역사학계의 주요한 문제라고 여겨진다. Winai Pongsripian, ed., *Panha nai prawattisatthai* [태국 역사의 문제], p. 3.

481 H. L. Shorto, "A Mon Genealogy of Kings," p. 64.

관점에 대응하는 글이었다.[482] 그는 주장하기를 적들의 위협과 전쟁이 임박했기에 고난과 역경(그리고 압제?)이 필요했고 불평은 동정할 가치가 없다고 했다. "나라가 어려움에 빠졌을 때 개인의 자유는 마땅히 나라의 독립과 국가 전체의 자유 다음에 온다."[483] 게다가 태국의 상황은 타자들이 겪는 고난에 견줘 그리 나쁘지 않았을 터였다. "독자가 우리의 선조들이 사회에서 압제를 받았다고 느낀다면 나는 [그 독자에게] 라오스와 캄보디아와 베트남과 버마와 말레이시아 등 다른 사회의 선조들이 우리 선조들과 마찬가지였거나 심지어 더 심한 압제를 받았다는 것을 알려주고 싶다."[484] 다른 식으로 말하여 고난은 국가의 안보를 위한 것인 한 견딜 만하다는 것이다. 이 문제를 분류하는 전략은 루앙위찟이 그의 연극에서 사용한 것과 똑같다. 타자를 참조로 삼는 것은 학문적으로 의미가 없을지라도 이념적으로는 의미가 있고 효과적이다.

국가 안보 담론은 국가가 태국인들의 머릿속에 심어놓은 매우 효과적인 피해망상임에 틀림없다. 타자의 창조, 특히 적의 창조는 외부 경쟁자든 내부 경쟁자든 그에 맞서 현존하는 정치적·사회적 통제를 정당화하는 데 필요했다. 이 담론이 만든 적이 없다면 태국의 모든 국

---

482 Khachorn Sukhabhanij, "Thanandon phrai" [프라이 지위], pp. 69, 71. 이 글은 1960년에 처음 발표됐고 태국 역사의 고전 작품으로 여러 차례 재출간됐다. 사실 그는 이 글의 영어 제목을 "Freeman Status"(자유인의 지위)라고 붙이며 본문에서 왜 프라이가 노예가 아니라 자유인인지 설명했다. 그가 비판의 화살을 겨누었던 마르크스주의 해석은 1957년에 처음 출간된 Jit Phoumisak, *Chomna sakdina thai nai patchuban*이었다. Craig J. Reynolds, *Thai Radical Discourse: The Real Face of Thai Feudalism Today*를 보라.

483 Khachorn, "Thanandon phrai," p. 90.

484 "Thanandon phrai"의 1976년 재간행판 서문에서 따온 것이다.

경에 있는 의용대에서 전문 군대에 이르기까지 강압적 힘을 행사하는 모든 형태의 조직들은 불필요하게 될 것이다. 일반적 믿음과 대조적으로 국가와 그것의 안보 기구는 적 때문에 살아남는다. 국가의 안보 기구가 아니라면 무엇이 실제의 적이 아닐지라도 담론 형태의 적을 적극적으로 창조하고 국가를 위협하는 여러 것들을 생산해내겠는가? 적은 반드시 드러나야 하고, 만들어져야 하고, 또는 연루되어야 하고, 담론 속에서 지속돼야 한다. 적은 늘 기획된다. 버젓이 드러내며 바라지는 않을지라도 말이다.

와치라웃이 1911년에 정규 군대와 경쟁하며 몸소 의용대를 세웠을 때 그 의용대 이름을 '스아빠'(Suaph, 야생 호랑이-역주)라고 했다. 아마도 지난날 시암의 변경을 감시하는 요원들의 이름을 딴 것 같다. 그 이름은 과거, 타이(다움)와 타자의 경계, 적의 위협을 지칭한다. 따라서 스아빠는 적에 맞서 타이다움을 지키는 행동적인 부대를 상징했다.[485] 그리 상징적이지는 않지만 군대의 역할을 정당화하는 데도 똑같은 논리를 내세운다. 푸미폰 국왕이 1976년 10월 방콕 학생 학살이 발생한 지 두 달이 지날 때 한 연설들 중 하나를 예로 들어보자.

> 우리나라가 적의 공격으로 끊임없이 위협을 당할 때 태국인이 애국심과 연대를 발휘하여 적을 물리치지 못했다면 태국인으로서 우리의 자유와 존재는 파괴되었을 지니라....따라서 태국 군대는 언제나 우리나라를 방어하는 데 가장 중요한 역할을 하고, 나라를 보호하는 그 임무를 수행할 자세를 늘 갖추고 있느니라.[486]

---

485 Vella, *Chaiyo!*, pp. 29-31.

486 *Sayamchotmaibet*, 1976년 12월 2-8일을 번역한 John S. Girling,

누가 또는 무엇이 적인가? 그 기획된 위협은 어디에서 오는가? 인도차이나 전쟁이 몇십 년 동안 입에 계속 오르내렸을지라도, 19세기 말 전문 군대의 설립 이래로 태국 군대가 정치적 지배력을 확장하기 위해 국내 무대에서 적극적인 역할을 해왔다는 점은 사실이다. 다른 국가에 맞서서 싸운 것은 드물었고 그때조차도 즉 메콩 영역을 둘러싸고 프랑스와 벌인 대결, 1차 세계대전에서 프랑스에 파견된 부대, 한국전과 베트남전에 파견된 부대, 라오스에서 비밀리에 활동한 준정규(semiofficial) 용병대, 태국-캄보디아 국경과 태국-라오스 국경에서 발생한 산발적인 전투들에서 나라를 위한 것인지 아닌지 미심쩍었다. 적이 상대적으로 추상적이든 허술하게 정의되든 타이다움을 굳게 하는 데에 문제가 되지 않았다. 적은 언제나 있어야 한다.

적의 창조는 그렇게 추정된 적에 대한 사람들의 인식에 큰 영향을 끼쳤다. 1985년에 지역의 지도자들, 주로 군 단위나 마을 단위의 책임자들, 의료 관계자들, 교사들의 민족주의 태도에 대한 잘 알려지지 않은 조사가 시행되었다. 그 결과는 뻔했다. 응답자들은 태국을 다시 태어나고 싶은 좋은 나라라고 생각한다는 견해를 강하게 드러냈다. 가장 싫어하는 나라에 관해서는 베트남, 캄보디아, 라오스가 최상위에 올랐다. 이들 나라들의 사람들은-응답자들이 말하기를 태국인은 이들과 가깝게 지내지 말아야 하고 결혼도 해서는 안된다-가장 믿을 수 없는 사람들이다. 버마가 이 싫어하는 사람들 순위에서 4위였다.[487] 왜 이 사람들이 적으로 분류됐는지 질문한다면 확실한 근거는 없을 것이다. 타자의 기능은 객관적 설명을 필요로 하지 않는다. 적의 기능은 우리와 대응하여 구체적이고 현실적이고 파악가능하기만 하면 된다. 그 타

Thailand: Society and Politics, p. 215에서 인용 전체를 따왔다.

487 Likhit Dhiravegin, "Nationalism and the State in Thailand."

자가 실제로 누구인지, 무엇인지는 상관없다.

지리체와 역사학이 타이다움의 생산과 적의 창조에 큰 역할을 했다는 사실은 한 포스터에서 가장 잘 드러난다. 그 포스터는 그리 널리 퍼지지는 않았지만 같은 부류의 포스터들을 기막히게 대표한다. 〈그림 20〉은 배경에 세계 속의 위치와 관련 없이 한 지도가 떠 있는 것을 보여준다. 그러나 그것이 태국의 지도라는 것을 쉽게 알아차릴 수 있다. 동쪽 변경에는 가득 채운 탄창띠를 두른 무장한 군인의 그림이 있다. 그의 눈은 태국의 지도를 향하며 이글거리고 있고 그의 입은 그 지도를 위협하는 것처럼-또는 먹어버릴 것처럼-크게 벌어져 있다. 틀림없이 공산주의자다. 군복, 모자의 별, 그 띠에 쑤셔 넣은 망치와 낫으로 쉽게 분간할 수 있다. 그 군인에서 가장 두드러진 특징은 자세이다. 베트남, 캄보디아, 라오스를 합친 지도 모양 위에 그 인물이 그려져 있다. 지도틀의 상단을 보면 그 포스터를 제작한 기관의 상징 위에 태국의 삼색(빨강, 파랑, 하양-역주)기가 줄무늬를 이루고 있다. 그 상징 자체가 삼색기와 태국의 지도를 역시 포함한다. 아래에 지도 제목이 이렇게 달려 있다. "깨어나라, 태국인이여." 태국의 지도 안에는 한 설명이 나온다. "우리는 이미 영토의 352,877평방킬로미터를 잃었다. 단지 514,000평방킬로미터만이 남았을 뿐이다." 그 지도 아래에는 또 다른 구호가 달려 있다. "단결이 힘이다. 나라를 지키자. 부패를 멈추자. 나라가 번성한다." 아래 끝에는 이 포스트의 후원자 이름인 '루앙포 삼니앙 유사타폰'(Luangpho Samniang Yusathaphon)이 나와 있다. 바로 원로 불교 승려다.[488]

488 〈그림 20〉은 *Inside Asia* 7 (Feb.-Mar. 1986): 15에서 따온 것이고 그 사진은 콘래드 테일러(Conrad Taylor)가 찍은 것이다.

타이다움의 국경

내부/외부 이분법은 우리와 타자를 구분하는 가장 효과적인 전략들 중 하나다. 그러나 내부와 외부, 우리와 타자(혹은 적)의 구분이 종종 분명하지 않다. 태국 국가성을 가장 확실하고 굳건하게 식별해야하는 지리체마저도 그 경계가 타이다움의 경계와 일치하지 않는 지역들에서는 한계를 갖고 있다. 타이다움의 영역은 그야말로 애매모호하다. 널리 뻗을 수도 있고 줄어들 수도 있다. 1988년 미국의 태국인들이 앞장선 채 온 나라가 11세기 크메르 상인방(lintel)을 현재의 태국 영토 내의 사원으로 돌려보내라며 시카고 미술관을 상대로 집회를 개최했다. 사실 그 상인방은 하나의 조각에 불과했고, 대륙동남아시아에서 타이족이 흥기하기 이전의 크메르 예술에서 가장 중요한 유물은 아니었다. 그러나 그 당시 국가 정체성에 대한 자각이 하늘을 찌르듯이 높을 때여서 그것은 태국 국가 정체성의 매우 귀중한 보물로 여겨졌다. 온 나라가 미국이 이 국가의 보물을 태국 땅에서 훔쳤다며 격분했다. 마침내 국가 정체성의 그 조각이 그의 모국-캄보디아가 아니라 태국-에 돌아오자 온 나라가 감동을 받았다.[489] 여기에서 타이다움은 문화적으로 태국을 넘어 앙코르 왕국의 문지방까지 포함하는 데까지 뻗어나간다. 이것이 작동하는 무대는 심지어 시카고이다. 놀랍게도 크메르의 견본이 그것을 보유하고 있던 사원의 오늘날의 위치가 태국의 지리체에 있다는 단순한 이유로 전 세계적으로 태국인의 반응을 일으킬 수 있었다.

정반대편에서 두드러지게 보여주는 또 다른 예는 공산주의와 태국 공산주의자에 대한 인식이다. 태국 담론의 공산주의는 이론 체계, 정치적·경제적 프로그램 또는 정교한 사상으로서의 마르크스주의와

489 Charles F. Keyes, "The Case of the Purloined Lintel," pp. 261–292.

큰 관련이 없다. 공산주의는 그저 국가와 종교(불교), 왕실의 적일 따름이다. 그저 타이다움의 제1의 적이요 따라서 타이다움 바깥에 있다. 냉전 시대 선전에서 공산주의는 보통 러시아, 중국, 북베트남과 같은 나라들과 동일시되었다. 그러나 태국 공산주의자들의 존재는, 특히 사회주의 이념이 널리 퍼져 있었고 수천 명의 중산층 태국 학생들이 공산당에 합류했던 1970년 말에, 이 정의와 충돌을 일으켰다. 반란을 진압하는 데 활용되는 가장 집요한 전략들 중 하나는 사회주의자, 공산주의자, 좌익을 외부의 적과 연관시키는 것이다. 그 결과 그 학생들은 '속은 자' 또는 '속임을 당한(공산주의자에 의해? 타자에 의해?) 우리의 아이들'로 불리었다. 타이다움과 타자를 가르는 만들어진 범주였다. 나중에 '속은 자' 범주는 공산당 정치국에 있는 사람들을 비롯해 모든 태국 공산주의자들에게 확대되었다. 무기와 이념을 내려놓은 뒤 그들 대부분은 사면을 받았고 '태국 국가 발전에 참여한 자'로 알려지게 되었다. 태국이라는 국가에서 '우리중 하나'가 되었다.

반란진압대들 중 하나가 국경수비대(Border Patrol Police)인데, 그 주요 임무는 농촌 지역의 태국 공산주의자들과 싸우는 것이다. 여기에서 '국경'이라는 용어는 알고 보면 지리적 정의를 말하기보다 타이다움과 타자성의 구분을 뜻한다. 지리체 담론은 태국 사회를 전복시키려는 요소를 효과적으로 형상화하며 외부의 적과 동일시한다. 따라서 국경수비대는 적에 맞서서 타이다움의 국경을 지키는 부대이다. 적은 실제로 어디에 있든지 반드시 그 국경 바깥에 있다. 이렇듯 이 수비대는 소수종족 거주지에서(중부 태국어를 가르치고, 태국 국기와 불교 이미지와 왕과 왕비의 사진을 소개하며), 태국 영토의 훨씬 안쪽에 자리한 태국 농민의 마을(반란진압 단위를 조직하며), 치앙마이와 같은 거점 도시에 이르기까지 국경지역 어디에서나 활동한다. 그 수비대는 또한 1976년 10월 방콕의 왕궁 근처 대학교에 난입하여 학살을 일으킨 주요 부대였다.

'외부'는 실제로 외부가 아닐 수 있다. '내부'가 낯설게 되거나 외부가 될 수 있다. 모든 상황에서 타이다움의 담론 영역은 동질성과 통합성을 유지한다. 이 결과 국경과 같은 지리 담론 용어가 애매모호해진다. 공간이나 지리 말고 무언가를 뜻할 수 있다. 위에 인용한 예에서 국경수비는 타이다움의 국경 어디에서나, 심지어 지리체의 훨씬 안쪽에 자리한 곳에서도 작동한다. 타이다움의 국경은 그 지리체보다 훨씬 더 제한적이다. 태국의 지리체는 태국의 국가성과 반드시 일치하지 않는다. 지리체의 훨씬 안쪽에 자리했으나 종족적·종교적·이념적으로 타이다움의 경계에 있고 타이다움의 영역에 제대로 수용되지 못한 온갖 소수자들을 생각해볼 수 있겠다. 이곳이야말로 민감한 곳이고, 충돌이 임박한 곳이다.

상징의 힘

'국경'이라는 단어나 국가의 지도처럼 부호나 상징은 원래 뜻한 바를 반드시 뜻하지는 않는다. 더 많은 연관 의미를 만들어낼 수 있다. 다른 말로 저마다의 상징은 그 속성상 잠정적으로 다중 의미를 가질 수 있다. 따라서 상징의 의미를 지배하려는 투쟁은 심각한 전투이다. 어떤 의미를 흩뜨리고 없애는 한편 다른 의미를 내세우는 경쟁인 것이다. 그리하여 한 상징의 지배적 의미에 대한 충성 또는 저항은 담론과…힘에 대한 복종 또는 반항을 뜻한다.

국가성의 상징주의는 대개 여러 담론들의 결합으로서 각 담론은 그 자체로 효과적이다. 이것이 국가성의 상징을 풍부하고 강력한 아이콘으로 만든다. 힘을 갖고 있는 것이다. 가장 좋은 예들 중 하나가 국기이다. 태국 국기에 관한 역사는 지금까지 그저 피상적으로만 색깔과 모양과 무늬만 다루어왔다.[490] 그러나 그와 달리 국가성의 인식에 대한 담론 형성을 추적하면서 그 역사를 쓸 수 있다. 몽꿋이 왕실의 상징과 구분된 독특한 상징으로서 '시암'의 국기를 만들었을 때 그 의미는 무엇이었을까? 몽꿋이 왕실의 깃발에는 자신의 개인적인 상징을 드러냈지만 국기의 상징으로서는 흰 코끼리를 골랐을 때 그 의미는 무엇이었을까? 국기로서 삼색을 도입하는 주요 과정은 무엇을 의미했을까? 그 국기의 디자인에서 그 흰 코끼리를 제거해버린 와치라웃왕의 결정은 그 흰 코끼리 국기가 거꾸로 게양됐을 때 불거진 우발적인 사건의 결과였다.[491] 설사 이것이 맞더라도 그 삼색이 어떻게 상징이 되었을까? 이 과정에서 힘이 어떤 방식으로 작동했을까?

여러 격동의 때를 거치는 동안 절대왕정에서 비롯된 국가의 여러 다른 상징들은 도전을 받았지만 삼색기는 변화를 겪지 않았다. 절대왕정을 무너뜨린 1932년 혁명은 헌법을 최고로 존경을 받는 국가의 상징으로 도입하고자 했다.[492] 그 다음 정권은 공공 행사에서 왕실을 내세웠던 이전의 애국가를 대체하는 새로운 애국가를 만드는 일을 추진했다.[493] 나아가 황제를 위한 애국가는 축소되고 여러 경쟁 상징들이 만

---

490 Chawi-ngam Macharoen, *Thong thai* [태국 국기]를 보라.

491 Chamun Amondarunarak [Chaem Sunthornwet], *Phraratchakaraniyakit samkhan nai phrabatsomdet phramongkutklaochaoyuhua* [와치라웃왕의 중요한 공헌], vol. 6, pp. 8-30.

492 1935-1936년 동안 여러 지방에서 개최된 연례 헌법 기념에 관한 수많은 문헌들을 The National Archives, Ministry of Interior (*Mo. Tho.*), 2.2.13/2 and 2.2.13/7; 5.14/1 and 5.14/49에서 보라. 일례로, 이것은 전통적으로 메루산을 나타내는 산모형의 꼭대기에 놓여 있다.

493 Khru ngoen [pseud.], *Phlengthai tamnaiprawat* [태국 애국가: 역사적 배경], pp. 1-22.

들어졌다.[494] 이러한 분투가 벌어졌지만 삼색기는 사실상 본래 그대로 남았다. 이것이 왜 그토록 강력했을까? 아니면 이것은 그저 미약하고, 애매모호한가? 그래서 융통성을 가졌을까? 그렇다면 그를 둘러싼 규정과 의례에서 강조와 해석 또는 기능의 변화가 있었을까?[495]

국가의 힘과 그 담론이 국기를 만들고 승인하면서 타이다움의 담론이 국기가 의미하는 바와 증명하는 바의 한계를 결정한다. 그 담론은 체제 반대자들을 포함하지 않고 그자들도 그 담론을 받아들이지 않을 것이다. 정부쪽으로 넘어간 1982년부터 무장 공산주의자들은 무기와 적기(red flag)를 정부 관료에게 넘겨주었다. 그 답례로 그들은 삼색기와 왕실의 사진을 받고 마지막으로는 함께 애국가를 부르곤 했다. 삼색기와 다른 상징들이 결부된 이 정치적 통과의례는 적기 아래에 있던 태국 공산주의자들을 삼색기 아래의 지배 사회의 구성원으로 탈바꿈시켰다. 이것은 그들이 그 의례가 거행될 때까지는 아직 완전한 태국인이 아니란 뜻일까?

대부분의 정치권력 기구는 국기의 힘과 그 사안의 중대성을 인지한다. 1973년 대중 시위 전날 당시의 군사정부는 학생운동을 공산주의자들의 소행이라 몰아붙였고 공산당이 이 모든 혼란을 기획했다고 말했다. 이 비난에 맞서서 수십만 명의 사람들이 군사정부에 대항하여 행진을 시작했을 때 무기 대신 커다란 국기와 왕실의 사진을 든 한 무

---

494 Fine Arts Department, comp., *Khamchichaeng ruang kanchai phleng kiattiyot lae kret khwamru ruang dontri thai* [기념곡 사용 안내 및 태국 음악에 관한 잡지식], pp. 1-2.

495 1976년 12월에 개정된 최근 규정에 관한 모든 세부 사항을 비롯하여 국기에 관한 모든 법제와 공식 규정 목록을 보려면 Chawi-ngam, [태국 국기], pp. 9-17 참조. 이것은 10월 학살 직후에 "국가의 상징을 더욱 일깨우기 위한" 것이었다.

리의 학생들이 그들을 인도했다.

상징주의가 얼마나 강력한지는 이것이 부적절하게 이용되거나 도전을 받을 때 알아차릴 수 있다. 어떤 사람은 뒤꿈치에 국기가 새겨진 양말을 신었다고 하여 체포된 적이 있다. 태국 문화에서 상징에 대한 무례라고 여겨진 것이다.[496] 다른 사례를 들자면, 1975년 10월 방금 언급한 성공한 항쟁을 기리는 2주년 기념식에서 행사로를 따라 기념 행진을 하는 순서가 그 식의 클라이맥스로 기획됐다. 조직위는 행진을 위해 수천 개의 작은 종이 깃발을 준비했다. 그러나 삼색기가 아니었다. 대신 그들은 특별히 이 행사를 위해 새로운 깃발을 만든 것이다. 하늘색 바탕에 잘 알려진 영웅적 순간의 이미지가 하얀색으로 박혀 있는 깃발이었다. 처음에 제작자는 하늘색과 하얀색이 항쟁의 급진주의 정신을 제대로 전달하지 못한다는 이유로 비난을 받았다. 결국 군대의 선전 활동에 경계를 갖던 학생운동 지도부는 그 영웅 깃발이 국기에 의도적으로 맞서는 것으로 해석될 수 있다고 하여 그 영웅 깃발을 폐기해야한다고 말했다. 자칫하면 생각지 못할 정치적 재앙을 초래할 수 있다고 생각한 것이다. 조직위 내 열띤 토론이 밤새도록 이어졌고 마침내 모든 영웅 깃발을 안전하게 치우고 수천 개의 작은 삼색 종이 국기를 이른 아침에 방콕 도처에서 사들였다. 그들이 너무 소심했을까? 신중하게 처신했을까? 아니면 그들은 새로운 깃발을 마지막 순간에 포기했어야 했기보다는 아예 처음부터 그것을 만들지 말았어야 했을까?

---

496 국가 안보 담론에 대한 연구를 수행했던 데이비드 스트렉퍼스(David Streckfuss)가 이 정보를 나에게 알려준 것에 감사한다.

마지막 말

국가성의 분간은 토테미즘과 비슷하다. 우리와 타자의 이항대립에 그 바탕을 두고 있다. 당연히 여러 종류와 여러 수준의 구분-계급, 학교, 지역, 직업, 국가성-이 있고 하나는 다른 것들과 충돌할 수 있다. 그러나 그것들의 힘은 정체성의 위계에 따라 달라진다. 예컨대 공산주의자들은 노동자에게는 국가가 없다고 주장한다. 국가들의 세계가 물러나고 국제주의라는 새로운 세계가 등장하기를 바라는 것은 이치에 닿을 수 있다. 그러나 마르크스와 엥겔스는 너무나 낙관적이었고 자본주의의 초국적 성격에 현혹되어 노동자됨이 국민됨-또는 종족구성원됨, 크로아티아인됨, 세르비아인됨, 슬라브인됨, 체코인됨, 우크라이나인됨, 카렌족됨, 몬족됨, 타밀족됨, 싱할리족됨, 또는 남부태국인됨-다음에 온다는 것을 알아차리지 못했다. 노동자들은 좀처럼 엮이지 않았다. 대개 느슨하다. 한 종류의 정체성에 바탕을 둔 단결이 어느 날 다른 종류의 정체성에 바탕을 둔 새로운 구분법에 길을 터주며 해체될 수 있다. 한 국가조차도-여전히 강력하고 원초주의에 근거를 두려는 정체성이지만-해체될 수 있다. 그리고 어느 날 국가들이 또 다른 공통의 정체성을 위해, 아마도 더 상위의 정체성을 위해 해체될 터이다.

국가성에 귀속된 신분은 그 어떤 고유한 성질을 나타내지 않는다. 그것은 만들어진 것이다. 국가성의 정의와 영역은 주어진 것이 아니다. 만들고, 깎고, 새기고, 조작한 것이다. 그 일치성도 주어진 것이 아니다. 그 영역을 획정하고, 의미를 부여하고 또는 때때로 다른 것과 맞서는 담론들의 구성 효과가 그 구분을 이뤄낸다. 그 구분은 언제나 불확정적이고, 애매모호하고, 자기모순이고, 너무 제한되고, 너무 뻗어있다. 정체성이라는 존재는 그저 임시적 담론의 접합일 따름이다. 특정 담론들이 그 국면에서 지배적 힘을 그 영역에 고착시킨 것이다. 그러나 다른 담론들이 미미하게나마 언제나 어떤 영역에 존재하고 새로운 담론들이 등장하여 지배적 담론들에 도전하고, 흔들고, 몰아낸다. 그리하여 영역과 나아가 정체성을 다시 새긴다. 정체성은 늘 경쟁과 대체의 위기 속에 있다. 따라서 늘 변하기 마련이다. 그러한 정체성의 생애는 안정적이지도 연속적이지도 않다. 이동과 파탄과 대체의 순간들로 점철돼 있다. 그래서 국가성 연구는 정체성에 관한 미망에서 헤어 나와야 한다. 더욱이 국가성의 창조가 경쟁과 투쟁과 대체로 점철돼 있기에, 담론과 정체성에 관한 연구는 의미의 애매모호함과 오해들과 흔들리는 순간들에 대한 연구, 그리고 그러한 구분을 길러내는 외부의 힘에 대한 연구가 되어야 한다.

지도는 오랫동안 역사 연구 대부분에서 종속적인 역할을 수행해 왔다. 이제 우리는 그 힘을 알아차려야 한다. 이 책이 지도의 힘을 과장했을까? 아마도. 그러나 여러 곳에서 지도는 확실하게 낮게 평가되어 왔다. 지도는 인간 주체의 수단과 동사에 불과한 것이 아니다. 방향이 정 반대일 수 있다. 다른 기술들에도 마찬가지 얘기를 할 수 있겠다. 그것들은 비인간 주체들로서 인간들을 대리자 또는 매개체들의 대상으로까지 탈바꿈시킬 수 있다. 지도제작자처럼 창조자라고들 하는 자들은 언제나 익명이고 그 제작물이 손아귀를 벗어난 사실에 대해 책임을 질 수 없다. 인간들은 역사 서술에서 너무나 자주 중심적인 역할을 부여받는다. 그들은 역사에서 더 낮은 자리를 차지해야 마땅하다. 기술의 종으로서 말이다. 오늘날 이 일이 실제로 벌어지고 있다.

국가에 관한 기존 역사는 늘 영웅주의, 토착 지도자, 독립 투쟁, 적이 가한 고통 따위에 관한 이야기투성이다. 우리가 예전에 과거를 그런 식으로 기억했기에 그 이야기들은 기억할 가치가 있긴 하다. 그러나 사실 국가의 탄생사는 당황과 비이성과 우연과 의도치 않았던 매력과 재밌는 사건과 이념적·심리적 은폐로 점철돼 있다. 가치가 있든 없든, 유용하든 그렇지 않든, 이것은 부인할 수 없는, 같은 과거 속의 또 다른 역사이다.

지도가 국가를 창조했다. 혼자서는 아닐지라도 말이다. 그러나 그 기술의 연원이 비교적 짧고 미천한 지도를 인정한다는 것은 역사 서술에서 국가가 언제나 강조해온 빛나는 영광을 훼손할 수 있기에 생각할 수 없는 일이다. 국가의 기원을 아득한 과거에서 찾는 것이 왜 그렇게 가치가 있을까? 그 뻔한 국가의 구성물들에 주목하고 하나하나 분석하여 그 덧없는 결합을 살펴보는 것은 어떨까? 이런 작업은 '시암'의 탄생을 철자들인 S, I, A, M의 구성에서 살펴보는 것처럼 간단한 일이다. 마찬가지로 시암의 지리체는 다른 곳이 아닌 지도에서 태어났다.

::

용어설명

이 책에 나온 용어들이 여러 뜻을 갖고 있어서 아래 제시된 정의는 현재의 의미, 문자적 의미(문자), 그리고/또는 전통적 의미(전통)와 관련될 수 있다.

끄룽(krung) 도시, 대도시

끄룽텝(Krungthep) 방콕, (문자) 천사 또는 신의 도시

나가(naga) 대양이나 지하세계에서 사는 신비의 물뱀

낫(nat) 몬족과 버마족 문화에서 토착신이나 초자연적 존재

다르마(dharma 산스크리트어) 선, 좋은

다와둥(Dawadung) 힌두-불교 세계관에서 사까(Sakka)나 인드라(Indra)가 거주하는 천상의 단계

댄(daen) 지역, 영역

딘댄(dindaen) 영토, 지역

땀꼰파랑(tamkon farang) 서양인들 꽁무니를 따라다님

땀난(tamnan) 전설, 신화, 과거에 대한 이야기

뜨라이품(Traiphum) 삼계 우주론, (문자) 세 개의 세계

록(lok) 지구, 세계, 구체

립다(lipda) 1분과 맞먹는 각도를 측정하는 전통 단위, 60필립다(philip-da) = 1립다, 60립다 = 1옹사(ongsa)

몽(mong) 1시간과 맞먹는 시간을 측정하는 전통 단위
므앙(muang) 성읍, 도시, 나라, 통치 공간 단위의 총칭
므앙쿤(muangkhun) 속국, 종속 성읍, 의존, 오늘에는 식민지를 뜻하기도 함
반므앙(banmuang) 나라, (문자) 마을-성읍
밧(baht) (전통) 6분과 맞먹는 시간을 측정하는 전통 단위, 10밧 = 1몽(시간)
붕가마스(Bunga mas, 말레이어) 복종의 표시로 바치는 금은목(金銀木), (문자) 금목
쁘라텟(prathet) 국가, 나라, (전통) 지역, 곳, 권력이나 한계가 확실치 않은 땅에 대한 통칭
쁘라텟사랏(prathetsarat) 조공을 바치는 왕과 왕국
사얌(Sayam) 시암
삼파이파(samfaifa) 여러 종주국의 영향을 받는 조공국, (문자) 세 하늘(종주) 아래의
송끄란(Songkran) 4월 중순에 있는 태국의 새해 첫날
송파이파(songfaifa) 여러 종주국의 영향을 받는 조공국, (문자) 두 하늘(종주) 아래의
수아이(suai) 조공
수완나품(Suwannaphum) 과거에 오늘날의 대륙동남아시아 지역을 일컬었던 이름, (문자) 황금의 땅
숨삼(sumsam) 무성의한
승가(상가sangha, 빨리어) 불교 교단
시마(sima) 성역을 표시하는 신성한 비석
아나-(ana-) 힘, 권한
아나니콤(ananikhom) 식민지

아나짝(anachak) 왕국, (문자) 왕권

아나켓(anakhet) 영토, 권력의 영향을 받는 지역, 경계, (문자) 권력의 한정 영역

아다르마(adharma) 악, 나쁜, 악당

옹사(ongsa) 1도와 맞먹는 각도를 측정하는 전통 단위, 1옹사 = 60립다

유안(Yuan) 베트남, 베트남인(경멸적 뜻을 갖고 있어서 일상에서는 사용되나 공식 명칭은 아님)

잇사라팝(itsaraphap) 독립, (전통) 최고 권력, 최고 지위, 종주

짜끄라바띤(cakravatin, 산스크리트어) 보편 군주(불교 관념의 왕권)

짜오므앙(chaomuang) 성읍의 지배자나 지사, (문자) 성읍의 주인

찻(chat) 국가, 나라, (문자, 전통) 출생, 공통 혈통, 혈통의 성향이나 특징

찻쁘라텟(chatprathet) 국가, 나라

촘푸타윕(Chomputhawip) 힌두-불교 세계관에서 인간이 거주하는 남쪽 대륙

칸타시마(khanthasima) 영토, 권력의 영역

캑(khaek) 말레이인, 남아시아인(인도인, 파키스탄인, 벵골인, 스리랑카인), 중동인(아랍, 이란인, 여타 중동인), 무슬림

켓(khet) 영역이나 지역의 한계, 선, 경계

켓댄(khetdaen) 경계, 한계, 한계 지어진 영역

콥칸타시마(khopkhanthasima) 한계 지어진 영토, 한계 지어진 권력의 영역

콥켓(khopkhet) 한계, 경계, 선, 제한

쿠암뻰타이(khwampenthai) 타이다움

테사피반(thesaphiban) 1890년대 이후 시암에서 시행된 새로운 행정 체계 이름, (문자) 영토 보호 또는 통제

테와다(thewada) 신, 천사

텐(then) 엉터리 승려

파랑(farang) 서양인

파마(phama) 버마, 버마족, 버마의

팬티(phaenthi) 지도

퐁사와단(phongsawadan) 연대기

푸미삿(phumisat) 지리(모든 의미에서), (문자) 땅이나 세계에 관한 과학

품(phum) 땅, 흙, 세계, 공간, 영역

품아니텟(phumanithet) (전통) 지리학, (문자) 땅이나 세계에 관한 설명, 현재 사용되지 않음

프라이(phrai) 농노, 노예 신분, 전통 태국 사회에 존재했던 속박의 일종

필립(philip, philipda) 1초와 맞먹는 각도를 측정하는 전통 단위, 60필립다 = 1립다

혼(hon) 점성학자

후아므앙(huamuang) 지방 성읍, (전통) 왕국 내 종속국

::

옮긴이의 말

이 책은 통차이 위니짜꾼이 1994년에 출간한 *Siam Mapped: A History of the Geo-Body of a Nation*(University of Hawai'i Press)을 우리말로 옮긴 것이다. 통차이는 태국의 탐마삿대학교 역사학과를 졸업한(1981) 뒤 호주로 건너가 시드니대학교에서 역사학 석사학위(1984)와 박사학위(1988)를 받았다. 1988년부터 1991년까지 탐마삿대학교에서 가르쳤고, 1991년부터 2016년 명예교수로 은퇴할 때까지 미국 위스콘신대학교 역사학과에서 교수로 재직했다. 2013/2014년에는 미국 아시아학회 회장을 역임하기도 했다. 현재(2019년)는 일본 아시아경제연구소 선임연구원으로 재직하고 있다.

이 책은 통차이의 박사학위 논문에서 비롯됐다. 그 논문을 읽은 베네딕트 앤더슨은 1991년 『상상의 공동체』(1983년 초판 발간) 개정판을 내면서 그 서문에 통차이가 준 영감에 대해서 언급하고 '센서스, 지도, 박물관'이라는 장을 추가하게 되었다고 밝힌다. 통차이의 원저는 1994년에 미국 학술계에서 권위 있는 상으로 알려진 '존 사이먼 구겐하임 상'과 1995년에 미국 아시아학회로부터 동남아시아 연구분야 최고상인 '해리 벤다 상'을 받는 등 그 학술 가치를 인정받았다. 2009년에 *SOJOURN*이라는 학술지는 이 책을 동남아시아 연구분야에서 가장 영향력 있는 책들 중 하나로 선정하기도 했다. 통차이 자신도 이 책에 크게 힘입어 2003년에는 미국학술원 회원으로 선정되는 영예를 누리기도 했다. 원저는 일본어, 중국어, 태국어 등 여러 언어로 번역되었는데, 일본어 번역판은 2004년에 '아시아태평양상'을 수상했다. 이 책의 명성에 견주어 우리말 번역은 늦은 감이 있지만, 통차이의 이름과 원저인 *Siam Mapped*는 한국에서 동남아학계는 물론이고 역사학계를 비롯해 민족주의를 연구하는 학자들 사이에 꽤 많이 알려져 있다. 이제라도 이 책을 우리말로 옮겨 일반 독자들도 접할 수 있게 되어 다행이라고 생각한다.

통차이는 왜 이 책을 썼을까? 이 책을 1976년 10월 6일 탐마삿대학교 학살로 희생당한 자들에게 바친다는 감사의 글 첫머리에서 내비쳤고, 2018년 10월 19일 내가 재직하는 연세대학교 문화인류학과에서 개최한 강연회에서 밝히기도 했다. 1973년에 태국은 학생운동권이 중심이 되어 민주화운동을 벌여 1947년부터 이어져 온 군부통치를 끝냈고 독재자들은 해외망명을 떠났다. 그러나 그 독재자중 한 명이 3년이 지나 귀국하자 그에 반대하는 사오천 명의 사람들이 탐마삿대학교에서 항의시위를 벌였다. 경찰과 우익 의용대는 시위대가 왕실을 모독하는 행위를 했다는 것을 구실 삼아 그날 아침 학살을 자행하며 시위대를 해산했다. 당시 학생운동 지도자로서 그 현장에 있었던 통차이는 체포되어 옥살이를 하다 1978년 9월에 풀려났다. 이후 통차이는 왜 그 학살이 일어났을까 설명하고자 학문의 길로 접어든다. 학살 그 자체에 대한 연구보다는 학살 배경의 정치적 · 사회경제적 조건에 대한 연구를 하고자 했다. 연구를 진행할수록 통차이는 그 학살로 이끈 이데올로기, 관념, 믿음에 관심을 더 갖게 되었고, 왕실민족주의 사관이 그 핵심이라는 것을 알게 되었다. 『지도에서 태어난 태국』은 그 사관과 겨루는 싸움인 것이다.

왕실민족주의 사관은 타이족이 왕실의 보호를 받으며 옛적부터 타이다움이라는 고유성을 오늘날까지 계승하고 있으며 19세기와 20세기 초 서구 식민주의 위협 속에 영토의 일부를 상실했으나 위대하고 지혜로운 왕의 영도 아래 독립을 지켜냈다는 것을 주요 서사로 삼는다. 이 서사는 교과서와 매체와 대중들 사이에서 널리 퍼져 있다. 통차이는 이 서사와 달리 타이다움과 국가성(nationhood)이 과거와 현재의 불연속 속에서, 나와 타자의 파국적 조우 속에서 태어났다고 밝힌다. 통차이의 이러한 견해는 민족(nation)을 근대의 산물이라고 바라보는 베네딕트 앤더슨 등 구성주의 이론가들과 맞닿는 면이 많다. 앤더슨이 통차이에 영향을 받았다고 앞서 얘기했었는데, 통차이 역시 앤더슨에 영향을 많이 받았음을 이 책에서 밝힌다. 그러나 통차이는 앤더슨을 극복하며 민족주의 논의에 새로운 차원을 제시한다. 앤더슨은 언어가 상상의 공동체인 국민의 탄생에 주도적인 역할을 했다고 한다. 국민에 대한 인식에서 언어라는 매개 기술(technology)의 효과를 강조한 것이다. 통차이는 다른 종류의 매개 기술, 즉 근대 지리지식의 핵심 기술인 지도를 강조하며 상상이 이루어지는 인식 과정에 구체성을 부여했다. 사실 우리의 상상은 이미지와 깊게 결부되어 있다. 국민에 대한 상상도 마찬가지이다. 지도라는 이미지 없이 순수 사유와 언어만을 통해 국민을 상상하기란 어려운 일이다. 나아가 통차이는 행태론의 견지를 취하며 옛 지리지식과 새 지리지식 사이에서 발생한 마주침과 경쟁, 그리고 후자의 승리로 끝난 산물로 국민이 태어났다는 점을 강조한다. 또한 상상의 공동체는 언어라는 공통성에 바탕을 두면서도 '우리'와 '그들' 사이의 구분 짓기에 의해서도 인식될 수 있다는 점, 즉 타자성이 국민의 인식에 결부되어 있다는 점을 밝힌다.

통차이의 독창성은 지리체(geo-body)라는 용어에 응축되어 있다. 지리체는 느슨하게 영토성이라고 정의할 수 있는데, 근대 지리지식 기술이 시각화한 영토성, 다시 말해 지도와 결부된 영토성이고, 몸(body)이라는 단어가 들어간 데서 알 수 있듯이 생명체처럼 신진대사 작용을 하는 영토성이고, 아픔, 슬픔, 기쁨, 사랑을 느끼며 편견과 미움과 부조리에 사로잡히는 영토성이라는 점이 특별하다. 지도가 이미 매개물이라는 부수적인 기능을 넘어서 물신처럼 행사하고, 사람들을 그 생명물의 감각과 감정에 흡입해버리는 사태에 이른 것이다. 이 사태에서 사람과 지도의 관계가 역전된다. 당초 사람이 어떤 공간을 표상하기 위해 지도라는 기술을 발명했지만, 이제는 사람이 그 기술에 종속되며 지도는 사람들에게 민족주의 감정을 불러일으킨다. 민족의 빛나는 과거를 시각화하여 만들어내고, 서구 열강에 빼앗긴 영토를 몸의 상실처럼 느끼게 하고, 현재에도 그 상처에 대한 회한을 품고 회복을 날을 꿈꾸게 하고, 이웃국가들이 현재의 몸에 상처를 내려고 하면 가차없이 응징하도록 한다. 결국 국민을 만들어낸다. 통차이는 기호학과 후기 근대 지리학 논의를 접목시켜 이처럼 민족주의 논의에 새로운 장을 개척했다. 많은 학자들이 이 책에서 영감을 받아 중국, 일본, 남미, 유럽 등 해당 사례에서 지도와 국가성의 관계를 탐구하고 있다. 한국에서도 통차이의 논의를 접목시키려는 시도가 계속되고 있다. 이 번역서 출간을 계기로 그 시도가 더 활발해지길 기대한다.

나는 통차이를 싱가포르 유학 시절에 처음 만났고 2010년 10월에 통차이가 처음으로 한국(서강대 동아연구소)을 방문하는 데에 관계하기도 했다. 최근(2018년 10월 19일)에 통차이를 내가 재직하는 연세대 문화인류학과가 설립 10주년 기념으로 마련한 강연회에 발표자로 초청하는 일을 맡기도 했다. 통차이는 그 강연에서 앞서 말했듯이 이 책을 쓴 동기를 밝혔으며 잔인한 관 주도 역사와 겨루는 싸움에서 이 책이 나왔다고 설명했다. 그리고 1976년 10월 6일의 학살을 본격적으로 다룬 책을 곧 출간할 예정이라고 말했다. 그 책 역시 기대된다. 나는 대학원 시절부터 원저인 *Siam Mapped*를 늘 가까이 하면서 누군가가 이 책을 번역해주면 좋겠다는 생각을 곧잘 했지만, 그 번역자가 나일 것이라는 생각은 전혀 하지 못했다. 이 책을 번역하게 되어 영광이라고 생각한다. 번역의 기회를 준 서울대 아시아연구소와 이 일을 추진해준 오명석 선생님과 임안나 선생님께 감사한다. 감수자로서 번역원고를 꼼꼼하게 읽어주시고 지명과 인명 등을 올바르게 고쳐주며 책의 품격을 높여준 조홍국 선생님에게 특히 감사한다. 연세대 문화인류학과 대학원 수업에서 번역본 초고를 읽었는데, 오류를 잡아준 곽용호 신부님을 비롯한 대학원생들에게 감사한다. 보기 좋은 책으로 만들어준 진인진 출판사에게도 감사한다.

2019년 1월

이상국

::

참고문헌

Adisak Thongbun. "Wan witthayasat haeng chat kap phrabida haeng witthayasat thai" [National Science Day and the father of Thai science]. *Wtirasan ratchabanditsathan* [Journal of the Royal Institute] 9, no. 4 (July-Sept. 1984): 3-4.

Ahmat, Sharom. "Kedah-Siam Relations 1821-1905." *Journal of the Siam Society* 59, pt. 1 (Jan. 1971): 97-117.

Akin Rabibhadana. *The Organization of Thai Society in the Early Bangkok Period, 1782-1873*. Southeast Asia Program, Data Paper 74. Ithaca: Cornell University, 1969.

Alabaster, Henry. *The Modern Buddhist: Being the Views of a Siamese Minister of State on His Own and Other Religions*. London: Trubner & Co., 1870.

Alkire, William H. "Concepts of Order in Southeast Asia and Micronesia." *Comparative Studies in Society and History* 14 (1972): 484-493.

Amondarunarak, Chamun [Chaem Sunthornwet]. *Phraratchakaraniyakit samkhan nai phrabatsomdet phramongkutklaochaoyuhua* [The significant contributions of King Vajiravudh]. 8 vols. Bangkok: Khurusapha, 1968-1970.

Amphorn Tangseri. "Withesobai khong phrabatsomdet phrachunlachomklaochaoyuhua thimito maha-amnat yurop" [King Chulalongkorn's

foreign policy toward the European powers]. M.A. thesis, Chulalongkorn University, 1980.
Anderson, Benedict. "The Idea of Power in Javanese Culture." In *Culture and Politics in Indonesia,* ed. Clair Holt. Ithaca: Cornell University Press, 1972.
Anderson, Benedict. "Studies of the Thai State: The State of Thai Studies." In *The Study of Thailand: Analyses of Knowledge, Approaches, and Prospects in Anthropology, Art History, Economics, History and Political Science,* ed. Elizer B. Ayal. Papers in International Studies, Southeast Asian Series, no. 54. Athens: Ohio University, 1978.
Anderson, Benedict. *Imagined Communities: Reflections on the Origin and Spread of Nationalism.* 2nd ed. London: Verso, 1991.
Aphichat Thongyoo. *Watthanatham kap chumchon: thangluakmai khong nganphatthana* [Culture and local community: an alternative for development works]. Bangkok: Catholic Council for Development, 1984.
Ayusawa, Shintaro. "The Types of World Map Made in Japan's Age of National Isolation." *Imago Mundi* 10 (1953): 123-128.
Bagrow, Leo. *History of Cartography.* Revised by Robert A. Skelton. London: C. A. Watts & Co., 1964.
Barth, Fredrik, ed. *Ethnic Groups and Boundaries: The Social Organization of Cultural Difference.* Bergen: Universitetsforlaget; London: Allen & Unwin, 1969.
Batson, Benjamin, and Shimizu Hajime, eds. *The Tragedy of Wanit: A Japanese Account of Wartime Thai Politics.* Special Publication Series, no. 1. Singapore: Journal of Southeast Asian Studies, 1990.
Battye, Noel A. "The Military, Government, and Society in Siam, 1868-

1910: Politics and Military Reform During the Reign of King Chulalongkorn." Ph.D. dissertation, Cornell University, 1974.

Beze, Claude de. *The 1688 Revolution in Siam*. Translated by E.W. Hutchinson. Hong Kong, 1968.

Boisselier, Jean. *Thai Painting*. Translated by Janet Seligman. Tokyo: Kodansha International, 1976.

Bonney, R. *Kedah 1771-1821: The Search for Security and Independence*. London: Oxford University Press, 1971.

Bowring, Sir John. *The Kingdom and People of Siam*. 2 vols. London, 1857. Reprint. Kuala Lumpur: Oxford University Press, 1969.

Bradley, Dan Beach. *Nangsu akkharaphithansap: Dictionary of the Siamese Language*. In Thai. Bangkok, 1873. Reprint. Bangkok: Khurusapha, 1971.

Bradley, Dan Beach. *Abstract of the Journal of Reverend Dan Beach Bradley, M.D., Medical Missionary in Siam 1835-1873*. Edited by George H. Feltus. Cleveland: Multigraph Department of the Pilgrim Church, 1936.

Bradley, William L. "Prince Mongkut and Jesse Caswell." *Journal of the Siam Society* 54, pt. 1 (Jan. 1966): 29-41.

Bradley, William L. *Siam Then: The Foreign Colony in Bangkok Before and After Anna*. Pasadena: William Carey Library, 1981.

Brailey, Nigel J. "Chiengmai and the Inception of an Administrative Centralization Policy in Siam." *South East Asian Studies* 11, no. 3 (Dec. 1973): 299-330 and no. 4 (Mar. 1974): 439-469.

Breazeale, Kennon, and Sanit Samuckkarn. *A Culture in Search of Survival: The Phuan of Thailand and Laos*. Monograph Series, no. 31. New Haven: Yale University Southeast Asia Studies, 1988.

Burghart, Richard. "The Formation of the Concept of Nation-State in Nepal." *Journal of Asian Studies* 44 (1984): 101-125.

The Burney Papers. 5 vols. in 6. Bangkok: Vajiranana National Library, 1910-1914.

Chaen Patchusanon, Admiral. "Suriyupparakha temkhrat ph.s. 2411" [The full solar eclipse of 1868]. *Nawikkasat* 62, no. 11 (Nov. 1979): 124-141.

Chaiwat Satha-anan and Sombat Chanthornwong, eds. *Yumuangthai* [Living in Thailand]. Essays in honor of Professor Saneh Chamarik. Bangkok: Thammasat University Press, 1987.

Chaiyan Rajchagool. "The Social and State Formation in Siam 1855-1932." Ph.D. thesis, University of Manchester, 1984.

Chakkawanthipani. Bangkok: Fine Arts Department, 1980.

Chamroen Saengduangkhae. *Lokkathat chaothai phaktai thi prakot nai phlengklomdek* [The worldview of the Southern Thai as it appears in nursery rhymes]. Center for the Promotion of Language and Culture of the Southern Thai Region. Songkhla: Sri Nakharinwirot University, 1978.

Chandler, David P. "Maps for the Ancestors: Sacralized Topography and Echoes of Angkor in Two Cambodian Texts." *Journal of the Siam Society* 64, pt. 2 (July 1976): 170-187.

Chandler, David P. *A History of Cambodia*. Westview Profiles. Nations of Contemporary Asia. Boulder: Westview Press, 1983.

Chandran Jeshuran. "The Anglo-French Declaration of January 1896 and the Independence of Siam." *Journal* of *the Siam Society* 28, pt. 2 (July 1970): 105-126.

Chandran Jeshuran. *The Contest for Siam 1889-1902: A Study in Diplo-*

matic Rivalry. Kuala Lumpur: Penerbit Universiti Kebangsaan Malaysia, 1977.

Chariyawan Apomrat. "Panha khong ratthabanthai nai ratchasamai phrabatsomdet phrachunlachomklaochaoyuhua thikieokap khon-esia naibangkhap angkrit lae farangset" [Problems facing the Thai government in the reign of King Chulalongkorn concerning the Asian subjects of Britain and France]. M.A. (History) thesis, Chulalongkorn University, 1982.

Charnvit Kasetsiri. "Thai Historiography from Ancient Times to the Modem Period." In *Perceptions of the Past in Southeast Asia,* eds. Anthony Reid and David Marr. Asian Studies Association of Australia, Southeast Asia Publication Series, no. 4. Singapore: Heinemann Educational Books (Asia), 1979.

Charuwan Thammawat. *Lokkathat thangkanmuang chak wannakam isan* [Political perceptions from the literature of the northeast]. Publications of the Social Science Association of Thailand. Bangkok: Saengrungkanphim, 1980.

Chawi-ngam Macharoen. *Thongthai* [Thai flags]. Bangkok: Fine Arts Department, 1977.

Chirapha Phasitpratya. "Kansadetsawankhot khong phrabatsomdet phrachomklaochaoyuhua" [The death of King Mongkut]. *Warasanmanutsat* [Journal of Humanities] 2, no.3 (July-Sept. 1971): 35-50.

Chirapom Sathapanawatthana. *Wikrittakan r.s. 112* [The 1893 crisis]. Bangkok: Sri Nakharinwirot University (Prasanmit), 1980.

Chulalongkorn, King. "Samakhom supsuan khongboran nai prathetsayam" [The Antiquarian Society in Siam]. *Sinlapakorn* 12, no. 2 (July

1968): 42-46.

Commission for National Identity. *Ekkalak khong chat* [National identity]. Bangkok: Graphic Arts Publishing, 1983.

Cook, Nerida. "A Tale of Two City Pillars: Mongkut and Thai Astrology on the Eve of Modernization." In *Patterns and Illusions: Thai History and Thought,* eds. Gehan Wijeyewardene and E. C. Chapman. Canberra: The Richard Davis Fund and Department of Anthropology, Australian National University; Singapore: Institute of Southeast Asian Studies, 1992.

Crawfurd, John. *History of the Indian Archipelago.* 3 vols. Edinburgh, 1820.

Crawfurd, John. *Journal of an Embassy from the Governor-General of India to the Courts of Siam and Cochin China.* 2 vols. 2nd ed. London, 1830. Oxford in Asia Historical Reprints. Kuala Lumpur: Oxford University Press, 1967.

Crawfurd, John. *A Descriptive Dictionary of the Indian Islands and Adjacent Countries.* London, 1856. Oxford in Asia Historical Reprints. Kuala Lumpur: Oxford University Press, 1971.

The Crawfurd Papers. Bangkok: Vajiranana National Library, 1915. Oxford in Asia Historical Reprints. Kuala Lumpur: Oxford University Press, 1967.

Crosby, Sir Josiah. *Siam: The Crossroads.* London: Holis & Carter, ca. 1945.

Curzon, George N. "The Siamese Boundary Question." *Nineteenth Century* 28, no. 197 (July 1893): 34-55.

Damrong Rajanubhap, Prince. *Prachum phraniphon bettalet* [Collection of miscellaneous essays]. Bangkok: Khurusapha, 1961.

Damrong Rajanubhap, Prince. *Nithanborankhadi* [Historical anecdotes]. 13th printing. Bangkok: Bannakhan, 1966.

Damrong Rajanubhap, Prince. *Khwamsongcham* [Recollections]. Bangkok: Khlangwitthaya, 1974.

Damrong Rajanubhap, Prince. "Laksana kanpokkhrong prathetsayam tae boran" [The Siamese government in ancient times]. In *Prawattisat lae kanmuang* [History and politics]. A textbook for the general studies course Thai Civilization. Bangkok: Thammasat University, 1975.

Damrong Rajanubhap, Prince. *Sadaeng banyai phongsawadan sayam* [Lectures on Siam's history). n.p., n.d.

Damrong Rajanubhap, Prince, and Rajasena, Phraya. *Thesaphiban* [The *thesaphiban* system of provincial administration]. Cremation volume for Phraya Atthakrawi-sunthorn (Sanguan Satarat). Bangkok: Fine Arts Department, 1960.

Dhaninivat, Prince. *Collected Articles by H. H. Prince Dhaninivat.* Bangkok: Siam Society, 1969.

East, W. Gordon, and Prescott, J. R. V. *Our Fragmented World: An Introduction to Political Geography.* New York: Macmillan, 1975.

Emmerson, Donald K. "'Southeast Asia': What's in a Name." *Journal of Southeast Asia Studies* 15 (1984): 1-21.

Errington, Shelly. "The Place of Regalia in Luwu." In *Centers, Symbols, and Hierarchies,* ed. Lorraine Gesick. New Haven: Yale University, 1983.

Errington, Shelly. *Meaning and Power in Southeast Asian Realm.* Princeton: Princeton University Press, 1989.

Fell, R. T. *Early Maps of South-East Asia.* Images of Asia Series. Singapore: Oxford University Press, 1988.

Feltus, George Haws. *Samuel Reynolds House of Siam, Pioneer Medical Missionary, 1847-1876.* New York: Revell, 1924. Translated into Thai anonymously as *Dr. renon hao mofarang samratchakan* [Dr. Reynolds House, a Western medical doctor in three reigns]. Bangkok: Christian Council of Thailand, Suriyaban, 1982.

Fine Arts Department, comp. *Prachum chotmaihet ruang suriyupparakha nai* rakhakan *thi 4 lae ruang ratchakan thi 4 songprachuan lae sawankhot* [Collected documents on the solar eclipse in the fourth reign and on the illness and death of King Mongkut]. Cremation volume for Luang Chamdoemphadetsuk. Bangkok, 1971.

Fine Arts Department, comp. *Khamchichaeng ruang kanchai phleng kiattiyot lae kret khwamru ruang dontri thai* [Guideline for the use of honorable songs and miscellaneous knowledge of Thai music]. Cremation volume for Sawang Phanthummasen. Bangkok, 1973.

Flood, E. Thadeus. "The 1940 Franco-Thai Border Dispute and Phibuun Songkhraam's Commitment to Japan." *Journal of Southeast Asian History* 10 (1969): 304-325.

Forbes, Andrew D. W. "The Struggle for Hegemony in the Nineteenth Century Laos: The Third Siamese Military Expedition to the North-east (1885-1887)." In *Proceedings of the International Conference on Thai Studies, Australian National University, Canberra, 1987.* Vol. 3, pt. 1. Canberra, 1987.

Garnier, Francis. *La Cochinchine francaise en 1864.* Paris: Challamel aine, 1864.

Gawin Chutima. *The Rise and Fall of the Communist Party of Thailand (1973-1987).* Centre of South-East Asian Studies, Occasional Paper no. 12. Canterbury: University of Kent at Canterbury, 1990.

Geertz, Clifford. "The Integrative Revolution: Primordial Sentiments and Civil Politics in the New States." In *Old Societies and New States*, ed. Clifford Geertz. New York: Free Press, 1963.

Gesick, Lorraine. "Kingship and Political Integration in Traditional Siam 1767-1824." Ph.D. dissertation, Cornell University, 1976.

Gesick, Lorraine, ed. *Centers, Symbols, and Hierarchies: Essays on the Classical States of Southeast Asia*. Southeast Asia Studies, Monograph Series, no. 26. New Haven: Yale University, 1983.

Gesick, Lorraine. "Reading Landscape: Reflections on a Sacred Site in South Thailand." *Journal of the Siam Society* 73, pts. 1-2 (1985): 157-162.

Gesick, Lorraine. *In the Land of Lady White Blood: Southern Thailand and the Meaning of History*. Ithaca: Cornell Southeast Asia Program, 1995.

Giddens, Anthony. *The Nation-State and Violence*. Contemporary Critique of Historical Materialism. Vol. 2. Cambridge, England: Polity Press, 1985.

Girling, John S. *Thailand: Society and Politics*. Ithaca: Cornell University Press, 1981.

"Giving in Asia-A Symposium." *Journal of Asian Studies* 46 (1987): 305-379.

Goldman, Minton F. "Franco-British Rivalry over Siam, 1896-1904." *Journal of Southeast Asian Studies* 3 (1972): 210-228.

Haas, Mary R. *Thai-English Student's Dictionary*. London: Oxford University Press, 1964.

Hagesteijn, Renee. *Circles of Kings: Political Dynamics in Early Continen-*

tal Southeast Asia. Dordrecht and Providence: Foris, 1989.

Hall, D. G. E., ed. *Historians of South East Asia*. London: Oxford University Press, 1961.

Hall, D. G. E. *Henry Burney: A Political Biography*. London: Oxford University Press, 1974.

Hall, D. G. E. *A History of South East Asia*. 4th ed. New York: St. Martin's Press, 1981.

Hall, Kenneth R., and Whitmore, John K., eds. *Explorations in Early Southeast Asia History: The Origins of Southeast Asian Statecraft*. Ann Arbor: Center for Southeast Asian Studies, University of Michigan, 1976.

Hawkes, Terrence. *Structuralism and Semiotics*. New Accent Series. London: Methuen, 1982.

Heine-Geldern, Robert. *Conceptions of State and Kingship in Southeast Asia*. Data Paper 18, Southeast Asia Program. Ithaca: Cornell University, 1956.

Hobart, Mark, and Taylor, Robert, eds. *Context, Meaning and Power in Southeast Asia*. Southeast Asia Program. Ithaca: Cornell University, 1986.

Hong Lysa. *Thailand in the Nineteenth Century: Evolution of the Economy and Society*. Singapore: Institute of Southeast Asian Studies, 1984.

Hutchinson, E. W. *Adventurers in Siam in the Seventeenth Century*. London, 1940.

Jackson, Peter. *Buddhism, Legitimation and Conflict: The Political Functions of Urban Thai Buddhism*. Singapore: Institute of Southeast Asian Studies, 1989.

[Johnson, W. G.] *Phumisat sayam* (*samrap rongrian thai*) [Geography of Siam (for Thai schools)]. Bangkok, 1900.

[Johnson, W. G.] *Phumisat sayam* (*samrap chan prathom suksa*) [Geography of Siam (for primary schools)]. 4th ed. Bangkok: Department of Education, 1907.

Kanok Wongtra-ngan. *Khokhit chak krungsi-ayutthaya* [Lessons from the Ayudhya kingdom]. Office for the Promotion of National Identity, Secretariat Office of the Prime Minister. Bangkok, 1984.

Keates, J. S. *Understanding Maps*. New York: Wiley, 1982.

Kedourie, Elie. *Nationalism*. 3rd ed. London: Hutchinson, 1966.

Kennedy, Victor. "An Indigenous Early Nineteenth Century Map of Central and Northeast Thailand." In *In Memoriam Phya Anuman Rajadhon*, eds. Tej Bunnag and Michael Smithies. Bangkok: Siam Society, 1970.

Keyes, Charles F. *Isan: Regionalism in Northeastern Thailand*. Cornell Thailand Project Interim Report Series, no. 10. Southeast Asia Program, Data Paper 65. Ithaca: Cornell University, 1967.

Keyes, Charles F. "Buddhist Pilgrimage Centers and the Twelve Year Cycle: Northern Thai Moral Orders in Space and Time." *History of Religion* 15 (1975): 71-89.

Keyes, Charles F. "Political Crisis and Militant Buddhism in Contemporary Thailand." In *Religion and Legitimation of Power in Thailand, Laos and Burma*, ed. Bardwell L. Smith. Chambersburg, Pa.: Anima Books, 1978.

Keyes, Charles F., ed. *Ethnic Adaptation and Identity: The Karen on the Thai Frontier with Burma*. Philadelphia: Institute for the Study of Human Issues, 1979.

Keyes, Charles F. *Thailand: Buddhist Kingdom as Modem Nation-State.* Westview Profiles. Nations of Contemporary Asia. Boulder: Westview Press, 1987.

Keyes, Charles F. "The Case of the Purloined Lintel: The Politics of a Khmer Shrine as a Thai National Heritage." In *National Identity and Its Defense: Thailand 1939-1984,* ed. Craig J. Reynolds. Monash Papers on Southeast Asia, no. 25. Melbourne: Aristoc Press, 1991.

Khachom Sukhabhanij. "Thanandon phrai" [The Phrai status]. In *Prawattisat lae kanmuang* [History and politics]. A textbook for the general studies course Thai Civilization. Bangkok: Thammasat University Printing, 1975. Reprinted as a separate book with new introduction. Bangkok: Sri Nakharinwirot University (Prasanmit), 1976.

Khachom Sukhabhanij. *Khomun prawattisat samai bangkok* [Historical accounts of the Bangkok period]. Bangkok: Department of History, Sri Nakharinwirot University (Prasanmit), 1981.

Khaimuk Milinthalek et al. *Nangsu prachum phongsawadan: bannanithat lae datchani khonruang* [Abstracts of the Collected Chronicles with subject and title index]. Cremation volume for Nang Thepphusit (Mian Milinthalek). Bangkok: Fine Arts Department, 1977.

Khru ngoen [pseud.] *Phlengthai tamnaiprawat* [Thai songs: historical background]. Bangkok: Bannakit, 1981.

Kobkua Suwannathat-Pian. "Kankhian prawattisat baep chatniyom: phitcharana luang wichitwathakan" [Nationalist historiography: considering Luang Wichitwathakan]. *Warasanthammasat* [Journal of Thammasat University] 6, no. 1 (June-Sept. 1976): 149-180.

Kobkua Suwannathat-Pian. "The Dhonburi-Bangkok Political Ideology and Its Effects upon Thai-Malay Relations 1767-1851." In *Proceedings of the International Conference on Thai Studies, Australian National University, Canberra, 1987*. Vol. 3, pt. 1. Canberra, 1987.

Kolacny, A. "Cartographic Information: A Fundamental Concept and Term in Modern Geography." *Cartographic Journal* 6, no. 1 (June 1969): 47-49.

Konthi Supphamongkol. *Kanwithesobai khong thai* [Thai foreign policy]. Bangkok: Thammasat University Press, 1984.

Kromkhotsanakan [Department of Public Relations]. *Khumu phonlamuang* [Handbook for citizens]. Bangkok: Aksonnit, 1936.

Kromkhotsanakan [Department of Public Relations]. *Khetdaen khong rat* [The state's boundary]. Bangkok: Phanitsupphaphon Printing, 1940.

Kromkhotsanakan [Department of Public Relations]. *Pramuan watthanatham haengchat* [A collection on national culture]. Bangkok, 1943.

Kullada Kesboonchoo. "Official Nationalism Under King Chulalongkorn." Paper presented at the International Conference on Thai Studies, Bangkok, August 1984.

Kullada Kesboonchoo. "Official Nationalism Under King Vajiravudh." In *Proceedings of the International Conference on Thai Studies, Australian National University, Canberra, 1987*. Vol. 3, pt. 1. Canberra, 1987.

La Loubere, Simon de. *The Kingdom of Siam*. Oxford in Asia Historical Reprints. Kuala Lumpur: Oxford University Press, 1969.

Landes, David. *Revolution in Time: Clocks and the Making of the Modern World*. Cambridge: Harvard University Press, 1983.

La-o-thong Ammarinrat. "Kansongnakrian paisuksato tangprathet tangtae ph.s. 2411-2475" [Sponsorship of students studying abroad during 1868-1932]. M.A. thesis, Chulalongkorn University, 1979.

Leach, Edmund. *Political Systems of Highland Burma: A Study of Kachin Social Structure*. London School of Economics Monographs on Social Anthropology, no. 44. London, 1954. Reprint. London, 1970.

Leach, Edmund. "The Frontiers of Burma." *Comparative Studies in Society and History* 3, no. 1 (Oct. 1960): 49-68.

Leach, Edmund. *Genesis as Myth and Other Essays*. London: Jonathan Cape, 1969.

Lee Yong Leng. *The Razor's Edge: Boundaries and Boundary Disputes in Southeast Asia*. Research Notes and Discussion Papers, no. 15. Singapore: Institute of Southeast Asian Studies, 1980.

Lieberman, Victor. *Burmese Administrative Cycles: Anarchy and Conquest, c. 1580-1760*. Princeton: Princeton University Press, 1984.

Likhit Dhiravegin. "Nationalism and the State in Thailand." Paper for the Regional Workshop on Minorities in Buddhist Politics, Thai Studies Program, Chulalongkorn University, June 1985.

Lithai, King. *Traiphum phraruang* [Three worlds according to King Ruang]. Rev. ed. Bangkok: Fine Arts Department, 1983.

Lokkabanyat. Bangkok: Fine Arts Department, 1985.

Maha-ammattayathibodi (Seng), Phraya. *Kamnoet kromphaenthi* [Establishment of the Royal Survey Department]. Cremation volume for Phraya Maha-ammattayathibodi (Seng). Bangkok, 1956.

Maha-ammattayathibodi (Seng), Phraya. "Kamnoet kantham phaenthi nai prathetthai" [The birth of mapping in Thailand]. *Warasan phaenthi: chabap phiset* [Journal of Mapping: special issue]. Bangkok: Royal Survey Department, 1983.

Marr, David G., and Milner, A. C., eds. *Southeast Asia in the 9th to 14th Century*. Singapore: Institute of Southeast Asian Studies; Canberra: Research School of Pacific Studies, Australian National University, 1986.

Mauss, Marcel. *The Gift: Forms and Functions of Exchange in Archaic Societies*. New York: Norton Library, 1967.

McAleavy, Henry. *Black Flags in Vietnam*. London: Allen & Unwin, 1968.

McCarthy, James. "Siam." In *Proceedings of the Royal Geographic Society*. New Series 10 (Mar. 1888): 117-134.

McCarthy, James. *Surveying and Exploring in Siam*. London: John Murray, 1902.

[McCarthy, James] *An Englishman's Siamese Journal 1890-1893*. London, ca. 1895. Reprint. Bangkok: Siam Media International Books, n.d.

McFarland, George B. *Thai-English Dictionary*. Stanford: Stanford University Press, 1944.

McFarland, S. G. *An English-Siamese Dictionary*. Revised and enlarged by G. B. McFarland. Bangkok: American Presbyterian Mission Press, 1903.

Mills, J. V. "Chinese Coastal Maps." *Imago Mundi* 11 (1953): 151-168.

Mills, L. A. *British Malaya 1824-67*. Introduction by D. K. Bassett. London: Oxford University Press, 1966.

Moertono, Soemarsaid. *State and Statecraft in Old Java: A Study of the Later Mataram Period, 16th to 19th Century*. Monograph Series, no. 43. Modern Indonesia Project Publications. Ithaca: Cornell University, 1968.

Mom Rachothai. *Nirat london* [Poetry on the way to London]. Cremation volume for Chamnan Chipphiphop. Bangkok, 1962.

Mongkut, King. *Prachum prakat ratchakan thi 4* [Collected proclamations of the fourth reign]. 4 vols. Bangkok: Khurusapha, 1960-1961.

Mongkut, King. *Phraboromrachathibai athikkamat athikkawan lae pakkhananawithi* [Royal explanations of the intercalated months and days and methods of calculating phases of the month]. Bangkok: Mahamakut Royal College, 1968.

Mongkut, King. *Prachum phraratchaniphon nai ratchakan thi 4 muat borankhadi* [Collected writings of King Mongkut: history section]. Cremation volume for Phra Thammadilok. Bangkok, 1973.

Mongkut, King. *Phraratchahatthalekha phrabatsomdet phrachomklaochaoyuhua* [Royal correspondence of King Mongkut]. Bangkok: Mahamakut Royal College, 1978.

Monkhouse, F. J. *A Dictionary of Geography.* London: Edward Arnold, 1965.

Moor, J. H. *Notices of the Indian Archipelago and Adjacent Countries.* Singapore, 1837. Reprint. London: Frank Cass & Co., 1968.

Morell, David, and Chai-anan Samudavanija. *Political Conflict in Thailand: Reform, Reaction, Revolution.* Cambridge, Mass.: Oelgeschlager, Gunn & Hain, 1981.

Mosel, James N. "A Poetic Translation from the Siamese: Prince Damrong's Reply in Verse to Rama V." *Journal of the Siam Society* 47, pt. 1 (Jan. 1959): 103-111.

Mouhot, Henri. *Diary: Travels in the Central Parts of Indo-China (Siam), Cambodia, and Laos during 1858-1861.* 2 vols. London, 1864.

Muir, Richard. *Modern Political Geography.* London: Macmillan, 1975.

Murashima, Eiji. "The Origin of Modern Official State Ideology in Thailand." *Journal of Southeast Asian Studies* 19 (1988): 80-96.

Nakamura, Hiroshi. "Old Chinese World Maps Preserved by the Koreans." *Imago Mundi* 4 (1947): 3-22.

Nakhon Phannarong. "Kancheracha lae khotoklong rawang ratthaban sayam kap ratthaban angkrit kieokap huamuang chaidaen lannathai lae phama samai phrabatsomdet phrachunlachomklaochaoyuhua raya ph.s. 2428-2438" [Negotiations and agreements between the Siamese and British governments concerning the frontier towns between Lanna and Burma in the reign of King Chulalongkorn during 1885-1895]. M.Ed. thesis, Education College (Prasanmit), 1973.

Nangnopphamat ru tamrap thao sichulalak [Lady Nopphamat or a treatise of Thao Sichulalak]. Cremation volume for Thompat Chatamara. Bangkok, 1963.

Narathipphongpraphan, Major General Prince. *Witthayawannakam* [A literature for knowledge]. Bangkok: Phraephitthaya, 1971.

Naritsaranuwattiwong, Prince. *Banthuk khwamru ruangtangtang* [Notes on diverse knowledge]. 5 vols. Bangkok: Social Science Association of Thailand, 1963.

Narongwichit, Phra [Luan na Nakhon]. *Chotmaihet r.s. 112* [Notes on the year 1893]. Cremation volume for Phra Aphirak-amphonsathan (Thuk Khemasunthon). Bangkok, 1940.

Natthawut Sutthisongkhram. *Somdetchaophraya borommahasisuriyawong akkharamahasenabodi* [Sisuriyawong: the great minister]. 2 vols. Bangkok: Phraephitthaya, 1973.

Natthawut Sutthisongkhram. *Phraprawat lae ngansamkhan khong krom-*

luang wongsathiratsanit [A biography of Prince Wongsathiratsanit and his important contributions]. Bangkok: Rungruangsan, 1981.

Natthawut Sutthisongkhram and Banchoed Inthuchanyong. *Phrachaob-orommawongthoe kromluang prachaksinlapakhom* [Prince Prachaksinlapakhom]. Bangkok: Watcharin Publishing, 1980.

Neale, Frederick A. *Narrative of a Residence at the Capital of the Kingdom of Siam*. London: Office of the National Illustrated Library, 1852.

Nithi Aeusrivongse. *Kanmuang thai samai phra narai* [Thai politics in the reign of King Narai]. Bangkok: Thai Khadi Research Institute, 1980.

Nithi Aeusrivongse. *Prawattisat rattanakosin nai phraratchaphong-sawadan ayutthaya* [Bangkok's history in the royal chronicles of Ayudhya]. Bangkok: Bannakit, 1984.

Nithi Aeusrivongse. *Pakkai lae bairua* [A quill and a sail]. Bangkok: Ammarin Printing, 1984.

Nithi Aeusrivongse. *Kanmuang thai samai phrachao krung thonburi* [Thai politics in the reign of King Taksin]. Bangkok: Sinlapawatthana-tham Publishing, 1986.

Nithi Aeusrivongse. "Nakhonsithammarat nai ratcha-anachak ayuttha-ya" [Nakhonsithammarat in the kingdom of Ayudhya]. In *Yu-muangthai,* eds. Chaiwat Satha-anan and Sombat Chanthornwong. Bangkok, 1987.

Orawan Nopdara. "Kanprapprung kanpokkhrong lae khwamkhatyaeng kap farangset nai monthonudon rawang ph.s. 2436-2453" [The reform of administration and conflicts with France in Udon Province during 1893-1910]. M.Ed. thesis, Sri Nakharinwirot University

(Prasanmit), 1977.

Osborne, Milton E. *River Road to China: The Mekhong River Expedition 1866-1873*. London: George Allen & Unwin, 1975.

Osborne, Milton, and Wyatt, David K. "The Abridged Cambodian Chronicle: A Thai Version of Cambodian History." *France-Asie* 22, no. 193 (1968): 189-197.

Pallegoix, D. J. B. *Dictionarium linguage Thai sive Siamensis interpretatione Latina, Gallica et Anglica.* (With the title in Thai: *Sappha-phachana phasathai.*) Paris, 1854.

Pallegoix, D. J. B. *Siamese French English Dictionary.* (With the title in Thai: *Sariphot phasathai.*) Extended and revised from Pallegoix's *Dictionarium* by Reverend J. L. Vey. Bangkok: Printing Office of the Catholic Mission, 1896.

Panya Borisut. *Lokkathat khong khonthai wikhro chak wannakhadi khamson samai sukhothai* [The worldview of Thai people: an analysis of teaching literature from the Sukhothai period]. Bangkok: Odeon Store, 1980.

Pavie, Auguste. *Mission Pavie Indochine 1879-1895: geographie et voyages.* 7 vols. Paris: E. Leroux, 1900-1919.

Pharadi Mahakhan. *Prawattisat thai samaimai* [History of Modern Thailand]. Department of History, Sri Nakharinwirot University (Bangsaen). Bangkok: Sinlapabannakhan, 1983.

Phayon Thimcharoen. "Naewphromdaen rawang sayam kap indochin khong farangset" [The boundaries between Siam and French Indochina]. *Warasan phaenthi* [Journal of Mapping] 26, no. 3 (Jan.-Mar. 1984): 5-29 and no. 4 (Apr.-June 1984): 64-93.

Phillimore, R. H. "An Early Map of the Malay Peninsula." *Imago Mundi* 13

(1956): 175-178.

Photchananukrom chabap ratchabandityasathan [Thai dictionary: Royal Institute edition]. Bangkok, 1950.

Phraratchaphongsawadan chabap phraratchahatthalekha [The royal chronicle: Royal Autograph recension]. 2 vols. Bangkok: Khlangwitthaya, 1973.

Phraratchaphongsawadan krung si-ayutthaya chabap chakkraphatdiphong (chat) [The royal chronicle of Ayudhya: Chakkraphatdiphong (Chat) recension]. 2 vols. Bangkok: Khurusapha, 1961.

Phraratchaphongsawadan krung si-ayutthaya chabap phan chanthanumat [The royal chronicle of Ayudhya: Phan Chanthanumat recension]. 2 vols. (*PP* 38/64 and 39/64.) Bangkok: Khurusapha, 1969.

Phraratchaphongsawadan krung si-ayutthaya chabap phra phanarat [The royal chronicle of Ayudhya: Phra Phanarat recension]. Bangkok: Khlangwitthaya, 1971.

Phua phaendin thai [For the Thai land]. 3 vols. Office of General Information, Supreme Command of the Armed Force, Ministry of Defense, Bangkok, 1986-.

Piyachat Pitawan. *Raboppbrai nai sangkhomthai ph.s. 2411-2453* [The Phrai system in Thai society 1868-1910). Bangkok: Thammasat University Press, 1983.

Pornpirom Iamtham. "Social Origin and the Development of the Communist Party of Thailand." Master of Development Studies dissertation, Institute of Social Studies, The Hague, 1982.

Pracha pasannathammo, Phra. "Than phuutthathat kap kanpatiwat watthanatham" [Buddhadasa Bhikku and cultural revolution]. *Pacharaysan* 10, no. 1 (1983): 51-81.

Prachum phongsawadan [Collected chronicles]. 50 vols. Khurusapha edition. Bangkok: Khurusapha, 1963-1970.

Pra-onrat Buranamat. *Luang wichitwathakan kap lakhon prawattisat* [Luang Wichitwathakan and historical plays]. Bangkok: Thammasat University Press, 1985.

Prasert-aksonnit, Khun [Phae Talalak] et al. *Photchananukrom lamdap lae plae sap thichai nai nangsu thai* [Dictionary of vocabularies used in Thai literature]. Bangkok: Department of Education, 1891.

Prayoon Uluchata [Phluluang]. "Phrachomklao kap horasat thai" [King Mongkut and Thai astrology]. *Sangkhomsatparichat* 6, no. 2 (Sept.-Nov. 1968): 43-51.

Prayoon Uluchata [Phluluang]. *Horasat* [Astrology]. Bangkok: Odeon Store, 1973.

Prescott, J. R. V. *Map of Mainland Asia by Treaty.* Carlton: Melbourne University Press, 1975.

Prayoon Uluchata [Phluluang]. *Frontiers of Asia and Southeast Asia.* Carlton: Melbourne University Press, 1977.

Prayoon Uluchata [Phluluang]. *Boundaries and Frontiers.* London: Croom Helm, 1978.

Pridi Bhanomyong. "Khwampenma khong chu 'prathetsayam' kap 'prathetthai'" [Historical background of the names "Siam" and "Thailand"]. In *Thai ru sayam* [Thailand or Siam], ed. Suphot Dantrakul. Nonthaburi (Thailand): Santitham, 1985.

Proceedings of the International Conference on Thai Studies, Australian National University, Canberra, 1987. 3 vols. Canberra: Australian National University, 1987.

Prudhisan Jumbala. "Interest and Pressure Groups." In *Government and*

Politics of Thailand, ed. Somsakdi Xuto. Kuala Lumpur: Oxford University Press, 1987.

Pruess, James B. "Merit-Seeking in Public: Buddhist Pilgrimage in Northeastern Thailand." *Journal of the Siam Society* 64, pt. 1 (Jan. 1976): 169-206.

Prungsri Vallibhotama et al., eds. *Saruppbon kansammana ruang traiphum phra ruang* [Summary of the seminar on Traiphum Phra Ruang]. Published on the occasion of the celebration of the 700th year of Thai Script. Bangkok: Fine Arts Department, 1983.

Rai-ngan kansammana ruang ekkalak khong chat kap kanphatthana [Report of the seminar on national identity and development]. Commission for National Identity, Office of the Prime Minister. Bangkok, 1985.

Ramakian. 2 vols. Bangkok: Khlangwitthaya, 1964.

Rawi Bhawilai. "Suriyupparakha 18 singhakhom 2411" [The eclipse on 18 August 1868). *Sangkhomsatparithat* 6, no. 2 (Sept.-Nov. 1968): 26-34.

Reid, Anthony, and Marr, David, eds. *Perceptions of the Past in Southeast Asia.* Asian Studies Association of Australia, Southeast Asia Publication Series, no. 4. Singapore: Heinemann Educational Books (Asia), 1979.

Renard, Ronald D. "The Delineation of the Kayah States Frontiers with Thailand: 1809-1894." *Journal of Southeast Asian Studies* 18 (1987): 81-92.

Reynolds, Craig J. "The Buddhist Monkhood in Nineteenth Century Thailand." Ph.D. dissertation, Cornell University, 1973.

Reynolds, Craig J. "Buddhist Cosmography in Thai History with Special

Reference to Nineteenth-Century Culture Change." *Journal of Asian Studies* 35 (1976): 203-220.

Reynolds, Craig J. "Religious Historical Writing and the Legitimation of the First Bangkok Reign." In *Perceptions of the Past in Southeast Asia,* eds. Anthony Reid and David Marr. Singapore: Heinemann Educational Books (Asia), 1979.

Reynolds, Craig J. "The Plot of Thai History: Theory and Practice." In *Patterns and Illusions: Thai History and Thought,* eds. Gehan Wijeyewardene and E. C. Chapman. Canberra: the Richard Davis Fund and Department of Anthropology, Australian National University; Singapore: Institute of Southeast Asian Studies, 1992.

Reynolds, Craig J. *Thai Radical Discourse: The Real Face of Thai Feudalism Today.* Ithaca: Cornell Southeast Asia Program, 1987.

Reynolds, Craig J. and Hong, Lysa. "Marxism in Thai Historical Studies." *Journal of Asian Studies* 43 (1983): 77-104.

Reynolds, Frank E. "Buddhism as Universal Religion and as Civic Religion: Some Observations on a Recent Tour of Buddhist Centers in Central Thailand." In *Religion and Legitimation of Power in Thailand, Laos and Burma,* ed. Bardwell L. Smith. Chambersburg, Pa.: Anima Books, 1978.

Reynolds, Frank E., and Reynolds, Mani B. *Three Worlds According to King Ruang: A Thai Buddhist Cosmology.* Berkeley: University of California Press, 1982.

Robinson, Arthur H., and Petchenik, Barbara B. *The Nature of Maps.* Chicago: University of Chicago Press, 1976.

Rong Sayamanonda. *A History of Thailand.* Bangkok: Thaiwatthanaphanit, 1977.

"Royal Survey Department Siam: A Retrospect." In [*Journal of Mapping: Special issue*]: 18-26.

Royal Thai Survey Department. *Wiwatthanakan thang phaenthi nai prathetthai* [Development of mapping in Thailand]. A booklet for the Ministry of Defense exhibition for the bicentenary of Bangkok. Bangkok, 1982.

Royal Thai Survey Department. *Warasan phaenthi: chabap phiset* [Journal of mapping: special issue] 24-25 (July 1981-June 1983).

Royal Thai Survey Department. *Thiraluk khroprop wansathapana 100 pi kromphaenthi thahan 2528* [Commemoration volume for the centenary of the foundation of the Royal Thai Survey Department 1985]. Bangkok, 1985.

Sack, Robert D. *Human Territoriality: Its Theory and History.* Cambridge, N.Y.: Cambridge University Press, 1986.

Said, Edward. *Orientalism*. London: Routledge & Kegan Paul, 1978.

Salwidhannidhes, Major Luang. *Tamra phichika-phumisat* [A text on physical geography]. Bangkok: Ministry of Defense, 1918.

Salwidhannidhes, Lt. Gen. Phraya. "Study of Early Cartography in Thailand." *Journal of the Siam Society* 50, pt. 2 (Dec. 1962): 81-89.

Sa-nga Luchaphatthanaphon, ed. *Wikrittakan ekkalakthai* [The crisis of Thai identity]. Bangkok: Pacharayasan, 1981.

Sangkhomsat chabap lokkathat chaolanna [Journal of social science: on the worldview of Lanna people] 6, no. 2 (Oct. 1983-Mar. 1984).

Sa-nguan Ankhong. *Singraek nai muangthai* [First things in Thailand]. 3 vols. Rev. ed. Bangkok: Phraephitthaya, 1971.

Santisuk Sophonsiri. "Ratthai kap chakkrawatniyom" [The Thai state and imperialism]. *Pacharayasan* 12, no. 2 (Mar.-Apr. 1985): 15-35.

Sao Saimuang Mangrai. *Shan States and the British Annexation*. Southeast Asia Program, Data Paper 57. Ithaca: Cornell University, 1965.

Saowapha Phaithayawat. "Lokkathat khong khonthai samai ton rattanakosin 2325-2416" [The worldview of Thai people in the early Bangkok period]. *Warasan prawattisat* [Journal of history] 7, no. 1 (Jan.-Apr. 1982): 1-41.

Sarasin Viraphol. *Tribute and Profit: Sino-Siamese Trade 1652-1853*. Cambridge, Mass.: Harvard University Press, 1977.

Sawan Suwannachot. *Prathetthai kap panha muang chanthaburi lae trat thi farangset yutkhrong rawangpi ph.s. 2436-2449* [Thailand and the problems of Chanthaburi and Trad under the French occupation of 1893-1906]. Bangkok: Teacher Training Department, 1976.

Seksan Prasertkul. Review of *Thailand: Society and Politics,* by John Girling. (In Thai.) *Aksonsat (Sinlapakorn University)* 6, nos. 1-2 (1983): 399-406.

Shorto, H. L. "A Mon Genealogy of Kings: Observation on Nidana Arambhakatha." In *Historians of South East Asia,* ed. D. G. E. Hall. Oxford: Oxford University Press, 1961.

Shorto, H. L. "The 32 Myos in the Medieval Mon Kingdom." *Bulletin of the School of Oriental and African Studies* 26 (1963): 572-591.

Shorto, H. L. "The Dewatau Sotapan: A Mon Prototype of the 37 Nats." *Bulletin of the School of Oriental and African Studies* 30 (1967): 127-141.

Sirilak Sakkriangkrai, ed. *Phraya suriyanuwat (koet bunnak) naksetthasat khonraek khong muangthai* [Phraya Suriyanuwat (Koed Bunnag): the first economist of Thailand]. Bangkok: Thaiwatthanaphanit, 1980.

Sit But-in. *Lokkathat chaothai lanna* [The worldview of Lanna Thai people]. Chiangmai: Chiangmai Book Center, 1980.

Smith, Bardwell L., ed. *Religion and Legitimation of Power in Thailand, Laos and Burma*. Chambersburg, Pa.: Anima Books, 1978.

Smith, Samuel J. *A Comprehensive Anglo-Siamese Dictionary.* (With the Thai title *Khamphi sappha-photchananuyok.*) Bangkok: Bangkholaem Press, 1899.

Solomon, Robert L. "Boundary Concepts and Practices in Southeast Asia." *World Politics* 23 (1970): 1-23.

Somjai Phairotthirarat. "The Historical Writings of Chao Phraya Thiphakorawong." Ph.D. dissertation, University of Northern Illinois, 1983.

Somkiat Wanthana. "Rat somburanayasit nai sayam 2435-2475" [The absolutist state in Siam 1892-1932]. Paper presented at the annual conference of the Social Science Association of Thailand, Bangkok, 1982.

Somkiat Wanthana. "The Politics of Modern Thai Historiography." Ph.D. dissertation, Monash University, 1986.

Somsakdi Xuto, ed. *Government and Politics of Thailand*. Kuala Lumpur: Oxford University Press, 1987.

Srisuporn Chuangsakul. "Khwamplianplaeng khong khanasong: suksa karani thammayuttikanikai (ph.s. 2368-2464)" [Development of the *sangha*: the case of the Thammayut sect (1825-1921)]. M.A. thesis, Chulalongkorn University, 1987.

Sternstein, Larry. "An Historical Atlas of Thailand." *Journal of the Siam Society* 52, pt. 1 (Apr. 1964): 7-20.

Sternstein, Larry. "A Catalogue of Maps of Thailand in the Museum of the Royal Thai Survey Department, Bangkok." *Journal of the Siam So-*

ciety 56, pt. 1 (Jan.1968): 47-99.

Sternstein, Larry. *Portrait of Bangkok*. Bangkok: Bangkok Metropolitan Administration, 1982.

Sternstein, Larry. "'Low' Maps of Siam." *Journal of the Siam Society* 73, pt. 1 (1985):132-156.

Sternstein, Larry. "Low's Description of the Siamese Empire in 1824." *Journal of the Siam Society* 78, pt. 1 (1990): 9-34.

Sternstein, Larry, and Black, John. "A Note on Three Polo Maps." In *Felicitation Volumes of Southeast Asian Studies Presented to His Highness Prince Dhaninivat Kromamun Bidyalabh Bridhyakorn*. Vol. 2. Bangkok: Siam Society, 1965.

Streckfuss, David. "Creating 'The Thai': The Emergence of Indigenous Nationalism in Neo-colonial Siam 1850-1980." M.A. thesis, University of Wisconsin-Madison, 1987.

Suebsaeng Phrombun "Sino-Siamese Tributary Relations, 1282-1853." Ph.D. dissertation, University of Wisconsin-Madison, 1971.

Sulak Sivaraksa. "Chotmai chak wako" [A letter from Wako]. *Sangkhomsatparithat* 6, no. 2 (1968): 36-41.

Sulak Sivaraksa. *Religion and Development*. Bangkok: Thai Inter-Religious Commission for Development, 1981.

Sulak Sivaraksa. *Siam in Crisis*. 2nd ed. Bangkok: Thai Inter-Religious Commission for Development, 1990.

Sulak Sivaraksa. *Seeds of Peace: A Buddhist Vision for Renewing Society*. Foreword by H.H. The Dalai Lama. Preface by Thich Nhat Hanh. Berkeley: Parallax Press, 1992.

Sumalee Weerawong, Lt. Comm., trans. "Muangthai plai samai ayutthaya" [Siam in the late Ayudhya period]. From *Modern History of the*

Present State of All Nations, vol. 1 (by Salmon), ca. 1724. *Warasan phaenthi* [Journal of mapping] 27, no. 3 (Jan.-Mar. 1985): 99-111 and no. 4 (Apr.-June 1985): 60-70.

Sunait Chutintaranond. "Cakravatin: the Ideology of Traditional Warfare in Siam and Burma, 1548-1605." Ph.D. dissertation, Cornell University, 1990.

Suphaphan na Bangchang. "Wannakam lokkasat nai phutthasatsana therawat" [The literature on cosmology in Theravada Buddhism]. Paper presented at the conference on the Literature on Cosmology and the Proverbs of Phra Ruang, Graduate Program, Department of Thai Language, Chulalongkorn University, 1984.

Surasakmontri, Field Marshal Chaophraya. *Prawatkan khong chomphon chaophraya surasakmontri* [Autobiography of Field Marshal Chaophraya Surasakmontri]. 4 vols. Bangkok: Khurusapha, 1961.

Sutthiwong Phongphaibun, ed. *Lokkathat thai phaktai* [The worldview of the Southern Thai]. Songkhla: Sri Nakharinwirot University, 1978.

Sutthiwong Phongphaibun, ed. *Rai-ngan kanwichai phutthasatsana thaep lumthalesap songkhla fangtawan-ok samai krung si-ayutthaya* [Research report on Buddhism along the eastern bank of Songkhla Lagoon in the Ayudhya period]. Songkhla: Southern Thai Studies Institute, Sri Nakharinwirot University (Songkhla), 1980.

Suwit Thirasasawat. *Khwamsamphan thai-farangset r.s. 112-126: kansia dindaen fangkhwa maenamkhong* [Franco-Thai relations 1893-1907: loss of the right bank of the Mekhong]. Bangkok: Sri Nakharinwirot University (Prasanmit), 1980.

Swearer, Donald. "Sulak Sivaraksa's Buddhist Vision for Renewing Society." *Crossroads* 6, no. 2 (1991): 17-57.

Tambiah, S. J. "The Galactic Polity: The Structure of Traditional Kingdoms in Southeast Asia." *Annals of the New York Academy of Sciences* 293 (15 July 1977): 69-97.

Tambiah, S. J. *World Conqueror and World Renouncer.* Cambridge: Cambridge University Press, 1976.

Tej Bunnag. "Kanpokkhrong baep thesaphiban pen rabop patiwat ru wiwatthanakan" [Was the *thesaphiban* provincial administration a revolution or evolution?]. *Sangkhomsatparithat* 4, no. 3 (1966).

Tej Bunnag. *Provincial Administration of Siam 1892-1915.* Kuala Lumpur: Oxford University Press, 1977.

Tej Bunnag. *Khabot r.s. 121* [The 1902 rebellions]. Bangkok: Foundation for Textbook Projects in Social Science and Humanities, 1981.

Tej Bunnag and Smithies, Michael, eds. *In Memoriam Phya Anuman Rajadhon.* Bangkok: Siam Society, 1970.

Terwiel, B. J. "Muang Thai and the World: Changing Perspectives During the Third Reign." Paper presented at the seminar on Asia: A Sense of Place, Canberra, Australian National University, 1986.

Thai Khadi Research Institute. "Mo bratle kap sangkhom thai" [Dr. Bradley and Thai society]. Papers for the conference on Dr. Bradley. Bangkok: Thammasat University, 1985.

Thak Chaloemtiarana, ed. *Thai Politics: Extracts and Documents 1932-1957.* Bangkok: Social Science Association of Thailand, 1978.

Thamrongsak Phetlert-anan. "Kanriakrong dindaen khun ph.s. 2483" [Demand for the return of territories in 1940]. *Samutsangkhomsat* 12, nos. 3-4 (Feb.-July 1990): 28-65.

Thamsook Numnonda. "Negotiations Regarding the Cession of Siamese Malay States 1907-1909." *Journal of the Siam Society* 55, pt. 2 (July

1967): 227-235.

Thamsook Numnonda. *Thailand and the Japanese Presence 1941-1945*. Singapore: Institute of Southeast Asian Studies, 1977.

Thawi Muktharakosa. *Phramahathiraratchao* [King Vajiravudh]. n.p., n.d.

Thepphasatsathit, Phraya. *Phumisat lem 1* [Geography book I]. Department of Education. Bangkok: Aksonnit Printing, 1902.

Thepphasatsathit, Phraya. *Nangsu an phumisat lem 2* [Geography book II]. Department of Education. Bangkok: Aksonnit Printing, 1904.

Thiphakorawong, Chaophraya. *Phraratchaphongsawadan krung rattanakosin ratchakan thi 3* [Royal chronicle of the third reign of Bangkok]. 2 vols. Bangkok: Khurusapha, 1961.

Thiphakorawong, Chaophraya. *Phraratchaphongsawadan krung rattanakosin ratchakan thi 4* [Royal chronicle of the fourth reign of Bangkok]. 2 vols. Bangkok: Khurusapha, 1961.

Thiphakorawong, Chaophraya. *Nangsu sadaeng kitchanukit* [A book explaining various things]. Khurusapha edition. Bangkok: Khurusapha, 1971.

Thongbai Taengnoi. *Phaenthi phumisat prayok matthayomsuksa tonton lae tonplai* [Geographical atlas for junior and senior high school]. 23rd printing. Bangkok: Thaiwatthanaphanit, 1986.

Thongchai Winichakul. "Siam Mapped: A History of the Geo-body of Siam." In *Proceedings of the International Conference on Thai Studies, Australian National University Canberra, 1987*. Vol. 1, Canberra: Australian National University, 1987.

Thongchai Winichakul. "Siam Mapped: A History of the Geo-body of Siam." Ph.D. dissertation, University of Sydney, 1988.

Thongchai Winichakul. "Phurai nai prawattisat thai: karani phra mahathammaracha" [Villain in Thai history-the case of King Mahathammaracha of Ayudhya. In *Thai Khadi Suksa*, eds. Kanchanee La-ongsri et al. Bangkok: Ammarin Printing, 1990.

Toem Wiphakphotchanakit. *Prawattisat isan* [History of the northeast]. 2 vols. Bangkok: Social Science Association of Thailand, 1970.

Traditional and Changing Thai World View. Southeast Asian Studies Program (Singapore) and Social Research Institute, Chulalongkorn University. Bangkok, 1985.

Turton, Andrew, et al. *Thailand: Roots of Conflict*. Nottingham: Spokeman, 1978.

Turton, Andrew, et al. "Limits of Ideological Domination and the Formation of Social Consciousness." In *History and Peasant Consciousness in South East Asia,* eds. Andrew Turton and Shigeharu Tanabe. Senri Ethnological Studies, no. 13. Osaka: National Museum of Ethnology, 1984.

Udomsombat, Luang. *Chotmai luang udomsombat* [Letters of Luang Udomsombat]. Preface by Prince Damrong. Cremation volume for Phra Rattanathatchamuni. Bangkok, 1962.

Uppakitsinlapasan, Phraya. *Chumnum niphon khong o.n.g.* [Collected writings of Phraya Uppakitsinlapasan]. Bangkok: Khurusapha, 1964.

Van Dyke, J. W. [Wandai]. *Phumanithet* [Geography]. Phetchaburi, 1874.

Vella, Walter F. *Siam Under Rama III 1824-1851*. New York: Association for Asian Studies, 1957.

Vella, Walter F. *Chaiyo! King Vajiravudh and the Development of Thai Nationalism*. Honolulu: University of Hawaii Press, 1978.

Vickery, Michael. "A Note on the Date of the Traibhumikatha." *Journal of the Siam Society* 62, pt. 2 (July 1974): 275-284.

Vella, Walter F. "The Lion Prince and Related Remarks on Northern History." *Journal of the Siam Society.* 64, pt. 1 (Jan. 1976): 326-377.

Wachirayanwarorot, Prince Patriarch. *Thetsana phraratchaprawat phrabatsomdet phra paramentharamahamongkut phrachomklaocchaoyuhua* [Sermon on the royal biography of King Mongkut]. Cremation volume for Prince Thiwakonwongprawat. Bangkok, 1957.

Wachirayanwarorot, Prince Patriarch. *Pramuan phraniphon-prawattisat borankhadi* [Collected works-history]. Bangkok: Mahamakut Royal College, 1971.

Wannarat, Somdet Phra. *Sangkhitiyawong* [Chronicle of the Buddhist councils]. Translated by Phraya Pariyattithamthada (Phae Talalak). Cremation volume for Prince Petchabun-intharachai. Bangkok, 1923.

Warunee Osatharom. "Kansuksa nai sangkhomthai ph.s. 2411-2475" [Education in Thai society 1868-1932]. M.A. thesis, Chulalongkorn University, 1981.

Wenk, Klaus. *Thailandische Miniaturmalereien nach einer Handschrift der indischen Kunstabteilung der staatlichen Museen Berlin.* Wiesbaden: Franz Steiner, 1965.

Wenk, Klaus. "Zu einer 'Landkarte' Sued- und Ostasiens." In *Felicitation Volumes of Southeast Asian Studies Presented to His Highness Prince Dhaninivat Kromamun Bidyalabh Bridhyakorn.* Vol. 1. Bangkok: Siam Society, 1965.

Wenk, Klaus. *The Restoration of Thailand Under Rama I 1782-1809.* Tucson: University of Arizona Press, 1968.

Wheatley, Paul. *The Golden Khersonese: Studies in the Historical Geogra-*

phy of the Malay Peninsula Before A.D. 1500. Kuala Lumpur: University of Malaya Press, 1961.

White, Hayden. *Metahistory: The Historical Imagination in Nineteenth Century Europe.* Baltimore: Johns Hopkins University Press, 1973.

White, Hayden. *Tropics of Discourse.* Baltimore: Johns Hopkins University Press, 1978.

Wichitwathakan, Luang. *Wichitsan* [Selected works of Luang Wichitwathakan]. 5 vols. Bangkok: Mongkol Printing, 1965-1966.

Winai Pongsripian. "Traditional Thai Historiography and Its Nineteenth Century Decline." Ph.D. dissertation, University of Bristol, 1983.

Winai Pongsripian. ed. *Panha nai prawattisatthai* [Problems in Thai history]. Bulletin of the Commission for the Correction of Thai History, Office of the Prime Minister, vol. 1, no. 1. Bangkok: Office of the Prime Minister Publishing House, 1987.

Wolters, O. W. *History, Culture, and Region in Southeast Asian Perspectives.* Singapore: Institute of Southeast Asian Studies, 1982.

Woodward, David, ed. *History of Cartography.* Vol. 2. Chicago: University of Chicago Press, 1992.

Wright, Michael. "Khonboran mong phumisat lok" [Ancient people perceived the world's geography]. *Sinlapawatthanatham* [Arts and culture] 6, no. 3 (Jan. 1985): 90-96.

Wright, Michael. "Phaenthi boran" [Ancient maps]. *Sinlapawatthanatham* 7, no. 2 (Dec. 1985): 46-48.

Wutthichai Munlasin, ed. *Monthon thesaphiban: wikhroh priapthiap* [The *thesaphiban* provincial administration: comparative analysis]. Bangkok: Social Science Association of Thailand, 1981.

Wyatt, David K. *Politics of Reform in Thailand: Education in the Reign of*

King Chulalongkorn. New Haven: Yale University Press, 1969.

Wyatt, David K. "The 'Subtle Revolution' of King Rama I of Siam." In *Moral Order and the Question of Change: Essays on Southeast Asian Thought*. Southeast Asia Studies, Monograph Series, no. 24. New Haven: Yale University, 1982.

Wyatt, David K. *A Short History of Thailand*. New Haven: Yale University Press, 1984.

Yuangrat Wedel. *The Thai Radicals and the Communist Party: Interaction of Ideology and Nationalism in the Forest, 1975-1980*. Singapore: Maruzen Asia, 1983.

Yuyangthai [Living as Thai]. Radio and television scripts of the programs of the same title. Bangkok: Project on the Dissemination of Thai Identity, Ministry of Education, 1978-1979; Bangkok: Commission for National Identity, Office of the Prime Minister, 1981-.

찾아보기

1893년 위기 128, 237, 252-253, 271, 273, 275, 278, 281, 312, 321, 334-335, 340, 350-351
1932년 혁명 322, 361
1976년 10월 학살 12, 23, 33, 301, 355, 359, 362

ㄱ

가장자리 17, 55, 156, 163-164, 225, 227-228, 233-236, 238, 244, 246, 251-252, 260, 272, 280-281, 287, 294, 317, 352
건축(힌두-불교) 62, 264
경계 13, 15, 17, 51, 53-55, 64, 67, 80, 83-87, 112, 114-115, 123-124, 131, 133-153, 155-165, 191, 194, 199, 201, 215, 224, 227, 235-236, 240-241, 243, 246, 248, 252, 254, 260, 262-265, 269, 272-273, 276-283, 285-289, 291, 293-294, 316-317, 321-322, 324-325, 327, 329, 331, 333, 339, 349-350, 355, 358, 360, 363, 369
경계(란나-버마) 153, 227, 246
경계(시암-버마) 84, 133, 136-137, 158, 226, 228, 230, 234, 259, 278, 285
경계(시암-캄보디아) 220-221, 280
경계(웰슬리-크다) 146-147
경계(전근대) 16, 51, 55, 57, 59, 74, 83, 122-123, 133, 157, 161, 199, 210, 212-213, 223, 228, 235, 240, 242, 245, 253, 288, 293-294, 306, 321, 342, 352
고사(古事) 탐구협회 344
공물 210, 220, 231, 233, 247, 251, 291
공산주의 32-33, 39, 43-44, 357-359, 362, 364
과학(서구) 12-13, 16, 23, 28, 36-37, 43, 45, 48, 55, 77-78, 80-81, 86, 90-94, 96-98, 101, 106, 121-122, 124, 126-127, 131, 238, 255-257, 261, 267, 273, 280, 288, 321, 327, 347, 370
국가성 13, 15-16, 25-26, 29, 45, 49-50, 52-54, 300, 302-303, 305, 308, 322, 331, 333, 346-347, 349, 358, 360-361, 364-365, 373-374
국가정체성위원회 30
국경 27, 34, 54, 56, 140, 142, 146,

149, 151-163, 165, 199, 234-235, 241, 246, 249, 252-253, 256-257, 259-262, 264, 268, 270-271, 273, 279-280, 282-283, 285, 294, 311-312, 336, 350, 352, 355-356, 358-360
국경수비대 359
국기 359-363
국민국가 26, 47-48, 51, 318
기어츠, 클리퍼드 293
까쫀 수카파닛 311, 353
깔라홈 135-136, 151
꺼야 142, 159, 229-230, 246-247, 349
끄라 70, 104, 138, 140-141, 147, 203, 223, 299, 369
끄룽 22, 113, 367
『낏짜누낏』 96, 98, 108, 129

ㄴ

나레수안 196, 330, 336-337
나콘시탐마랏(나콘) 69, 145-147, 162, 208-209, 214-217, 344
난(Nan) 11-13, 23-26, 28, 31-32, 34, 41, 53, 61, 63-64, 67-68, 70, 73-74, 77, 80, 82, 84, 89, 92, 96, 98-102, 107, 111-112, 120-121, 124, 137, 140-141, 146, 150, 152, 154, 157, 160-163, 168, 195, 214, 227-228, 231, 236-237, 239-240, 243-258, 262, 265, 272, 277, 280-281, 283, 295, 298, 301-302, 307-308, 312, 316-317, 320, 326-327, 330, 336, 338, 340-341, 343, 350-351, 353-355, 357, 360, 362-363, 365, 367, 372-373
닐, 프레더릭 84

ㄷ

다와등(따와떵사, 도리천) 64, 98, 367
다이사트 262, 273
담롱왕자 109, 128, 239, 307, 314, 316, 345
디엔비엔푸 231, 252
땀난 지도 24, 73-74, 77, 80, 82, 168
땀난 지리 73-74
뗏 분낙 314
뜨라이품 59-63, 65, 68-69, 73, 75-77, 8-83, 86-87, 90-91, 93, 97-98, 100-111, 128, 168, 182, 367
뜨라이품 도해 서적 68
뜨라이품 지도 68, 81-82
『뜨라이품 프라 루앙』 59-60, 68, 82

ㄹ

라마1세 59, 78, 188, 197, 294, 330
라마1세의 전략 지도 78, 188
라마3세 135, 143, 160, 206, 269
라이(Lai) 49, 59-63, 65, 68-69, 71-73, 75-77, 81-83, 86-87, 90-91, 93, 97-98, 100, 103, 111, 128, 145, 168, 182, 210, 230-233, 240, 245, 251, 295, 344, 351, 354, 363-364, 367, 370
라이트, 마이클 71
란나 37, 64, 70-73, 144, 152, 153, 158-159, 162, 167, 199-200, 227-230, 238, 246, 249, 257-258, 260, 269, 278, 283, 320, 334, 345
란상 200, 230, 256, 346
레나드, 로널드 229
레이놀즈, 프랭크 63
로, 제임스 145, 217, 258
롱 사야마는 311
루앙 위찟와타깐 335-336
루앙프라방 158, 227, 229-232, 236-238, 240-241, 245, 250-251, 256, 258, 262, 271, 274-275, 277-279, 283, 325
리치, 에드먼드 31, 54, 341, 349

ㅁ

마하암맛(셍), 프라야 19, 29, 59, 72, 80-81, 96, 110, 117, 221, 225, 227, 244, 250, 253-254, 256-257, 259-260, 265-266, 268, 283, 306
만달라 201
말레이 국가들 199-200, 204, 207-209, 213, 216-217, 219, 223, 320, 334
말레이 반도 255, 259
매카시, 제임스 279, 282, 350
매카시 지도 278
메콩강 76, 80, 199, 204, 224, 226, 230, 233, 238-239, 248, 250, 252-253, 258-259, 262, 269-270, 274, 277, 279, 287, 307, 311-312, 317, 323, 325, 327, 350, 352
모스, 마르셀 210
모울메인 70, 141, 149, 265
몬족 65-66, 76, 104, 133, 293, 336-337, 349, 364, 367
몽꿋 19, 86, 90-92, 94-96, 98-108, 113-114, 124-127, 131, 151, 165, 219-223, 238, 251, 260-263, 269, 280, 361
므앙 112-113, 154, 156, 200, 212-213, 227, 229, 234, 247, 295-

296, 298, 344, 368-370
므앙싱 154, 247
므앙쿤 213, 298, 368
민족주의 12, 15-16, 25, 28, 36, 39-40, 48, 125, 286, 295, 300-301, 317, 320, 322-323, 335, 337, 356, 372-374

ㅂ

반 다이크, J. W. 108, 112, 114, 128-129, 292
반므앙 296, 368
버니, 헨리 133, 257
버마 31, 49, 54, 59, 63-66, 71-72, 76, 81, 84-86, 95, 102, 133-138, 142-144, 149-150, 152-154, 158-161, 199-200, 203, 208-209, 226-230, 234, 236, 246-247, 250, 259, 261, 263, 265, 278, 280, 283, 285, 286, 299-300, 320, 324, 326-327, 333-334, 336-337, 340, 346-347, 349, 352-354, 356, 367, 370
베산따라 자따까 68
베트남 32-33, 70, 76, 81, 203-207, 212, 219-222, 227, 230-234, 236, 240-241, 243, 250, 257, 260, 279, 300, 311, 334, 354, 356-357, 359, 369
변경 17, 56, 138, 148-149, 152-153, 155, 157-161, 163-165, 191, 199, 223, 226-230, 233-235, 241, 246, 248, 259, 262-263, 265, 268-269, 273, 277-278, 283, 286, 349, 355, 357
변경 성읍 149, 153, 159, 161, 199, 233, 246, 268
보링, 존 92, 258
보호 30, 138, 158-159, 161, 200-206, 209-212, 214, 217-220, 222, 227, 230-232, 236, 238, 243-245, 248-249, 251, 270, 275, 317, 355, 369, 372
불교 28-29, 40-44, 46-47, 59, 61-66, 68-75, 81, 93-100, 126, 167, 203, 295, 299, 314, 359, 367-369
붕가마스 202, 207-208, 214, 216-218, 368
브래들리, 댄 비치 90-91, 95, 97, 102, 109, 156, 295, 298
브루크, 제임스 161, 218
블런델 138-139
빡짠강 138-141, 151, 162
쁘라텟 111-114, 128, 157, 201, 213, 292, 296, 298, 305, 332, 336, 344-345, 368-369
쁘라텟사랏 201, 213, 368

ㅅ

사이드, 에드워드 16, 35, 320
살윈강 144-145, 152, 229, 246
삼각 측량 263-265, 268, 278-279, 283
삼탑 관문 158
상상의 공동체 49-52, 371, 373
색, 로버트 65, 290
송끄란 100-103, 368
쇼르토, H. L. 65-66
수라삭몬뜨리 227, 240, 242, 271, 277-278, 281
수코타이 37, 59, 196, 259, 305, 310, 330, 332-334, 344-346
순례 64-66, 74, 167
술락 시와락 41
스리랑카 49, 70-72, 76, 89, 369
스워츠버그, 조지프 65
스턴스타인, 래리 257-259, 262, 324, 329-331, 333
승가 94, 126, 368
시암의 지도 78, 116-117, 124, 211, 244, 253, 260-261, 264-265, 272, 276, 280, 285-286, 289, 300, 306, 318, 322, 331
식민지 38, 46, 47, 213, 238, 257, 289, 297-298, 368
신 역사학 345
십송쭈타이 230, 232, 240, 242, 274, 277, 279, 280, 311, 325-326
십송판나 228, 266, 325-326
싱콘 관문 158

ㅇ

아나니콤 213, 368
아누웡 230, 232
아유타야 37, 67, 70-71, 75-76, 92, 196, 204, 207-208, 210, 299, 305, 309, 330, 332, 334, 336-337, 344-346
앤더슨, 베네딕트 23, 49-52, 290, 295, 322, 371, 373
앨러배스터, 헨리 263-264, 267
에링턴, 셸리 293
에머슨, 도널드 49
엑까랏 297-300
역사 연극 332, 335-339
역사 지도 322, 324, 329-334, 339-340
역사학 12, 37, 46, 48, 62, 136, 213, 306-307, 311-312, 314, 317, 319, 320-321, 334-336, 339-340, 342-345, 353, 357, 371-372
영토 상실 13, 131, 316-317, 321, 339-340, 342-343
영토성 52-54, 66, 87, 296, 302, 373
오리엔탈리즘 16, 35-36
와끄 99, 103-107, 124-125, 130

와이어트, 데이비드 313, 326, 331
와치라웃 19, 29, 79, 193, 286, 300, 345, 355, 361
왕립태국측량과 188-189, 267, 279
월터스, O. W. 201
웰슬리 145-147, 162, 209, 212, 214-215, 218, 324
위앙짠 79, 83, 227, 230, 232, 256, 271
이산 37, 352
일식 90, 99-107, 126
잇사라팝 297-300, 369

ㅈ

쟈롱 205, 207
적의 기능 353, 357
전륜성왕 203-204
점성학자(태국) 100-105, 107-108, 124-127, 131, 370
점성학(태국) 99-108, 124-127, 131, 370
정체성 16, 26, 28, 30-31, 34, 36, 42-43, 48-52, 291, 296, 349, 352, 358, 364-365
조공국 142, 154, 200-204, 207-209, 212-213, 217-220, 222-223, 226-228, 230-238, 241-242, 244-245, 249, 252, 269, 289, 299, 308, 312, 315, 318, 320, 339, 340, 368
존슨, W. G. 110, 112-113, 115, 128-130
종주권 208-209, 212, 235-236, 240, 247, 269
주권 13, 17, 30, 54-55, 62, 67, 87, 123, 131, 155-156, 158-161, 163-164, 199-200, 204, 208-209, 212-213, 219, 222-224, 226-229, 233-236, 240, 241, 244-245, 247, 250, 252-254, 269, 271, 282, 287, 315, 318, 322, 343
『증여론』 210
지구 15, 26, 61-63, 68, 75, 77, 79-80, 82-83, 90-93, 95-97, 101-102, 108-112, 114, 117, 121-123, 126-127, 129-130, 244, 257, 259, 261, 290-293, 295, 367
지도(근대) 74, 87, 115, 121-123, 129, 272, 278, 330
지도(전근대) 74, 122-123
지도 의사소통 이론 117
지도제작 13, 55-56, 80, 118-121, 189, 255-257, 259-263, 265-268, 270-272, 274-278, 281-283, 285-287, 302, 317-318, 321, 331-332, 365
지리체 13, 16-17, 52-55, 124, 244, 253-254, 262, 272, 282-283,

285-297, 300, 302-303, 305-306, 308, 310-311, 317-318, 327, 331-332, 334, 339, 342-346, 349, 351-352, 357-360, 366, 373
지리학 13, 16-17, 49, 53, 55, 60-61, 63, 65, 67, 70, 73, 76-77, 80-84, 86-87, 89-93, 96, 98, 106, 108-117, 121-124, 128-131, 155, 223, 226, 228, 254-255, 257, 264, 272, 278, 280, 282, 287, 290, 292, 296, 342, 347, 370, 374
지방행정 개혁 237-238, 339
지식의 대체 17, 52, 130-131
『짜까완티빠니』 60-61
짜오프라야강 81, 117, 225, 253-254, 256, 283, 306
쩽훙 228
쭐라롱꼰 19, 28, 108-109, 152-153, 229, 234, 237-238, 241-242, 246, 249, 254, 263, 265, 270-271, 273-274, 281, 314, 343, 346

ㅊ

찻 31, 42, 236, 295-296, 299, 338, 369
챈들러, 데이비드 24, 65-67, 74, 206-207
초소 150, 152, 158-159, 250, 282
촘푸타웝 61, 64, 68, 71-72, 369
치앙룽 228-229
치앙마이 139, 141-142, 144-145, 147, 152, 154, 157, 159, 228-230, 247, 265, 278, 325, 344, 359
치앙샌 159, 228-229, 234, 344
치앙캥 154, 228-229, 280
치앙쾅 282

ㅋ

캄껏과 캄무안 243
캄보디아 34, 65, 67, 74, 199, 204-207, 209, 212, 219-224, 230, 232, 234, 245, 251, 256, 258-260, 262-263, 280, 300, 323-325, 334, 349, 354, 356-358
캑 32, 369
커즌, 조지 191, 278-280, 320-321
케네디, 빅터 79, 81
켓댄 156-159, 161, 164, 269, 369
켕뚱 154, 159, 228-229, 246-247
쿠암뻰타이(타이다움) 28-34, 38-46, 52, 56, 349, 352, 355-360, 362, 369, 372-373
크다 145-146, 162, 207-209, 211-212, 214-216, 218, 223-224, 249, 285, 325

크로스비, 조사이어 328
크로퍼드, 존 191, 215, 256-260
크메르 65-66, 69, 333, 340, 349, 353, 358
크릿 쁘라못 31
키즈, 찰스 51, 64, 352

ㅌ

타이 롭 파마 346
태국공산당 40, 44
태국 왕실 245, 301
태국의 세계관 36-38
태국학 11-12, 34-36, 38, 45
탱 231-233, 245, 252, 277-278, 317
테나세림 134, 136, 138, 141, 144, 149, 153, 160, 260, 324
테사피반 238-239, 270, 314-316, 369
텝파삿사팃, 프라야 110, 115-116, 119, 128
토착 지도 78, 81, 243, 365
티파꼬라웡 19, 22, 96-98, 108, 129, 131

ㅍ

파랑(서양인) 19, 32, 34, 43, 89, 357, 367, 370
파비, 오귀스트 250-252, 263, 274-278, 280, 286
페락 208-209, 216-218, 265, 269, 285
폴로, 마르코 255
푸미삿 110, 128, 289, 292, 370
『푸미삿 사얌』 110
푸미폰 296, 305, 355
푸안 227, 232-234, 242-243, 274, 277, 280, 282-283, 349
『품아니텟』 108, 112, 114, 128, 370
프라 욧 243
프라클랑 134-136, 157
프랑스-시암 대결 231, 320
피낭 145, 147, 162, 209, 212, 214-218, 249, 257, 324
피분 정부 323
피칫쁘리차꼰 152

ㅎ

하이네-겔더른, 로버트 62
해안도 77-78, 180, 182, 255
호 강도단 232, 240, 312
호라티보디, 프라 107
홀(Hall), D.G.E. 48, 135-136, 209, 216, 316, 326, 341
후아판 232-233, 240, 274, 277, 280, 282, 311, 326

::

지은이 · 옮긴이 소개

지은이 소개

통차이 위니짜꾼(Thongchai Winichakul)

위스콘신대학교 역사학과 명예교수. 태국의 탐마삿대학교 역사학과를 졸업하고, 호주 시드니대학교에서 역사학 석사학위와 박사학위를 받았다. 1988년부터 1991년까지 탐마삿대학교에서 가르쳤고, 1991년부터 2016년 명예교수로 은퇴할 때까지 미국 위스콘신대학교 역사학과에서 교수로 재직했다. 2013/2014년에는 미국 아시아학회 회장을 역임하기도 했으며, 미국 학술원 회원이다. 현재(2019년)는 일본 아시아경제연구소 선임연구원으로 재직하고 있다. 저서로 *Moments of Silence: The Unforgetting of the October 6, 1976 Massacre in Bangkok*(2020)이 있고, 주요 논문으로 "Modern Historiography in Southeast Asia: The Case of Thailand's Royal-Nationalist History"(2014), "Siam's Colonial Conditions and the Birth of Thai History"(2011), "Writing at the Interstices: Southeast Asian Historians and Post-National Histories in Southeast Asia"(2003), "The Others Within: Travel and Ethno-spatial Differentiation of Siamese Subjects, 1885-1910"(2000), "The Quest for 'Siwilai': A Geographical Discourse of Civilizational Thinking in the Late 19th and early 20th Century Siam"(2000) 등이 있다.

옮긴이 소개

이상국(李相國)

연세대학교 문화인류학과 교수. 서울대학교 인류학과를 졸업하고 같은 학교 국제지역원(현 국제대학원)에서 동남아지역연구로 석사학위를 받았으며 2007년 싱가포르국립대학교에서 박사학위를 받았다. 서강대학교 동아연구소 교수를 지냈다. 연구 분야는 난민, 이주, 국경 등이다. 저서로 『현대문화인류학개론』(2018, 공저), 『맨발의 학자들』(2014, 공저), *Managing Transnational Flows*(2012, 공저) 등이 있고, 번역서로 『조미아, 지배받지 않는 사람들: 동남아 산악지대 아나키즘의 역사』(2015)가 있으며, 주요 논문으로, "The State, Ethnic Community, and Refugee Resettlement in Japan"(2018), "From Political Activists to Social Entrepreneurs: Burmese Refugees in South Korea"(2018), "상상의 공동체에서 네트워크 공동체로: 카렌족 사례를 통한 베네딕트 앤더슨의 민족주의론 비판적 검토"(2016), "비슷하되 같지 않은 길: 재한 미얀마 카렌족 공동체의 형성과 발전"(2016), "대메콩지역 연계성의 이상과 현실: 도로교통을 중심으로"(2015) 등이 있다.

지도에서 태어난 태국: 국가의 지리체 역사

Siam Mapped: A History of the Geo-Body of a Nation

초판 1쇄 발행 | 2019년 1월 29일

지은이 | 통차이 위니짜꾼(Thongchai Winichakul)
옮긴이 | 이상국
편　집 | 배원일
발행인 | 김태진
발행처 | 진인진
등　록 | 제25100-2005-000003호
주　소 | 경기도 과천시 별양상가 1로 18 614호(별양동 과천오피스텔)
전　화 | 02-507-3077-8
팩　스 | 02-507-3079
홈페이지 | http://www.zininzin.co.kr
이메일 | pub@zininzin.co.kr

ISBN 978-89-6347-401-4 93300

책값은 표지 뒤에 있습니다.

아시아시대를 맞이하여 서울대학교 아시아연구소는 아시아 근현대사에 대한 정확하고 기본이 되는 역사연구들을 소개하고자 〈아시아연구소 근현대사〉 총서를 기획했다.